OWEN JONES

オーウェン・ジョーンズ

エスタブリッシュメント

彼らはこうして
富と権力を独占する

THE
ESTABLISHMENT
And How They Get Away With It

THE ESTABLISHMENT
And How They Get Away With It
by Owen Jones

目次

はじめに

エスタブリッシュメントとは何か？

ある日、いきなり「エスタブリッシュメント」が舞台の上に押し出され、見慣れた顔の本性があらわになる。息をのむ観衆。ところが、現れたときと同じくらい唐突に、そのエスタブリッシュメントはまた、舞台裏へ引っこむ──近年、権力者たちが次々にスキャンダルを起こすたびに、こんな場面がくり返されてきた。

国会議員たちは税金を着服し、議員経費で別邸や大型テレビ、邸宅まわりの堀、アヒル小屋、はてはポルノ映画まで購入して逮捕され、憎悪の対象となった（そもそも愛されたことなどなかったが）。警察も、組織的な陰謀と隠蔽《いんぺい》が続々と表に出て危機に陥った。ルパート・マードック氏の所有するタブロイド紙による電話の盗聴が明らかになったときには、この新聞社が、ディナーパーティや怪しげな仕事の依頼、秘密会合、賄賂などで警官たちをもてなしていたことがばれた。政治エリートとメディアの大物と警察の不穏なつながりにも、光が当たった。

そして今、こうしたスキャンダルの洪水のなかで、人々は次第に大きな疑問を抱きはじめている。「本当は誰が社会を支配しているのか？」「彼らの狙いは何なのか？」

イギリス国民は、この国では民主主義が発達し、人々の自由意思で物事が決まると教えられてきた。「わが国が誇れることはたくさんあります」。二〇一二年、首相のデイビッド・キャメロンも下院で喜色満面に述べた。「たとえば、世界一歴史のある民主主義、言論の自由、報道の自由、率直で健全な公開討論[*1]」と。

たしかにわれわれは、先人が苦労して手に入れた権利と自由の恩恵を受けている。しかし、民主主義はつねに危うい。なぜなら、権力を握る人々の既得権益と絶えず衝突するからだ。

非難の目で見られる人々

「エスタブリッシュメント」ということばは、わかるようでわからない。よく使われて耳慣れているものの、じつは定義があいまいだ。一般的には「気に入らない権力者たち」を指すときなどに使われるが、エスタブリッシュメントが何を表し、どういうメンバーで構成され、誰を除外しているかといった点については、さまざまな見解がある。共通点といえば「非難の意味合いが含まれている」ということだけだ。

右派のデイリー・メール紙は、イギリスで二番目に読者が多く、世論形成に強い影響力を持っているにもかかわらず、エスタブリッシュメントと見なした人を頻繁に攻撃する。たとえば、同紙の元コラムニスト、メラニー・フィリップスは、いまのエスタブリッシュメントの中心は一九六〇年代のヒッピー世代だと言い、「奇妙なのは、こうした革命家たちが決して成長しないことだ」とコラムで書いた。リベラル派から過激な保守派へと驚くべき（ただし、まれではない）変貌をとげたフィリップスによれば、「戦後のベビーブーマー世代は、歳をとっても若いころの幼稚さにしがみついている。そんな彼らがいまやわが国のエスタブリッシュメントになった。大学、警察、官公庁、法曹……どの職業のトップに立つ人々も、その世代の出身だ」

また、トロツキストから保守主義者に転じた、メール・オン・サンデー紙の論客ピーター・ヒッチェンズも、エスタブリッシュメントとは「道徳的堕落に至るまえの仮の宿」だと非難する。「周知のように、薬物乱用は取るに足らない現象ではない」と彼は書いた。それは「イギリスのエスタブリッシュメント全体に広がるひそかな悪徳だ」。善良で高潔なはずの人々がキッチンのテーブルで背を丸め、クレジットカードでコカインを切り分けている……。証拠はなくても印象に残る強烈なイメージだ。この種の風説が出てくるのも、エスタブリッシュメントという概念が、あまりにとらえどころがないせいだろう。

なかには、権力を手にしてもなお、エスタブリッシュメントを否定する人がいる。たとえば労働党のジョン・プレスコット。彼はかつて商船でウェイターとして働き、急進左派のメンバーだった。一九六六年には船員のストライキを計画し、労働党のハロルド・ウィルソン首相から批判された。だが三〇年後、ブレア政権下で副首相を務め、左派から中道への旅を完了した。二〇一〇年に下院議員を引退したあとは、廃止すべきだと長く主張していたはずの上院に入った〔訳注：上院は、選挙ではなく推挙された貴族によって構成される〕。

そのプレスコットが、二〇一三年、「イギリスはいまだにエリートに支配されている」とデイリー・ミラー紙のコラムに書いた。「裕福な家庭に生まれ、その財力で特権的ネットワークに入れる人々が、これからもエスタブリッシュメントとして優位に立ちつづける」。つまり、彼のように貧しい出自の人間は、誰であれエスタブリッシュメントの仲間から除外される、仲間になれるのは有利な条件のもとに生まれた者だけ、という意味だ。なるほどこのように考えれば、エスタブリッシュメントの一員であっても、自分は属していないと思いこむことができる。

つまるところ、エスタブリッシュメントはすこぶる評判が悪い。しかし、だとすると、そんなクラブの会員になりたがる人などいないのではないか？　ところがそうではない。一部の有力者は、なんの心配もせずそこに入る。バトラー卿もそのひとりだ。彼はエドワード・ヒース、ハロルド・ウィルソン、マーガレット・サッチャーら歴代首相のもとで政務秘書官を務め、トニー・ブレア政権下で退任するまで、イギリスの公務員の頂点にいた。「オックスフォード時代のバトラー卿にラグビーでタックルした人は、将来のキャリアをタッチラインに蹴り飛ばしたも同然だ」と（冗談交じりながら）噂されるほどの大物である。ロンドン中心部の別宅に招かれ、力強い握手で迎えられたときには私さえも、彼が生まれながらの支配者だと感じずにはいられなかった。それほど、彼には権力者に共通する威圧感と、さりげない自信が漂っていた。
「自分をエスタブリッシュメントだと思いますか」と尋ねた私に、バトラー卿はまばたきひとつせず「思う」と答えた。

右派、左派、そして私の定義

ここで、世間に広まるエスタブリッシュメント像を要約すれば、おおむね次のようになる。右派から見たエスタブリッシュメントとは、「制御不能で道徳的に堕落した社会自由主義〔訳注：社会的な公正や福祉を重視する自由主義〕を、国家レベルで推進する者たち」。左派から見たエスタブリッシュメントとは、「イギリスの政治の主要機関を支配しているパブリック・スクールとオックスブリッジ〔訳注：オックスフォード大学、ケンブリッジ大学〕のネットワーク」だ。

一方、私が理解するエスタブリッシュメントの定義はこうだ。「成人のほぼ全員が選挙権を持つ民主制において、自分たちの地位を守らなければならない有力者の集団」。有力者たちは昔から、自分たちのために民主制を「管理」し、己の利益が脅《おびや》かされないようにしてきた。その意味で言えば、エスタブリッシュメントとは、彼らを残りの大多数の国民から隔離するファイヤーウォールのようなものだ。広い人脈を持つ右派のブロガーでコラムニストのポール・ステインズも、満足げにこう書いた。「普通選挙が確立して一世紀になろうという今、資本家階級はみずからを守る手段を見つけはじめている。誰から守るか？　有権者からだ」

その昔、普通選挙の要求が高まった一九世紀の特権階級は、選挙権を貧困者にまで拡大してしまったら、自分たちの地位が危うくなるのではないかとおびえた。社会の下の階層が、最上層部から富と権力を奪って再分配するのではないか、と。

一八六六年、保守党の政治家ソールズベリー卿は国会で、選挙権拡大計画について、「労働者階級に関しては、この下院で数多く耳にしてきた。正直に申し上げれば、私はそのせいで非常に不安になっている」と答弁した。そして、もし労働者階級に選挙権を与えたら、「ことさら自分たちに有利な税法や財産法を裁決したいという誘惑に駆られるのではないか」と言い、「財産の少なさに比例して、選挙権を誤用する危険性が高まる」と説明した。つまり、貧しい市民であればあるほど、選挙権を持たせるのは危険だと述べたのだ。[*2] 一九世紀に普通選挙に反対したこれらの人々の心配は、あながち的はずれでもなかった。実際、第二次世界大戦後の数十年で、増税や民間事業の規制など、富裕層の利益にいくつかの制限が課されたからだ。それらは、新たに選挙権を与えられた大衆の意志の結果だった。

しかし今日では、こうした制限の多くはすでに撤廃されたか廃止の過程にある。現在のエスタブリッシュメントは、ごく少数の手に富と権力が集中することを正当化するような、制度と思想に守られている。

「われわれとそれ以外は別ルール」

具体的には、エスタブリッシュメントは次のような人々で構成される――法律を制定する政治家、議論の下地を作るメディアの大物、経済を動かす企業や金融業者、強者に有利な法律を執行する警察機関。そして、彼らをひとつにまとめている共通認識は「社会の頂点に立つ人々が権力と増えつづける富を所有するのには、正当な理由がある」。ひとことで言えば、世界的な化粧品ブランド〈ロレアル〉の宣伝文句、「私にはその価値があるから」である。

この考え方にもとづいて、政治家は経費をごまかし、企業は租税を回避し、シティ〔訳注：ロンドンの金融街〕の銀行家は世界を経済危機に追いやりながらボーナスの増額を求める。しかも、こうした行為はすべて法律で容易にされ、奨励すらされる。その一方、社会序列の最下層の人々が犯すほんの小さな罪、たとえば生活保護の不正受給は厳しく取り締まられる。「われわれとそれ以外は別ルール」。これが、エスタブリッシュメントのもうひとつの典型的な思考様式だ。

こうした考え方の背景には、現代のエスタブリッシュメントたちの「新自由主義《ネオ・リベラリズム》」信奉がある。新自由主義は、「自由」とくに「経済的自由」の名のもとに「自由市場」こそ正しいとする。公的な資産を可能なかぎり私企業に移し、経済における国家の役割を軽視し、企業への課税を減らすよう働きかけ、現状を変えようとする集団や組織をことごとく押し戻す——新自由主義では、これらすべてが正しいとされるのだ。

その実態は、たんに個人の富と権力の強化を都合よく保証する信念と政策の集まりであるにもかかわらず、エスタブリッシュメントは、この信念を「常識」と見なす。まるで天気のように、人生で避けられない事実として。裏を返せば、これを信じない人は今日のエスタブリッシュメントの外にいるということであり、奇人として相手にされない。いや、それですめばまだいいほうで、悪くすると過激派の烙印《らくいん》を押される。

エスタブリッシュメントを団結させているのは、共通のメンタリティだけではない。そこには、経済的な結びつきと「回転ドア」〔訳注：官民の頻繁な人事交流〕という文化もある。この国では、有力な政治家の多くが、最終的に自分の専門分野の関連企業で役職に就き、その会社に利益をもたらしている。私企業の利益を後押しするという大義名分のもと、公共サービスの既得権益を握っているからだ。会社側は、これによって政治家や公務員の人脈や行政の知識、あるいは実務経験を活かして、権力に近づくこともできる。

要するに、現代のエスタブリッシュメントは国家を忌《い》み嫌いながら、国家に完全に依存して繁栄している。論理的に破綻しているのだ。金融危機の際の銀行救済、国費によるインフラ整備、国家による財産保護、研究開発、莫大な公費でおこなわれる労働者の教育、生活にも困る低賃金への追加給付、ありとあらゆる助成金……これらはすべて国がまかなっていて、どの施策も、いわば「富裕層のための社会主義」になっている。これは今日のエスタブリッシュメントに顕著な現象だ。

それなのに、彼らに対する社会の監視は充分ではない。権力者の行動に光を当てるのは最終的にメディアの仕事だが、イギリスのメディア自体が、エスタブリッシュメントの主要な一部と化している。メディアの所有者が、議論の前提や信念をエスタブリッシュメントと共有している始末である。ジャーナリストは、社会の上層部から人々の目をそらせようと、政治家といっしょに底辺の人々の行動を執拗《しつよう》に批判し、攻撃する。この国では、失業者や生活保護受給者、移民、公務員といった集団は、批判にさらされるか、ひどいときには罵声《ばせい》を浴びせられる。比較的弱い立場の人々に攻撃の矛先《ほこさき》を向けることは、社会の本当の権力者への怒りをそらすのに、この上なく都合がいい。

エスタブリッシュメントは、姿を変えて生き残った

今日のエスタブリッシュメントの実態と変遷を理解するには、一九五五年にさかのぼる必要がある。消費者主義、ロックンロール、テディボーイ［訳注：エドワード七世時代の服装をまねたストリートファッションの若者たち］の時代であり、イギリスが緊縮財政をやめたころだ。このとき、保守党員で三〇代初めの意欲的なジャーナリスト、ヘンリー・フェアリーは、イギリスの暗い面に目を向け、不安を募らせていた。

フェアリーは二〇代にしてタイムズ誌で巻頭コラムを書き、影響力のある大物たちとつき合うようになって

いたが、三〇歳でフリーランスに転じ、スペクテイター誌のコラムを担当した。そのころにはイギリスの上流階級を皮肉な目で見るようになっていて、一九五五年の秋、コラムで持論を展開した。彼が注目したのは、外務省の外交官ふたりがソビエト連邦に亡命したスキャンダルだ。このとき、亡命者の友人たちは、メディアの取材からそれぞれの家族を守ろうとした。フェアリーはそのことをもって、「この国の『エスタブリッシュメント』はいまや、かつてなく強力になっていることがわかった」と指摘したのだ。

そのコラムによると、エスタブリッシュメントは互いによく知っていて、同じ分野で交流し、支え合う人々の強固な集団からなる。しかもそれは、公務や法律といった公式な取り決めにもとづくのではなく、「とらえにくい社会関係」にもとづいている。だからそこには、首相やカンタベリー大主教〔訳注：イングランド教会の最高位聖職者〕だけでなく、芸術評議会会長、BBC（英国放送協会）会長、タイムズ・リテラリー・サプリメント〔訳注：一九〇二年創刊の文芸書評誌〕の編集長といった「一般人」、そして「レディ・バイオレット・ボナム・カーターのような天上の人々」も含まれる。レディ・バイオレットとは、自由党のハーバート・アスキス元首相の娘で、ウィンストン・チャーチルの親友、のちのハリウッド女優ヘレナ・ボナム・カーターの祖母である。フェアリーによると、イギリス外務省は「この国における力の行使を大きく左右する社会関係の中心近く」にあり、「あらゆる分野の有力者を知る」人々が集まっていた。つまり、エスタブリッシュメントの要諦は「誰を知っているか」だった。*3

「エスタブリッシュメント」という語がにわかに広く使われるようになったのは、まさにこのコラムがきっかけだった。大論争も巻き起こった。たとえばバイオレット・ボナム・カーターは、「メディアがふたりの外交官へ殺到するのを防ぐのに協力した」ことをフェアリーにほのめかされて、猛然と反論した。「私は一部の報道関係者によるふたりの家族への迫害を、なんとかしたかっただけです」。オックスフォード大学で最高のエリートを育てる研究施設、オール・ソウルズ・コレッジの学寮長も同様だった。外務省の職員リクルートに関するフェアリーの記述を、「前提にしろ示唆にしろ、程度の低い当てこすりとまちがいだらけ」と一蹴《いっしゅう》した。オブザーバー紙編集長で、名家アスターの一員だったデイビッド・アスターも、フェアリーの「この国の有力者が、ひそかに互いを擁護したり助け合ったりしているという『エスタブリッシュメント』の描写」に激怒し、「要するに、政財界の上層部は不正な金儲け組織だという誹謗中傷だ」と非難した。*4

いずれにしても、フェアリーのコラムは、「エスタブリッシュメントとは、互いに交流し、面倒を見合い、必要があれば助け合う権力者のネットワーク」であり、「イギリスは国民によって統治されているのではない」ことを明確にした（民主主義では、国民による統治が「あるべき姿」とされる）。彼のこの考えは、有力な左派の思想家が抱いてきた見解を反映したものだった。カール・マルクスとフリードリヒ・エンゲルスは、『共産党宣言』において、資本主義の政府は「資本家階級《ブルジョワジー》全体に共通する問題を管理するための委員会」、あるいは「大企業のトップのための高級技術官僚の集合のようなものである」と言った。

ただしフェアリーの定義には、イギリスの権力者の重要な側面が欠けていた。第一に、大企業や金融のエリート、政界エリートを緊密に結びつける共通の経済的利益にふれていなかった。第二に、エスタブリッシュメントをひとつにまとめている共通のメンタリティも論じていなかった。後者について言えば、フェアリーの時代には、厚生資本主義〔訳注：安定雇用や年金制度など、労働者に対する福祉を充実させることで企業の競争力強化を図る資本主義〕、国家主義、父権主義《パターナリズム》〔訳注：強い立場の者が、弱者の利益のために代わりに意思決定をする〕が権力者のあいだでの共通のメンタリティだった。とりわけ「健全で安定した社会のためには、政府の積極的な関与が必要」だとされた。今日とはずいぶんちがっていたのだ。

この例でもわかるとおり、イギリスのエスタブリッシュメントのあり方は固定していない。社会の上層部はつねに流動的だ。その容赦ない変化は、生き残りのために生じる。下の階級からの突き上げで彼らが権力の一部を放棄した例は、歴史上いくつもある。変化の要求に対して頑固に意地を張ると、エスタブリッシュメントの中心をなす個々の組織だけでなく、その権力構造全体が崩壊の危機にさらされてしまうからだ。イギリスの場合、そうした変化の最たる例に王室や教会がある。

現在のエスタブリッシュメントの特徴

エスタブリッシュメントは姿を変える。これまでも必要に迫られて進化し、適応してきた。しかし、今日のエスタブリッシュメントは過去のそれとはちがう。彼らには「勝者のおごり」がある。

冷戦が終結したとき、政治家や知識人やメディアはこぞって、「もう現状維持以外の選択肢はなくなった」という説得に努めた。アメリカの政治学者フランシス・フクヤマは、それを「歴史の終わり」と呼んだ［訳注：国際社会で民主主義と自由経済が勝利し、以後は体制を崩壊させるほどの歴史的大事件は起きなくなるという仮説］。エスタブリッシュメントにとっては、すべてが好都合に運んだ。かつては民主主義の到来によって権力者の立場が脅かされたが、それが逆の流れになったのだ。

その結果、いまのエスタブリッシュメントは前例のないかたちで富を蓄積し、積極的に権力を手にしている。それを止める組織的対抗勢力は何もない。政治家たちは、「かつて強大だった労働組合は、もはや政界はもちろん市民生活でも正当な居場所を失った。エスタブリッシュメントを批判する経済学者や知識人の多くも、文化の主流から追放されている」というシナリオにもとづいて行動している。

こうしたエスタブリッシュメントの説明については、反論も予想される。たしかに、今日のエスタブリッシュメントは一九五〇年代のそれとは異なる。ひと昔前まで、エスタブリッシュメントといえば「ポケットチー

Science Source/PPS 通信社

1950 年、クリケットに興じる上流階級の人々

フのあるぱりっとしたスーツを着て、片手に傘を、もう一方の手にブリーフケースを持っている上位中流階級の白人」を思い浮かべたものだが、今はちがう。それに、かつてのようなあからさまな性差別者や同性愛嫌悪者や人種差別主義者も少ない（権力者から注意をそらすのに便利な移民排斥《はいせき》には寛容だが）。

総じて言えば、今日のエスタブリッシュメントの大部分は、社会的にリベラルである。たとえばビジネス界の主要人物のなかには、同性愛嫌悪への反対運動を金銭的に援助する人もいる。先駆的なイギリス人数学者でコンピュータ科学者だったアラン・チューリングが、ゲイであったためにホルモン注射を強要された一九五〇年代初頭に比べれば、格段の進歩である。

それでも、エスタブリッシュメントは依然としてイギリス社会を反映していない。女性の国会議員は、一九四五年には二四人だったが、現在は一四三人。[*5] 劇的な増加に思えるかもしれないが、まだ国会議員の八〇パーセント近くは男性が占めているということだ。この女性の比率は、たとえば男女の機会均等で名高いわけでもないスーダンより低い。二〇一〇年の総選挙では、黒人と少数民族の国会議員の数は二倍近くになったが、それでもわずか二七人である[*6]（イギリスの現在の人口動態を正確に反映するなら、この数は九〇人を超えなければならない）。

トップ企業の重役を務める女性の割合も、たったの二〇・八パーセントだ。取締役に至っては、ほんの六・九パーセント[*7]。トップ企業の取締役で黒人か少数民族の出身者は一六人にひとりで、しかもその多くは国外での任命である[*8]。官公庁の上層部もいまだに男性が多数派を占めていて、女性は三分の一をやっと超えるほどだ[*9]。新聞社の経営者も、女性が増えてはいるものの、もちろん男性のほうが多く、黒人や少数民族のジャーナリストは非常識なくらい少ない。

といっても、本書はエスタブリッシュメントが社会を正しく代表しているかどうかを検証するのが目的ではない。とりわけ注目するのは、利己的な権力を行使する人々が「その権力をどう行使しているか」である。たとえ無責任で破壊的な権力を行使する集団内に男性や白人が減ったとしても、その集団が無責任で破壊的であることに変わりはない。

また、本書は個々の「悪役」についても論じない。エスタブリッシュメントとは「体制」であり、ひとまとまりの「メンタリティ」だ。政治家やメディアの大物の誰それへと単純化はできない。個人を強欲だとか思いやりがないと非難しても、理解できることはほとんどない。個人の行動の責任を問わないわけではないし、個人はたんに機械やロボットの歯車であって、既製の台本どおりに動くだけだと論じるつもりもないが、「イギリスは悪い人々に支配されていて、彼らが良い人々と替われば、いまの民主主義が直面している問題は解決する」という類いの見解には反対する。

実際、エスタブリッシュメントに属する人物の多くは、直接会うと寛容さと他者への共感に満ちている。恵まれない状況に置かれた人々への情もある。「個人」の品格と、もっとも有害な「体制」は、なんの問題もなく共存しうるのだ。たしかに、他者にどんな犠牲を強いても富と権力を手に入れようとする利己的な個人も、なかにはいる。ジャーナリストのジョン・ロンソンの調査によれば、CEOのおよそ四パーセントは反社会的な精神疾患にかかっていて、その割合は残りの人口の四倍も高いそうだ。[*10] それでも、われわれが理解しなければならないのは、個人ではなく体制としてのエスタブリッシュメントが示す進路であり、それがうながす行動である。

というわけで、本書では次のような点を探っていく。

- エスタブリッシュメントの発想がなぜこれほどまで勝利し、揺るぎないものになったのか。
- エスタブリッシュメントは、どんな姿をしているのか。
- エスタブリッシュメントは、どのようにして自分たちの行動を正当化するのか。
- エスタブリッシュメントはなぜ、民主主義にとって脅威なのか。

エスタブリッシュメントは、「イギリス国民に奉仕している」と主張しながら、実際には国民ではなく「エスタブリッシュメントそのもの」に奉仕している。なぜなら「私にはその価値があるから」だ。本書では、エスタブリッシュメントに浸透したこの考え方についても掘り下げていく――すなわち、権力者たちはなぜ、すでに不平等な富の分配のなかで、さらに大きな分け前を得て当然という感情を抱くのか？

これらすべてを知るために私は、エスタブリッシュメントの主要な機関について調査し、そのトップにいる人たちと会った。政治家と議会のカフェでカプチーノを飲んだり、企業に資金提供されている評論家とウェストミンスターの裏通りで冗談を言い合ったりした。高級レストランで銀行家とランチを食べたり、あわただしいニュース編集室でベテランのジャーナリストと会ったり、都心にそびえ立つ企業本社で重役とロンドンの高層ビル群を眺めたりもした。本書では、そこで得たエスタブリッシュメント自身のことばも多数紹介している。

ところで、エスタブリッシュメントに果敢に挑戦する本を著《しる》すなら、私自身の資質も厳しく問われてしかるべきだろう。私は労働者階級が多いストックポートの猛烈な反エスタブリッシュメントの家庭で育ったが、最終的にはイギリス支配層の伝統的な教育の場であるオックスフォード大学に入った。同窓生のなかには、すでにエスタブリッシュメントの柱石になりつつある人もいる。私は新聞のコラムニストになり、テレビ番組にもたびたび出演している。有力な個人と頻繁に会い、ファーストネームで呼び合う間柄の人もいる。だから、私自身もエスタブリッシュメントの一員だと主張する人もいるかもしれないが、エスタブリッシュメントに属するかどうかは、その人の生い立ちや教育、公的立場の有無では決まらない。それを決めるのは「権力」と「メンタリティ」だ。

とはいえ、本書に登場する人々に会ってインタビューができたのは、まちがいなく今の立場のおかげだ。タイムズ紙のデイビッド・アーロノビッチのように、面と向かって私にそう指摘した人もいた。彼は、かつて過激派の学生で共産主義者だった。一九七五年には、BBCの『ユニバーシティ・チャレンジ』〔訳注：イギリスの各大学の代表者が出演する長寿クイズ番組〕に出場し、すべての問題に、「レーニン」「トロツキー」「チェ・ゲバラ」などマルクス主義のリーダーの名前で答えて、番組を台なしにしたこともあった。本人曰く「当時はものごとをかなり一面的に判断していた――あらゆることを簡単に切り捨てていた」。しかしやがて、マードックが所有するタイムズ紙のコラムニストになり、左派を容赦《ようしゃ》なく批判するようになった。

アーロノビッチは明らかに私を過去の自分に重ね、同じ（破滅的な）道をたどる運命だと考えていた。「われわれはどうしてここにいるんだろうね。私はここできみに協力している。なぜだろう？」と彼は訊いた。私たちはハムステッドのカフェにいた。彼はすでに私の仕事を知っていて、私を自分と同じ「メディア宇宙」の一員と見なした。そうでなければ、私と会うために金曜の朝を犠牲にはしなかっただろう。「エリートの世界へようこそ」と、彼は最後に言った。「こうしてエリートの議論をしているわけだからね」

だが残念ながら、エスタブリッシュメントの本質は、ハムステッドのカフェでジャーナリストふたりがあれこれ考えるだけでは、とうてい解明できない。エスタブリッシュメントはあまりにも長く責任を問われず、戦いも挑まれなかった。そのせいで、彼らが何者で、何をしているのかがいまだ定義できていない。

いずれも、本来ならとっくの昔にしておくべきだった議論である。

1

「先兵」の出現

The Outriders

四七歳のポール・ステインズは、一、二度会っただけでは共感を呼ぶ人物に見えない。黒髪を横分けにしているが分け目は白髪で、見た目は男性版クルエラ・ド・ヴィル［訳注、ディズニー映画『101匹わんちゃん』に登場する悪役］といった雰囲気だ。イズリントンにあるしゃれたガストロパブでワイングラスを傾けながら、この右派のブログ王は、ほとんど余談のような気軽さで言った。「私は民主主義があまり好きじゃなくてね」

一九八〇年代、ステインズはマーガレット・サッチャーの改革に刺激を受けた若き熱狂者だった。「彼女を愛していいたのだと思う」と、珍しく人間的な感情をにじませて私に言った。彼は長年、左派に対するむき出しの憎悪に突き動かされてきた。「きみたちの信念は邪悪だと思う」と皮肉のかけらもなく言った。心からそう思っているのだ。

ステインズは一九八〇年に、一三歳でカール・ポパーの『開かれた社会とその敵』（未來社）を読んだ。全体主義的イデオロギーに対して自由民主主義を猛烈に擁護しているとされる本だが、これを読んだステインズは、自分はリバタリアン［訳注：個人的な自由、経済的な自由の双方を重視する自由至上主義者］か、政府や国家を個人の自由の脅威と見なす人間だと悟ったという。ティーンエイジャーのころにはもう「大勢の有力者の近くに」いて、マーガレット・サッチャーの顧問だったデイビッド・ハートの「かばん持ち」兼個人秘書になった。ステインズが自慢げに語るところでは、ハートはメディア王ルパート・マードックから政治活動の一部を金銭面で支援され、サッチャリズムが決定的勝利を収めた一九八四〜八五年の炭鉱労働者ストライキでは、「NUM（全国鉱山労働組合）を打倒するための資金を提供した」。また、一九八〇年代にニカラグアで右派の暴力的な民兵組織（コントラ）が、左派のサンディニスタ政権との戦闘で残虐行為に及んだ際には、ハートもステインズも、コントラへのアメリカの武器販売を声高《こわだか》に支持した。

その後ステインズは、ロンドンのシティでブローカーやトレーダーとして働いていたが、二〇〇四年、投資資金の援助者に対して訴訟を起こしたあと、破産を申し立てるはめになった。そこで新しい仕事が必要になり、生まれたばかりのブログなるものに飛びついた。将来儲かるニッチ市場となることを見越して、タブロイド紙もおとなしく見えるほどのやり方で、政治家のスキャンダルを暴露するウェブサイトを立ち上げたのだ。筆名は、かつて政治の既成勢力を打ち倒そうと実力行使した男にちなんで、グイド・フォークスとした［訳注：一六〇五年に火薬陰謀事件で国会議事堂爆破を企てたガイ・フォークスを指す］。「政治家に対する私の怒りは、まぎれもなく本物だ」とステインズは言う。「あんなくそ泥棒には虫酸が走る」

〈グイド・フォークス〉は、どんなことにも踏みこんだ。二〇〇九年には、ゴードン・ブラウン［訳注：トニー・ブレア政権の財務相。ブレアの後任の首相］の右腕のひとりだったダミアン・マクブライドと、ニュー・レイバー［訳注：「労働組合の政党」から「中道の国民政党」への転換をめざす労働党の路線・一派］の政権でスピンドクター［訳注：メディア情報を操作して人々の心理を操る専門家］を務めたデレク・ドレイパーが交わした電子メールのやりとりを公開した。そのメールでふたりは、政敵を中傷する噂を広めようと相談していた。ステインズがどうやってそれを入手したのかは定かでない。スキャンダルのあと、コンピュータのハードドライブを破棄している。

このすっぱ抜きの影響は大きかった。マクブライドは面目を失って辞職に追いこまれ、すでに苦境にあったブラウンはいっそうの政治的危機に陥った。ステインズは深刻な名誉棄損で訴えられる可能性もあったが、〈グイド・フォークス〉のサーバーを国外に置くことで身を守った。政治家が心底おびえるのも無理はない。本人はその名声を喜んでいる。「かなり楽しんでいると言ったら、私の印象が悪くなるだろうね」

とはいえ、ステインズを支配的エリートに対抗するリーダーと見なすのはまちがっている。彼はそれにはほど遠いばかりか、むしろ最富裕層のあからさまな「先兵」だ。彼自身の言い方を借りれば、「世界の富豪のために立ち上がっている。富豪はもう充分苦しんだじゃないか、というのが私の見方だ」。

彼のような大富豪の代弁者にとって、民主主義は致命的な脅威になりかねない。だから蔑視する。「持たざる者は、持てる者から奪うために投票する。それが公正な物事の進め方だとは思わないね……普通選挙権があれば、民主主義はつねに、持たざる者が持つ者から奪おうとすることにつながる」

民主主義に反対であることを説明するために、ステインズはこんな例まで持ち出した。「アパルトヘイトを見てみればいい。アパルトヘイトの頂点にいた白人は、明らかに自分たちに都合よく物事を決めていた。あからさまにそれができたのは、黒人から政治的な力を奪ったからだ。誰もが投票権を持ち、割当の分配が不平等な体制では、持たざる者が持てる者から奪うために投票する。そのことは明らかだ」。もっとも、現実がそこまで単純ではないことは彼も認める。「資本にはみずからを有権者から守る手段がある」からだ。「アメリカは明確にそれを実践している。あの国では金が政治を支配している。つまり、ほんのわずかに左寄りの民主党員が当選しても、制度が再分配の動きを抑制する」

こうした見解を知ると、ステインズを見当ちがいの変人と片づけてしまいたくなるかもしれないが、そうではない。彼は上級の大臣や右派の要人とのあいだに強力なコネを持っている。国内でもっとも購読者が多いサン紙の日曜版でコラムも執筆している。それに、〈グイド・フォークス〉はイギリスの政治ブログのランキングでつねにナンバーワンだ。

ステインズが政界のエスタブリッシュメントに聖戦を挑む目的は、民主主義体制そのものの信用をぐらつかせることにある。さらに、それはもっと大きなイデオロギー運動の一環である。この三〇年間で、富と権力は一般の人々から奪われ、頂上にいる人々に計画的に再分配されてきた。それを可能にしたのは、「先兵」たちの強い意志と努力だった。

ハイエクの嘆きとモンペルラン協会

今日のエスタブリッシュメントの基本理念について理解するには、一九四七年のスイスののどかな村、モンペルランまでさかのぼらなければならない。そこを訪れた人々は、まわりの景色の美しさに息をのんだ。広大なジュネーブ湖、そびえ立つダン・デュ・ミディの山並み。この牧歌的な場所ならば、ほんの二年前に中立国スイスの外で猛威をふるった死と破壊を忘れることも、たやすかったかもしれない。

意外にもモンペルランは、のちに世界じゅうに広がる反革命運動の生誕地だ。一九四七年四月の最初の週に、学者、経済学者、ジャーナリストを含む西洋の知識人が四〇人近く、町のオテル・デュ・パルクに集結した。ときに熱を帯びた激しい討論が一週間続いたあと、彼らは、第二次世界大戦の瓦礫《がれき》から生まれた新しい世界秩序に有罪判決を下した。彼らの「目標宣言」には「文明の中心的価値が危険にさらされている」とあった。「地上の大部分において、人間の尊厳と自由に欠かせない条件がすでに消え去っている」

この思想家たちにとって、危機の根本原因は明らかだった。すなわち、「私有財産と競争市場に対する信念が弱まった」からだ。欧州復興計画《マーシャル・プラン》や、イギリスのアトリー内閣の福祉国家制度といった戦後の体制のせいで、

Granger/PPS 通信社

熱烈な自由放任主義者フリードリヒ・ハイエク

苦しい立場に置かれるであろう自由市場資本主義を守らねばならない――こうして〈モンペルラン協会〉が誕生した。

〈モンペルラン協会〉の発案者は、オーストリア生まれのイギリス人経済学者、フリードリヒ・ハイエクだ。ナチス帝国が連合国軍の手で崩壊しつつあったとき、ハイエクは著書で「自由放任主義経済――国家が経済活動にかかわらないことが繁栄と自由を保証する、という信念――の放棄によって、自由のもっとも根本的な部分が脅かされてきた」と主張した。「われわれは経済活動における自由を少しずつ放棄してきたが、かつてその自由なしで、個人的自由も政治的自由も存在したことはなかった」[*1]

多大な影響力を持つハイエクの『隷従への道』（日経BP社ほか）は、第二次世界大戦が終わるころに出版され、大成功を収めた。イギリスを初めとする西欧諸国で何十万部と売れ、一九四五年四月には、リーダーズ・ダイジェスト誌に要約版が掲載された。[*2] だが、ハイエクはなお、思想家仲間への手紙で、「私は近未来について決して楽観的ではない。ヨーロッパの展望はかぎりなく暗い気がする」と書いている。[*3]

ハイエクと彼の支持者たちは、ことばの真の意味において「反動主義者」だった。彼らの目標は、一九三〇年代の経済恐慌と四〇年代の世界大戦のトラウマで消し去られた「黄金時代」に時計の針を戻すこと。みな臆面もなく自分たちを「古風なリベラル」と呼んだ。ハイエクが〈モンペルラン協会〉の初会合で述べたように、目下の重要な課題のひとつは、「伝統的なリベラル理論から、時とともに加わった本質的でない付着物」を一掃することだった。[*4] この淡々とした学術的な表現からもわかるとおり、彼らは純粋なイデオロギーにもとづき、腐敗した自分たちの信念体系を清浄化することを使命としていた。

ハイエクは、西欧は最近まで「大まかに一九世紀の思想と呼ばれるもの、すなわち、自由放任主義《レッセ・フェール》の原則で統治されてきた」と信じ、[*5] 信奉者たちとともに、そのモデルに戻ろうと主張した。それは、二〇世紀後半の社会改革と関連づけられるようになったリベラリズムとはちがった。ハイエクと親交のあったアメリカの自由市場経済学者、ミルトン・フリードマンに言わせると、ハイエクらの唱えるリベラリズムは一八世紀の終わりから一九世紀にかけて出現した運動であり、「自由を究極の目標として強調し、個人を社会の究極の存在として強調していた」。言い換えれば、彼らのリベラリズムが支持するのは、何をおいても「国内での自由放任主義」と「対外自由貿易」であり、経済問題における国家の介入を少なくすることだった。[*6]

しかし、ハイエクやフリードマンらの復古的なリベラルは、戦後の新しい世界（的確にも「資本家イデオロギーの最悪期」[*7]と表現された時期）においては「のけ者」であり、たんに「変人」と見なされていた。[*8] 自由放任主義経済学も、一九三〇年代の大恐慌とその後の世界的な紛争を引き起こしたと非難され、国家の戦時計画経済の成功によって立場を失い、思想的に破綻したように見えた。

戦後三〇年近くは、西ヨーロッパじゅうで、総力戦を経験した何百万人もの労働者が立ち上がり、大企業や富裕者にさまざまな社会改革を要求した。社会主義や社会民主主義の政党が大勝して、連立政権に参加したり、イギリス、スウェーデン、ノルウェーのように単独で政権を得たりした。[*9] 強力な左派勢力に脅かされた右派は、伝統的に擁護してきた自由放任主義経済をあきらめるしかないように思われた。

ピリの野望

だが一九七〇年代に、ある小さな思想家の集団が復活のチャンスをとらえた。イギリスのエスタブリッシュメントを新たに形成するという彼らの計画の中心にいたのは、マドセン・ピリという若者だった。

ピリは陽気で風変わりな男だ。近年はいつも粋なストライプの蝶ネクタイをつけている。初対面の折、ランチに誘ってくれたが（私のことを調べたいという思惑もあったのだろう）、今回インタビューをおこなった場所は、下院からほんの数分の静かな裏通りにある〈アダム・スミス・インスティテュート〉。その心地よいオフィスで、茶目っ気があるピリは、みずから書いたSFの本を何冊かくれた。螺旋《らせん》階段の上では、聡明で若いリバタリアン（自由主義者）たちがさかんにキーボードを叩いていた。

ピリはエリート出身ではない。リンカンシャー州の海辺の町クリーソープスの近くで、祖母に育てられた。祖母は居間で漁網を作って生計を立てていたが、すでに何人も子供を育てていたので、ピリのことはほったらかしだった。「結果として、ふつうより自立心が身についた」と彼は言う。「自立した道を進みたがるのも、要因を探れば、おそらくそういうのんびりした生い立ちにたどり着くんじゃないかな」

本人の記憶にあるかぎり、リバタリアン的な見解が揺らいだことはない。二〇歳をすぎたころ自分の信念のすべてを二ページにまとめてみたが、「ジョン・スチュアート・ミル［訳注：一八〇六―一八七三年。経験主義哲学者、社会改革者で、ベンサム流功利主義運動のリーダーだった］が一世紀以上前にもっとうまくやっていた」ことに気づいたという。

一九七〇年代初頭、大学院生のピリは、右派の学生運動の中心として長い歴史を持つセント・アンドルーズ大学で哲学を学んだ。フリードリヒ・ハイエクやミルトン・フリードマンと知り合ったのは、学生向けの講演会に、〈モンペルラン協会〉の創設者のひとりであるカール・ポパーを招いたのがきっかけだった。「ハイエクは、共産主義諸国だけでなく、資本主義・民主主義の国々も含めて、世界じゅうで社会主義が勝利していると考えていた」。ピリの記憶では、ハイエクとフリードマンは第二次世界大戦から三〇年がたっても強い信念で結びつき、お互いを必要としながらも、あいかわらず孤立していた。「おそらくどちらも、それぞれの大学や国で孤軍奮闘していた。いまなら組織に所属して、自分たちは孤独ではない、ひとつの運動の一部を担っていると感じることができただろうが」

〈モンペルラン協会〉の指導メンバーのなかに、楽観主義者はほとんどいなかった。「フリードマンを除いて、みな悲観的で、ほとんどのメンバーが歴史の下り坂をおりていると思っていた。最終的に望みうるのは、よくてスカンジナビア・モデルのような混合経済だろう、とね」

ピリが哲学で博士課程を修了しつつあったころ、イギリスではまだ、一九四五年に労働党のクレメント・アトリー政権が確立した社会民主主義が支配的だった。それが戦後のイギリスを支配したエスタブリッシュメントの政治基盤で、主流の政治家はみなその中心的な信条に賛同すると考えられていた。賛同しなければ、政治的に受け入れられなくなる怖れがあった。

労働組合も、無視できない強大な勢力だった。一九六八年、〈労働組合会議〉〔訳注：イングランドおよびウェールズの労働組合のナショナルセンター〕は結成一〇〇周年を祝い、労働組合が「小さな弁論部」から労働組合主義を代表する組織になったことを誇らしく宣言した。いまや「国の政策立案」に加わり、「主要な社会事業の運営」にたずさわり、「国じゅうの雇用主のスポークスマンと対等な立場」で会えるようになった、と。[*10]

当時は収入に対する所得税の最高税率が七五パーセントに達し、基幹産業や公益事業は公有化されていた。今日の自由市場主義の思想家から見れば、まさに悪夢である。だから今日、右派が左寄りの思想に対して使う反撃の常套句《じょうとうく》といえば、「国を一九七〇年代に戻すつもりか！」なのだ。しかし実際には、この時代に人々の生活水準は驚くほど向上し、この国がかつて見たことのない安定した経済成長が実現した。

一九五五年には、労働党内の伝統的右派で知的指導者だったトニー・クロスランドが、「世論の左傾化」を祝福する本を書き、その動きは将来も続くと強調した。社会民主主義のこのような勝利宣言は、一九八〇年代の冷戦終結後には自由市場主義の思想家の大喜びに取って代わられるが、クロスランドの分析によると、戦後まもないころは、保守党ですら「二〇年前なら左寄りとされ、右派が断固拒否する政策を大々的に掲げて」選挙戦に臨んでいた。その左傾化は著しく、「現代のイギリスを資本主義社会と呼ぶことは、明らかに不正確である」と彼が大胆に結論するほどだった。[*11] 要するに、クロスランドによれば、「われわれは勝利した」のだ。

左派にとっての勝利は、右派にとっての絶望だった。のちにマーガレット・サッチャーは「とくに政府の具体的な政策において、保守党は左への長い行進に加わっているだけだった」と述べ、彼女の政治顧問で自由市場主義者のキース・ジョセフの「イギリス政治は『社会主義の推進装置』になっている」という発言に賛同した。ジョセフは、イギリスが容赦なく、しかもおそらく不可逆的に社会主義の方向に進んでいると信じていた。

サッチャーは、戦後政治がたどった道筋をこう表現した――保守党は「後続の労働党政権〔訳注：一九六四～七〇年のハロルド・ウィルソン政権〕が国を少し左に動かしても、戦法を変えなかった。保守党は社会主義のコルセットをゆるめただけで、はずさなかった」。[*12]

だがその後、一九七〇年の総選挙前に、保守党党首エドワード・ヒースは党の方針を立て直そうとし、減税や国家不介入を含む一連の自由市場政策を提案した。このときには、ハイエクの信奉者たちにもいくらか希望が見えただろうが、国の経済状況は厳しく、失業者は増すばかりだったので、ヒース政権が誕生したあと、この政策はあっけなく放棄される。これについてサッチャーは、「ヒース政権は……選挙で成立したイギリス政権が考案したなかでもっとも急進的な社会主義政策を打ち出し、実行しかけた」と書き、「国家による物価や配当の管理に加え、労働組合会議、英国産業連盟、政府の三者による経済政策の共同監視」を提案したヒースを批判した。

こうした時代にあって、マドセン・ピリは落胆しながらも、自分は「革命的で過激な反逆者」だと感じていた。少なくともイギリスでは、ハイエクとフリードマンの研究の第一人者になっていて、「社会主義の推進装置」と闘うために、できることはなんでもする覚悟だった。「七〇年代初めにセント・アンドルーズ大学で書いた論文のなかで、『逆方向の推進装置』ということばを作り出した。われわれも似たようなことをしなければならない、という意味だ」

ピリは、敵から学ぼうと心に決めていた。敵がコンセンサスを作り出せたのなら、自分や似た意見の仲間たちにも同じことができる。ピリには、そのための計画もあった。「なんらかの市場改革をおこなうチャンスがめぐってきたら、二度と逆戻りしないように、利益団体からの支持をしっかり取りつけなければならない」

博士課程を修了したあと、ピリは学界に入ろうと決意してアメリカに渡った。「金も、仕事も、将来の展望もなかった」が、結局、キャピトル・ヒルにある保守系の下院議員連盟〈共和党研究委員会〉で働くことになった。当時の委員長はエドウィン・フルナー。後年、保守思想の普及のために設立された右派系シンクタンク〈ヘリテージ財団〉のトップを務めた人物だ。右派の団体はほかにもあって、彼らの見たベトナム戦争後のアメリカの無残な衰退と、長引く景気低迷から脱却するために、次々とアイデアを出していた。

アメリカより少ないものの、イギリスにも似たようなシンクタンクは存在していた。〈経済問題研究所〉（IEA）は一九五〇年代なかばに設立され、敵対的な政治環境のなかで自由市場の思想を広めていた。現在の所長マーク・リトルウッドは当時を振り返り、「あのころ、IEAは頭がおかしいと思われていた」と私に話った。「知的には誠実だが、とにかく主流からはかけ離れている、と」

ＩＥＡが為替レートの廃止を提案したときには「完全にイカれている」と見なされたという。「国が通貨の為替コントロールを廃止するという考えは、まったく現実離れしていると思われた。ところがサッチャー政権は、ほとんど真っ先にその政策をとった」。一九六〇年代に電気通信事業の民営化を提案したときにも、反応は似たり寄ったりで、ＩＥＡは「奇人の集まり」、「頭がおかしい」と思われた。

リトルウッドのことばを借りれば、ＩＥＡが試みていたのは、「プラカードを振ったり、冊子を配ったり、スローガンをポスターに掲げたりする」ことではなく、「知的な議論」だった。「〈サーチ・アンド・サーチ〉のようなやり方ではなく」と、マーガレット・サッチャーが気に入っていた広告代理店を引き合いに出し、「本当に深い学術的かつ知的な方法で、国民を動かそうとしたのだ」と言った。

その意味では、ＩＥＡはすでにピリの「逆方向の推進装置」に取り組んでいた。「サッチャーが保守党党首となり、首相になったのは、ＩＥＡがそれを可能とする土台を築いていたからだ。ＩＥＡは彼女の最初の任期を知的面で支えた」

ＩＥＡが戦後の社会民主主義エスタブリッシュメントに対抗する重要な役割を果たしたことは、ピリも同意する。「ＩＥＡはとくに大学で、自由市場の考えを広めるすばらしい仕事をした」。だが、それだけでは不充分だった。「われわれは政策に直接影響を与える何かを求めていた。自由市場という目的を実現する政策を立てたかった」と語るピリの目は輝き、声には情熱があふれていた。抽象的な考えを社会変革の具体的な政策に変えるチャンスをつかむ、それが彼をもっとも興奮させるのだ。

「実行して成功するだけでなく、その政治家が再選するような現実的な政策を作らなければならなかった」とピリは説明した。「次の選挙で彼らが忘れ去られ、すべてがなかったことにされるのであれば、政治家がまっとうな活動をする意味がないからね」

古いエスタブリッシュメントを倒し、まったく新しいエスタブリッシュメントの土台を築く——これがマドセン・ピリの使命だった。

一九七六年にピリがアメリカにいたとき、独立宣言から二〇〇周年を祝う会が国じゅうで催されていたが、自由市場経済学の信奉者にとっては別の意味で記念すべき年だった。資本主義の基礎となるイデオロギーの一端を初めて示したスコットランドの思想家アダム・スミスの『国富論』の刊行から、二〇〇年がたったのだ。ピリは同僚のイーモン・バトラーとともに、新しいシンクタンクを設立することにした。こうして翌一九七七年、ロンドンに〈アダム・スミス・インスティテュート〉が生まれた。

〈アダム・スミス・インスティテュート〉は、彼自身が夢にも思わなかったほど成功する。「(最初は) ひとつかふたつ政策が取り上げられて成功し、その成功がもっと多くの成果につながることを期待していた。ひとつずつの積み重ねだろう、とね」とピリは言った。「当時は、自分たちの思想があそこまで完全に受け入れられるとは、思ってもみなかった」

右派の逆襲、始まる

一九七〇年代のなかばには、戦後のコンセンサスが揺らぎはじめていた。まず、一九七一年八月に、国際金融の世界的枠組みだった固定為替レートを柱とするブレトンウッズ体制が、ベトナム戦争の出費に悩むアメリカによって一方的に廃止された。その二年後には石油産出国が禁輸措置を宣言し、「石油ショック」が起きた。西欧ではインフレが急激に進み、景気は低迷した。企業の利幅も低下した。〈モンペルラン〉の先兵たちにとって、時は満ちた。ミルトン・フリードマンが述べたように、「現実であるか、たんなる認識であるかにかかわらず、危機のみが本物の変化を生み出す」。そして「危機が起きたとき、人々のとる行動はまわりの思想に影響され、政治的に不可能だったことが、政治的に不可避なことになる」のだ。

ここで重要なのは、このイデオロギー闘争が当時のイギリスの世相を反映していたという点だ。インフレが進むと、生活費の上昇に見合った賃金を求める労働組合が、全国でストライキをくり広げた。その頂点が、一九七八〜七九年の「不満の冬」だった。このストライキによって、生活に不可欠なサービスが停止した地域もあった。いくつかの闘いでは勝利したものの、労働組合の運動は悲劇的敗北の瀬戸際だった。つまり、当時のイギリスは、かつてなく〈モンペルラン〉の先兵たちの考えを受け入れやすくなっていた。

一九七四年には、反体制的な右派の思想を広めるために、〈政策研究センター〉（CPS）というシンクタンクができた。設立者はマーガレット・サッチャーと、建築業界の大物の息子で長年保守党の大臣を務めたキース・ジョセフだった。現所長のティム・ノックスは「創設当初から、革命的であることをはっきりとめざしていた」と述べた。「そのころのキース・ジョセフは、どの演説でも、七〇年代なかばからのコンセンサスを酷評していた。当時は不況だったから、コンセンサスに挑戦することには根拠があった。物事がうまくいかないとき、人々は別の方法に耳を貸す。何もかもうまくいっていれば、わざわざ波風を立てる必要はないだろう？」。社会を変えるには大きな危機が必要だというミルトン・フリードマンの見解は、そのころの自由市場の先兵たちに共通する認識だった。

そして一九七七年に、ピリの〈アダム・スミス・インスティテュート〉が創設され、脇目もふらず扇動的な活動が開始された。メンバーは議会の執務室や、ランチの席や、会議のなかで政治家に訴えた。主要な新聞に記事を書き、自分たちの考えが有力者の注意を引くことや、影響力のあるジャーナリストと親密な関係を築くことを願っていた。「まずテレグラフ紙、次いでタイムズ紙に執筆したジョン・オサリバン〔訳注：保守系の政治コラムニスト」は、われわれの最新の発行物を巧みに話題にしたり、同僚に記事にするよう頻繁に働きかけたりしていた」と〈アダム・スミス・インスティテュート〉の公式記録にはある。[*13]

彼らの研究にもとづく特集記事が、デイリー・メール紙などの新聞に掲載された。〈アダム・スミス・インスティテュート〉は、ジャーナリストを自分たちの先兵に変えて、研究内容を大衆に拡散した。あらゆる意味で野心的だった。「われわれの目標は、新しいコンセンサスを形成することだった。あるいは、そこまでいかなくても、世の中の流れはそちらに向かっているという印象を与えることだった」とピリは語る。

ほどなくそれはより攻撃的になった。〈アダム・スミス・インスティテュート〉は、IEA、CPSなどの自由市場主義の組織と合流して、〈セント・ジェイムズ協会〉を設立した。この名称は、初めて彼らが集結したウェストミンスターのセント・ジェイムズ・コート・ホテルに由来する。彼らはたびたび会合を開き、キース・ジョセフや、サッチャー政権で最初の財務相となるジェフリー・ハウといった、保守党の影の内閣［訳注：野党第一党が内閣に対抗して組織し、定期的に政府の政策を批判したり、代案を出したりする］の主要メンバーから話を聞いた。

だが、困難な問題も抱えていた。「当時、自由市場主義の思想と景気刺激策がイギリス社会を好転させると考える人は、ごく少数だった」とピリはのちに記した。「われわれはタクシー一台に入るくらいしかいない。そのタクシーが事故を起こしたら、自由市場主義の運動は跡形もなく消え去る、とよく指摘し合ったものだ」[*14]

とはいえ、少数ながら、「先兵」の業績はきわめて大きかった。まず、どうしようもなく奇抜で非主流と見なされていた考えを、新しい政治的常識に変えることに貢献した。それは、以前なら本人たちでさえ不可能だと思っていたことだった。また、民営化、規制撤廃、富裕層への減税など、のちにサッチャリズムの礎《いしずえ》となる政策の突破口も切り開いた。

一九七〇年代に保守党シンクタンク〈ボウ・グループ〉に所属していたマーク・ボリートは、「保守党のナイジェル・ローソン［訳注：サッチャー政権下でエネルギー相や財務相を務めた］の政策のうち、私がかかわり、実際にかなり影響を及ぼした分野は、住宅政策、とくに公営住宅の売却だった」と語る。当時、公営住宅の売却問題は左派と右派が対立する戦場だったが、「今ではそんなことはまったくない。完全に合理的な政策だと広く受け止められている」。

右派の政策や思想の普及を助けたのは、シンクタンクだけではない。広告関係者も貢献した。たとえばティモシー・ベル（現在はベル卿）。彼は一九七〇年代のサッチャー支持運動の要《かなめ》であり、いまなお元首相の政策の熱烈な支持者だ。二〇一三年にサッチャーの死去を世界に公表することをまかされたのも彼だった。そして今日、彼はPR会社〈ベル・ポッティンガー〉のトップである。クライアントは幅広く、ベラルーシの独裁者から、シリアのアサド大統領の妻、ピノチェト財団（チリの亡き独裁者が自分の功績を宣伝するために作った組織）までいる［訳注：〈ベル・ポッティンガー〉は二〇一七年に破綻］。

ベルは、サッチャーを次々と勝利させたメディア戦略の立役者だった。保守党が勝利した一九七九年の選挙では、失業者が職業安定所の外で長い列を作っている写真を使って、「労働党は働いていない」という有名なポスターをデザインした。一九八四〜八五年にかけての炭鉱ストライキでは、社会民主主義に闘いを挑んだサッチャー政権側が劇的な勝利を収めたが、そのときベル卿は、メディアをつうじた労働組合への猛攻を指揮した。現在の彼はさながら、引退して数々の勝利の余韻に浸る元将軍である。

私は、ロンドンのメイフェアにある彼のオフィスを探すのに苦労した。そこは、大富豪の銀行家やロシアの新興財閥《オリガルヒ》のほか、現代イギリスの大立者《おおだてもの》でごった返す高級住宅地である。迷ったあげく、サウジアラビア大使館の外でマシンガンをたずさえた警官に訊いて、隣の建物に案内してもらった。サウジアラビアは偶然にも、ベル卿の裕福なクライアントだった独裁国家だ。

小型のエレベーターでまっすぐ卿のオフィスに上がると、目のまえに、この首都でもっとも贅沢な家々を見渡すすばらしい眺めが広がった。議論のあいだ、卿は部屋の中央の机について座り、〈ベンソン&ヘッジズ〉〔訳注：かつて王室御用達だったイギリス煙草〕を立てつづけに吸いながら、困惑と無関心を示していた。

ベル卿の成功事例のひとつに、サッチャー流の教義を日常のことばに翻訳し、新しい常識に仕立てたことがある。大衆受けするメッセージを伝えるこの能力は、サッチャリズム反対派をたびたび困らせた。「広告業界の人間は、複雑なメッセージを、単純なことばからなる短いフレーズで効果的に伝える方法を学ぶ」と彼は説明する。「私の批判者は『あまりに単純化しすぎてメッセージが台なしだ』と言うが、支持者は『いや、それはちがう。ふつうの人々でも理解できるようにしているのだ』と言う」

サッチャリズムを大衆に届けるベル卿には、もっと野心的な目論見《もくろみ》もあった。彼は人々の考え方を変えようとしていたのだ。「広告とは、大衆の想像力を刺激するアイデアを生み出すことだよ。そのアイデアによって、彼らの態度や行動を変える。政治も同じであるべきだ」と語った。

七〇年代後半、ベル卿のような人物の力によって、明確で説得力のあることばを獲得したサッチャリズムは、苛酷な社会や経済の衰退を打破するための計画を発表した。彼らは、第二次世界大戦後にハイエクが示したような暗い状況を利用したのだ。つまり、ベル卿が事実上提示したのは、大衆向けのハイエクだった。「生活は悲惨だった」と、卿は当たりまえのように断定した。文字どおり受け止めろと言わんばかりに。「そこに彼女が新しい考えを持ちこんだ——こんな状態である必要はない、昔に戻ることはできるし、また偉大になれる、ただし現在の状況にもとづいて、という考えだ。それが多くの人々の心をとらえた。だからみんなサッチャーを支持したのだ。とくに彼女が好きだったわけでもないし、ことさら人望やカリスマのある人だと思ったわけでもない。のちに、トニー・ブレアも同じ手法で自分を売りこんだ」

熱烈なサッチャー派は、彼女の型破りなカリスマが国民を魅了したと信じていたが、ベル卿のサッチャー像は明らかにちがった。彼にとってサッチャーは人気者でもなければ愛されてもおらず、とくにカリスマ的でもなかった。たんに「正しかった」のだ。

サッチャーが一九七九年五月に首相になったとき、その政策の基礎を固める大仕事はすでにほぼ終わっていた。民営化は望ましいだけでなく実現可能でもあることを〈アダム・スミス・インスティテュート〉が示し、政府による実施方法もくわしく述べていた。「振り返ると、サッチャー革命はすべてシンクタンクが支えていた」とロバート・ハルフォンは言う。ハルフォンはサッチャー式の攻撃に賛同し、先兵から政治教育を受けた現職の保守党議員のひとりである。「だから、一九七〇年代から八〇年代には、できるだけ多くのシンクタンクを訪ねたことを憶えている。IEA、〈フリーダム・アソシエーション〉、とにかくどこでも」

マドセン・ピリの「逆方向の推進装置」の活動は、サッチャーが首相になっても終わらなかった。というより、サッチャーの首相就任は始まりにすぎなかった。そして二〇〇〇年代後半、イギリスが経済的破滅に陥ったときには、晴れの舞台に立つ準備を終えていた。

〈納税者同盟〉の勝利

マシュー・エリオットは、リーズのグラマー・スクール出身だ。ロンドン・スクール・オブ・エコノミクスを卒業後、反EU（欧州連合）の立場をとる〈ヨーロッパ財団〉の広報担当となり、欧州議会の保守党議員の政治秘書官も務めた。どちらの仕事も、右派の似たような考えの人々と関係を築いたり深めたりするのに役立った。

二〇〇四年、二〇代なかばだったエリオットは、「減税と、より有意義な公的支出を求める無党派の草の根運動」である〈納税者同盟《タックスペイヤーズ・アライアンス》〉（TPA）を立ち上げた。一九九〇年代終わりから二〇〇〇年代初めにかけて、欧州単一通貨への加盟に反対して注目を集めた〈ビジネス・フォー・スターリング〉運動にヒントを得てのことだった。エリオットは、その運動が「シンクタンクというかたちをとらなかった」ことを強調した。「中道右派の多くの人がかかわっていたが、外からはあまりそうは見られなかった」。これは、イデオロギー色の強いシンクタンクを作った最初の先兵たちとは、戦略的に異なる一歩だった。〈納税者同盟〉は、無党派の大衆運動であることを巧妙に宣伝する組織となる。

　エリオットのオフィスに入ると、茶目っ気とユーモアのセンスあふれる男が迎えてくれた。机の上には禿頭に毛糸の帽子をかぶった小さなレーニン像があり、彼はしきりに愛情をこめてその像をいじった。

　彼はこの一〇年、イギリス政治に対してかなりの影響を与えてきたことに満足している。政治的敵対者との会話を楽しみ、私とも会合の記念写真を撮ろうと主張した（その写真は、結局オフィスの壁に飾られた）。壁には額に入った新聞の一面など、過去の栄光の証が飾られ、エリオットのすぐれたメディア戦略の腕前を示していた。

　そのひとつは「NO to AV」と大きく書かれたポスターだ。新しい選挙方式「オルタナティブ・ヴォート」［訳注：小選挙区制だが、候補者一名への投票ではなく複数の候補者の順位づけをする］を採用するかどうかを問う二〇一一年の国民投票で、圧倒的な成功を収めた広報活動である。前年に発足した保守党と自由民主党の連立政権が提案した「オルタナティブ・ヴォート」に対する容赦ない反対運動の陣営は、「新しい選挙方式に二五万ポンドを費やしたいですか？　それとも新生児の保育器や、兵士の防弾チョッキに費やしたいですか？」と問いかけた。国民投票ではそれが功を奏し、オルタナティブ・ヴォートは大差で否決された。

エリオットの勝利の秘訣は、「臆面もなくポピュリストになること」だった。「たとえば減税の意見を出すときも、学術的なシンクタンク方式ではなく、もっとメディアを利用した草の根的なやり方で活動した」。エリオットはまた、さかんに活動するアメリカの右派も参考にした。アメリカでは、〈アメリカンズ・フォー・プロスペリティ〉、〈全米納税者連盟〉、〈政府の無駄遣いに反対する市民の会〉、〈フリーダム・ワークス〉といった先兵たちが、納税と歳出の両方の大幅な削減を求めていた。いずれも市民からなる無党派の「草の根」の活動団体と称しているが、実際には右派政治家の先兵にほかならない。

エリオットは鋭くもそこからヒントを得た。〈納税者同盟〉は右派組織であり、保守系の企業人から資金を提供され、自由市場主義の思想家がスタッフを務めているにもかかわらず、たんに「納税者の声の代表」と称した。そもそも「同盟《アライアンス》」という名称自体が、幅広い連合を連想させる。彼らの意見表明は一貫して、おおむね偏《かたよ》りのない勤勉な納税者の代弁というイメージで報道されてきた。

さらに〈納税者同盟〉は、発足当初からジャーナリストときわめて強力な関係を築いた。メンバーには、二四時間対応が可能な広報担当や、ニュース番組の取材に即座に応じられるテレビ向けのスポークスマンもいた。締め切りに追われて多忙なジャーナリストは、長ったらしい政策文書の発表は無視する。そこで〈納税者同盟〉は、単刀直入に要点を伝える簡潔な研究文書を発行した。「TPAはあらゆる党の政治家から何年も無視されてきたが、いまも固い決意で一般の納税者の声を政治家に届けている」と公式ホームページで宣言している。その巧妙な手法は実を結んだ。

とはいえ、先兵たちの期待と裏腹に、二〇〇八年の金融危機まで、保守党の支出計画は労働党とまったく変わらなかった。「保守党は『政権を奪い返す唯一の方法は、労働党の支出計画に合わせるだけでなく、むしろ労働党より多く支出することだ』と信じていた」とエリオットは語る。彼の口調には保守党の旧来の立場に対する嫌悪感がにじむが、保守党のそうした姿勢のおかげで、〈納税者同盟〉はエリオットの言う「政治的空間」を手に入れ、「減税と自由市場のメッセージ」を伝えつづけることができたのだ。

そのころには、一定数の右派が、保守党の基本方針に反する（と見なす）政策に不満を抱き、新しいリーダーシップを求めていた。〈納税者同盟〉は、二〇〇四年以降、無駄な公費支出が一般的な税の使い途としてまかり通っているという極端な例を強調して、ゲリラ的な活動を展開した。「減税が実現可能だと人々を説得するには、支出の議論をしなければならない」とエリオットは言った。多額の年金を受け取る公務員、怪しい病状を主張する就業不能給付金の受給者、役に立ちそうにない大学の学位……これらが〈納税者同盟〉の追及対象だった。

彼らの戦略は明らかだった――公的支出を悪者扱いすること、納税者が苦労して稼いだ金が正当な根拠なく不要な政策や手当に無駄遣いされていると告発することだ。私はエリオットにこう訊いた。新聞各紙に「公共部門における無駄遣い」の衝撃的な例を載せることで、公共サービスの効率化の議論より支出削減の議論をうながすことになったのではないか、と。エリオットの答えは明確だった。「そこは意図的だ。減税に関する議論は、そもそも説明がかなりむずかしい。税金が無駄に使われていると指摘し、それによって減税ができる説明をしたほうがうまくいく」

しかし何よりも成功したのは、反対派が〈納税者同盟〉の示した条件で議論せざるをえなくなったことだった。エリオットは、地方自治体の高賃金を〈納税者同盟〉が暴いた事例をあげた。「自治体ごとの長者番付を、あなたは支持しますか、しませんか？ と問うた。すると、（労働党政権の）ゴードン・ブラウンでさえ舞台に上がって、公共部門の太った猫たちの減給が必要だと言うしかなかった」

じつに効果的な戦略だった。二〇〇八年九月にリーマン・ブラザーズが破綻した直後、当時野党だった保守党の党首デイビッド・キャメロンは、「金融を確実に安定させるために、短期間は立場のちがいを越え、政府と一丸となって取り組まなければならない」と宣言した。しかし、国益のためのこの超党派政治は長続きしなかった。数週間のうちに、保守党は労働党の支出計画を支持する方針を取り下げ、歴史を書き換えはじめたからだ。労働党に所属するシンクタンク〈フェビアン協会〉のティム・ホートンは、保守党は〈納税者同盟〉を直接利用したと論じる。〈納税者同盟〉は「保守党の政治戦略に不可欠」だった、と。[*15]

事実、保守党は〈納税者同盟〉が何年もかけて作り上げた新しいストーリーを示していった。ミルトン・フリードマンの金言、「現実であるか、たんなる認識であるかにかかわらず、危機のみが本物の変化を生み出す」が現実になったのだ。彼らのストーリーはこうだった——イギリスが経済危機に直面しているのは、政府が公共サービスに金を費やしすぎたせいである。利益拡大ばかりをめざして制御不能になった強欲な金融機関の暴走のせいではない。責められるべきは欲深い銀行家ではなく、肥大化した公共部門である。保守党と仲間たちは〈納税者同盟〉のこのストーリーを政治の主流にした。「労働党の支出計画を実現すると言っていた保守党を、支出削減のほうへ動かしたのだ」とエリオットは胸を張る。

ブラウンの労働党政権が危機また危機でよろめくあいだ、保守党と主流メディアの多くは、「政府の浪費」というストーリーを容赦なく突きつけた。そして、二〇一〇年の総選挙で、保守党が自由民主党と連立政権を樹立すると、〈納税者同盟〉は、政権による公共部門への猛攻撃を批判する世論を和らげることに協力した。かくして、公共部門の支出は大幅に減らされ、その大部分が私企業に移された。

邪魔者は労働組合

労働組合は、おおかたの右派やビジネスエリートにとって敵である。つまり、〈納税者同盟〉の主要な標的だった。〈納税者同盟〉は、労働組合の代表者が職場から離れて組合の仕事をすることを認めた「組合活動時間《ファシリティ・タイム》」にも反対した。

ビジネス・企業・規制改革省の二〇〇七年の調査によると、ファシリティ・タイムは実際には多額の節約につながっていた。なぜなら、職場内の問題を解決することで、雇用主と国庫は労働裁判所における二二〇〇万ポンド（約三三億円）〜四三〇〇万ポンド（約六四億五〇〇〇万円）の高額訴訟費用を払わずにすみ、職場の怪我や仕事に関連した疾病《しっぺい》も減って、社会全体で最大五億ポンド（約七五〇億円）も支出せずにすんだからだ。[*16] 保守党議員のロバート・ハルフォンも、彼の選挙区にあるバス会社〈アリーバ〉の例を引き、「選挙区の国会議員としての経験から、ほとんどのファシリティ・タイムと労働組合のボランティア活動は誠実に遂行されていると信じるようになった」と二〇一二年に記している。〈アリーバ〉は、「従業員の支援と不満解決という面で、ファシリティ・タイムに金銭的な価値があることに気づいた。ファシリティ・タイムがなければ、裁判になっていたかもしれない」[*17]。

だが、〈納税者同盟〉はこれを攻撃のチャンスだと考えた。二〇一一年の春、彼らは、国民健康サービス（NHS）の病院に長く勤める看護師で、業務から離れて組合活動をしていたジェーン・ピルグリムという女性に目をつけ、そういう人たちを「巡礼者《ピルグリム》」と呼ぶことにした。ブログの〈グイド・フォークス〉創始者ポール・ステインズは、エリオットと親しく、ふたりでデータ解析会社〈ウェス・デジタル〉の設立にたずさわったが、[*18]『巡礼者』という呼び方については、内々にそうとう議論した」と振り返る。最初、彼らはそのことばの肯定的な含意（「巡礼者は善き人々」）も気にしたが、実際に使ってみて、ことばの意味は覆《くつがえ》せると知った。「何についても人を非難することは可能だ――巡礼者であることとさえ」。まさに彼らはそうしたのだ。

「巡礼者」に対する攻撃は組織的になった。新聞のコラムがいくつも書かれ、執筆者のなかには保守党議員のジェシー・ノーマンもいた。ステインズは多数のブログを収集した。下院でもこの問題が議論され、通りにパンフレットを置く露店が現れ、市民の支持を得ようと嘆願書もまとめられた。

労働組合の権利にさらに広範な攻撃を加えたのは、いわゆる〈労働組合改革《トレード・ユニオン・リフォーム》〉運動だ。これもまた先兵たちが草の根運動と称するもので、団体のトップは保守党議員のエイダン・バーリー、のちにナチスの軍服を着て敬礼をするスタッグパーティ［訳注：結婚前夜の男性が男友だちだけでおこなうパーティ］を計画したことで政権から追放される人物だ。団体のスタッフには、ポール・ステインズの右腕だったハリー・コールもいた。

ほどなく、意見を同じくする政治家たちも行動をとりはじめた。二〇一一年末には、デイビッド・キャメロンが、ファシリティ・タイムは「道徳的にも経済的にも」正当化できないという手紙をバーリーに送った。この問題は「スキャンダル」であり、「労働組合への公的助成金」を打ち切らなければならないという内容だった。また、二〇一三年初頭には、コミュニティ・地方自治省が、地方自治体にファシリティ・タイムの厳格な取り締まりを命じる新しい「指針」を発表した。さらに、労働組合を標的にした新しい法案も浮上し、組合とその支持者たちは守勢にまわらざるをえなかった。〈納税者同盟〉が率いる先兵たちは、政治の議論を望む方向に動かしていた。

こうした〈納税者同盟〉の類いまれな影響力について、ガーディアン紙は二〇〇八年、「ほぼまちがいなく、国内でもっとも影響力を持つ圧力団体」と見なした。タイムズ紙の論説編集者で、有力ウェブサイト〈コンサバティブ・ホーム〉元編集長のティム・モンゴメリーも、マシュー・エリオットを、「おそらくイギリスのこの世代でもっとも実行力のある政治活動家」と評した。*19 また二〇〇七年一一月には、保守党の元党首ウィリアム・ヘイグが、エリオットに〈コンサバティブ・ウェイ・フォワード〉［訳注：サッチャリズムを推進する政治団体］の「ワン・オブ・アス」賞を授けた。これは、サッチャーが政治的味方と見なした人々をそう呼んだことにちなむ賞である〔訳注：『ワン・オブ・アス』はヒューゴ・ヤングによるサッチャー伝のタイトルでもある〕。「われわれはこの国でひとつの力となった」とエリオットは誇らしげに宣言した。「われわれは、政府関係者と数多くの建設的な打ち合わせをしている」

それでも、世論を作り出すのは容易でない。〈納税者同盟〉はイデオロギー的な夢想家の集団で、政策を考えはしても、実行面での問題は気にしないという贅沢な立場にある。それに対して、彼らの考えに共感する政治家は、市民社会や有権者からの圧力と向かい合わなければならない。先兵たちは政治的議論の条件を変え、世論を懐柔《かいじゅう》したが、彼らにできることにはおのずと限界がある。ロバート・ハルフォンによれば、先兵は「基準を設ける」点で有益な存在だが、「彼らにも弱点はある。政府の予算削減項目について、テレグラフ紙だのなんだのにすばらしい記事を書いたとしても、書くだけならごく簡単だ」。

たとえば、連立政権は二〇一〇年に権力を掌握した翌年、若者向けの〈コネクションズ〉という全国的な支援サービスから撤退し、世論に反発された。ハルフォンはその例をあげて、サービスの削減は反対を招くことを認めた。「正しいかまちがっているかの議論はできるし、経済のバランスを維持することも大切だ」が、「シンクタンクの人々は、知的な枠組みは作っても、それが実際に現場に与える影響については考えない」。

先兵の資金源は……

〈納税者同盟〉は、当然ながら右派の先兵のネットワークに深く組み入れられている。二〇一〇年の総選挙後に作られたその「円卓」会議の非公開招待リストは、さながらイギリス急進右派の名士録のようだった。ダグラス・カースウェル国会議員〔訳注：保守党からイギリス独立党（UKIP）を経て、二〇一七年以降は無所属〕、ダニエル・ハンナン欧州議会議員などの保守党政治家や、〈アダム・スミス・インスティテュート〉のマドセン・

ピリの同僚イーモン・バトラー、ＩＥＡのマーク・リトルウッドなどのシンクタンク所長、経済学者で気候変動懐疑派のデイビッド・ヘンダーソン、石油巨大企業〈ＢＰ〉（ブリティッシュ・ペトロリアム）の政府渉外担当部長リチャード・リッチー、そしてポール・ステインズのようなブロガーもいた。[*20] このような集まりで意見が交換され、戦略や活動の優先順位が議論されるのだ。

こうした組織は、一部の富裕者のために一定の政策を推進するただの「先兵」ではなく、「金で雇われている」。ただし、その資金源ははっきりしない。活動団体〈資金提供者は誰？〉《フー・ファンズ・ユー》によると、〈納税者同盟〉と〈アダム・スミス・インスティテュート〉の資金の透明性の評価は「Ｅ」、つまり最下位だ。ＩＥＡ、〈政策研究センター〉、〈ポリシー・エクスチェンジ〉など、ほかの右派系シンクタンクの評価は「Ｄ」。資金源はどこかと訊かれると、彼らはだいたいことばを濁し、信頼に足るとは言いがたい。

「ひとつ言えるのは、もし名前が公になったら、寄付を打ち切る資金提供者がいるということだ」とマーク・リトルウッドは述べる。一方、〈ポリシー・エクスチェンジ〉元所長のニール・オブライエンは、穏やかなイギリス北東部訛《なま》り（南部が多数派のイギリス右派のなかでは珍しい）で、「多くの人は献金に関して名前を公表されたくない。ほかの人から金をせびられても困るから」と私に語り、「悪意あってのことではないよ」とつけ加えた。

だが、提供者に関する手がかりはある。二〇〇五〜二〇〇九年のあいだに、〈納税者同盟〉は、謎に包まれた〈ミッドランズ・インダストリアル・カウンシル〉という組織から八万ポンド（約一二〇〇万円）を受け取っている。この組織は保守党にも一五〇万ポンド（約二億二五〇〇万円）を献金して、二〇〇五年の総選挙で重要な保守党候補が接戦を制して議席を得るよう援助した。[*21] その主要メンバーには、建築・農業機械製造の〈ＪＣバンフォード・エクスカベターズ〉（ＪＣＢ）オーナーのサー・アンソニー・バンフォードや、建設業界の最高権威マルコム・マッカルパイン、賭博事業の大物スチュアート・ウィーラーなど、有数の右派ビジネスマンがいる。[*22] 彼らは国家の介入を縮小して納税額を減らすことを目論んで、公的支出の信用を落とすために大金をつぎこんでいるが、先兵のおかげで世間の目から隠れ、運動の前線に立つことなく目的を達成しているのだ。

同様に、〈ポリシー・エクスチェンジ〉の役員リストも、シティの大富豪と保守党の献金者の名士録である。そのひとりに、サイモン・ブロックルバンク＝ファウラーがいる。金融ロビー団体〈キュビット・コンサルティング〉の創設者で、保守党に何万ポンドも献金してきた人物だ。ほかにも、〈エドモン・ド・ロスチャイルド銀行〉頭取で保守党献金者のリチャード・H・ブライアンスや、保険会社取締役のセオドア・アグニューが名を連ねる。アグニューは、保守党の教育相マイケル・ゴーブから省執行委員会の非常勤執行委員に任命され、一三万四〇〇〇ポンド（約二〇一〇万円）を党に寄付している。ヘッジファンド・マネジャーのジョージ・E・ロビンソンも、保守党に少なくとも二五万ポンド（約三七五〇万円）を献金している。衣料品ブランド〈ネクスト〉のCEOでジョージ・オズボーン財務相の顧問だったサイモン・ウルフソンの献金額は、それを上まわる三八万三三五〇ポンド（約五七五〇万円）だ。

〈ポリシー・エクスチェンジ〉の財務を担当するのはアンドルー・セルズ。彼は未公開株式投資会社で二〇年間働いたのち、投資銀行から建築会社まで幅広い私企業の取締役を務めた。また、共同で「NO to AV」運動の財務も担当し、保守党に一三万七五〇〇ポンド（約二〇六〇万円）の献金をした。〈ポリシー・エクスチェンジ〉はやはり、自由市場経済に既得権益を持つ保守党の大物と銀行家の秘密会議にほかならない。

こうした先兵と大企業のつながりは、とくに目新しくはない。一九八〇年代にも、先兵は裕福な企業人からの寄付に頼っていた。サッチャーが政権を握った最初の数年間、〈アダム・スミス・インスティテュート〉は政権の二期目に向けてくわしい提案書を作成する「オメガ計画」に取り組んだ。その間、マドセン・ピリと同僚たちは丁重に寄付者を訪ね、投資家のサー・ジェイムズ・ゴールドスミスや、起業家・発明家のサー・クライブ・シンクレア、マルコム・マッカルパインらから資金を集めることに成功した。

このように書くと、先兵は裕福なエリートの道具にすぎないように見えてくる。だが、それは性急な結論だとマーク・リトルウッドは言う。「われわれのような団体をある型に当てはめようとするまちがった信念というか、落とし穴がある。寄付者のリストを見たとたんに、『ああ、なるほど、彼らが議論するのはこういう寄付者の利益になることだけなのか』と思ってしまうが、それはまったく逆だ。われわれがまず持論を展開し、寄付者はその主張が気に入るから献金する。それが真実だ」

リトルウッドは正しい。彼やマシュー・エリオット、マドセン・ピリ、そしてそのイデオロギーの支持者たちは、有力な実業家の命令でプロパガンダを生み出す、ひねくれ者のいかさま師ではない。自分たちのイデオロギーは正しいと心から信じ、熱烈に信奉してさえいる。彼らは揺るぎない信念にもとづいて意見を述べているのであり、たまたま彼らの信念と財界の重鎮の利益が一致しているにすぎない。そういう大物実業家は、先兵がそれらの思想を広めることに感謝し、彼らへの寄付は賢い投資と考えているのだ。

とはいえ、シンクタンクと私企業の協力関係が好印象を与えないのも事実だ。たとえば、公共サービスの民営化を主張する右派系シンクタンク〈リフォーム〉について、元副所長のニック・セドンは、「資金全体の七〇パーセントは企業から、三〇パーセントは個人からだ」と語る。〈リフォーム〉の寄付者には、〈ジェネラル・ヘルスケア・グループ〉、〈BMIヘルスケア〉、〈ブーパ・ヘルスケア〉などの大企業が並ぶ。彼らはいずれも、国営医療サービスの民営化で利益を得る立場にある。セドン自身、「ヨーロッパ最大のヘルスケア・パートナーシップ」と称する〈サークル・パートナーシップ〉の広報部長だった。〈サークル・パートナーシップ〉はNHSの民営化で最大の利益を得た企業のひとつであり、二〇一二年には、ヒンチングブルック・ヘルスケア・トラスト病院を買収して、NHSの病院が民間に渡った最初の事例となった。
〈リフォーム〉はこうした動きを長年支持し、セドンは、NHSの職員一五万人の解雇や、NHS予算の実質的削減、現在は無料の一般開業医《GP》による診察の有料化を求める記事を書いた。彼はまた、ヘルスケア全般について、「政府が大規模に資金提供するが……政府外の保険会社などが組織的に運営し、患者の要望にのみ応える」ことも提案している。[*23] なお、〈リフォーム〉会長のサー・リチャード・サイクスは、〈グラクソ・スミスクライン〉を含む多数の製薬会社の取締役だったが、二〇一一年には、インペリアル・コレッジ・ヘルスケア・NHSトラスト病院の会長になった。

二〇一三年初め、〈リフォーム〉はイギリスの刑務所の民営化を支持する研究報告をした。これは保守党主導の政権さえ放棄しかけていた案件だったが、メディアで幅広く報道され、BBCは「いろいろ考えさせられる」と持ち上げた。だが、このとき報道されなかったことがある。〈リフォーム〉は、民間軍事警備企業の〈G4S〉、〈サーコ〉、〈ソデクソ〉［訳注：フランスの多角経営企業］から相当の資金援助を受けていたのだ。これらの企業はすでに一四の刑務所を運営し、民営化すれば恩恵をこうむる立場にあった。二〇一二年だけで、〈リフォーム〉は〈G4S〉から二万四五〇〇ポンド（約三六八万円）、〈サーコ〉から七五〇〇ポンド（約一一三万円）の資金提供を受けている。[*24]

ちなみに、〈リフォーム〉はこうした気まずい事実を積極的に隠そうとはしていない。情報はウェブサイトで閲覧できる。「世間はもっぱら『資金提供を報告書に載せないのは隠蔽ではないか』と問いかける」とニック・セドンは言う。「透明性はそこまで必要だろうか。透明性とは、収入について誰でも確認できるということだろう？　それならウェブサイト上で細かく公表している」。とはいえ、民営刑務所の運営企業から資金援助を受けているシンクタンクが、民営刑務所の長所を並べ立てることの利益相反を追及する人はほとんどいない。〈リフォーム〉はそのことをよく承知している。

セドンは、〈リフォーム〉に資金提供する数多くの民間ヘルスケア企業に関しても、同じ意見だ。「ヘルスケアに関する報告書に、『過去一、二年間に資金提供のあった民間ヘルスケア企業はA社、B社、C社』などと書かなければならないのだろうか。私にはよくわからない」。正直に内訳まで認めてしまうと、〈リフォーム〉のようなシンクタンクの役割に疑問が広がりかねないというセドンの読みは、たしかに正しい。彼自身、「われわれが民間企業と活動しているのはまちがいないし、そうした民間企業は、公共サービス民営化の議論を進めるわれわれに関心を持っているだろう」と認めている。たいへん率直な告白に思えるが、驚くべきことに彼は、利益相反はいっさいないと考えている。

もっとも、この透明性の欠如については、主流ジャーナリストにも責任がある。セドンによると、BBCのジャーナリストから個人的に利益相反について訊かれたことはあるそうだが、それに関する報道はなかった。

政治家とのパイプ

近年、先兵たちは大企業だけでなく政治エリートとも密接な関係にある。〈ポリシー・エクスチェンジ〉を例にあげよう。彼らは報告書に、公共サービスの大規模な民営化を盛りこみ、「政治家は公共サービスの提供方法に真の革命をもたらすために、緊急労働者〔訳注：救急隊員など緊急の対応が求められる労働者〕のストライキ権の停止も含めて、過激な労働組合主義者に立ち向かわなければならない」と提言している。*25

〈ポリシー・エクスチェンジ〉を創設したのも、じつは政治家である。保守党の有力国会議員や議員候補者が集まって二〇〇二年に結成した。なかでもいちばんの著名人は、創設時の会長マイケル・ゴーブだ。ゴーブはのちにキャメロンの側近となり、二〇一〇年には教育相に任命された。ほかの創設メンバーには、キャメロンの保守党政権の財務省主計長官フランシス・モード、創設時の所長でのちにキャメロン政権の副大臣となるニコラス・ボールズがいた。〈ポリシー・エクスチェンジ〉の現会長ダニー・フィンケルスタインは、タイムズ紙の元論説委員長で副編集長、さらに保守党のジョージ・オズボーンの無報酬顧問でもある［訳注：二〇一八年五月時点の会長は、サー・ピーター・ウォール］。

また、二〇一二年に〈ポリシー・エクスチェンジ〉の所長だったニール・オブライエンは、キャメロンの元戦略担当顧問スティーブ・ヒルトンの後任というもっぱらの噂だった。これについて本人は、それは「まったく事実無根」だったと私に語った。数々の噂がブログの〈グイド・フォークス〉で報道されると、「みなそれを真に受け、ほかのいろいろな情報源でも延々とくり返されて、まるで事実のようになった」と。

実際にそうだったのかもしれないが、ことばより行動のほうが雄弁だ。二〇一三年、オブライエンはシンクタンクを去り、ジョージ・オズボーン財務相の政策顧問になった。その目的のひとつは、二〇一五年の保守党のマニフェスト作成に知恵を貸すことだった。

ほかのメンバーも立派な役職についている。二〇一三年一月には、オブライエンの元同僚で〈ポリシー・エクスチェンジ〉の経済・社会政策部長だったマシュー・オークリーが、独立組織とされる社会保障諮問《しもん》委員会に迎え入れられた。社会保障問題について政府に助言する組織である。オークリーはその数カ月後、ベネフィット・サンクション［訳注：生活保護の打ち切り制裁］に関する「独自の」審査をまかされた。[*26] もうひとり、〈ポリシー・エクスチェンジ〉のアレックス・モートンは、高額の公営住宅の売却を勧める報告書を書いたあと、住宅計画の特別顧問として首相官邸政策ユニットに加わった。[*27]

逆方向の流れもある。たとえば、デイビッド・キャメロンの元政策担当顧問のジェイムズ・オショーネシーは、学校連盟を創設する計画にたずさわるため、二〇一二年に〈ポリシー・エクスチェンジ〉に加わった。[*28]

政府内では、こうした〈ポリシー・エクスチェンジ〉卒業生が〈納税者同盟〉の元職員といっしょに働いている。二〇〇八年のLBCラジオ局でのインタビューで、元〈納税者同盟〉のスージー・スクワイアは、〈納税者同盟〉が裏で保守党と手を組んでいるのではないかという指摘に激怒して、「完全な言いがかり」と一蹴した。しかし結局、彼女は二年後に保守党の労働・年金相イアン・ダンカン・スミスの特別顧問となり、二〇一二年には保守党の広報部長に就任する。

このような任命が、反発を引き起こすこともあった。IEAの所長マーク・リトルウッドが、ビジネスに対する政府の規制緩和計画、「官僚形式主義反対《レッド・テープ・チャレンジ》」のメンバーになったときには、嫌煙活動家が批判した。リトルウッドは禁煙への取り組みに執拗に反対していたからだ。じつは、IEAは過去に煙草企業から資金提供されていた。政府は人々を喫煙から遠ざけるプレーン・シガレット・パッケージング〔訳注：健康被害に関する表示をパッケージの大部分に配置し、ブランド名やロゴはかぎられた大きさで、指定の場所にのみ表示する規制〕を導入する議案の提出を検討していたが、リトルウッドが加われば、利益相反の疑いが生じるのは当然だった。[*29]

政府の意図がはっきりわかる指名もあった。二〇〇五年には、民営化賛成のシンクタンク〈リフォーム〉の創設以来、四年間セドンを補佐してきたニック・ハーバートが保守党議員として下院に入り、デイビッド・キャメロンの影の内閣の一員となった。逆に、かつて保守党調査部政治課のトップだったアンドルー・ホールデンビーは、サッチャーとジョセフ・キースが設立したシンクタンク〈政策研究センター〉に加わった。また、〈リフォーム〉の副所長だったリズ・トラスは、二〇一〇年に保守党の国会議員に選出された。彼女は共著書の *Britannia Unchained*（解放されたブリタニア）においても、イギリス国民を「世界でも指折りの怠け者」とこきおろし、労働者の権利への新たな攻撃を要求している。さらに二〇一三年には、NHS民営化の熱心な支持者であるセドンが〈リフォーム〉を離れ、デイビッド・キャメロンの新たな健康担当顧問となった。

先兵たちと政治的エリートの混交は、こうしたシンクタンクや運動団体の創設者や上級職員にとどまらず、はるか深くにまで進んでいる。ニール・オブライエンはこれを「エコシステム（生態系）」と呼ぶ。「（そこには）民間から政府に移ったり、政府から民間に移ったりする人々がいる……シンクタンクは都合がいい。ジャーナリズム、ビジネス、政界、官公庁など、異なる世界のあらゆる人々が集まる一種の出会いの場だから」

対抗勢力はどうなのか？

現代のイギリスで「先兵」になれば、かなりの権力を行使できる。企業利益というしろ盾があり、政治エスタブリッシュメントとの密接な関係や、ジャーナリストとの強いつながりもできるからだ。二四時間ニュース番組が出現し、コメンテーターが慢性的に不足しているなかで、先兵たちはテレビとラジオの両方でいくらでも全国規模の舞台を提供されている。

いま欠けているのは、こうした先兵に対する本物の対抗勢力だ。たとえば、中道左派のシンクタンク〈公共政策研究所〉（ＩＰＰＲ）は、右派の先兵に対抗する選択肢になるべきところなのに、どちらかといえば専門《テクノ》技術者《クラート》的な組織で、サッチャリズムが確立した体制にいっさい挑もうとしない。ＩＰＰＲの所長はニック・ピアース。かつてブレア派の大物デイビッド・ブランケットの顧問だった。彼は二〇一三年、子供の貧困問題の解決に向けた労働党の目標設定を批判し、この問題への費用投入は「二〇〇八年以前に正しい道からはずれ、今はもっと遠ざかっている」と論じた。

ＩＰＰＲは労働組合からもいくらか資金援助されているが、おもに税金逃れの多国籍企業〈グーグル〉や、公的資産の買収で稼いでいる民間企業〈キャピタ〉、さらに〈ＥＤＦエナジー〉や〈エーオン・ＵＫ〉といったエネルギー関連企業などから巨額の資金を提供されている。つまり、ＩＰＰＲはエスタブリッシュメントに対抗するどころか、エスタブリッシュメントから独立しているとすら言えないのだ。

別の自称「中道左派」シンクタンクに〈デモス〉がある。所長のデイビッド・グッドハートはイートン校出身で、一九九五年に政治雑誌「プロスペクト」を創設して注目された。いま何をおいても情熱を注いでいるのは、本人の言う「大量移民」への反対運動で、それはほとんど強迫的だ。「私は〈デモス〉がぜひ『社会的な接着剤』になるように舵取りしたい」とグッドハートは言う。広範な団結をめざすという意味だ。「労働党のために、とりわけむずかしい事柄について考えていきたい。たとえば、福祉事業、移民や、多文化主義などだ」［訳注：二〇一八年三月現在の所長はポリー・マッケンジーで、グッドハートは二〇一七年に〈ポリシー・エクスチェンジ〉のメンバーになった］

いまや、これらの組織と異なるほとんど唯一の例外は、〈新経済財団〉だけだ。進歩的なシンクタンクだが、主流メディアのほとんどから露骨に無視されている。

では、大学はどうか？　大学の経済学部にも、自由市場主義に異を唱える者がいなくなってしまった。自由市場経済学の支持者は、イギリスの劇的な政治的変化にも、ほかのさまざまな発展にも助けられてきた。一九八〇年代後半にソビエト圏が崩壊したときには、自由市場資本主義の大勝利と見なされた。アメリカの新保守主義者ミッジ・デクターも、「われわれは勝利した。さようならと言うべきときだ」と評価した。当時は、ソビエト式の共産主義となんらかかわりがない穏当なケインズ主義でさえ常軌を逸《いっ》していると見なされ、国家がわずかなかたちで経済に介入することも、不名誉な過去のあやまちとされた。

「学界で私はおそらく五パーセントの少数派だ」と、反体制派の経済学者ハジュン・チャンは言う。だがその声は、ダビデとゴリアテの戦いを楽しんでいるかのように驚くほど陽気だ。それは、興味深いことにマドセン・ピリが一九七〇年代のコンセンサスとの闘いを語ったときと似ていた。

現状に反対する経済学者の多くは、今はほかの分野で研究せざるをえない、とチャンは言う。「自由市場派がイデオロギー的に優位なので、反対派はビジネススクール、政治学科、国際関係学科などで仕事を得ている」。「社会的地位」や「主流」をめざす経済学者は、新自由主義的な考えを受け入れる以外に、ほとんど選択肢がないのだ。

こうして、新しいコンセンサスが形成された。富と権力を優遇する秩序の支持者は、学界内での地位を保証されるだけでなく、知的なリソースをかぎりなく利用することができる。一方で、その対抗者は知的に困窮する。「それが新自由主義の遺産のひとつだ。知識の生産手段を己の所有物のように囲いこんでいる」と、ガーディアン紙の経済ライター、アディタヤ・チャクラボーティは言う。「そこにある思想は、『ある前提を受け入れなければ、ここには来られない』だ」。これらすべてが、「ほかに選択肢はない」という意識を強化する。一九九〇年代なかばには、自由市場の教義が「新しい標準」となり、それは今も続いている。

マドセン・ピリと仲間たちは、社会の周辺から長い道のりを経て、主流に加わった。いや、彼らの見解そのものが主流になった。それをなしとげたのは、企業に後押しされた先兵たちだった。彼らは、かつて滑稽で馬鹿げていて非常識だった考えを「新しい常識」にすることで、イギリスにおける議論の前提を変えることにひと役買った。右派の政治思想家の用語で言えば、「オバートンの窓」を動かしたのだ。

「オバートンの窓」とは、アメリカの右派が重宝している概念で、「ある時期に政治的に可能ないし妥当と見なされる思想」を意味する。右派シンクタンクの〈マキナック公共政策センター〉の副所長だった故ジョセフ・P・オバートンにちなんで名づけられた。先兵たちの本質は、政治家があえて口に出さない考えや政策を提案できることにある。そうすることで、彼らは「オバートンの窓」を動かすのだ。たとえ政治家が先兵の意見を半分しか実現できなくても、「オバートンの窓」は右寄りに動いて「中道」の中身は変化する。

NHSの民営化がまさにそれだった。マーガレット・サッチャーでさえ、あえてそこまで踏みこまなかったのに、キャメロン連立政権は民営化を現実にすることができた。〈納税者同盟〉のマシュー・エリオットと親しい保守党議員のロバート・ハルフォンは、こう説明した。「彼らが何か言ったことに対して、政治家は答える。『いや、それはやらないつもりだ、極端すぎるから。でも、ほんの少しならできるかもしれない』と」

もちろん、この思想的勝利をもたらしたのは先兵だけではない。だが、彼らが重要な役割を果たしたのは確かだ。急進的な右寄りの見解の知的土台を作り、大衆に広めたのは彼らである。その偏った政策提言は、導入されればしばしば支持者の直接の利益になるにもかかわらず、ジャーナリストには、客観的で公平な提言として取り上げられることが多い。

先兵たちは、協力先の国の支配層にとっても知的素材の宝庫であり、ビジネス、政治、メディアの世界をつなげる役割を果たす。彼らはイギリスの支配的エリートの重要な一角をなすだけではなく、イギリスを現在の形にするのを手伝い、企業や裕福な支援者に、自分たちへの投資が正解だったことを証明してみせた。そして、裕福な支援者の権力と富は、新自由主義のイギリスで繁栄してきた。

国の政治的議論はつねに、富と権力の所有者に有利な条件で維持される。それに大きく貢献しているのが、先兵たちなのだ。

2

政界と官庁の結託

The Westminster Cartel

何か言ってはいけないことを言ってしまったかのようだった。

そのとき私は、銀行業界の凄腕《すごうで》ロビイストへのインタビューを終えたところだった。録音機のスイッチを切ると、会話はなんとなく政治家の給与の話になった。二〇一三年四月、人々は国会議員の報酬の引き上げについて議論している最中だった。何百万人という労働者の実質賃金を下げる政策を実施しながら、自分たちの昇給を提案するとは何事だ、という怒りの声があがっていた。

私はそのロビイストと彼の報道担当者に、下院の一般議員でもイギリスで軽く上位五パーセントに入る収入があるのだから、議員報酬を減らせという主張にも一理あると言った。つまるところ、議員は各選挙区の代表者なのだから、給与が高すぎると有権者の生活の現実がわからなくなる、と。

すると突然、気まずい沈黙が流れた。

しわひとつない完璧な服装の報道担当者は、正確を期すためにインタビューを記録していたが、はっと驚き、冗談だったのかどうか確かめるために私をしげしげと眺めた。そして、まじめな発言だったことがわかると、頭のおかしい人を説得するときのように慎重にことばを選び、ゆっくりと答えた。議員報酬を減らすような動きは、もっとも才能ある人々、とくに民間からの人材が政界に入ることの妨げになる。なぜなら、「ゴルフコースに出た議員は、友人たちから九万ポンド（約一三五〇万円）や一〇万ポンド（約一五〇〇万円）を超える給与を自慢されることになるから」。

この意見には、議員たち自身も心から賛同するが、たいてい、いつもオフレコである。そんな意見を公に口にしようものなら、生活がそこまで豊かでない選挙民の激しい怒りを買うのは必定だ。調査会社〈ユーガブ〉が二〇一三年におこなった匿名の世論調査によると、保守党の下院議員は、自分の価値は現在の給与より三万ポンド（約四五〇万円）ほど高いと考え、労働党の一般議員は給与を少なくとも一万ポンド（約一五〇万円）上げるべきだと思っている。また、二〇一三年一二月、議員報酬と経費の問題を検討するために設けられた独立組織〈独立議会倫理基準局〉が、下院議員の一一パーセント昇給を提案したときには、労働党の元大臣ジャック・ストローが、「議員報酬の引き上げにふさわしい時期があったためしはない」が、それをしないと「ふつうの経歴の持ち主」の政界入りが妨げられるとコメントした。

ストローの説明は筋が通らない。歴史的にイギリスの国会議員は無報酬で、他人に頼る必要のない富裕者が政治の仕事を独占するのに役立ってきた。給与を勝ち取ったのは、左派と労働運動だった。一九一一年、下院議員は初めて固定給（四〇〇ポンド）を支払われた。現在、一般議員は年に六万七〇〇〇ポンド（約一〇〇五万円）を超える報酬を支払われている。「ふつうの経歴の持ち主」が願ってもとうてい得られない金額だ。

いずれにせよ、エコノミック・ジャーナル誌の二〇一三年一二月号に発表された調査によると、議員報酬が高すぎると、職業倫理は危うくなる。同じ月、〈独立議会倫理基準局〉は、現在の議員報酬が「下院の選挙立候補に直接の影響を与えている証拠はない」として、ストローの発言と真っ向から対立した。

二〇〇九年に勃発したスキャンダルを覚えているだろう。下院議員たちが議員経費を大々的に悪用していたのが発覚した事件のことだ。彼らは必要もない別荘や、庭の維持、自宅の改装（アヒル小屋の建設まで）の領収書を提出して、公金を請求していた。みずから税金逃れをし、食費の請求を水増しし、何千ポンドにも相当する高級品を買いこみ、ほかにもいろいろなことをしていた。少数の例外を除いて、彼らは不当請求した金額の返還を求められたが、まったく払い戻す必要がない場合もあった。ほかの職業であれば、これは詐欺だ。しかし、大半の国会議員にはそれが当てはまらない。

彼らの不当請求の言いわけ自体が、社会のなかで自分たちの役割をどう考えているかを見事に示していた。「議員の年間給与は不充分だ」、「たとえばシティの銀行家の収入よりはるかに少ない」と不満を述べたのだ。ジャーナリストもそれを追認した。デイリー・テレグラフ紙の政治担当編集長ジェイムズ・カーカップは、「最高の人材の市場価格は、かつてなく高値競争だ」と書いた。「いまは大手法律事務所が最優秀の大卒者に五万ポンド（約七五〇万円）以上払い、公開企業のCEOの給与が毎年ふた桁の伸びを見せている時代である……したがって、下院議員をリクルートしたいなら、最高の才能の獲得競争の準備をしなければならない」[*1]

ウェストミンスター［訳注：議会の所在地］に最高の「才能」を呼びこむために、議員は高額報酬を支払われるべきだという議論は、ロンドンのシティの会議室でも聞かれそうだ。なぜなら、過去三〇年にわたって、議員たちは最富裕層の所得税と大企業向けの法人税の削減を後押しし、金融業界の発展に寄与する政策を推し進めてきたからだ。結果も出してきた。いまや、富裕層の預金額はイギリス史上、例をみないレベルに達している。二〇一四年のイギリス最富裕層一〇〇〇人の銀行預金残高は、合計五二〇〇億ポンド（約七八兆円）に迫り、彼らは邸宅、別荘、ヨットなどに派手に散財している。

政治家は、大富豪を作り出す自分たちの政策の効果に畏怖の念を抱き、みずからの給与明細を顧みずにはいられない。そもそもは政治家が政策によって普及させた「私にはその価値があるから」というメンタリティは、いまや下院全体に広がっている。そんな彼らにしてみれば、経費の不当請求は、不公平を解消するひとつの方法にすぎなかった。議員経費のスキャンダルが発覚するまで、下院では議員の昇給を公に提起するだけで政治生命を絶たれる状況だった。だから、公金を請求できる議員の権限はせめてもの補償――そんな感覚だったにちがいない。

「非公式なやり方だが、大幅な昇給は政治的に不可能だから、経費面でそれを補おうとした」と匿名希望の労働党議員は語った。幅広い人脈を持つBBCの政治編集長のニック・ロビンソンが言うように、下院議員は「世論の反発を考慮して政府が低く抑えている給与を『嵩《かさ》上げする』ために、できるだけ多く経費を請求するよう院内幹事や下院の職員から勧められている[*2]」。

納税者の金を使う

わが国の下院議員は、企業人のような政治家になっている。自分たちが支援してきた大富豪エリートをうらやみ、みずから実施した政策の分け前にあずかれないことに苛立っている。彼らはもはや自分たちの仕事を天職や義務や奉仕とは考えておらず、たんに上位中流階級のキャリアの選択肢のひとつと見なし、しかもその仕事は、同等のほかの仕事と比べてあまり報われていないと思っている。

経費スキャンダルによって、政治エリートの際立った偽善行為も明らかになった。先兵たちは国の役割の縮小を説いたが、それを取り上げて広めた政治家は、国に依存していると決めつけられた人々をとりわけ悪者扱いするようになった。議員たちは、公の怒りを社会の最貧層に向けるのに重要な役割を果たした。その作戦は、監視の目を最富裕層からそらすのにきわめて有効だった。

だが実態は皮肉にも、国家の縮小をいちばん声高に叫ぶ人たちが、国家からいちばん利益を得ようとしていることが多い。しかも、たいてい誰にも頼る必要がないくらい裕福なのに。こと経費に関するかぎり、議員たちは完全に的はずれで、まちがったメッセージを発している。

億万長者にして保守党下院議員、首相官邸政策ユニットにも所属するナディム・ザハウィを思い出すといい。二〇一三年四月、生活保護給付金への攻撃を擁護して、ザハウィは、「必要な人への支援は提供するが、労働者世帯よりはるかに高収入となる途方もない請求を認める時代は終わった」とツイートした。ところが七カ月後、そのザハウィが、別荘の厩舎《きゅうしゃ》の暖房費として数千ポンドにおよぶ経費を不当に請求していたことを認めたのだ。

あるいは、元財務相のジョージ・オズボーンを思い出してもいい。彼は「生活保護を受けている隣人がブラインドを閉めてまだ眠っているのを見ながら、暗い時間に家を出る早朝シフトの労働者」のひどく悲しい姿を世に訴えた。だが二〇〇九年、オズボーンは家業の壁紙会社の四〇〇万ポンド（約六億円）相当とも言われる株式を所有しているにもかかわらず、公費が支給される議員の別宅を「交換」して、五万五〇〇〇ポンド（約八二五万円）の節税をしていたことが明らかになった〔訳注：ロンドン市内に住まいがあったのに、すでに購入していた別の物件を議員別宅に指定し、そのローンの支払いを経費にあてていた〕。やはり億万長者のデイビッド・キャメロン元首相まで、選挙区にある自宅のツタを除去するために、納税者の金を請求していた。

犠牲になったのはどれも公金である。国による生活保護支給の大幅削減を推進した大臣のイアン・ダンカン・スミスは、一部の生活保護受給者が得る週五三ポンド（約七九五〇円）で自分も生活できると豪語したことがある。かなり大胆な宣言だが、実際には、大金持ちで、大半の人が望むべくもない給与を支払われているにもかかわらず、些細《ささい》きわまりない経費を請求していた。たとえば、〈ボーズ〉社製のブルートゥース式ヘッドフォンの一一〇ポンド（約一六五〇〇円）、朝食ひとり分の三九ポンド（約五八五〇円）などが、すべて公金で支払われていたのだ。

一方、かつてダンカン・スミスと対等の地位にあった労働党のリーアム・バーンは、「労働党は懸命に働く労働者の党であり、ただ乗りで利益を得る人の党ではありません。名は体を表す……労働者の党であって、働かない者の党ではないのです」と宣言した。しかしテレグラフ紙の報道によると、バーンも、納税者の金でカウンティ・ホールに月二四〇〇ポンド（約三六万円）のアパートメントを借り、ひと月の食費として四〇〇ポンド（約六万円）の公金を請求していた。どちらの請求も合法的にである。

Alamy/PPS 通信社

「節税」に励んだ元財務相ジョージ・オズボーン

国費依存に関する偽善行為は、これにとどまらない。たとえば、保守党下院議員の四分の一は個人地主であり、自由民主党でも一五パーセント、労働党においても一二・五パーセントだ。*3 この数字を見ると、下院議員が、高騰する家賃と不安定な賃貸契約に苦しむ賃借人を助ける政策を後押しするより、仲間の地主たちと同じ立場で行動する理由が推測できる。それだけではない。歴代政府が住宅提供と家賃規制に失敗したため、現在、年間約二四〇億ポンド（約三兆六〇〇〇億円）が国からの住宅手当にあてられているが、これは結局、個人地主に支給され、そこには福祉国家を攻撃する議員たちも含まれる。

保守党議員のリチャード・ベニヨンは、資産総額約一億一〇〇〇万ポンド（約一六五億円）というイギリス一裕福な議員である。彼は、社会保障支出が「どうしようもなく増え、負担しきれなくなっている」ことを糾弾し、「労働党の『見返りのない』福祉の文化を正した」政府を褒めたたえながら、自分は住宅手当によって年間一二万ポンド（約一八〇〇万円）の収入を得ている。福祉政策の削減を熱心に支持する保守党議員のリチャード・ドラックスも、二〇一三年に実質上一三八三〇ポンド（約二〇七万円）の住宅手当を受け取った。*4

下院議員たちは新秩序のもと、濡れ手に粟の個人的利益を得ている。しかしもっとも困った問題は、政治家たちがひとつの階級《カースト》として、この種の偽善と強欲が社会的に容認されると信じている点だ。先兵たちの見解や主張を現実の政策に変えていくなかで、彼らは本物の信者になった。マドセン・ピリのような人物がイデオロギーに注いできた熱意が、いまやあらゆる政党の政治家たちに見られるのだ。

保守党とエスタブリッシュメント

二〇〇二年の秋、サウサンプトンのボトレー・グランジ・ホテルは、わくわくした雰囲気に包まれていた。五〇〇名を超える熱心な保守党員が会議室に詰めかけ、元首相マーガレット・サッチャーのスピーチを聞くところだった。彼女に付き添うのは、かつての側近ノーマン・テビット。一年半前、トニー・ブレアの労働党が総選挙で二度目の歴史的勝利を収め、保守党は悲惨な状況に陥った。党内の士気は落ちるところまで落ち、無敵を誇ったこの一大政治勢力が今後総選挙で勝てないのではないかと、まじめに考える評論家もいた。

しかし、サッチャーは意外にも勝者のような態度だった。「私たちの最大の功績はトニー・ブレアです」と彼女は信奉者たちのまえで宣言した。「私たちは敵を無理やり変えたのです」。労働党は政権についたかもしれないが、マーガレット・サッチャーに言わせれば、その政府は彼女の政治的信念の炎を引き継ぎ、真の意味で燃え上がらせたのだった。

サッチャーが報われたと感じたのも当然だ。「鉄の女」がみずからの党によって官邸から追われて四半世紀、私たちはいまだにサッチャリズムが築いた国で暮らしているのだから。サッチャー時代、政治的議論の枠組みはイギリス政府と先兵たちが決めていたが、それは今も続いている。

サッチャーは、ほかのどの政治家にも増してイギリスの世論を二極化した。そのことから、彼女の政策がいかに斬新だったかがわかる。私は二〇〇二年のサウサンプトンでの話を聞くために、当時、彼女を熱烈に歓迎したボーンマスの保守党議員、コナー・バーンズに会った。保守党上層部の颯爽《さっそう》たるメンバーではないから「しゃれた場所はやめてほしい」と、ソーホーのごくふつうのレストランを選んだバーンズは、サッチャーの晩年に非常に親しくなったと言う。フォークを置いて、遠い目をし、信奉者たちから「ザ・レディ」と呼ばれた政治家と初めて話したときのことを語ってくれた。それは一九九七年、ブレアの労働党が地滑り的に勝利した年だった。バーンズはサッチャーの夫デニスを車に乗せて、ある保守党候補者が開催したゴルフ大会に参加した。喜ばしいことに、そのあとサッチャー家に招かれて、彼女と会うことになった。

「本当に怖かった」と彼は振り返る。「階段をのぼるときに、膝がガクガクした」。彼女は階上の居間で「ウイスキーが入った大きなタンブラーを持ち」、ウォール・ストリート・ジャーナル紙の市況欄を見ていた。裸足で、靴はすぐ横の床にあった。「最初に胸を打たれたのは、なんてやさしそうなんだろうということだった。まるで母親のようだった」とバーンズは懐かしそうに言う。「彼女はさっと立ち上がり、私たちのために飲み物を用意して、オムレツを作りましょうと言った」

マーガレット・サッチャーに対するバーンズの愛情は、一九八〇年代の激動のイギリスで彼女が闘い、勝利したときに生まれた。バーンズがかよった学校の生徒たちは、ロッカーにポスターを貼っていたが、友人が歌手のカイリー・ミノーグの写真を貼ったのに対し、バーンズが選んだのは時の首相サッチャー、彼の言う「革命に乗り出した雌ライオン」のポスターだった。「私が育った一九八〇年代、政治はじつに多種多様だった」と彼は説明する。「まだ冷戦中で、労働党は労働組合改革をつぶそうと懸命だったし、民営化も国民のコンセンサスではなかった。政治は重要だった。それが今では少しも重要でなくなっている。なぜなら、当時は政権が変わると収入支出計画が天と地ほど変わったけれど、いまは三パーセントほどしか変わらないから」

かつてイギリスの政治にはちがいがあり、異なる考えがぶつかり合って、まったく対照的な政策について激論が交わされていた。そこが今日とはちがう、とバーンズは強調する。今日の政治的な対立は、妥協しがたい思想上の不一致というより、細かい解釈のちがいだ。主流の政治家は、サッチャリズムが確立した政治から根本的に離れるようなことはめったに提案しない。バーンズが言うように、サッチャーが大いに満足して亡くなったというのももっともである。「彼女は自分が勝ったことを知っていた」とバーンズは語る。「『税制改革は無理だと言われたけれど、私たちはやりとげた』とよく言っていたよ。『民営化は無理だと言われたけれど、それもやりとげた。労働組合改革も無理だと言われたけれど、やりとげた』とね」

戦後のイギリスでは、自由市場主義者はのけ者にされていた。ところが、サッチャーの新たな政策実施によって、今度は彼らの敵対者が同じ憂き目を見ることになった。富裕層と大企業に対する減税、公的資産の民営化、西欧でもっとも厳しい反労働組合法、大いに崇拝される市場の力の開放——これらが社会の新しいコンセンサスの揺るぎない柱、不動の政治手法になったのだ。

サッチャーはかつて無敵だった炭鉱労働者組合を含む労働組合を粉砕し、公益事業や国のエネルギー供給などのサービス、公営住宅を民間に売り払い、所得税の上限をまず六〇パーセントに、次いで四〇パーセントにまで下げた。自由市場のシナリオからはずれた人々は変人と見なされ、若ければ痛々しいほど不勉強だと言われ、年寄りなら政治的化石と呼ばれるようになった。

これが新しいエスタブリッシュメントの集団思考だった。サッチャーは、ニュー・レイバーを生み出した自分の功績を称えたかもしれないが、心の内では、労働党がそうなったことをおもしろがり、軽蔑していた。「それまで信じていると言っていたものを信じなくなったことが政権の唯一の抱負だ、などという政党は、イギリスで正当な資格は持ちません」とバーンズに言ったらしい。

とはいえ、新しいエスタブリッシュメントへの移行が順風満帆だったわけではない。じつのところ、保守党幹部の多くは、戦後エスタブリッシュメントの原則である「国家介入」に充分満足し、労働組合のリーダーとも対等につき合い、限界税率も高いままで変えようとしなかった。一九五〇年代の保守党は、どちらが公営住宅を数多く建てることができるか、労働党と競い合っていた。持ち家を推進して住宅政策を市場にゆだねる、のちのサッチャー支持派の原則と正反対だったのだ。そうした戦後のリーダーの多くは、ハロルド・マクミランのように貴族階級で、イートン校出身だった。

そんななか、一九七五年に保守党党首になったサッチャーは、みずからの影の内閣で孤立しているように感じた。首相就任後もしばらくは、党内のいわゆる「腰抜けたち《ウェッツ》」との闘いに明け暮れた。抵抗勢力は、戦後秩序をひっくり返したあとのことを怖れていた。一九八五年、マクミラン元首相は公の場で、サッチャーの民営化政策を、「ジョージ王朝時代の銀器」と「応接間にあった上等の家具すべて」を売り払うことにたとえた。

このように、第二次世界大戦後の数十年、保守党は家父長的な「ひとつの国家」〔訳注：一日の最長労働時間を減らしたり、子供がフルタイムで働くことを禁じたりした斬新的な政策〕の伝統に支配されていた。そもそも一九世紀の保守党首相ベンジャミン・ディズレーリが導入した考え方で、マクミランもその一派だった。新自由主義の新しい秩序に疑念や恐怖を抱いて先兵たちに軽蔑されたのは、彼らである。そして、サッチャリズムのもと、この一派は消え去ったかと思うほど発言力を失った。

保守党が現代のエスタブリッシュメントを代表する存在になった理由は、まずイデオロギー的に、資本主義という制度を疑っていないからだ。しかし、より重要なのは、現在の秩序を最高の収入源と見なしている人々から、財政的支援を受けていることだ。保守党への献金者リストには、サッチャリズムのおかげで繁栄し、二〇〇八年にイギリスを未曾有の経済危機に追いやったシティの大立者がずらりと並ぶ。現時点の最大の献金者は、ヘッジファンドの最高権威で保守党の共同財務局長であるマイケル・ファーマーで、その金額は二〇〇万ポンド〔約三億円〕を超える。ほかに、デイビッド・ローランドのような不動産業界の富豪や、ヘッジファンドの大物スタンレー・フィンク、メイ・マフゾウミ〔実業家ファウド・マフゾウミの妻〕、合法的な高利貸し〈ウォンガ〉の大口投資家でベンチャー・キャピタリストのエイドリアン・ビークロフトらがいる。

オーストラリア人の戦略家《ストラテジスト》リントン・クロスビーもそのひとりだ。彼はイギリスの保守党政治で重要な役割を果たし、ロビー活動によって私利を追求してきた。二〇一二年のロンドン市長選では、保守党のボリス・ジョンソンの再選につながる活動を成功させ、その後、新市長のアラブ首長国連邦出張に同行した。多くの大企業が同行の機会を逃したなかで、情報操作の専門家《スピンドクター》であるこのオーストラリア人は、自身のロビー活動会社の営業活動をおこなった。*5

二〇一二年一一月には、保守党上層部から新しい仕事をまかされ、改めて世間に注目された。彼の会社〈クロスビー・テクスター〉は、民間ヘルスケア企業団体〈H5・プライベート・ヘルスケア・アライアンス〉に、NHSの「欠陥」を利用する方法を助言していた。*6 また、クロスビーが保守党のチームに加わってすぐに、彼のクライアントに煙草やアルコールの会社があることが判明した。その後キャメロン政府は、アルコール飲料に最低価格を設ける計画〔訳注：アルコール一単位あたりの最低価格を設定して、過度の値下げ販売に歯止めをかける計画〕を棚上げし、喫煙者を減らすプレーン・シガレット・パッケージング導入の提案を破棄しようとした。*7

ほかの献金者も党に投資をして、政策実施による充分な見返りを得ている。保守党主導の内閣は、二〇一〇年の総選挙のあと、「トップダウンの業界再編」は終わらせるとマニフェストで宣言していたにもかかわらず、NHSの大規模な民営化に乗り出し、その結果、〈ケア・UK〉のような民間ヘルスケア企業が利益を得た。野党時代に保守党の影の保健相でこの民営化のおもな立案者だったアンドルー・ランズリーは、〈ケア・UK〉の当時の会長ジョン・ナッシュから二万一〇〇〇ポンド（約三一五万円）の献金を受けていた。保守党にも二〇万ポンド（約三〇〇〇万円）を超える献金をしているナッシュは、シティに〈ソブリン・キャピタル〉という会社を設立しており、会社紹介文には、「イギリスのヘルスケア・サービス業界でもっとも活発な未公開株式投資会社」とある。[*8] ほかにも、介護施設サービスの億万長者ドーラー・ポパットや、NHSのコンピュータ関連サービスを提供している〈ICテクノロジー〉といった民間ヘルスケア業界の大物が、続々と保守党に献金している。

キャメロン政権は、発足早々EUの金融取引税導入に猛烈に反対して、シティを大いに喜ばせた。二〇一一年一二月にフィナンシャル・タイムズ紙に書かれたとおり、「保守党議員が所得税率上限を五〇パーセント以下に下げようとしているのは、党がシティの献金者と密接な関係にあるからだということは、献金者自身も認めている」。献金者のひとりは同紙にこう語った。「上限五〇パーセントの引き下げには、あまり多くの票が集まらないだろう。だが、保守党に多額の献金をしている人々にとっては大事な問題であり、だからこそ、党にとってもおそらく大事な問題なのだ」[*9]

だから、三カ月後に保守党主導の政府が最高税率を四五パーセントに下げたのは、まったく驚くにあたらない。ICMの世論調査によると、保守党支持者の六五パーセントを含む有権者の大多数は、引き下げに反対していた。

そのうえ、すでに西欧諸国に比べて劣っていた労働者の権利もいっそう侵害され、雇用主にとって有利な条件になった。たとえば二〇一三年には、不当解雇で上司を労働審判所に訴える労働者に審判費用が課されるようになった。その結果、この種の訴えが数カ月で五五パーセント減少して、雇用主は大喜びだった。[*10]

保守党による裕福な献金者のための活動は、もっと露骨なこともあった。二〇一二年の秋、保守党は彼らに手紙を送り、二〇〇万ポンド（約三億円）を超える不動産に住宅税を課そうとする自由民主党と労働党の提案を止めるための寄付を募った。レターヘッドには「私たちの家に課税するな」と書かれ、議席の過半数を握る保守党がこの課税を阻止します、「収税吏をご自宅に近づけないために」財務的支援を、とあった。[*11] 実際、一部の献金者はこれで多額の個人資産を守ることができた。

また、献金者の多くは最終的に貴族に叙せられ、上院議員にもなっている。たとえば、保守党に献金してきたJCB会長のアンソニー・バンフォードと、〈カベンディッシュ・コーポレート・ファイナンス〉のオーナーであるハワード・リーは、二〇一三年秋に貴族の称号を得た三〇人に含まれ、ともに上院議員になった。

自由民主党とエスタブリッシュメント

エスタブリッシュメントのなかでの自由民主党の位置は、それほど明確ではない。この党は一九八八年に旧自由党と社会民主党が合併してできた。社会民主党は、一九八〇年代初めに労働党右派の政治家が労働党から分離して結成された党だった。

保守党や労働党とちがって強固な政治基盤がなかったことから、自由民主党は労働党でも保守党でもない第三の選択肢のようにふるまい、他党への抗議票を集める手法をとった。選挙運動中、候補者たちはその場その場で相互に矛盾した政策を唱えて有名になったものの、政権につく可能性はほとんどないと見なされていたので、党としてはたいてい無視され、イギリス全体のエスタブリッシュメントとはほぼ無関係だった。

ニュー・レイバーがサッチャー派の方針を引き継いだとき、自由民主党はしばらくそれをうまく利用していた。最高税率の引き上げや大学教育の無償化といった進歩的な政策を打ち出しながら、二〇〇三年にはイラク侵攻に反対し（戦争が始まるとすぐに撤回したが）、二大政党の主流派とはちがうことを示す、というように。ところが二〇〇四年、自由市場を支持する党内の一派が「オレンジ・ブック」（党の指定カラーのひとつがオレンジだった）を発行して自分たちの存在を誇示し、そのなかでベテランの党員たちが臆面もなく新自由主義的なアイデアを披露した。そのひとつがNHSを全国的な保険制度に置き換える案で［訳注：現行では四つの地域に分かれ、それぞれ独立・運営している］、これは当時の保守党主流派の政策をさらに推し進めたものだった。

そして、二〇〇六年一月に社会民主主義寄りの党首チャールズ・ケネディが辞任すると、「オレンジ・ブック」派が党内の主導権を握った。さらに、二〇一〇年の総選挙のあと、保守党と連立政権を組むと、従来の政策の名残をきれいに捨て去った。

いまや自由民主党の指導者たちは、保守党のベテラン議員と同じくらい、サッチャー政権が始めたイデオロギー改革の継続に熱心だ。デイビッド・キャメロンの政府すら同性婚を認めたことで、ゲイの権利など、従来社会的にリベラルだった自由民主党は、いよいよ保守党と変わるところがなくなった。

労働党とエスタブリッシュメント

労働党とエスタブリッシュメントとの関係は、もっと矛盾している。トニー・ブレアは、メディア王ルパート・マードックや、億万長者の実業家バーニー・エクレストン、右派のアメリカ大統領ジョージ・W・ブッシュといった裕福な有力者との交流にこだわった。ブレアの右腕のひとり、ピーター・マンデルソンも、有力者とのつき合いを楽しむことで知られ、二〇〇五年の大晦日は〈マイクロソフト〉の共同創設者ポール・アレンのヨットですごし、二〇〇八年八月の休暇にはロシアの新興財閥《オリガルヒ》オレグ・デリパスカのヨットに乗った。そのゲストのなかには、当時の保守党の影の財務相ジョージ・オズボーンもいた。

しかし、労働党はもともと金持ちの権力者に取り入るのではなく、彼らに挑むために創設されたはずだ。一九世紀の終わりから二〇世紀の初めにかけて、労働組合は、ストライキをすると罰金を科されるような、自分たちの活動を制限する法律に悩まされていた。自由党と保守党は、大企業や大地主の利益のことしか考えていないという認識も広がりつつあった。ただ、自分たちの代表を議会に送りこもうという労働組合の闘争は、なかなか決着がつかなかった。

一八九二年、イギリス初の社会主義者の下院議員キア・ハーディが、当時の一般的な労働者の服装で議会に入ったときには、警官が呼び止め、屋根の修繕に来たのかと尋ねた。その数年後、ドーチェスターのトマス・R・スティールズという鉄道信号士が、地元の労働組合支局に決議書の草稿を提出した。それは、下院にもっと労働者の声を反映させることをめざし、〈労働組合会議〉に、労働者階級の組織の代表者を集めて話し合うことを求める内容だった。まだ多くの労働組合員が、自由党を支持することが最善の労働運動だと信じていた時代だったから、大いに物議をかもしたが、僅差で可決された。だが、それよりはるかに重大な成果は、〈労働代表委員会〉が創設され、それが一九〇五年に労働党になったことだった。

それなのに今日、労働党はすっかり様変わりしている。トニー・ブレアが一九九四年に党首になってから、ニュー・レイバーは内部の活動家からの突き上げを怖れて、党内の民主的手続きを減らした。毎年の労働党大会では、活動家や労働組合の代表が鉄道の再国有化や公営住宅建設計画などの動議を提出したものの、そのたびに無視された。大会自体も、議論の場というよりアメリカ式の政治決起集会に近づいていった。

トニー・ブレアは労働組合の資金に頼ることをやめ、代わりに裕福な個人に財務支援を求めた。この目標が十数年後、二〇〇七年のいわゆる「現金で称号」スキャンダルへとつながる。労働党に長期低利貸付をした人々に貴族の称号が与えられたのではないかという疑惑だ［訳注：直接の献金とちがって、政党への貸付けには公開義務がないことを悪用し、資金提供の見返りに爵位を与えたのではないかとされた］。イギリスの現役の首相が警察の取り調べを受けたのは、それが史上初めてだった。

トニー・ブレアによる、労働党から「ニュー・レイバー」への看板のかけ替えは、第一に、党を「財界寄り」に見せた。一九九七年の総選挙前、ブレアは富裕層への増税はしないと誓い、民営化や反労働組合法といったサッチャリズムの重要な柱の維持も表明した。そうして政権につくと、たゆまず法人税を減らしつづけ、大企業の税負担を軽くした。サッチャー派のイデオロギーから大きく離れたのは、公的支出を増やしたことだったが、そこにはサッチャーさえなしえなかったほどの規模で、公共サービスの民営化が見られた。

しかも、公的支出の増加は、その後のイギリス政治に定着しなかった。労働党は二〇一〇年の総選挙で敗北するまえから、保守党や多数のメディアに国の経済的苦境の責任を問われていた。労働党が敗北すると、続く連立政権はさっそく公的支出の流れを逆行させ、過去一世紀でほとんど例のない削減を断行した。一方、労働党がサッチャリズムから離れて導入した最低賃金は貧困ラインにとどまったが、それすら完全に財界寄りの党首の不安を乗り越えて、ようやく実施されたものだった。

「トニー・ブレアが最低賃金に懸念を抱いていたのは、周知の事実だと思う」。ソーホーのしゃれた富裕層向けの会員制クラブ〈グルーチョ〉で昼食をとりながら、かつてのニュー・レイバーのスピンドクター、デレク・ドレイパーは私に語った。「最低賃金制度は雇用機会を減らす、という当時一般的だった考え方にも一理あると思っていたんだろうね。確信はないが、もし最低賃金が前任者から引き継いだ政策でなかったら、実施することはなかったんじゃないかな」

低レベルに抑えられた最低賃金でさえ、労働者を守るために設立された党の党首を不安にさせたということだ。本来の使命から移行した労働党は、今日のエスタブリッシュメントを形作る道具になった。

ブレアとブラウンを見てきた男の話

労働党の重鎮ピーター・ヘインは、急進的な抗議活動に明け暮れた過去から長い道のりを旅してきた。トニー・ブレアとゴードン・ブラウンの内閣で大臣を務め、いまは下院の一般議員として静かに働いている。私たちは国会議事堂内にある彼の事務室で話した。部屋には、ヘインが長く支援していた反アパルトヘイト闘争にまつわる写真やポスターを含め、かつて情熱を注いだ仕事の記念品が飾られていた。だが今日、彼が町を歩いて振り返られるとすれば、それは選挙区のサウス・ウェールズ州ニースではとても考えられない日焼けのせいだろう。

ほどほどの地位の政治家に生まれ変わったヘインは、ニュー・レイバーはエスタブリッシュメントにとってなんの脅威にもならなかった、と率直に話した。むしろ心から支配的エリートを支持していた、とも。「その意味で、ブレアとニュー・レイバーというのは、資本主義と非常に相性のいい賢い体制だった。またいくつかの点では、新自由主義の政策とも相性がよかった」と彼は説明した。「そういう点で問題にぶつかることはなかったね。支配階級の利益や経済的利益に真っ向から挑むようなことはしなかったから」

国会議事堂から目と鼻の先のウェストミンスター・セントラル・ホールにある殺風景なカフェでは、トニー・ブレアの元側近のひとりとコーヒーを飲んだ。いまはマードックが所有するタイムズ紙のコラムニスト、フィリップ・コリンズだ。

長年、ブレアのスピーチ原稿を書いていた彼は調査員として政界に入り、気づくとジェイムズ・パーネルやデイビッド・ミリバンドといったニュー・レイバーの推進役とつき合っていた。ふたりとものちに熱心なブレア派の閣僚になる。コリンズもブレアの目にとまった。ことにブレアにとって魅力的だったのは、コリンズがマンチェスター郊外のプレストウィッチに住む労働者階級ながら保守党支持、という家庭に育ったことだったという。それは、まさにブレアが狙っていたタイプの有権者だった。

コリンズの意見では、ブレアは自分の政治的立場を熟知して首相になったのではない。自分の信念が何であるかは、時間をかけてようやくわかるようになったのだという。「その信念は、労働党に向かうのではなく、労働党から離れていくものだったが、とにかく最終的には、ひとまとまりの提案に行き着いた」。しかし、ブレア政権で財務相を務めたゴードン・ブラウンはちがった、とコリンズは断言する。

UIG/PPS 通信社

ブレアに続いた労働党ゴードン・ブラウン

一九九四年以降の労働党とエスタブリッシュメントの和解は、トニー・ブレアとゴードン・ブラウンが進めた計画だったが、ブレアが本能的に自由市場の原則を支持していたのに対し、ブラウンはそうではなかったという見方が一般的だった。政権を奪ってから数年間の党大会でも、ブレアを厳しく批判する労働組合の指導者たちが、ブラウンの熱弁に喝采《かっさい》を送った。ニュー・レイバーの政治が続くにつれ、現在の影の財務相エド・ボールズらブラウンの側近が、「労働党内で指導者が変われば、公共サービスを市場に開放するような政策から離れられる」とひそかに耳打ちするようになった。

そして二〇〇七年、ブラウンは首相就任という長年の夢を実現した。彼を中傷する人々の多くも、政権発足数カ月後のタイムズ紙の「ブレア主義が後退し、昔の労働党が戻ってきた」という宣言には同意した。二〇〇八年一一月、〈コムレス〉による財界の指導者への調査によると、その年の金融危機のあと、公約だった所得税の上限引き上げを実施したことで、回答者の六八パーセントが「昔の労働党が戻ってきた」と考えていた。

だが、これは奇妙な見解だ。ニュー・レイバー時代、法人税を大幅に切り下げ、公共サービスを民間に開放したのはブラウンだし、政府がシティに致命的にすり寄った責任の多くも彼にある。首相就任後も、ブラウンの政策は前ブレア政権からほとんど変わらなかった。依然として民営化を推し進め、いったい彼は誰を代表しているのかという疑問が湧くばかりだった。

「ブラウンの問題は、ある意味で（ブレアとは）正反対だった」とフィリップ・コリンズは語った。「二〇〇二年ごろからは、なんの政策も実施しなかった。本当に何も。二〇〇二年以降、戸棚のなかは空っぽで、これは悲惨なことになると私にはずっとわかっていた」。コリンズの言う「これ」とは、徐々に悲惨な方向に進んだブラウン政権の三年間のことだ。彼が言うとおり、ブラウンがかつて掲げていた「世界を変革する伝統的な社会民主主義モデル」は消え去った。「首相就任という目標が見えてきたころから、それに取り憑かれすぎて、すべてがたんなる政治的駆け引きになってしまった」

ブラウンは、個人的な野心に動かされていただけでなく、当時の政治的コンセンサスから離れるそぶりもいっさい見せなかった。「（労働党党首）エド・ミリバンドは、ブラウンの下で働いていたときにある考えに至った」と、いまミリバンドにもっとも近い顧問のスチュアート・ウッド卿は説明する〔訳注：二〇一八年現在の労働党党首はジェレミー・コービン〕。「ブラウンはいいことをいろいろしたが、一九七九年以降の合意を疑問視することだけはしなかった、と」。その合意とは、サッチャー流の自由市場経済に関するコンセンサスだ。

ウッドによれば、ブラウンがこのコンセンサスから離れなかったのは、「ときに思想的な理由、ときに戦術的な理由があった」からではあるが、ブレアにもブラウンにも、政策の方向性を変える動機も圧力もほとんどなかったという。「ニュー・レイバーは、進歩的な政治が本来闘いを挑まなければならないこの国のいくつかの制度について、なんら取り組むことなく選挙に勝ちつづけた」。言い換えれば、選挙は楽勝と考えていたので、労働党がかつて使命として廃絶を求めたような不正な制度にわざわざ取り組む理由がなかった、ということだ。その結果、サッチャー時代のコンセンサスは手つかずで残った。

当初、ブレア路線ときっぱり決別するのではないかと期待されたブラウン政権は、結局、次々と失政をくり返し、唯一の成果である二〇〇八年の世界的金融危機からの回復も、短期間に終わった。「われわれは銀行にもメディアにも近づきすぎていた」とサディク・カーン〔訳注：現ロンドン市長〕は認める。彼は労働党の影の司法相で、エド・ミリバンドの党首選を成功に導いたキャンペーン責任者だった。

かくしてこの政治的コンセンサスは、労働党によっても守られた。ブレアとブラウンの両政権は、サッチャリズムを永遠の合意に変える役割を果たした。一九八〇年代に保守党の政策にことごとく反対していた党が、ここまで自分たちの政策を支持するようになれば、サッチャーが「自分は正しかった」と宣言したのも理解できる。

こうして、富と権力を持つ人々の利益に供する政策が「常識」と見なされるようになった。反対の声が片隅に追いやられてきた結果、いまやエスタブリッシュメントにわずかでも抵抗すると、ヒステリーに近い反応を示される。

現在、社会に受け入れられる政治的意見の境界を定めているのはエスタブリッシュメントだ。エスタブリッシュメント側にいる人間が、自分の都合で国の政治的コンセンサスから離れた議論をしても、その意見は傾聴に値するとされる。それがいかに問題をはらんだ内容であってもだ。反面、エスタブリッシュメントの思想と少しでもちがう考えは、非常識だから信用するな、議論の余地なしとされるのだ。

弟の勝利を叩く

ことばは、政治上の反対意見を抑えこむのに欠かせない道具だ。「改革《リフォーム》」は、かつて左派に関連づけられた単語だった。たとえば、NHSの基盤作りは大「改革」と考えられた。だが、いまや「改革」は、エスタブリッシュメントが唱える政策の決まり文句になっている。民営化、公共サービスへの市場原理の導入、国家が介入する分野の縮小……これらはみな「改革」だ。そして、「改革」に反対する人々は、真の反動主義者、変化の邪魔をする頭の固い人間というレッテルを貼られる。保守党党首のデイビッド・キャメロンは、野党時代にゴードン・ブラウンを「改革への障害」と切り捨てた。民間企業の公共サービスへの参入を増やす方針に、ブラウンが反対していると考えたからだ。

「進歩《プログレス》」や「近代化《モダニゼーション》」も、都合よく使われる単語である。ニュー・レイバーが好んで用いた陳腐なスローガンは、「うしろではなく、まえへ」。左派をうしろ向きと決めつけ、自分たちはちがうとアピールしたものだ。また、一九九〇年代の終わりごろ、ブレアがイギリス政治の語彙《ごい》に加えた「保守主義勢力」は、市場主導の政治に反対する労働組合や公務員に対して広く使われるようになった。「既得権」も、たとえば企業の大物ではなく、労働組合や労働者に日常的に使われる。それから、「困難な決断」もエスタブリッシュメント御用達の語彙だ。エスタブリッシュメントでない人々の生活水準を下げる、あるいは政治家以外のあらゆる人にとって厳しい政策を指し、敵対する者は軟弱か臆病だと言外ににおわせる。

彼らは、こうしたことばをしつこく唱えることによって、エスタブリッシュメントの考え方は前向きで進歩的だという印象を人々に与えている。そもそも先兵たちが、国家介入で汚されていない（と考える）古典的自由主義経済に回帰したことを思えば、これらすべてはじつに皮肉な展開だ。

前述したように、彼らの定める政治的な許容範囲からほんのわずかでもはずれると、断固たる反動が返ってくる。政治的議論の境界を取り締まるこの動きは、二〇一〇年にエド・ミリバンドが労働党党首になったあとに顕著だった。彼の兄で、ともに党首選を争ったデイビッド・ミリバンドは、エスタブリッシュメントの有力候補と見られていた。その彼は党首選の最中、「労働党は一九五〇年代の保守党の政治家、R・A・（ラブ）バトラーから学ぶべきだ」と論じた。バトラーは、保守党は戦後のコンセンサスを受け入れるべきだと先頭に立って主張した人物だ。デイビッド・ミリバンドは、それに倣《なら》って労働党も、保守党連立政権の政策に反対するだけの姿勢から抜け出すべきだ、と提案したのだ。そこには、公共サービスの削減によって実現される国家介入の縮小も含まれていた。要するに、労働党に見せかけ上の政治課題のちがいすら捨てさせるという提案だった。彼が勝っていたら、エスタブリッシュメントの教義はいっそう深く政治に入りこんでいただろう。

しかし、党首になったのは弟のエド・ミリバンドで、こちらはエスタブリッシュメント思想からの逸脱とされていた。メディアも政敵も、彼を「赤《レッド》のエド」と呼び（父親のラルフ・ミリバンドは著名なマルクス主義学者だった）、彼の社会民主主義的な計画は、ニュー・レイバーの以前の失敗した政策への回帰と考えられた。

エド・ミリバンドは「労働組合幹部」に抱きこまれている、とも再三報じられた。労働組合の指導者は、イギリスのメディアの幹部たちとちがって、選挙で選ばれているにもかかわらずだ。実際に彼の勝利を決定づけたのは、労働組合の指導者たちではなく、個々の組合員の票だった。しかも、全体で二万八二九九票もの差をつけて勝った。彼が労働組合員の票に頼って勝ったのは違法であるかのような印象を与えたメディアの報じ方は、まったく不正確だった。

政治的コンセンサスからの逸脱がいかに許されないかという最たる例が、二〇一三年九月のエド・ミリバンドの「三つの約束」に対する反応である。その約束は、どれも当時の政治感覚に反していた。まず、公営住宅対策。建築数が記録的に少なくなり、五〇〇万人が待機リストに入っている現状に対してミリバンドは、土地をためこんで値上がりを待っていた建築業者に行動を起こすと明言した。第二に、法人税を下げる一方だったニュー・レイバーと保守党に逆行して、大企業への増税と、それを原資とした経営難の小企業への減税を謳った。そして第三に、暴利をむさぼるエネルギー企業の「ビッグ・シックス」〔訳注：ブリティッシュ・ガス、EDFエナジー、エーオン、nパワー、スコティッシュ・パワー、SSE〕による値上げで庶民生活が破綻しかけていることを受けて、料金を一時凍結すると宣言した。

これに対してエスタブリッシュメントは、明らかに共通の方針で臨んだ。彼らは意図的に感情をかき立てることばを使い、労働党を危険な過激主義者として色づけした。たとえば、大企業の連合体〈英国産業連盟〉（CBI）の理事ジョン・クリドランドは、ミリバンドのスピーチに「身の毛がよだつ」と新聞に語った。保守党のロンドン市長ボリス・ジョンソン〔訳注：在任は二〇一六年五月九日まで〕は、ランドバンキング〔訳注：空き家や空き地を取得して周辺地域を一体的に再生する手法〕に対するミリバンドの弾圧は「ムガベ〔訳注：ジンバブエ初代首相、第二代大統領〕型の土地没収」だと言った。〈インスティテュート・オブ・ディレクターズ〉のチーフ・エコノミスト、グレアム・リーチも「財産権に対するスターリン主義者の攻撃」と断じ、財務相ジョージ・オズボーンも、ミリバンドは「本質的にカール・マルクスが『資本論』で展開した議論をくり返している」と、台本どおりに指摘した。さらにデイビッド・キャメロンは口角泡を飛ばして、ミリバンドは「マルクス主義者の宇宙で生きたがっている」と言った。

しかし、こうした反応によって、政治家や大企業ははからずも、イギリスの世論をまったく理解していないことを示してしまった。実際には、大多数の人がミリバンドの提案よりさらに急進的な政策を望んでいた。二〇一三年の〈ユーガブ〉の世論調査では、ガスと電気の価格設定の権限を政府に与えるというミリバンドの提案を有権者の四分の三が支持すると同時に、一〇人中七人近くがエネルギーの再国有化を求めていた。後者はミリバンドが慎重に提案を控えていたことだ。保守党支持の有権者でさえ、国による買収を求めていた。また、イギリスの有権者の三分の二は鉄道と郵便の公有を望み、政府による民間賃貸住宅の家賃規制に賛成する人も多かった。人口の三分の一以上は、食料品や日用品に対する国の価格統制すら支持していた。[12]

さらにまえの〈ユーガブ〉の調査では、イギリス人の一〇人中六人近くが、一〇〇万ポンド（約一億五〇〇〇万円）を超える収入に新たに七五パーセントの税を課すことを支持した。それには保守党支持者の一〇人中四人も賛成だった。[13] 新自由主義の教義は、イギリスの権力の砦《とりで》では常識かもしれないが、国じゅうの町やコミュニティにおいては、非主流の取るに足りない意見にすぎないということだ。

エスタブリッシュメントを支持する知識人は、この世論調査の結果に背筋が凍る思いだった。ロンドンのビジネス日刊紙、シティ・A・Mの「国有化と価格統制に悲しいほど多数の支持」と題した社説では、元編集長のアリスター・ヒースが調査結果にふれ、「ゆっくりと、しかし着実に、大衆は自由市場経済に背を向け、隔世遺伝バージョンの社会主義をまた受け入れるようになっている。だが、それが実現すれば、悲しい結果に終わるだろう」と警告した。「一部の経済問題で大衆は、保守党が理解しているより、あるいは労働党が信じられないくらい、はるかに左寄りだ」。ヒースは続けて、世論調査の結果は「怖ろしい」とし、「市場経済の支持者は非常に大きな問題に直面している」と結論づけた。「この大衆の関心事に取り組まないかぎり、彼らは滅びてしまうだろう」[14]

財界のエリートも、次第にこの問題を認識するようになった。「イギリス政府は正しいことをしている。減税は正しい方向に進んでいると私は確信している」と、製薬業界の巨人〈アライアンス・ブーツ〉グループの執行会長ステファノ・ペッシーナは断言した。「残念ながら、世論は政府ほど財界に好意的ではないが」[*15]

つまり、これが現代イギリス政治の現実である。話は単純で、何百万というイギリス人の考えが反映されていないのだ。

労働党の党首がエスタブリッシュメントの集団思考からわずかに離れただけで、すさまじい反発が生じる。視野の狭いコンセンサスが熱心に擁護される。自由市場が世界に広がったことで、エスタブリッシュメントに逆らってはいけないという感覚が強まっている。もっともらしい議論の流れはこうだ——エスタブリッシュメントの政治信条から離れれば、大企業や資本家の怒りを買い、彼らがイギリスから逃げ出すことによって経済が一気に停滞する。

右も左も財界とべったり

一九七〇年代に労働党の大臣ジョン・スミスの特別顧問を務めたビンス・ケーブルは、いまは自由民主党に所属し、保守党主導の政権でビジネス・イノベーション・技能省の大臣である。ビクトリア通りにある同省は、国会議事堂からわずか数百メートルのコンクリートの巨大なビルに入っている。入口近くにはユニオンジャックつきのポスターが誇らしく飾られ、「ビジネスは偉大だ」（その下に小さく「ブリテン」）、そして「イノベーションは偉大だ」と宣言している。

私が到着したとき、あたりには緊張感が漂っていた。顧問から、あわただしい大臣のスケジュールにどうにか面会時間を入れることができた、と説明された。ついに現れたケーブルは、公の場でよく見るように、困って気もそぞろという雰囲気を漂わせていた。

「政府の力を大きく制約しているのは、国際的な動きに関することだと思う」と省内の会議室に座るケーブルは言った。まわりにいる公務員や顧問が、必死で彼の話をノートに書き留めている。ガラス張りの壁の向こうの廊下では、書類ファイルを抱えた役人たちが急ぎ足で通っていく。「われわれが相手にするのはだいたい国際企業だ。いま大企業はみな海外にある。最大の製造業者はインドの会社だ。すぐれた会社もあれば、そうでない会社もあるが、最終的にどこへでも行けるので、国として管理するのはかなりむずかしい」

その点については、ピーター・ヘインも同じ意見だ。「グローバリゼーションを否定しても意味がない。非常に強力だから。企業は環境が気に入らなければ別の場所に移ることができる。実際そうしていて、移るときには仕事をまるごと持っていく」。だが、そう言いつつも無条件降伏は認めず、大企業にこびへつらったニュー・レイバーを残念に思っている。「もっとバランスよく行動できたはずだ。政治的決意がもう少しあれば、そして党の価値観を二の次にするのではなく、最初から政策の前面に立てていれば、はるかにいい仕事ができたと思う」

このように政府の要人たちは、有権者の意思にしたがわないことの言いわけに、自由市場のグローバリゼーションを持ち出す。富裕層への増税の要求はたしかにあるのかもしれないが、「富の発生装置」である富裕層が外国に逃げてしまっては元も子もないから、その要求を満たすわけにはいかないという理屈だ。同じことは労働者の権利の改善や最低賃金の引き上げにも言える。そんなことをすれば「ここはビジネスにとって好ましくない」という雰囲気が生まれ、企業がよそへ移ってしまうというわけだ。

二〇一三年の保守党の党大会でデイビッド・キャメロンは、「労働党は、わが国でもっとも成功した最大の企業への増税を提案しています」と述べた。「それは思いつくなかでもっともダメージが大きく、無意味で、ゆがんだ経済政策です」。そして、あたかも労働党が経営層に対して、「あなたがたの税金を上げます。イギリスに来ないでください。仕事はどこかよそでやってください」と告げているような印象を与えた。いくら大衆が圧倒的に支持していても、ビジネスエリートを困らせるような政策は結局、歓迎されないのだ。

かつて激しい論争を巻き起こした先兵たちの思想を、さも常識のように受け入れた官公庁も、現状維持の強化に手を貸している。第二次世界大戦後の公務員は、クレメント・アトリー率いる労働党政権を支え、経済への国家介入といった原則に慣れ親しんでいった。だから、新しいコンセンサスを形成しようとしたマーガレット・サッチャーは、公務員と闘わなければならなかった。[*16] この時代にかぎらず、公務員は一般的に変化に抵抗する。それが、あらゆる党派の政治家を苛立たせる。「一生かけてようやく権力があるところにたどり着いたと思ったら、そこにはなかったと気づくことがある」。タイムズ紙のフィリップ・コリンズは、痛々しいほど時間がかかる政策実行プロセスを思い出してそう言った。

しかし、サッチャーが敵の排除に圧倒的な成功を収めたことで、官僚たちはエスタブリッシュメントのメンタリティを共有するようになった。一九九七年に労働党が大勝利したあとブレア政権の閣外大臣になった、労働党議員のアンジェラ・イーグルは、住宅手当への公金支出を減らすために家賃統制を提案した。手当の額が増えつづけ、地主の懐を肥やすばかりだったからだ。だが、彼女の提案は官僚から「人権法に違反する」と「高飛車に」告げられた。そもそもなぜ人権法に違反するのかわからず、そう発言もしたが、「人権法を持ち出したのは、要するに、ミスター・ラックマン（悪名高いスラムの地主）やその仲間を守るためだった。そのことが当時はわからなかった」。また、同じブレア政権時代には、官僚から生活保護費の削減が提案され、一〇年以上ののちに連立政権がそれを実施した。財務省秘書官になったイーグルは、官僚が「自由市場資本主義と固く結びついている」と感じた。彼らは、新自由主義の教義を常識であるかのように心から信じていた。

ピーター・ヘインも、「サッチャー時代から、財務省は新自由主義の経済モデルを信奉している」と感じたという。たとえば、国家介入型のエネルギー政策を立案しようとすると、官僚から横槍が入った。「不干渉路線」の教義を捨てることになるからだ。この点は財務省の上級職員も（もちろん匿名で）私に認めた。「財務省には、大臣の見解からかけ離れた根強い考え方があります」と彼女は言った。「誰も金を使ってはならないという、イデオロギーのような考え方です。それがかなり強力な文化になっています」

しかし、主流の政治家が現状を当たりまえのように支持するのは、もちろん官僚の影響ではなく、イギリスの政治エリートの本来的な性質にもとづいてのことだ。この国の政治は特権階級だけのものになっている。教育慈善団体〈サットン・トラスト〉は、二〇一〇年の総選挙で当選した議員の内訳を分析して、「下院の多くが社会的エリートで占められている」と結論した。調査時、下院議員の三五パーセントが私立学校の出身で（イギリス全体で見れば七パーセント）、コンプリヘンシブ・スクール［訳注：小学校卒業後に無試験で入れる公立の総合制中等学校］にかよったことがある議員は全体の四三パーセントだった。これは残りの人口に見られる比率の半分以下である。さらに、首相も含めた二〇名は、権威ある（授業料も高い）イートン校の卒業生だった。*17

当選前から政治の世界に入る議員の数が増えていることも、政治が専門化してきたまぎれもない証拠だ。たとえば一九七九年、当選前に政界で働いていた下院議員はわずか二一名だったが、それが一九九七年には六〇名にはね上がり、二〇一〇年には九〇名になった。二〇一〇年の労働党の党首選では、有力候補者の四人全員が議員当選前に政界に入っていた。同じ年、労働党で新たに当選した議員の三四パーセントにも当選前の政治経験があった。また、二〇一〇年の労働党の新議員のうち、八人にひとりは自営のコンサルタントとして働いていた。一九九七年のニュー・レイバーの大勝利のときには二五人にひとりだったから、大幅増と言っていい。下院全体では二五パーセントの議員が実業家で、保守党ではその比率が四一パーセントだった。

一方で、公共部門の出身者は減った。たとえば、教育機関で働いたことのある議員は、一九九七年の一七パーセントから二〇一〇年の五パーセントに減少。また、肉体労働をしたことがある議員は、一九七九年の一五・八パーセントから二〇一〇年には一気に四パーセントまで減った。保守党議員で見ると、広報活動の経験者が一一人、肉体労働の経験者はたったのふたりだった。[*18]

政党はもはや、草の根の活動家が集まって政治家の責任を問う旺盛な政治活動の場ではなくなった。一九五〇年代初期、保守党員の数は三〇〇万人、労働党員も一〇〇万人を超えていた。だが今日、労働党員の数は二〇万人を切り、保守党員はなんと一三万人にまで減って、党員の平均年齢は六八歳である。[*19] 党活動は、地域社会に根づいた民主主義の運動どころか、空疎で無価値になっているのだ。

そんななかにあって、労働党の影の司法相サディク・カーンは異色の存在だ。バス運転手と裁縫師のあいだに生まれ、ロンドン南部の公営住宅で育った。議員会館ポートカリス・ハウスのにぎやかなカフェテリアに私と座った彼には、話好きで親しみやすい雰囲気があった。主流の政治家の多くにはそれが感じられない。

「党の公認候補になったとき、ほかの候補者たちが私にはないコネを持っているのはすぐにわかったよ。彼らは政府の特別顧問や大臣たちと知り合いだった。私とちがって出世コースに乗っていた」とカーンは振り返った。立候補にかかる費用だけでも、たいていの人にはまかないきれない。「候補でいることは、ほとんどフルタイムの仕事と同じだ」とカーンは言う。「論文を書いたり、地元の有権者や労働党員にダイレクトメールを送ったりしなければならない。私にそれができたのは、給料の高い仕事について自分の会社も持っていたからだ。もし工場で働くとか、シフト制でバスを運転していたら、とうてい無理だろう?」

これは、政治的分断を乗り越えようとする議員なら、みなうなずける問題だ。「一〇年間、候補者になって、私費で何千万ポンドも費やした」と保守党議員のロバート・ハルフォンも言う。「一時は深刻な赤字だった。

ありがたいことに、いまは解消されたがね」

しかし、分断の理由はほかにもある。かつては労働組合や地方自治体が、意欲的な労働者階級の候補者の供給源だった。それらの組織が候補者を政治的に教育し、彼らの支持基盤になっていたのだが、いまは労働組合が劇的に弱まっている。その一方、国会やシンクタンクなど、政界入りの重要な出発点となる職場においては、事実上、富裕者だけが参加できる無報酬のインターン制度がますます普及している。

問題は、議員が有権者の代表でなくなっていることだけではない。少なくない議員たちが、強大な権力を持つ政府にしたがう、ただの投票装置になっていることも見逃せない。政府の政策をチェックする特別委員会のメンバーは、いくつかの議長役を除いて党指導部が指名する。立法のスケジュールも政府が決める。議会に独自の法律を制定する圧倒的能力があるアメリカとちがって、イギリスでは一般議員が法案を提出しても、ほかの議員による反論や「議事進行妨害」で簡単に廃案になってしまう。法律改正を論じるために存在する公法案委員会は、政府の支持者で固められるのが通例だ。

「一議員としてどれだけ権力があるかというと、ごくごくわずかだと感じています」と、緑の党の議員キャロライン・ルーカスは穏やかな物腰で言った。「働きはじめてからずっと、権力はどこにあるのだろうと探しつづけている気がします。どこにいても、権力はほかのところにあって、私はそれをいつまでも追いかけているような」

政府は行政に都合のよいよう議会を操作しつつ、議員たちには審議中の法律の内容をあえて知らさないでおく。議員を党の方針にしたがわせる役割の院内幹事も、立法に関する情報をできるだけ与えない。議員たちは、これはどんな法律だっけ？　と互いにしゃべりながら裁決の投票に進む。「誰も知らないんです」とルーカスは説明する。「つまり、登院すると、院内幹事がきわめて効率よく私たちを賛成か反対の投票控室に押し入れる。たとえではなく、文字どおり押し入れるのです」。いまに始まったことではないが、ウェストミンスターではこれが、いかなるときにもエスタブリッシュメントの考え方を優先する後押しをしている。

とはいえ、「たんに知らないから、エスタブリッシュメントの考え方にしたがっているのだ」と言ってしまうと、議員の責任回避に肩入れすることになる。議員はみずからが代表する選挙民に奉仕しなければならないが、立法府での彼らの地位が私企業にとって非常に魅力的なのも事実だ。法人や富裕層への減税、公共サービスの民営化、規制緩和など、エスタブリッシュメントの教義にもとづく政策が実行されれば、企業は潤う。「国会議員は二種類いると思う」と労働党のある一般議員は言う。「ひとつは、議員であることを公への奉仕と見なし、何を守るべきかを理解している人たち。もうひとつは、議員であることを、二期務めたあと民間や政府で職を得るためのベルトコンベアーだと思っている人たち。最近は後者のほうがずっと多いようだね」

そういうわけで、多くの議員が個人的利益が得られる秩序を支持するのも無理はない。エリートの相互浸透が進みすぎたために、いまや政界と財界は、ほとんど別の世界として扱えなくなってきている。

二〇一二年のある調査によれば、ニュー・レイバー政権時代の中期、イギリスのトップ五〇の株式公開企業の四六パーセントで、国内の政治エリートが取締役か株主になっていた。この数字は調査対象四七カ国のなかでいちばん高く、先進国でこれに次ぐイタリアでも一六パーセントだった。イギリスは、西欧諸国の平均と比べて企業と立法府の結びつきがなんと六倍も強く、北欧諸国と比較すると一〇倍にもなった。[*20] この国の財界と政界のエリートは混合が進みすぎて、区別がつかない。これだけ多くの政治家が実業家と重なっていれば、財界人が「自分たちの利益はウェストミンスターで政治的にしっかり守られている」と考えても、なんら不思議はない。

政治家の地位を使って荒稼ぎをする

暴利をむさぼる政治家という点で、デイビッド・ミリバンドに敵《かな》う人はなかなかいない。自己愛の強さで知られ、同じ政治家やジャーナリストと話すときにも「相手の肩越しに」部屋のなかを見まわして、もっと有力か役に立ちそうな人物を探す癖があるらしいことは、私もことあるごとに聞いている。二〇一〇年、彼は自分が労働党の党首に当然なるものと思っていた。意外にも党首選で弟に敗れると、党の幹部ポストをすべて断り、イギリス政治でも有数のふてくされた態度を示したが、「ただの」選挙区代表の政治家、それも二〇〇一年にいきなり候補者として立った北西部の貧しい選挙区の一議員にとどまる気はなかった。

多くの下院議員は、たとえ選挙が差し迫っていなくても、少なくとも週に一回くらいは選挙区をまわって、有権者の要望を聞いたり、支持者のデータベースを増やしたりするものだ。しかし、二〇一三年三月にデイビッド・ミリバンドが政界引退を表明したとき、彼の選挙区の人々は意見も悩みもほとんど聞いてもらえていなかったことがわかった。*21

その代わりに、デイビッド・ミリバンドはビジネスに注力し、立派な収入源を築き上げた。下院議員はみな、国会外の収入を資産報告書に記載して公開しなければならない。彼の記録を見るとじつに興味深い。〈サンダーランド・アソシエーション・フットボール・クラブ〉の副会長兼非常勤取締役として、年間一二～一五日の仕事で七万五〇〇〇ポンド（約一二二五万円）の収入があり、弁護士や税理士向けの講演でも多額の謝礼が支払われている。法律事務所〈キャメロン・マッケンナ・LLP〉は、一夜の講演で彼に一万四〇〇〇ポンド（約二二〇万円）を渡し、年金ファンド、政府系ファンドや資産の運用マネジャーのネットワーク〈グローバル・アーク〉も、一回の講演で同額を支払った。また、「企業や政府の幹部」へのアドバイスを売りにする〈オッ

Alamy/PPS 通信社

金集めに邁進するデイビッド・ミリバンド

クスフォード・アナリティカ〉は、二日間の仕事で彼に一万八〇〇〇ポンド（約二七〇万円）を、自称「エネルギー分野の改革と効率化を専門とする大手投資会社」の〈バンテージ・ポイント〉は、四日間の仕事で一〇万ポンド（約一五〇〇万円）近くをそれぞれ支払った。

デイビッド・ミリバンドの収入源は、企業だけではない。あるイベントに参加したときには、アラブ首長国連邦の首長から六万四四七五ポンド（約九六七万円）と旅費交通費が支払われた。要するに彼は、二〇一〇年の党首戦敗北から政界引退までの二年半ほどのあいだに、一般議員の給与に加えて約一〇〇万ポンド（約一億五〇〇〇万円）を稼いだのだ。

デイビッド・ミリバンドにとって、下院議員や大臣という地位は発射台にすぎなかった。彼はその経歴から人脈と名声を得、経済エリートにとって魅力的な存在になった。だが、こうした個人的な利益との結びつきがもっとはっきりわかる政治家もいる。たとえば、パトリシア・ヒューイットだ。

ヒューイットは、かつてＭＩ５（保安局）に共産主義者と疑われるほど左派の先頭に立ち、一九八一年の労働党の副党首選挙では、社会主義者のトニー・ベン候補を推した。その年の労働党大会では、過去の労働党政権の失敗を批判し、「ひと握りの閣内大臣と……官僚」ではなく、党の草の根の運動が政策を決めるべきだと要求した。[*22] ところが、政治の風が別方向に吹いていることがわかるや、一九八三年の労働党の党首選では二候補に、支持を表明するので仕事が欲しいという、まったく同じ内容の手紙を送った。

労働党左派の故トニー・ベンは、政治家にはふたつのタイプがあると言った。ひとつは、天候がどうあろうと同じ方向を指している道しるべのタイプ。もうひとつは、そのときの風向きによって指す方向が変わる風見鶏のタイプ。ヒューイットは後者の典型だった。最終的には忠実なブレア派になり、何度か閣僚にもなった。そして、最後の保健相のポストでは荒稼ぎをした。

保健相時代の彼女は、国営保健サービスの守護者として、民間の保健関連企業から引く手あまただった。その「現金化」が本格的に始まったのは、二〇〇七年に一身上の都合で辞めた半年後からだ。二〇〇八年の初め、多国籍製薬企業が率いる美容健康グループ〈アライアンス・ブーツ〉がヒューイットを「特別顧問」に雇い、時給三〇〇ポンド（約四万五〇〇〇円）を支払うことにした。同社は収入の約四割をNHSの契約から得ている。民間ヘルスケア事業の巨大企業〈ブーパ〉から二五の民営病院を買収した未公開株式投資会社〈シンベン〉も、五万五〇〇〇ポンド（約八二五万円）でヒューイットを特別顧問に雇った。時給に換算すると五〇〇ポンド（約七万五〇〇〇円）である。

三年後の二〇一〇年、〈ブーパ〉が今度は彼女を取締役にした。まだある。〈ブリティッシュ・テレコム〉もヒューイットを年俸七万五〇〇〇ポンド（約一一二五万円）の非常勤取締役として雇い、大臣辞任とともに報酬が二倍の上級独立取締役に格上げしていた。大臣を経験したおかげで、彼女の銀行口座は企業の大きな分け前にあずかったのだ。

もちろん、これは汚いビジネスにもなりうる。二〇一〇年三月、サンデー・タイムズ紙とチャンネル4のジャーナリストが、パトリシア・ヒューイットと、ふたりの労働党元大臣、ジェフ・フーンとスティーブン・バイヤーズを罠にはめ、三人が現金と引き換えに関係議員に働きかけることを約束する様子をカメラに収めた。

その映像でバイヤーズは、自身を「ある種の高級タクシー」と表現し、一日分の通常料金が三〇〇〇ポンド（約四五万円）から五〇〇〇ポンド（約七五万円）であることを示唆していた。フーンも、政治家は「扉を開く」ことができ、「国際分野での自分の知識と人脈を、あけすけに言えば金になる何かに変えるのを楽しみにしている」と言い放った。三人とも忠実なブレア派で、エスタブリッシュメント思想の揺るぎない支持者だったことは、偶然とは言いがたい。三人そろって富裕者と企業に利益をもたらす減税や民営化の政策を後押しし、そうした政策から個人的に利益を得ていたのだから。

結局、彼らは罰として労働党の下院議員会から除名され、二〇一〇年の総選挙で議員辞職するまで登院できなかったが、話はこれで終わらない。有力者たちは、面目を失ってもまだ繁栄できるのだ。

二〇〇五年、国防相だったジェフ・フーンは、巨大防衛企業〈アグスタウェストランド〉と一七億ポンド（約二五五〇億円）の新世代ヘリコプターの契約を結んだ。競合他社が一社も入札に招かれていなかったので、ほとんど論争にならなかった。フーンは〈アグスタウェストランド〉にずいぶん気に入られたようだ。サウジアラビアなど、人権侵害の絶対君主国家を顧客に持つこの会社で、二〇一一年、国際ビジネスを統括する常務取締役に就任した。ユーチューブには、フーンが〈アグスタウェストランド〉の代表として、プロンプター装置に映し出された原稿を棒読みしている動画がある。あらゆるニーズに「ヘリコプター・ソリューション」を提供しますという宣伝だ。

「居心地がよすぎるのです」。政治家と兵器産業の関係について、〈武器取引反対キャンペーン〉の研究コーディネーター、イアン・プリチャードは言った。「政治家は、兵器産業にいくらでも仕事があることを知っている。意識しているかどうかは別として、そういう業界をわざわざ怒らせる必要はないでしょう？」

政界と実業界をつなぐこの回転ドアは、ごく控えめに言っても活発に動いている。トニー・ブレアの側近で、初期のニュー・レイバーの活動を支えたアラン・ミルバーンも、パトリシア・ヒューイットと同じく保健相を務め、彼女以上にNHSの民間運用に力を入れた。二〇〇三年に家庭の事情で大臣を辞任したときには、個人ヘルスケア分野に特化した未公開株式投資グループ〈ブリッジポイント・キャピタル〉から、顧問料として年間三万ポンド（約四五〇万円）を受け取っていて、最終的には彼らの欧州諮問委員会の会長になった。〈ブリッジポイント・キャピタル〉が買収した一企業〈ケア・UK〉は、二〇一〇年の総選挙後、保守党連立政権がNHS民営化を掲げてから、急速に業績を伸ばした。

ミルバーンの知識と経験を買いたがる企業は、ほかにもあった。たとえば、毎年最大三万ポンド（約四五〇万円）を彼に献金していたチェーン薬局〈ロイズ・ファーマシー〉や、透析治療の〈ディアフェルム〉。〈ペプシコ〉までミルバーンの助言を望み、世界に知られるソフトドリンクの健康的なイメージを増進するために、年間最大二万五〇〇〇ポンド（約三七五万円）を支払っていた。

NHSの民営化は、イギリスの多くの議員にとって、聞けばこちらの気が滅入るほど金儲けになる事業だった。ここには、そもそもNHSを実現した労働党の議員も含まれる。デイリー・ミラー紙の調査によると、この民営化政策で「財務的」利益を得た議員は、保守党の元保健相で〈ブーパ〉の取締役バージニア・ボトムリーをはじめとして、四〇人を超えていた。

労働党の元保健相ワーナー卿も新聞記事で、保守党連立政権の提案を支持すると宣言した。しかし、記事ではその政策によって、彼が役職についていたテクノロジー企業〈ザンサ〉や抗菌剤の会社〈バイオトロール〉などに利益が出ることはふれていなかった。二〇一四年三月、ワーナー卿は、「先兵」の代表格である右派シンクタンク〈リフォーム〉と共同で報告書を発表し、NHSにひと月一〇ポンド（約一五〇〇円）の利用料を設けることを提案した。*23

左派の旗手からブレア派に転じたデイビッド・ブランケットも同類だ。彼はブレア政権の内相だったとき、会社の取締役になっていることを報告し忘れて二〇〇五年に辞任に追いこまれたが、一般議員になってから、そのビジネス上のつながりが実を結んだ。閣僚時代に社会保障制度の一部を私企業に移管する提案をしていた彼が、スキャンダルだらけの〈A4e〉で働くことになったのも驚くにはあたらない。〈A4e〉は、ブレア政権の「福祉から就労」政策で国から資金を提供されていたが、税金を原資とする配当で何百万ポンドも着服していたトップが辞任させられるなどの事件があった。

ルパート・マードックのメディア帝国は、ブレア時代には政権の忠実な協力者だったが、ゴードン・ブラウン政権とは対立した。しかしそれも、ブランケットには影響しなかったようだ。ニュース・オブ・ザ・ワールド紙による広範な盗聴行為が露見したあとも、彼はその親会社〈ニューズ・インターナショナル〉との雇用契約を更改した。「社会責任」担当顧問というブランケットのポストは、年俸五万ポンド（約七五〇万円）だった。それについて本人は決まり悪く感じているのだろうか？　国会議事堂内の彼の事務室を訪ねたとき、私はその魅力にたちまち引きこまれそうになった。ソファに座り、ときどき足元にいる盲導犬をなでるブランケットは、目が不自由でも政治家として高い地位にあり、広く尊敬を集めている。

私たちはまず、共通の故郷であるシェフィールドについて話した。ブランケットは冗談も交えるが、守りを固めていた。さまざまな企業とのつながりについて尋ねると、貧しい家庭の出で「苛酷な貧困」を体験したことを持ち出して正当化した。「派手な生活をしているわけではないが、とても快適に暮らしているよ。ティーンエイジャーのころには、文字どおりパンと雨もりの水だけで数日すごしたこともある。父が職場の事故で亡くなって、母が補償を得るのに二年かかったから。そういうことがあると、貧乏にどこかすばらしいところ、誇るべきところがあるとは思えなくなる。そんなものはないし、もうあの状態には戻りたくない。だから、矛盾と緊張があるわけだ。本当はただナンバーワンをめざしているだけなのに、いいことをしていると自分をだましてしまう危険性はつねにある」

残念ながら、こんな説明で大衆の同情は得られないだろう。なんと言っても、一般議員の給与だけでイギリス人の平均収入の三倍はあるのだから。

合法なら何をしてもいいのか

ピーター・マンデルソンは、共産青年同盟のメンバーから、ニュー・レイバー政策の主要な推進者になった。「人々が大金持ちになることには、これっぽっちも不安を感じない。彼らが税金を納めるかぎりね」と宣言したことで有名だ。実際には、裕福な個人や企業の多くはきちんと納税していないのだが。ともあれ、マンデルソン卿その人は、投資顧問企業〈ラザード・インターナショナル〉の会長になり、〈コカ・コーラ〉やロイズ銀行などへのコンサルティングで大金を得たことで、「大金持ちになる」野望を達成した。

彼の事業のひとつに、秘密主義の国際コンサルティング会社〈グローバル・カウンセル〉の設立がある。二〇一一年には、同社のビジネスを開拓するために宣伝の手紙を発送し、「(ニュー・レイバーを生み出したときのように)ブランドを刷新し、再プロジェクト化すること」や、「(政府の部局で連続しておこなったように)組織の集中力を高めて、新しい目標を達成すること」を約束した。[*24] 彼のクライアントには、石油巨大企業〈BP〉、賭博企業〈ベットフェア〉、それに〈アジア・パルプ&ペーパー〉などがある。〈アジア・パルプ&ペーパー〉は、インドネシアの熱帯雨林の破壊を〈グリーンピース〉らの環境保護活動家から糾弾された包装会社で、たいへんな圧力をかけられた末、ようやく業務を改善した。[*25]

二〇一一年初頭のエジプト革命のまえ、マンデルソンはホスニ・ムバラク大統領の政権にサービスを提供しようとした。[26]また、人権団体〈アムネスティ・インターナショナル〉から拷問の横行を非難されている、カザフスタンの独裁政権にも近づいていたと言われる。二〇一〇年には、同国の政府系ファンドのイベントに、マンデルソン自身が二回出席したが、そのうち一回の主催者はカザフスタン政府だった。

とはいえ、カザフスタンの独裁者、ヌルスルタン・ナザルバエフ大統領に取り入って、いちばん利益を得たのは、なんといってもニュー・レイバーのゴッドファーザー、トニー・ブレアだ。かつて独裁体制による悲惨な人権侵害を、イギリスの軍事介入の正当化に用いたブレアは、二〇一一年以降、カザフスタン政権の顧問として、年間最高一三〇〇万ポンド（約一九億五〇〇〇万円）を受け取っていた。報道によると、カザフスタンの野党党首アミルザン・コサノフは、ブレアが雇用されてから人権侵害の状況は悪化していると言った。[27]

ブレアは、首相として手にした国際的な名声と人脈を利用して、この種の金になる役職に次々とついた。〈トニー・ブレア・アソシエイツ〉は、クウェートの独裁政権に国内調査の報告書を提出して、一〇〇万ポンド（約一億五〇〇〇万円）を受け取ったと報じられた。ブレアに報酬を払った会社のなかには、韓国の石油企業〈UIエナジー・コーポレーション〉もある――ブレアが侵攻に加わったあとのイラクで、大規模な商取引をしている企業だ。ウォール街の投資銀行〈JPモルガン〉も、彼のサービスに二五〇万ポンド（約三億七五〇〇万円）を支払った。ブレアの妻シェリーまで、夫の首相就任から利益を得ている。たとえば、未公開株式ファンドを共同設立して、国内の一〇〇カ所に私営の医療センターを建てる計画がある。そう、投資先はまたしても個人ヘルスケア市場である。

これらはみな、違法ではない。わが国の元首相たちが人権侵害の独裁者とビジネスをして儲ける図は、きわめて不快かもしれないが、法律では禁じられていないのだ。ただ、政治と企業の世界の境界線がこれほどあいまいであることを理解しておかなければ、企業エリートがイギリスの民主主義を完全に支配している現状は理解できなくなる。
ロビー活動の調査団体〈スピンウォッチ〉の理事タマシン・ケイブは、企業エリートの戦略を次のように説明する。「立法者であるあなたに投資しましょう。あなたを援助します。あなたの政策を支持します。あなた自身を売りこむ場を設けます。政界から引退したいなら、次の就職先も提供できるかもしれません。私はこれからも興味深い存在でありつづけ、何かと相談に乗ります。耳寄りな情報も提供しましょう。すべてをあなたに差し出します」。もちろん、この話に乗る義務はないが、多くの政治家は企業にからめ取られていく。

緑の党の議員キャロライン・ルーカスは「いま私がいるところからは、大企業と政権幹部のあいだにとても心地よい関係があるように見える」と言った。「ビジネスが政策決定に大きな影響を及ぼす、いわゆる回転ドアの全体像がわかる」。ルーカスから見た同僚の政治家たちは、「進んで企業に力を与え、企業が権力を握ることを助けている」。

ニュー・レイバーの指導者たちは結局、労働党の伝統的な価値観と対立する企業利益のために働き、私腹を肥やした。政権を握っているとき、ニュー・レイバーの政治家はエスタブリッシュメントに利する政策を掲げ、自由市場、ビジネス、企業の利点を褒めそやした。そして政権から離れると、たとえ不名誉な退任をしても、過去に支持してきた経済エリートと雇用契約を結んだ。

元保健相は民間ヘルスケア企業の傭兵《ようへい》になり、元国防相は軍需大企業に抱きこまれた。かつて先兵のイデオロギーだったものは、いまやそれをはるかに超える、金儲けの計画になった。「基本的にニュー・レイバーが信じているものはほとんどない——ときどき金だけは信じているけれど」というサッチャーの結論を覆すのはむずかしい。

その後の連立政権の統治期間は、まだニュー・レイバーに遠く及ばない。それでも何人かの指導者はすでに企業のゴールドラッシュに加わっている。

デイビッド・キャメロンのデジタル戦略顧問だったジョナサン・ラフは、ダウニング街（首相官邸）を去ったあと、緊縮財政下のイギリスで多くの人の困窮につけこんでいる合法高利貸し〈ウォンガ〉に就職した。

保守党上院議長のヒル卿は、税金にたかる数多くの私企業を代表するロビー団体〈クイラー・コンサルタンツ〉の設立者だ。そこには悪名高い「福祉から就労」政策の企業〈A４e〉などに加え、アラブ首長国連邦などの独裁国家も名を連ねる。閣僚のヒル卿は、国営競技場を、自社のクライアントである〈テスコ〉に売却する提案に賛成した。[*28] その提案は、激しい反対を押し切って教育省に認可された。

また二〇一四年一〇月、ヒル卿はイギリスの金融サービス担当EUコミッショナーに任命された。監視団体〈企業ヨーロッパ監視委員会〉（CEO）が指摘したように、シティ・オブ・ロンドン自治体はヒル卿の任命をことのほか喜び、彼の「この分野における専門性とシティに関する知識」を誇らしげに語った。「偶然ながら」とCEOは冗談めかして強調するが、シティ、とくに香港上海銀行は、ロビー活動のために〈クイラー・コンサルタンツ〉を雇っていた。CEOは「欧州議会議員はヒルの任命を阻止すべきだ」と警告したが、彼らのアドバイスは無視された。[*29]

企業の狡猾なロビー活動

政治家が富裕層を当然のように擁護する理由は、イデオロギーや己の利益だけではない。彼らは多くの時間を、私企業や狡猾なプロのロビー活動チームと共有している。同じ環境のなかで、いろいろな企業が魅力と説得力たっぷりに自分たちを売りこむのを、たえず耳にしているわけだ。その一方で、イギリスのビジネスの実状への批判にふれる機会ははるかに少ない。その結果、企業のために闘わなければならない、という信念が強まるばかりになる。

実際、連立政権が発足してからの一五カ月で、閣僚は企業の代表と一五三七回も面会している。このほかに何百回という主要企業との円卓会議がある。それに対して、閣僚が労働組合の代表と会ったのは、わずか一三〇回だ。これらの数字は記録に残っているものだけで、企業と閣僚のオフレコの密会については確認のしようがない。[*30]

二〇一二年の保守党大会では、合法高利貸し〈ウォンガ〉などの企業幹部が、ひとりあたり一二五〇ポンド（約一八万七五〇〇円）を支払って大臣たちと会い、ビジネス向きのアイデアや政策を話し合った。私が議事堂のカフェで無所属議員のダグラス・カースウェルに面会したときにも、ほかの議員や大臣がテーブルで背を丸め、薄笑いを浮かべた如才ない男女と小声で話していた。「まわりを見てごらん」と、カースウェルは彼らに手を振りながら言った。「ここでロビー活動をする人がどれほど大勢いるか」

「ロビー活動の大手代行業者もいるけれど、彼らはロビー業界の四分の一ほどにすぎない」と〈スピンウォッチ〉のタマシン・ケイブは説明する。「業界の大多数の人は企業内で働いている。たとえば、スーパーマーケットの〈テスコ〉には、専任のロビー活動チームが六人ほどいるが、それとは別に巨大な広報部があって、ロビー活動チームに情報を伝えるし、自分たちで政治家に連絡もとる」。ロビー業界の規模は、推定一九億ポンド（約二八五〇億円）。[*31] 充分な見返りがあると思わなければ、企業がそこまで巨額の投資をするはずがない。「それなりの規模のロビー活動チームを持たない企業はまれになるだろうね」とケイブも続けた。「経済的な見返りがなければ、誰もそんなことはしない」

ロビー戦術は多岐にわたる。好印象を与えて有利な立場につく、関連する政策を政府が検討する際に「テントのなか」に入る、早期に政策策定プロセスに加わって充分な影響を及ぼす、政府の契約に賛成するなどいろいろだ。

二〇一二年三月、サンデー・タイムズ紙が「保守党財務局長のピーター・クルダスが、ベテラン政治家に口利きをする見返りに現金を要求した」と報じ、ロビー活動が議論の的になった。のちにこれは同紙による中傷だったことがわかり（本書執筆時には控訴中）、クルダスは名誉を大きく傷つけられたが、それでもこの事件がきっかけとなり、連立政権はロビイング法案を提出した。

本来、その法案の目的は不審なロビー活動を取り締まることだった。しかし実際には、私的なロビー活動がいかに成功しやすいか、政治家がどれほど自然に個人の利益を守ろうとするかを白日《はくじつ》のもとにさらすことになった。ロビー活動の九五パーセントに、この法案が適用されなかったからだ。社会活動家はこれを「猿ぐつわ法案」と名づけた。その最大の狙いは、政府の政策への批判を取り締まることだった。これが立法化されたことで、イングランドで五〇〇〇ポンド（約七五万円）、スコットランドとウェールズで二〇〇〇ポンド（約三〇万円）を超える金額を「非政党の選挙運動」と見なされるものに使う組織は、選挙委員会への登録が義務づけられた。そのせいで今、慈善団体も、労働組合も、社会活動団体も、費用と時間のかかる悪夢のような事務手続きに巻きこまれ、あらゆる支出について説明を強いられている。それに、以前ならこれらの非政府組織は総選挙前に年間九八万九〇〇〇ポンド（約一億四八三五万円）まで使うことができたが、いまはスタッフの人件費や公開会議も含めて三九万ポンド（約五八五〇万円）までしか認められない。しかも、「非政党の選挙運動」の定義は非常にあいまいで、がん治療の補助金の増額要求から、手頃な価格の住宅不足への対処まで、ほとんどあらゆることが含まれる。

結果として、いかなる法律とのかかわりも怖れる慈善事業の主催者たちは（すでに厳しい法律にしたがうことを義務づけられているからだが）[*32]、権力を監視する活動を中止するだろう。労働組合会議は、このロビイング法が二〇一四年の年次総会や選挙の年におこなうデモ活動に深刻な影響を与えると述べた。右派の〈グイド・フォークス〉でさえ、政治ブログにも波及しかねないと不支持にまわったほどだ。英国医師会（BMA）も、「この法案が通過したら、影響はきわめて心配なものになりうる。とくに表現の自由に与える意味について懸念がある」と論じた。[*33]

「慈善団体にも、社会活動団体にも、相談の類はいっさいなかった」と、上院で先頭に立って「猿ぐつわ法案」に反対したハリーズ卿は言う。「慈善団体や社会活動団体は、わが国の民主主義に欠かせない要素だ。国民が政党にあまりにも無関心ななかで、彼らはつねに社会の問題をとらえ、演台に立ち、候補者に質問を投げかける。だから、民主主義のこういう土台に影響を与える立法は、社会の根幹を揺るがす根本的な変更なのだ」。結局、この法は、企業によるロビー活動についてはおおむね規制していない。沈黙を強要されるのは、エスタブリッシュメントの批判者のほうだ。

労働組合攻撃の手はゆるめない

労働組合に対する容赦ない攻撃も、私企業に対する監視の甘さときわめて対照的だ。労働党は「労働組合の会計係に牛耳《ぎゅうじ》られている」という議論がよくあるが、実際には、労働党指導部は西欧でもっとも厳しい反労働組合法を制定した。また、公務員の実質給与を下げ、保守党の緊縮財政政策を、少なくとも選挙に勝利した一年後まで継続することを約束した。

組合叩きで恰好の標的になったのは、イギリス最大の労組〈ユナイト〉の事務局長レン・マクラスキーだった。彼ほど見た目や話し方がエスタブリッシュメントからかけ離れている人はそういない。リバプール出身の誇り高い男で、たいていひげもきちんと剃らず、堂々たる体軀《たいく》でおこなう政治集会の熱烈な演説は、たびたび信奉者たちを夢中にさせる。しかしプライベートで会うと、その態度は穏やかで、むしろ内省的だ。

「まちがいなく組織的な攻撃がある。そのことは誰の目にも明らかだと思う」と、マクラスキーは静かに憤った口調で言った。自身に対するデイビッド・キャメロンの執拗な非難について彼は、一九八四～八五年の炭鉱労働者ストライキ以降、全国炭鉱労働組合委員長アーサー・スカーギルへの攻撃を除いて、イギリスの首相がここまで労働組合のリーダーを無慈悲に叩くのは初めてだと指摘する。「われわれが得た情報からはっきりわかるのは、彼らが〈ユナイト〉をある種の悪霊、内なる敵、お化けと見なすことにしたということだ。保守党は、〈ユナイト〉を使ってミリバンドの頭を殴ろうという魂胆だ」。その攻撃で労働党党首がひるめば、効果ありとなる。保守党とメディアの連合軍が、労働党と組合の結びつきを印象操作に用いているのはまちがいない。彼らはことあるごとに、労働党指導部が何か腐敗した暗く過激な力に支配されているということをほのめかす。

だが、事実はどうか? エド・ミリバンドに代表される労働党幹部も、エスタブリッシュメントの信条に立ち向かえず、結果的には〈ユナイト〉への猛攻を正当化した。そのため、労働組合が新たな政治的役割を担わざるをえなくなった。「〈ユナイト〉や私が、ほかの選択肢を示す一種のリーダーと見なされているのは、たんにそういうことを唱える政治的な声が存在しないからだ」とマクラスキーは言う。

労働党の中央組織は長年、ろくに足を踏み入れたこともないような選挙区にてこ入れして候補者を立て、自分たちに有利になるよう選挙で戦ってきたが、そういう場合でも、政治エリートが騒ぎたてることはなかった。ところが、そこに労働組合がからむと、彼らは結束を固めて対処した。

二〇一二年二月、フォルカーク選挙区の労働党議員エリック・ジョイスが、ほかの議員三人に殴打や頭突きをして離党させられたときにも、その空席を埋める選挙戦で〈ユナイト〉が不正を働いた、と責められた。しかし、スコットランド警察の捜査で〈ユナイト〉の犯罪の証拠はひとつも見つからず、不起訴となった。BB

Cのラジオ4の調査も空振りで、不正の証拠は何もなかった。にもかかわらず、反労働組合運動は事実とは関係なく進められた。

〈ユナイト〉の一連の行動は「スキャンダル」だった、とデイビッド・キャメロンは言明した。当時の労働党の影の国防相ジム・マーフィも、〈ユナイト〉は「一線を越えた」と宣告した。デイリー・メール紙やサンデー・タイムズ紙は、「不正選挙」と「〈ユナイト〉のごろつき」を非難し、ミリバンドに対処を要求した。長引く攻撃に対して、労働党党首は組合とのつながりを全面的に見直すと誓った。党の根幹にかかわる最大の危機だった。「あれは右派の組織的なヒステリー以外の何物でもなかった。そして不幸なことに、労働党の上層部といくつかの党派は、炎に風を送ってしまった」とマクラスキーは言う。

政治エリートからの攻撃は続いた。二〇一三年の秋、〈ユナイト〉は、スコットランドで何千もの労働者を雇用する〈イネオス〉グランジマウス石油精製所のオーナーと話し合った。精製所の将来は、大儲けをしているそのオーナー、会長兼CEOのジム・ラトクリフによって脅かされていた。会社側はすでに節税目的で業務を海外に移し、労働者に大幅な減給と雇用条件の見直しを迫った。たしかに経営は苦しかったが、人件費は全売上高の一七パーセント、労働者の賃金と年金が問題の原因でないことは明らかだった。

その交渉のさなか、ラトクリフは労働組合幹部のスティーブン・ディーンズを、選挙戦に関連した行為で停職処分にした。ディーンズは労働党フォルカーク支部長でもあった。そこから労使交渉はもめにもめ、〈ユナイト〉はストライキに打って出ると脅した。対する〈イネオス〉は自分たちの条件にもとづく全面降伏を要求し、さもなければ精製所を閉鎖すると応じた。そうなれば労働者の生活や地域社会だけでなく、スコットランドの経済全体にも大被害が及ぶところだったが、きわどいところで決裂は免れた。

マクラスキーは、「労働者の意見を代表することを恥じる必要はまったくないにもかかわらず、〈ユナイト〉

が折れるのは当然だと思われていた」と言った。「疑いなく資本側の露骨な権力行使があった。われわれは攻撃にさらされ、労使関係の競技場でいかに不公平な立場にあるかを思い知らされた」

これが税金亡命者ジム・ラトクリフのやり方だ。一億三〇〇〇万ポンド（約一九五億円）のヨットの上から、何千という労働者や彼らの地域社会、ひいては一国の運命をいともたやすく決めることができる。だが、世間への説明はちがった。そのせいで、〈ユナイト〉が改めて総攻撃を受けた。デイビッド・キャメロンは〈ユナイト〉をマフィアと比較し、何千人もの失業者を出すつもりだった経営者の家のまえで声をあげた活動家を、「ごろつき」呼ばわりした。〈ユナイト〉の戦術に対しては、政府の調査も入った。調査団を率いたのは、ブルース・カー。すでに抑圧的な反労働組合法をさらに強化しようと図り、「ひどく時代遅れの反労働組合的姿勢の法律家」と〈ユナイト〉が非難する勅選弁護士だった。

ここには、現在の政治秩序が要約されている。主流の政治家は、かつて先兵が夢見ていた政策によって変容した。ビジネスエリートのあいだでは貪欲のメンタリティがもてはやされ、それが政治エリートにも感染した。政治家は、ウェストミンスターの内外で私欲のために平然とロビー活動をくり広げるが、しつこく監視されて攻撃されるのは、現状維持に異を唱える人たちのほうなのだ。

そして、国民は誰も信じなくなった

現在の政治秩序に闘いをしかける敵らしい敵はほとんどいない。だが一方で、政治家に対する信頼は哀れなほど低い。〈イプソス・モリ〉の世論調査によると、五〇パーセントを超えるイギリス人が、下院議員は自分の利益を最優先すると思っている。七二パーセントは、政治家が真実を話すとは思っていない。六五パーセントは、少なくとも半数の下院議員が私的利益のために権力を用いていると考えている。[*34]

「国民が政治家を嫌っていることは周知の事実です」と、テレビ司会者から労働党の影の大臣になったグロリア・デ・ピエロは言った。そのとき私たちは下院のうるさいカフェにいた。現役の大臣から大臣のスケジュール管理をする秘書まで、あらゆるレベルの政治エリートがここに集まって食事をしている。

彼女の態度は、ほかの多くの政治家と異なる。強いヨークシャー訛りがあり、庶民的で話し好きだ。彼女は選挙で当選して以来、なぜ政治家がここまで嫌われているのか探ろうと、全国をまわって有権者の話を聞いてきた。「どんな人たちと会っても、かならず話題になることがある。要するにみんな、政治家は自分たちのことしか頭にないと思っているの。地元からすぐれた議員が出れば、『あいつらもまあまあだ』となる余地はあるけれど」。しかし、有権者が政治家について言うことは、だいたい冷たい。「嘘つき、傲慢、特権意識、自己中心……ひどいものよ」

選挙で選ばれた政治家に対する人々の軽蔑は、当然ながらイギリス民主主義の現状に対する批判から来ているが、これほど社会に広がったシニシズムは、民衆のあきらめに近い気持ちの表れでもあるだろう。それは投票率の低下（一九九二年には七七・六パーセントだったが、二〇一〇年には六五・一パーセント）と、政党の党員数の減少からもうかがえる。

イギリス政治は、イデオロギーにからめ取られて窒息しかけている。富裕層への減税、公的資産の売却、国家の縮小、社会保障費削減、労働組合叩き……これらすべてが、政策の主流として容赦なく推し進められる。この「中心地」からはずれるのは、選挙に当選できない者と過激論者だけだ。ごくわずかでも「党の方針からはずれた」と見なされた者、エスタブリッシュメントの思想から遠ざかったと見なされた者は、汚名を着せられ、中傷される。一方、このコンセンサスの支持者たちは、議論が長引けば長引くほど個人的な利益を得る。政治エリートと富裕層は別個の存在ではない——このふたつは、多くの部分で重複している。

こういうとき、正常に機能している民主制であれば、メディアがそれを批判し、打破する。しかし、イギリスはちがう。この国のメディアほど、エスタブリッシュメントにとって効率的なロビー活動をしているものはない。

3
メディアによる支配
Mediaocracy

リチャード・ペピアットは、二〇代終わりでイギリスのメディアの腹黒さを知り尽くした男だ。子供のころからずっとジャーナリストになりたかったが、ガーディアン紙のような職場はオックスブリッジのエリートが占めていて、労働者階級の自分のような人間が入る余地はないだろうと思っていた。ところが幸運に恵まれて、二〇〇八年にデイリー・スター紙に就職する。志望した新聞社ではなかったが、とにかくペピアットは、メディアの世界から非特権階級を締め出す障害をなんとかくぐり抜け、そのなかに入った。

その日、私とペピアットは〈ソーホー・シアター〉の騒々しいバーで、ラガービールのパイントグラスを傾けていた。「なんというか、もうどうでもいいと思った。梯子《はしご》をただのぼっていくことにしたんだ」と彼は当時を振り返った。「そこから二年半は、ひたすらそうだった。デイリー・スターで働いているあいだ、それまで守っていた行動規範はすべて無視して、ただもう前進した。『とにかく、これがおまえの仕事だ。信じたいことは自分の時間があるときに信じればいい。でも仕事中は抵抗するな。彼らがおまえに書かせたいのはこれだ。書かなきゃ雷を落とされる』と自分に言い聞かせてね」

もちろん、デイリー・スター紙で働いて楽しいこともあったし、芸能人が集まるパーティにしょっちゅう招待されるような特典もあった。だが、ペピアットは次第に、読者の怒りをスケープゴートに向かわせる活動の片棒を担いでいることに気がついた。「報道室に入ると、『イスラム教徒が〇〇〇をした』という記事を書けと言われる。そこで事実を調べると、『でも本当は、彼らはそんなことしてないでしょう?』となる」

よく狙われたのは亡命希望者だった。ペピアットはあるとき、ソマリアの内戦から逃げてきた家族の取材を命じられ、ほかの記者たちと家の外で張りこんだ。「いまも憶えてるよ。その日は誰も家から出てこなかったんだけど、翌日出社すると、ニュース編集長に呼ばれて、サン紙を見せられ、『ほら、彼らは難民の父親にインタビューしてるぞ。〝どうでもかまわない。もらえるものはもらう〟という父親のことばを引き出してる』と言われた。ぼくが『いや、父親は家から一歩も出てませんよ。そんなことを言ったはずがない。ぼくはあそこに一日じゅういたんですから』と答えると、編集長は、『そんなことはどうでもいい。もっと抜け目なくやれ』と言ったんだ」

ペピアットは、その類の取材にひとつのパターンがあることに気づいた。「社会の悪弊に関して、つねに責められる対象がいる。そして、その先にある本当の原因が問われることはない。たんに、あの移民どものせいだとか、あのイスラム教徒どもが悪いとされて、『本当にそうなのか?』と訊くことがない。本来、読者は自分たちの暮らす社会の制度全体について、もっと根本的な問題を知らされるべきなのに」。そんな仕事に耐えられず、絶望したペピアットは酒に溺れた。「自分で自分を裏切ったように感じた。毎日していることが嫌でたまらなかった」

そして、彼はついに行動を起こす。ジャック・ダニエルのボトルを四分の三空けた勢いで、デイリー・スター紙の社主リチャード・デズモンド宛に公開書簡を書いたのだ。「送信」ボタンの上で指がためらった。クリックすれば人生が一変し、職を失うことがわかっていたから。だが、押した。

二〇一一年三月、その書簡が公開されると大きな関心が集まったが、ペピアットのもとには電話や携帯メールによる殺害予告も次々と届いた。ちがった番号から、ときには一〇分おきにかかってくることもあった。「死ぬまでおまえを狙ってやる。いつか殺してやる。今もおまえの家の外にいる」といった内容で、怖くなったガールフレンドは出ていき、ペピアットは二カ月間、玄関脇に野球のバットを置いていた。電話の向こうで男がマスターベーションをしていることもあった。その加害者は有名な変人で、複数のメディア組織から雇われて、いろいろと不道徳な行為を重ねていた。ペピアットを脅して黙らせようとしたようだ。

不誠実と捏造の文化

スケープゴートを探しつづけるメディア・エスタブリッシュメントとの闘いについては、ミシェル・スタニストリートがくわしい。全国ジャーナリスト組合書記長の彼女は、デイリー・エクスプレス紙での経験を語ってくれた。「二〇〇一年、亡命希望者の特集記事に問題があったので、そのことを報道苦情処理委員会（PCC）に訴えたの。ところが当時、委員のなかにデイリー・エクスプレスの編集長がいたものだから、クリストファー・マイヤー（当時のPCC委員長）から、『問題はないと思われる』という馬鹿げた返信が来た。記者たちにこの記事を書けという圧力はかかっていなかったはずだ、とね」

ロマを攻撃する記事の件で、彼女の同僚が自社新聞をPCCに訴えたときにも、やはり主張は認められなかった。ただ一度、「毎日ファトワー」〔訳注：ファトワーは、イスラム法学にもとづいて発される勧告・見解〕と題する、イスラム教徒をからかった「いたずら」記事に記者たちが反感を覚え、編集フロアから出ていったときには、経営者との交渉は行きづまったものの、編集側が記事を取り下げることになった。

ペピアットとスタニストリートの経験は、メディア特有の不誠実と捏造《ねつぞう》の文化をよく伝えている。この国のメディア組織は、社会の実相を正直に報じるより、偏見と不安感をあおるような極端な事例を追い、それによって支配的な政治的意見に協力することを好む。たとえば新聞は、あらゆる政党が社会保障について言う決まり文句をオウムのようにくり返す――「無気力な怠け者を納税者の金で養っている」。

保守党連立政権が成立して三カ月後の二〇一〇年八月、サン紙は、「一五億ポンド（約二二五〇億円）の生活保護費のたかり屋を止めるために力添えを」と、読者に呼びかけるキャンペーンを開始した。たいていは子供が数人いる生活保護費の受給者が、国の援助を自慢するところを取り上げた記事だった。デイリー・メール紙も、わが子たちとペットのニシキヘビのために、いまより大きな家を要求する夫婦を特集した。サンデー・タイムズ紙のある記事の見出しは「何もせずに何かを得る文化を終わらせよう」だった。そこには、人気テレビドラマ『シェイムレス』に出てくる架空の「たかり屋」、ギャラガー一家のピンナップ写真が、まるで現実世界にいるかのように添えられ、生活保護受給者は「ダンスをしろと言われたらダンスをする」体制を期待しているという、ホワイトホール（官庁街）の役人の発言まで引用されていた。

こうした報道のせいで、有権者は完全に現実の状況がわからなくなった。二〇一三年一月に発表された〈ユーガブ〉による世論調査では、人々は生活保護費の平均二七パーセントが不正請求されていると思っていたが、実際には〇・七パーセントだった。また、人々の想定する生活保護支給額は現実より多く、支給期間も長かった。[*1] 社会保障費についても、全体の四一パーセントが失業者に支払われていると思いこんでいた（現実の失業手当給付金はわずか三パーセント）。

別の調査では、失業手当にまわる税金のほうが、年金に使われる税金より多いと思っている人が二九パーセントいた。実際に失業手当に使われる予算は、年金の額の一五分の一である。真実の数字を知っている人は、社会保障費の削減に賛成する率がかなり低かった。裏を返せば、現実を無視させたり、なかったことにして得られる政治的資本［訳注：政治家が有権者から得る支持や信託など］は莫大だということだ。

メディアの報道が、現実からかけ離れた大衆の認識につながることを、はっきり示した調査もある。最近の〈イプソス・モリ〉による世論調査で、イギリス人がティーンエイジャーの妊娠の数を実際より二五倍も多く考えていることが明らかになった。また、イギリス国民の二四パーセントがイスラム教徒で（実際はイングランドとウェールズでわずか五パーセント）、全人口の三一パーセントが移民だと思いこんでいた[*2]（これも実際は一三〜一五パーセント）。

イギリスのエスタブリッシュメントのなかで、メディアは重要な役割を果たす。攻撃の矛先を社会の最下層に向ければ（多くはゆがめた情報や作り話、たんなる嘘にもとづく特集記事で）、頂点にいる富裕層や権力エリートへの監視の目をそらせるからだ。驚くようなことではない。ほかならぬメディアの社主がエリートの一角を占め、現状維持を支持しているのだから。今日のメディアの多くは、そうした経営者と経営手法によって、富裕な権力者の利益を熱烈に擁護している。

キノックの苦い思い出

あれは、ここ数十年のイギリスでもっとも厳しい選挙戦だった。一九九二年四月。大量失業、労働組合叩き、公的資本売却が相次いだ一三年間の下野のあと、労働党と党首ニール・キノックは、サッチャーの後継者ジョン・メージャー率いる保守党から政権を奪回しかけていた。投票一週間前の四月二日、ある世論調査では、労働党が六ポイント差で勝利しそうだという結果が出ていた。

それを喜ぶ声が迫るにつれ、震え上がらんばかりになったのはイギリスのメディアエリートだ。一九八〇年代のサッチャリズムの定着と敵の殲滅《せんめつ》に大きく貢献したフリート街［訳注：新聞社や通信社が多い通り］としては、その偉業を危険にさらすわけにはいかなかった。かくして労働党とその党首は、戦後のイギリス政治でかつてない苛烈《かれつ》なメディアの攻撃を受けることになった。

あれから約四半世紀後、いまキノックは、上院の食堂で私とコーヒーを飲んでいる。上院廃止に一貫して賛成してきたはずだが、いまはその一員だ。有名な生姜色の髪も灰色に変わった。しかし、まだ強いウェールズ訛りは残っている。キノックは昔、「ウェールズのおしゃべり男《ウェルシュ・ウィンドバッグ》」とけなされたが、理由はすぐにわかった。彼が会話を「一文」で終わらせることはめったにない。だが、冗長なだけでなく雄弁で、たいてい情熱的だ。そして、ときには右派だけでなく自身の党や活動メンバーに対しても、辛辣になる。

キノックによれば、一九九二年のメディアキャンペーンは、彼自身ではなく、「徐々に成功して魅力が増してきた労働党」に向けられていた。労働党をぜったいに勝たせてはならない、という決意のもと、「デイリー・ミラー紙を除く全タブロイド紙の編集長が、選挙前の木曜日に結集した」とキノックは言う。その二日後、サン、デイリー・エクスプレス、デイリー・メールの三紙が、かつて保守党の内相ケネス・ベイカーがおこなった演説を再掲した。それは、労働党が「門戸開放」の移民政策を計画していると断定する内容で、デイリー・エクスプレス紙に至っては、主要な接戦選挙区で何千部も無料配布までしたという。「私にぶつける意味もあったのだろうが、基本的には反労働党のキャンペーンだった。勝ってしまいそうな労働党に反対したんだよ」

さらに選挙当日には、サン紙の一面に悪名高い助言が掲載された――「もし今日労働党が勝ったら、最後にイギリスを出ていく人は明かりを消してください」。その結果、保守党は労働党から勝利を奪い取り、大喜びした同紙は翌日、「選挙に勝ったのはサン」と自慢した。

もちろん、すべてがメディアのせいだったわけではない。労働党の指導部は有権者の心を動かしたとは言いがたかった。選挙前夜のシェフィールドの決起集会で、愚かにもすでに勝ったかのようにふるまったのもよくなかった。その日、舞台に上がったキノックは興奮して「いけるぞ！」と叫んだのだ。

とはいえ、この話ひとつをとっても、イギリスのメディアの真実がよくわかる。つまり、イギリスには報道の自由がない。政府の直接干渉がない報道も存在はするものの、それらはまったく主流ではない。主流メディアの大半は、政治的な動機を持つごく少数のオーナーに握られている。彼らは、現代のイギリスでもとりわけ破壊的で効果的な政治権力と影響力を用いて、メディアを支配している。受け入れ可能な政治的議論に沿わない者は、新聞に磔《はりつけ》の刑にされる。

言い換えれば、メディアはエスタブリッシュメントのひとつの柱なのだ。多くのジャーナリストがどれほど不快に思おうと、それが事実である。

「メディアは自由ではありません」。労働党の影の大臣アンジェラ・イーグルは、議員会館ポートカリス・ハウスのカフェで私にそう言った。カフェは大臣や一般議員、ジャーナリスト、意欲的な調査員たちでごった返していた。「あなたや私がたぶん賛成しないような、特別な意見を持ったオーナーたちが、メディアをイデオロギー的に動かしている。そのことがもっと指摘されて、理解されるといいのですが」

一九九二年のキノックと労働党に対する組織的な攻撃は、たんに「現在のエスタブリッシュメントの形成に役立った一九八〇年代の政策が、後退するかもしれない」というパニックの産物ではない。そこには理屈の裏づけもあった。一九七〇年代には、先兵の筆頭であるマドセン・ピリが、戦後のコンセンサスを逆転させる「逆向きの推進装置」について述べていた。もしも一九九二年に労働党が勝利したら、ポスト一九八〇年代のエスタブリッシュメントに同じ逆転が起きないと誰が言えただろう。

実際、キノックは党首になってから一貫して、労働党が政権を握ったらメディアの力を削減する、と言いつづけていた。一九八六年には、外国人のメディア所有を制限するアメリカの法律の輸入も提案した。実現すれば、アメリカ市民であるルパート・マードックがイギリスの新聞を所有することは違法になる。キノックは私に、「たとえ社主が、イギリスの法律の要件にしたがって国籍をイギリスに変えようとしても」、労働党政権下では「彼らの帰化手続きの書類が、内務省の未決トレイでいつまでも埃をかぶることになっただろう」と言った。だからマードックは、「ただの敵対から戦争レベルの攻撃に移行しなければならない、と決断したのだ」。

強大なメディア「マードック」の力

トム・ワトソンはずんぐりとした眼鏡男で、すぐにわかるウェスト・ミッドランズ訛りがある。彼にとって一九八〇年代の闘争はまだ記憶に新しい。議事堂内の彼の事務室で私が会ったとき、ワトソンは労働党の選挙調整役だったが、二〇一三年七月に「マーケティング野郎や、情報操作《スピン》の連中や、特別顧問たち」を攻撃するブログを書いたあと、辞任した。世間からは、私利のために党指導部に取り入る政治家、ひたすら師匠のゴードン・ブラウンにつきしたがう喧嘩っ早い男と思われてきたワトソンだが、本人は強く否定して次のように語った――一九八三年、ワトソンが一五歳で労働党に加わったとき、党は自殺しかけていた。当時の彼が見たところ、「党の乗っ取りをもくろむ参入者」との闘いがくり広げられていて、労働党は、選挙に勝って自分たちが代表する人々のために職務を遂行できるように、「超現実路線」に転じた。ところが、政府とメディアの動きを察知して、戦略をすべて見直さざるをえなくなった。

「すべては隠されていた」とワトソンは言う。「実際には、一九八一年にマーガレット・サッチャーとルパート・マードックが首相の別荘でひそかに会合していた。そしてマードックは、タイムズ紙とサンデー・タイムズ紙を買収する取引を完了していた」。マードックは、自分の計画についてサッチャーに説明した。そこには労働組合との対決や、二五パーセントの人員削減が含まれていた。その会合のあと、サッチャー政府はマードックによる株式公開買付を、独占・合併委員会に提起しなかった。提起していれば、イギリス最大の新聞グループの誕生は阻止されたかもしれない。「政府は、政治家の生殺与奪の権を握る非常に強力なメディアにすり寄ったのだ」とワトソンは言う。

一九八〇～九〇年代初めにかけて、マードック支配下の報道機関はサッチャー派の計画を忠実に擁護した。労働党の地方議会議員や労働組合の活動家を叩き、悪者に仕立て上げた。それは自然な動きだった。マードックは「小さな政府」を推進する、右派ポピュリズムを絶対的に支持していたからだ。

しかし、前述したように一九九二年四月の選挙で大苦戦した末、保守党はその数カ月後の九月一六日、いわゆる「ブラック・ウェンズデー（ポンド危機）」に見舞われる。これによってイギリスは、欧州為替相場メカニズムからの脱退を余儀なくされ、市場で何十億ポンドもの資金が失われた。保守党の経済政策の信用はがた落ちした。足並みが乱れたメージャー内閣は、EUをめぐる党内外の対立や、相次ぐ閣僚の私生活のスキャンダルといった危機にみまわれた。

一方、労働党内でも重大な変化が起きていた。旧来からの社会民主主義的な党首、ジョン・スミスが一九九四年五月に急逝すると、カリスマ的な右派のトニー・ブレアが後任となり、「国有」推進を初めとする伝統的な党是を捨て去ることを誓ったのだ。そうして現れた「ニュー・レイバー」は、もはやサッチャリズムの脅威でもなんでもなかった。

一九九五年七月、保守党が国じゅうの笑いものになっていたころ、ブレアはオーストラリアのヘイマン島に飛んでルパート・マードックに会い、サン紙は急転換してブレア支持にまわった。それから二年後の一九九七年総選挙で、ニュー・レイバーは圧倒的勝利を収めて政権につく。

Alamy/PPS通信社

メディアを操るルパート・マードック。妻ジェリー・ホールと

この動きについてキノックは、「私が報道から受けた仕打ちは、トニー・ブレアとゴードン・ブラウンにも傷を残し、（ニュー・レイバーのスピンドクター）アラステア・キャンベルを激怒させた。だから彼らは、敵対的な報道機関を力の及ぶかぎり取りこもうとしたのだ」と正当化した。ニュー・レイバーのエリートにとって、勝利のチャンスを広げるためには、サン紙を抱きこむことが欠かせなかった。

デイビッド・ウッディングは、サン紙の典型的な記者ではない。リバプールの労働者階級の出身で、リバプール市といえば一九八九年四月の「ヒルズボロの悲劇」〔訳注：警察がサッカースタジアムに入る観客の誘導を誤ったことで、多数の死傷者が出た事件〕の際、警察の虚偽の証言を掲載したサン紙を排除した町だ。市内の新聞販売店の多くはいまもボイコットを続けていて、一日の販売部数は「悲劇」前の五万五〇〇〇部の四分の一足らずに減っている。

若白髪のウッディングは義眼をはめ（若いころの交通事故の名残）、きびきびした態度で友好的だ。一九八〇年代には、アラステア・キャンベルといっしょに働いたこともある。キャンベルは、デイリー・ミラー紙の記者だったがブレアに引き抜かれた。

一九九七年の総選挙当日の夜、ウッディングがサン紙の報道記者としてブレアの選挙区（セッジフィールド）を取材していると、キャンベルから声がかかってオフィスに呼ばれた。「選挙戦で最大のターニングポイントは何だったかと、彼に訊いたんだ」とウッディングは振り返る。「すると『労働党を勝利に導いた最大のターニングポイントは、まちがいなく、サン紙がわれわれの支持にまわったことだ』という答えだった」

「マスコミの敵意を軽減したい、とブレアが願ったのは理解できる」とトム・ワトソンは言った。「党の動きがサン紙と敵対している――あるいは、サン紙のほうから敵対していたのかもしれないが――とにかくそういう状況だったからね。ブレアが強力なメディアの重鎮と個人的な関係を築きたいと思ったのはわかる」。ワトソンは両手を頭のうしろにまわし、椅子の背にもたれて、リラックスした雰囲気で当時を思い出した。

だが本当は、ニュー・レイバーとマードックの同盟を誰よりも苦々しく思っていたのかもしれない。二〇〇六年、彼はトニー・ブレア政権下で国防省の閣外大臣を辞任し、ブレア自身にも辞任を迫った。ブレアは激高して、ワトソンを「不誠実で、無礼で、まちがっている」と批判したが、結局、ワトソンの辞任が翌年六月のブレアの党首辞任を早めることになる。

そして二〇〇九年、ワトソンはサン紙に「保守党に汚名を着せるために、彼らの私生活のスキャンダルをでっちあげた」と書かれた。だが、結局誤報だったことがわかり、サン紙はワトソンに名誉毀損の賠償金を支払わなければならなかった。この一件についてワトソン自身は、〈ニューズ・インターナショナル〉にいたブレアの友人たちが、腹いせにワトソンの経歴を台なしにしたのだと確信している。

彼のこの経験は、ブレアとマードック帝国との関係が、中立どころか、きわめて親密だったことを如実に物語っている。そのことは、ブレア自身が最終的にマードック一族に加わったことからも明らかだ。首相を辞任したあと、ブレアはマードックの幼い子供の代父《ゴッドファーザー》になってほしいと頼まれ、ヨルダン川のほとりで白い法衣を着て、洗礼式に立ち会った。「どんな政治家であろうと、あの地位にある人物とそういう秘密の友情を結ぶことは、根本的にまちがっている」とワトソンは言う。

マードック帝国がブレアのニュー・レイバーを支持したのは、かつての労働党がメディアに与えていたさまざまな脅威がなくなり、保守党が暗礁に乗り上げていたからだ。しかし、それだけではない。マードックはニュー・レイバーから、さらなる政治的譲歩を引き出せると信じていた。結果はそのとおりになる。ニュー・レイバーが政権についたあと、〈ニューズ・インターナショナル〉は、政治コンサルティング会社〈ローソン・ルーカス・メンデルゾーン〉（ＬＬＭ）を雇い、労働者の基本的な権利を定めた雇用関係法の強制力を弱めようとした。「彼らはロビー活動で、ワッピングにある〈ニューズ・インターナショナル〉の印刷所で働く労働者の組織化を禁じる法律を制定させた」とトム・ワトソンは言う。「そうしてマードックは労働組合を追い払い、二度と復帰させなかった」。その法律が労働組合の代わりに認めたのは、会社側が管理する職員組合だった。

もっとも、マードック帝国が発揮する政治力は複雑だった。この強くて危険な獣を味方につけようと誰もが必死になるので、マードックが直接的な圧力をかけなくても、メディアの巨人を敵にまわしかねない政策は、相手のほうで進んで避けた。「賛成できない問題や、優先順位を決めるべき問題があるとき、彼らは傍目にはわかりにくい圧力をかけてくる」とワトソンは言った。

戦争のゆくえも左右するメディアの大物

二〇〇三年のイラク侵攻に先立って、ニュー・レイバーのスピン担当部門は大車輪で働き、サダム・フセインの大量破壊兵器にまつわる、背筋が凍りつくような話をメディアに流しつづけた。そのもっとも悪名高い例が、いわゆる「怪文書」である。ハイレベルの諜報活動にもとづくとされながら、のちに、大半がさまざまな情報源からの盗用で、しかもそこに大学生の小論文まで含まれていたことがわかった文書だ。

当時、デイリー・ミラー紙やインディペンデント紙などは侵攻に反対したが、多くのメディアは政府の主張を精査することができず、リベラルなオブザーバー紙でさえ戦争を支持した。ことにマードック帝国は、計画された侵攻をヒステリーすれすれの熱烈さで支持した。マードックが世界じゅうに所有する一七五の新聞は、ひとつ残らず戦争支持。紛争に向けた行進で、メディアがまさに情報操作の柱になった瞬間だった。

ある著名な歴史家は、二〇〇三年のシドニー・ライターズ・フェスティバルのプライベートな会合でおこなった講演を憶えている。「戦争の結果、イラクは悲惨な状況になり、有志連合は圧倒的な軍事的勝利を得ながら、急速に平和を失うという大きな矛盾を抱えることになったと私は考えます」。そう論じると、マードック帝国の経営層である報道関係者がいきなり立ち上がり、集まったゲストのまえで彼を罵倒した。「怖ろしいと同時に滑稽でした」と歴史家は振り返る。マードック帝国全体がどれほど熱心にイラク戦争に肩入れしているかがよくわかったという。彼の見立てによると、中国進出が叶わなかったマードックは、中東が配下の新聞やテレビの新しい開拓地になるかもしれないと考えていた。だがそれが可能になるのは、中東がアメリカの力で作り替えられたときだけだ。「もしマードックの新聞がイラク戦争に反対していたら、イラク戦争はぜったい起きなかっただろう」と、侵攻に賛成投票した労働党の元外相クリス・ブライアントも言った。

二〇〇七年六月、ブレアに代わって首相になったゴードン・ブラウンは、前政権からのちがいを打ち出すために、イラク戦争について調査すると宣言したかった。だが、多方面から圧力がかかった。官僚は、イギリス軍がまだイラクにいるときに調査するのはまちがっていると耳打ちし、ブレア派の議員も、裏切り者呼ばわりするぞと脅した。そして、ここでもメディアが重要な役割を果たした。

このときのことについて、私はダミアン・マクブライドにインタビューした。彼はブラウンの側近中の側近だった。公務員出身で、ブラウンがまだ財務相だった二〇〇三年に省の広報責任者になった。二年後にはブラウンの主要な顧問になるが、二〇〇九年にリークされたデレク・ドレイパー（労働党の元スピンドクター）宛のメールによると、ふたりはおもだった保守党議員を中傷する計画にかかわっていたらしく、そこには相手の私生活や性生活に関する噂を流すことも含まれていた。

それまで私は勝手に、マクブライドは悪党めいた強面《こわもて》だと思っていた。政治コメディドラマ『ザ・シック・オブ・イット』に登場するスピンドクターのように、党の方針からはずれた相手には、それが誰だろうと耳を疑うような罵倒の集中砲火を浴びせるのだろう、と。だが、ロンドン南部のパブで会ったマクブライドは内気で穏やかに話す赤ら顔の男で、かつてのボスのことも率直に語った。彼によると、ブラウン首相は「もしメディアの反応を心配していなければ」ほぼまちがいなく調査開始を宣言していた。「ブレアを擁護する方向であれ、イラクに関して自己弁護する方向であれ、心配したのはメディアがどう反応するかだった。イギリス軍がまだ現地にいるあいだに調査を開始した、と首相が攻撃される怖れもあった」

二〇〇七年の秋、ブラウンは高い支持率を背景に解散総選挙を表明するかに見えたが、保守党幹部が提案した相続税減税案に出鼻をくじかれ、急に翻意して評判を落とした。結局、彼の政府はこの大失敗から回復しなかった。だが、イラク戦争の調査をおこなわなかったことも、凋落《ちょうらく》のひとつの要因だった。「イラク問題は、不満を抱く有権者にとって、『彼（ブラウン）のもとでは何も変わらない』という攻撃材料になったからね」とマクブライドは説明する。調査をしなかったことで、有権者の一部は労働党から自由民主党に乗り換え、労働党が信用できない理由のひとつに戦争対応を加えた。「調査を宣言していれば、二〇〇七年の判断もちがったものになったかもしれない」

ともあれ、ニュー・レイバー政権下でメディアの大物は非常に重要だったので、ブレアもブラウンも、王宮を表敬訪問するように彼らを訪ねた。マクブライドの記憶では、財務相や首相の「唯一の」訪問先は、投資家とジャーナリストだった。ちょっとしたことがあると、ブラウンは「車に飛び乗ってデイリー・メール社を訪ね、（編集長の）ポール・デイカーと話し合っていた」。その姿はメディアの「巨大な影響力の反映」だった。

ほかの産業界のトップの場合は、ブラウンに会いたければ予約を入れなければならず、話し合いの内容は官僚が注意深く議事録にした。会合はあくまで公式であり、ひととおり立ち入った話が終わると、面会者は「お立場をご説明いただき、まことにありがとうございます。入念に検討させていただきます」と言われた。

しかし、メディアの大物の扱いはちがう。ブラウンは彼らとよく食事に行き、マクブライドのことばを借りれば、「数多くのことが取り決められたのがわかった」。「誰にも聞かれないところ、会話が官僚の耳に入らないところで、一対一で話し合っていた」。そういう食事や打ち合わせに説明責任はいっさいなく、どういうことが取り決められたのかは誰にもわからなかった。

こうした社会構造が、メディアの大物に大きな政治力を与えてきた。「私が知るかぎり、ゴードンが『これは黒だ』と言ったあと、ルパート・マードックと会い、戻ってきて『これは白だ』と言った例は一度もなかった」とマクブライドは断言するが、選挙で選ばれていないメディアの大物の意向や希望が、選挙で選ばれた政府の政策策定を助けていたのは確かだった。「ゴードンが『これについては悩んでいる』と言っていたのに、戻ってきたあと『いや、これはぜったいにやらない』とか、逆に『ぜったいやる』と言った例は多かった。それら（の政策分野）のなかには、業界特有のものもあれば、かなり一般的なものもあった。ゴードンがある政策に突然すごく関心を抱くのは、誰かが彼に意見を聞かせて、これは優先順位が高いと言ったからだった」。メディアエリートの優先順位が、政府そのものの優先順位になったということだ。

報道機関にいる編集長らは、往々にして、たんに読者の見解を反映しているだけだと主張する。たとえば二〇〇七年、デイリー・エクスプレス紙の編集長ピーター・ヒルは、議会の委員会から「編集長の役割は何だと思いますか」と訊かれて、「われわれが見たままに、読者とイギリス国民の声を代弁することだと思う」と答えた。[3] だが、マクブライドによると、オーナーや編集長は「読者の考えなどまったく気にしない」とひそかに政治家に伝えているという。「要は、自分がどう思うかだ」と。メディアのオーナーたちの政治的見解が、彼らの新聞の論調を決定し、それを効果的な政治ロビー活動マシンに変えるのだ。

サン紙日曜版のデイビッド・ウッディングも、そこについては遠慮がない。「読者が支持する人物だからといって、サンが支持するか？　サンが読者の意向にしたがうか？　読者に影響を与えようとしているか？　まちがいないのは、サンは自分の考えを述べているということだ。言いたいことがあって、それにこだわる」

二〇一〇年の総選挙では、デイビッド・キャメロンの保守党を支持した有権者が全体のわずか三六パーセントだったのに対して、発行部数で見た新聞の七一パーセントが保守党支持だった。二〇一三年全体を通して、世論調査では労働党が保守党をリードし、保守党支持はだいたい二八～三三パーセントのあいだで低迷していたが、主要紙はそろって保守党連立政権を支持しつづけ、新聞は世論の代弁者であるという考えがまやかしであることを証明した。イギリスの大多数の国民が、たとえば鉄道やエネルギーや水道などの再国有化を望み、家賃統制、生活賃金〔訳注：一定の生活水準を維持するのに必要な賃金。法定の「最低賃金」では足りない場合がある〕、富裕層への増税の導入を求めていることは、世論調査で一貫して示されているのに、主要紙が支援することはない。むしろ逆で、メディアはほぼ完全にエスタブリッシュメントの政策や考えを信奉し、大衆に広めようとする。

新聞社を構成する人々

イギリス有数の富豪でメディアの大物、租税回避者のバークレー兄弟は、デイリー・テレグラフ紙をつうじて強大な力を発揮している。ロンドンのビクトリアにある本社を訪ねたときには、一九五〇年代にタイムスリップしたように思えたが、開放感のあるオフィスは超現代的だった。しゃれた服を着た聡明そうな若者が、高性能のコンピュータに向かって猛烈な勢いでタイピングをしている。別の一角では、ニュースを流す巨大なスクリーンのまえに社員が集まって、ラテを飲んでいる。

デイリー・テレグラフ紙とは異なる価値観を持つことで知られる私が来たので、みな好奇心に駆られるらしく、不思議そうな、困ったような表情になった。副編集長（二〇一四年のなかばに乱暴に追い出されたが）のベネディクト・ブローガンが、私を脇の部屋に案内してくれた。縁なし眼鏡をかけ、白髪と黒い眉毛のコントラストが印象的な人物だ。

インタビューのまえにブローガンはまず、私の側に話をゆがめて書く意図がないことをしっかり確認しようとした。「新聞は公共サービスではない」と彼は持論を述べた。「私企業の連合体であり、商業を営んでいる。そこで願わくは利益をあげて、商品を売りたい。電車のおもちゃを持った人のまえで立ち上がって、あなたにその電車に対する発言権はないと責めるのは、どう考えたっておかしいだろう。そういうことをすれば、私企業という新聞本来のあり方を否定することになる。内容に関心を持てないなら、そもそも新聞社を所有する意味がどこにある？」

電車のおもちゃのたとえは、なるほどと思わせる。要するに、新聞はオーナーのおもちゃ、オーナーがもてあそぶものなのだ。「関心を持つ」というのも、オーナーが自分のイデオロギーを紙面に印刷し、自分が指定した政治的課題に公的な力を与えて考慮させることの婉曲表現だ。「なんらかの意味でオーナーの見解と一致しないさまざまな見解が新聞に反映されたとしたら、むしろそちらのほうが驚きだ」とブローガンは言った。

開き直りのようなこの発言は問題だ。新聞の意見にオーナーの意見がいくらか反映されるのは避けられないとなれば、イギリスのメディアは、富裕層の利益の代弁者として活動するという理屈が通る。

この点について、ベテランのジャーナリスト、クリストファー・ハードは、「新聞社の立場が、そこに書かれる内容を形作る」と説明した。「新聞社は、富と資産の私有を心から正しいと信じている人々が経営している。彼らは、公共政策の選択を語る際に、無規制の市場を第一優先にすべきだということも信じている」。そしてジャーナリストは、この価値観にしたがうことを期待される。エコノミスト誌やサンデー・タイムズ紙といったメディアで働きはじめるまで株式仲買人だったハードは言う。「基本的にガーディアンを除くイギリスの新聞はすべて、社員はその価値観のなかで記事を書くべきだと信じている人々が所有している。彼らの一部は非常に反動的な右寄りの社会観を持っていて、それがまた社員の働き方を規定する枠組みになっている」

ルパート・マードックは、権力の誇示をためらうような人間ではない。サン紙と、廃刊になったニュース・オブ・ザ・ワールド紙について言えば、みずからを「伝統的なオーナー」と見なし、両紙に「編集権」を行使していた。そのことは、二〇〇七年、上院通信委員会での彼の証言からもわかる。委員会の議事録には、「マードック氏は、経済面でも編集面でも、直接手を下していた事実を隠そうとしなかった」とある。「総選挙で支援すべき政党や、ヨーロッパに関する政策など主要な論点で、氏は紙面の編集をコントロールしていた」

彼は、タイムズ紙やサンデー・タイムズ紙にはそういう力は及ぼしていないと主張したが、編集長に電話をかけて「何をしている?」と訊くことはよくあった。マードックを相手に、編集長が言われたことに同意しないという状況は考えにくい。二〇一二年にイギリスのメディアに関しておこなわれたリーブソン審理でも、マードックはあけすけに「私の考えを判断したいのなら、サンを読むことだ」と言った。同じ審理では、ニュース・オブ・ザ・ワールド紙の元編集長レベカー・ブルックスが、自分自身はもっと芸能人の報道がしたかったが、「大きな問題では、私たちはおおむね同じ意見だった」と証言した。ブルックスが雇われたのは、ニュース・オブ・ザ・ワールド紙に自分の意見を反映させたいマードックが、彼女なら確実にそうすると知っていたからだった。

新聞をエスタブリッシュメントの意向に沿わせるのは、メディアのオーナーだけではない。各媒体そのものが、徐々に特権階級の閉鎖社会になりつつある。

採用の際、あまり裕福でない人が排除される理由はいろいろある。まずは無報酬のインターン制度の蔓延。この制度では意欲的なジャーナリストが無償で長期間働かなければならず、報酬つきの仕事に移れる見通しも立たないことが多い。その搾取に耐えられるのは、総じて「家族銀行」で生活できる（家が裕福な）人たちだけだ——とりわけ物価が世界最高レベルのロンドンでは。

次なる障害は、学費のかかる修士の資格が業界入りの必須条件になったことだ。「二〇年前は、仕事をしながら本当にたくさんのことを教えてもらえた」と、ニュー・ステイツマン誌の副編集長ヘレン・ルイスは語る。「でも、いまはその訓練の仕事をジャーナリズム専攻の学生にアウトソースしているの。つまり、学生は自費で仕事を学んだあと、この業界に就職して、年収一万五〇〇〇ポンド（約二二五万円）で延々とつまらない仕事をさせられる。そのためにすでに九〇〇〇ポンド（約一三五万円）もの自己投資をしているんだから、不思議よね」

かつて地方紙は、労働者階級のジャーナリスト志望者に門戸を提供し、意欲はあるが経済的に自立していない見習い社員を有給で訓練していた。しかし地方紙は衰退の一途で、その発行部数は、二〇一三年の調査では毎年三パーセントの減少傾向にある。[*4]

一方、ジャーナリズムへの就職希望者はさらに増え、縮小傾向の有給のポジションを奪い合っている。「新卒や在学中の大学生がメディアに入って、ジャーナリストになる比率がすごく高くなっている」とベネディクト・ブローガンは言う。「過去三〇年で、就職先としてだんだん人気が出てきた結果だ」。二〇一四年の政府の報告書によると、全生徒のうち私立学校で教育を受けるのは約七パーセントというわが国で、トップ一〇〇のメディア企業人の五四パーセントがパブリック・スクール出身だった。*5

高い地位につく非白人のジャーナリストは少なく、女性の割合もかなり低い。「ジャーナリズムで働きはじめると、同僚の半分は女性だけど、離職率が信じられないほど高いという古典的な問題がある」とヘレンは言う。その大きな原因は、ジャーナリズムの社会性に欠ける勤務時間だ。男性は、女性に比べてわが子と家で過ごす時間が少ない。「だから、地位が上になればなるほど、女性はどんどん減っていく」

サンデー・ミラー紙の政治担当編集長ビンセント・モスは、下院のロビーから離れようとしない多くの政治ジャーナリストのなかでは例外的存在だ。「私はサセックス出身で、アラステア・キャンベルの言う『泥沼みたいなコンプリヘンシブ』にかよった」。公立の学校で学んだという政治部デスクには、めったに会えないよ」。モスはブリストルの地方紙の記者として働きながら修業し、全国紙に栄転することができた。「本当に長い道のりだった」と言う。「コネもとくになかったし。誰も彼もコネを頼る業界だからね」

メディアが特権階級出身者ばかりを偏って雇用していれば、ジャーナリストがニュースをどうとらえるか、どの問題を優先して扱うかといったことに影響が出るのは避けられない。「昨今のジャーナリストの問題点は、自分や同僚に影響を与える話題に執着しすぎることだ」とモスは言う。ジャーナリストの多くが優先するのは「ロンドンを拠点とする話題」で、「大勢のふつうの人々や読者に影響を与える話題から遠ざかる」危険性がある。特権に甘やかされ、新聞社を支配している一部の人間が、みずからは高額な民間の医療や教育に頼りながら、ほとんど体験したことのない公共サービスを攻撃しているのだ。

モスはそのことを真剣に心配し、「わが子を公立学校にやっているジャーナリストですら」、最高の学校がある高級地域に移住して、「ポストコード・ロッタリー〔訳注：居住地域によって受けられるサービスに差が出る一種の社会的差別」に加担している」と指摘する。また、「彼らは、ロンドンの外で列車やバスのサービスがどれだけひどいかわかっていない」。要するに、ほとんどのジャーナリストは「大都市のエリート層」に属し、ロンドン市内の快適なライフスタイルに慣れている。「心配事があったとしても、どこかのレストランの予約ができないことぐらいで、ミッドランズや北部の病院の医療問題とか、ウェールズやコーンウォールの教育問題ではない」

モスとちがって、クリストファー・ハードは私立学校出身だが、まったく同じ問題を指摘する。たとえば、ノッティンガムのある下院議員は、自分の選挙区には私立学校で教育を受けた人が二パーセントしかいないと言った。つまりその議員の選挙区では、私立学校の教育が話題にもならないということだが、「テレビ局や新聞社の幹部はみな、私立学校しか知らないわけだろう?」とハードは言う。「多くの国民のさまざまな経験が、彼らの生活には入りこんでこない。もちろん例外はあるけれど、公立学校の教育の悪い点を論じるとき、彼らの知識には、ふだん読むものとか書く記事、肩入れする活動といったフィルターがぜったいにかかっている」

政治エリート以上に、ジャーナリストのほうが一般人の意見から離れてしまうことも多い。「大勢のジャーナリストがこの『宮殿』(下院のこと)に来て働き、立派な家に帰って、偉そうにそれらすべてを批判する記事を書くわけだ」と、サン紙日曜版のデイビッド・ウッディングは認めた。「下院議員は少なくとも自分の選挙区をまわっているからね。選挙区には行かざるをえないし、そこで有権者に混じって週末をすごす。それはいいことだ。ところが、われわれジャーナリストは、それを四年か五年に一度しかしない。選挙運動を取材するときだけだよ」

公共サービスを利用せず、一般の選挙民より裕福な有力者とつき合うことが多い特権階級のジャーナリストがこれだけ増えれば、メディアの大部分が自分たちの一部と見なす現状を自然に維持しようとするのも、当然ではないか。

問題はまだある。多くのジャーナリストは、特権階級の出自で形成された偏見を通してニュースを見ているのに加えて、編集長の偏見にもしたがう。一部の編集長は、自分は平均的なイギリス人の代表であると本気で思いこんでいるらしい。

ゴードン・ブラウンの財務相時代の末期、予算発表のあとで、ジャーナリストたちは課税最低限度額の変更の意味を探ろうとしていた。そのとき、報道陣への説明を終えたダミアン・マクブライドは、ニュース・オブ・ザ・ワールド紙（当時の編集長はレベカー・ブルックス）の記者が、会見室の奥で計算機を使っているのに気づいた。「『自分にどういう影響があるかを考えているのかい』と私が尋ねると、彼は、『自分のことはどうでもいいんです。大事なのは、編集長にどういう影響があるかです』と答えた」

マクブライドの記憶によると、その記者は「ブルックスに電話をかけて、『計算したところ、編集長は毎年これだけ追加の所得税を払うことになります』と報告しなければならなかった。というのも、彼女が自分は意欲的な企業人の代表だと思っていたからだ。理由は神のみぞ知る、だがね。とにかくその情報で武装しておいて、あとでゴードン（・ブラウン）と話すときに、『よくもぶん殴ってくれたわね』と言いたかったんだ」

ニュー・レイバー政権は毎年、予算を組むたびに、運輸省や環境保護活動家から、ガソリンを食う最大クラスの新車に付加税を導入するよう働きかけられたが、見送っていた。「新税を導入すれば、最高級のレンジローバーを所有しているベテランのジャーナリストや新聞社の編集長に直接打撃を与えることはわかっていた」とマクブライドは認める。「彼らにとって年間六〇〇ポンド（約九万円）までの追加出費になるから、翌日の新聞にでかでかと載るに決まっている」

車の所有が一般的ではないことを政府が数字で説明しようとすれば、ジャーナリストたちから、「何を言ってるんですか？　低所得の人は車を持っていないという意味ですか？　あなたはどんな惑星に住んでいるんですか？」と反論されることは避けられなかった。彼らがそのようにしらばっくれる理由について、マクブライドは迷いなく答えた。「理由のひとつは、ジャーナリストが低所得の人々の現実の生活をまったく理解していないからだ。読者の多くはそういう人たちなんだがね」。特権階級に影響を与える政策にメディアが過剰反応するのは、イギリスの新聞を運営する彼ら自身が特権階級だからだ。

デイリー・メール紙の編集長ポール・デイカーも、典型的な特権階級の有力ジャーナリストだが、みずからは市井の人の声、ふつうのイギリス人の声の代弁者だと信じきっている。たしかにデイカーは、政治エリートと親しくつき合うタイプではない。「彼はとても内気だ。社交好きなショーマンではない」とデイリー・メール紙の匿名希望の元記者も言う。「パーティでは部屋の隅にいる。デイビッド・キャメロンとランチを食べて、その話を言いふらすようなことにはまったく興味がない。『クラブ』の一員であることに関心がないことは、紙面にも表れていると思う。うちは流行を追わないことに誇りを持っている人のための新聞なんだ」

だが、デイカーの自己認識は完全におかしい、とその元記者は続けた。「じつに馬鹿げているのは、左派がすべてを支配していて、デイリー・メールは購読者わずか三〇〇万人の勇敢な負け犬だと信じこんでいるところだよ。左派のエスタブリッシュメントが団結して、その購読者に攻撃をしかけているというのが、彼の考えなんだ」。言い換えれば、たんにデイカーも、他メディアの同等の地位の人たちと同じく、裕福なエリート層だということだ。元記者が指摘するように、「ベルグレイビア〔訳注：ロンドンの超高級住宅街〕とイギリス領バージン諸島のあいだで、彼は公営住宅に住む誰かと出くわしたことがあるのだろうか」。

そむくことは許さない

メディアの大物たちは、配下のジャーナリストを、権威主義的で、場合によっては専制的な体制にしたがわせる。

二〇一一年にルパート・マードックが下院に召喚された際には、ことばを強調するために、指輪をはめた手でしきりに目のまえの机を叩いていた。心証が悪くなると気づいた息子のジェイムズが横からやめさせたが、マードックと働いたことのある人たちにとって、そのような行動は、ぞっとする思い出をよみがえらせたにちがいない。〈ニューズ・インターナショナル〉のオフィスでマードックを見た人は、彼が語調を強めて机を激しく叩きつづけ、まわりにいる社員は震え上がっていたと語っている。

デイリー・メール紙では、編集長が日常的に記者たちの記事を書き直した。例の匿名記者は、「午前中のニュース会議でこう書くと決まった」記事が、あとから編集長の指示で変更され、たびたび「問題」になったと言う。「たとえその後の事実から、正確な内容ではないとわかったとしても」

記者たちは、「デイカーがあまりに怖ろしく、見出しに合うように記事を書き換えるほうが楽なので」しぶしぶしたがった。つまり、編集長のポール・デイカーがいったんセンセーショナルな見出しを決定すれば、記事は不正確でもかまわないということだ。ゆがめらるのは事実のほうだった。少なくとも多様な意見を載せようといくらか努力はするほかの新聞とちがって、デイリー・メール紙のコラムはみな社説の論調からほとんど離れないことにも、デイカーの編集権の強力さが表れている。

現在のメディアの経営者たちは、経営側の決定に対抗する労働組合を破壊したことで、全面的な権力を握っている。労働組合による抵抗については、かつてこんなことがあった。一九八四〜八五年の炭鉱労働者ストライキで、サン紙が徹底的に政府の肩を持つキャンペーンを展開していたときのこと。ある日の第一面で、NUM（全国鉱山労働組合）のリーダー、アーサー・スカーギルが手を上げている写真を載せ、それをナチスの敬礼に見立て、「わが総統《マイン・フューラー》」〔訳注：「炭鉱」mineとドイツ語の「わが」meinをかけた〕という見出しをつけようとした。だが、印刷業者の労働組合がこの中傷を印刷しなかった。彼らはそのページから写真を削除すると、「サン紙の印刷組合全支部の組合員は、本トップ記事におけるアーサー・スカーギルの写真と見出しの扱いを拒否した」というメッセージを添えて印刷した。[*6]

しかしマードック帝国では、こんなことはぜったい許されない。一九八六年、〈ニューズ・インターナショナル〉は、イースト・ロンドンに印刷工場を移転したあとストライキをした印刷労働者を解雇し、印刷組合はつぶされた。悲劇に終わった炭鉱労働者ストライキの敗北からさほどたたずに起きたこの事件は、労働組合活動全体にとって破滅的な転換点になった。重要なことに、そこからニュース編集室も大きく変わっていく。力の均衡が明らかに経営者寄りに傾いたのだ。

「労働組合がなく、とくに雇用主が組合組織全般――なかでも全国ジャーナリスト組合（ＮＵＪ）――に信じられないほど敵意を抱いている職場では、個人としてふつうの労働組合に加入していたり、組合に頼ったりしているところを見られるだけでも、恐怖感が尋常ではありません」と、ＮＵＪ書記長で元デイリー・エクスプレス紙記者のミシェル・スタニストリートは語る。「つまりは、職場で独立した支援や声を持たない人が大勢いるということです。ＮＵＪの存在感がないも同然の職場でひどい権力濫用が発生しているのは、驚きでもなんでもありません」

組織内の命令遵守《じゅんしゅ》を決定的にした要素は、労働組合の崩壊以外にもある。職場にパートタイムの労働者が増え、たやすく解雇できるようになったのも一因だ。命令からはずれた行動をとる者は、あっという間に切り捨てられる。「塀の上から首を出して、命令に異を唱えたり、検討不足の記事や編集方針に文句を言ったりすれば、キャリア上の自殺になります」とスタニストリートは言う。「職を失いたいと手を上げるようなものですから。そのうえ、いまフリート街で新しい仕事を見つけるのは信じられないくらいむずかしい。そういう立場に自分を置くのはかなり勇気がある人ね」

こうした要素を考え合わせると、イギリスのメディアの大部分がエスタブリッシュメントの意向にしたがうのも無理はない。

二〇一三年一二月末、中国共産党が国内のジャーナリストにイデオロギー試験を課すと宣言したことを、ロイターが報じた。「党の方針に反するいかなるコメントも、報道記事で取り上げることを禁じる」といった命令を思い出させるためだというが、イギリスのメディアにそのような試験は必要ない。エスタブリッシュメントの政策がもっと巧みに、はるかにクリエイティブな方法で擁護されているからだ。

労働党の影の大臣クリス・ブライアントは、メディアの大物に逆らったときの怖ろしさを知っている。無遠慮で皮肉屋の彼は、労働党下院議員にしては変わった経歴の持ち主だ。学生時代はオックスフォード大学保守連盟の役員を務め、その後司祭になったが、ゲイであることと矛盾していると考えた。そして一九九七年に、労働者階級が圧倒的に多いサウス・ウェールズ州ロンザの選挙区から議員に選出される。党指導部に忠実と見られ、しばらくはとくに波風の立たない政策を唱えていたが、メディアの大物たちによって全人生をひっくり返されることになった。

マードック帝国は「恐怖と情実で動いていた」と、ブライアントは下院の事務室で私に話した。過去形を使うのは、政治エリートに対する帝国の支配は終わったと少々楽観的に考えているからだ。「彼らは、選挙の際に新聞で政治的に支援したり、テニス観戦つきのしゃれた食事に誘ったりする一方で、自分たちを攻撃すればお返しにあなた個人か、党員か、政府を攻撃しますよと脅す」。彼が受けた攻撃の経緯は、次のようなものだった。

二〇〇三年、下院の文化・メディア特別委員会のメンバーだったブライアントは、サン紙編集長だったレベカー・ブルックスを招致し、警官に金銭を支払ったことがあるかどうかを尋ねた。彼女は、新聞社として払ったことはあると答えた。違法行為だったが、それはほとんど報道されなかった。「報道させようと手を尽くした」とブライアントは言う。「だが最終的には、多くの新聞社が同じことをやっていて、どの新聞社も仲間を攻撃したくないのだとわかった。泥棒の掟のようなものだよ」。ブライアントは、ほかの新聞社も批判した。「委員会が開かれた五週間のあいだ、すべての新聞を批判した。するとその年の終わり、全新聞社が私のセクシャリティに猛烈な攻撃をしかけて、意趣返しをした」

じつに屈辱的な経験だった。「彼らはチャンスをうかがっていたのだと思う」とブライアントは言う。「待ち伏せていて、私を捕まえた。愚かなことに私も油断していた」。新聞は、彼がほかの男性との性的な出会いを求めてゲイのデートサイトを利用していたことを、好色に書きたてた。いちばん恥ずかしかったのは、パンツ一枚でポーズをとった写真が掲載されたことだった。その他の卑猥な話題も、嘘か本当かは別として掘り起こされた。「どうやら私は、一九九七年の総選挙の夜、『これからいいことだらけ』と歌いながら、同時に七人の男にフェラチオを強要したらしい」と彼は苦笑しながら言う。「なんとも印象深いよね」

ブライアントはぼろぼろになった。「本当にひどい時期だった」と当時を振り返る。「三カ月間、眠れなかった。自分のことが報道されたあと、二四時間、文字どおり体が震えていた。暴行されつづけているような感じだ。ストーカーは現れるし、家に来る人もいる。新聞に住所が載ったからね」。新聞批判に対する仕返しは激烈だった。デイリー・メール紙の元記者は、「われわれは、クリスマスまでにあなたが死ぬことを願っています」というメッセージをブライアントの友人に託した。

トム・ワトソンも、背筋が寒くなる体験をしたことがある。マードック帝国に激しく盾ついた結果、「あからさまに脅迫された」のだ。「〈ニューズ・インターナショナル〉の幹部からのメッセージが、仲介者をつうじて送られてきた。おまけに、彼らは私立探偵と盗聴撮の専門家を雇って私をひそかに監視していた」

デイリー・メール紙やメール・オン・サンデー紙も、大半の新聞より豊富な人材と資金を投入して、個人の評判を地に落とす材料をくわしく調べ、たびたび根拠薄弱な内容を下劣な記事に仕立て上げる。そこで重視されるのは、ものごとが実際にどうなのかより、どう見えるかだ。「彼らは誰についてもかならず何かを見つけ出す」とブライアントは言う。「いとこがリトアニアの武器商人だとか、そういったことをね。対象が誰だろうと、長くじっくり観察すれば何か見つかるものだ。彼らはそれを好きなときに、できるだけ浅ましい記事にすることができる」

一九九二年には、団結したメディアがキノックの労働党に襲いかかった。そして、そのほぼ二〇年後、メディアの大半はよく似た戦術を用い、二〇一〇年の選挙に向けてデイビッド・キャメロンの保守党を力強く後押しした。シナリオは明白だった——メディアが選ぶのは保守党で、保守党が次の政権を担う。

ところが選挙期間中、連続テレビ討論会に主要三党の党首が出演したことで、そのシナリオは崩れかかった。デイビッド・キャメロンの完全な戦略ミスのせいで、自由民主党党首のニック・クレッグが反エスタブリッシュメントの闘士役を演じ、世論調査で自由民主党の支持率がはね上がったのだ。この熱狂は「クレッグマニア」と呼ばれ、サンデー・タイムズ紙によると、彼の支持率は七二パーセントにまで達し、ウィンストン・チャーチル以来もっとも人気のある党首になった。総選挙が近づくにつれ、自由民主党の支持は高まった。保守党は、切望していた議席の絶対多数を失いそうに見えた。

しかし、メディアはキャメロンの保守党を勝たすことに決めていた。それを阻むいかなる障害も排除しなければならない。大波のようなメディアの攻撃が、自由民主党党首に向けられた。二〇一〇年四月、二回目のテレビ党首討論の前夜、四紙がクレッグに猛攻をしかけた。デイリー・メール紙の見出しは、「ニック・クレッグ、ナチス的にイギリス人を中傷」。それは、クレッグが八年前にガーディアン紙で、反ドイツの偏見がなかなか消えないことを問題提起した記事を、ゆがめて引用した内容だった。デイリー・テレグラフ紙とデイリー・メール紙は、スタッフの給与としてクレッグの個人口座に何度も寄付金が振りこまれていることを指摘した。それは議員会計記録に記載されていたにもかかわらず、スカイ・ニュースの司会者アダム・ブルトンは、生放送のクレッグへのインタビューで、デイリー・テレグラフ紙の「ニック・クレッグと、自由民主党の献金者と、個人口座への送金」という見出しの一面を掲げながら問いつめた。

メール・オン・サンデー紙の見出しは、「彼の妻はスペイン人、母親はオランダ人、父親はロシア人ハーフ、スピンドクターはドイツ人。自由民主党党首ニック・クレッグに何かイギリス的なところはあるか?」だった。サン紙も、選挙戦の当初はしつこく労働党を叩いていたが、終盤になると矛先をニック・クレッグに変え、アフガニスタンでのイギリスの役割について「どっちつかず」だと責めたうえに、「クレッグは守勢」と大々的に書いた。「不機嫌な自由民主党党首ニック・クレッグは、目に見えて緊張している」。タイムズ紙も、自由民主党のシンボルカラーにふれて、「黄禍《イエロー・ペリル》」がキャメロンの政権奪取の夢を打ち砕くかもしれないと警告した。

マードック帝国も目をつぶらなかった。自由民主党支持のインディペンデント紙が、「選挙結果を決めるのはルパート・マードックではありません。あなたです」という広告を打つと、マードック一派は激怒した。ルパートの息子ジェイムズ・マードックと、〈ニューズ・インターナショナル〉のCEOになっていたレベカー・ブルックスは、インディペンデント社の守衛室のまえを駆け抜け、オフィスに飛びこむと、記者たちが大勢いるまえで同紙編集長のサイモン・ケルナーに怒鳴り散らした。「いったいどういうつもり!」。だが、それより興味深いのは、彼らふたりのインディペンデント訪問が、たんなる立ち寄りだったということだ。本当の行き先は、デイリー・メール紙のオーナーであるロザミア卿だった。デイリー・メールはインディペンデントと同じビルに入っていた。彼らがロザミア卿に会って何を相談したのかはわからない。[*7]

結局、この共同戦線で、自由民主党は選挙前のはるかな高みから引きずりおろされ、総選挙では逆に議席を減らすことになった。保守党の単独過半数は確保できなかったとはいえ、このエピソードからも、イギリスには独立した「報道の自由」が行き渡っているという主張が偽りであるとわかる。メディアはきわめて強力な政治的プレーヤーで構成されていて、少数独裁のオーナーたちの意見を日常政治に反映させ、国の政治的方向性を定めるのに役立っているのだ。

「強者に挑む」はポーズだけ

権力者が誰であるかを思い知らせるメディアの決意は、昔もいまも固い。二〇一〇年にエド・ミリバンドが労働党党首に選ばれたときにも、「赤《レッド》のエド」とあだ名される人物がイギリスの首相になることをメディアが受けつけないのは明らかだった。ミリバンドの提案する政策が、実際にどのくらいエスタブリッシュメントを脅かすかは関係なかった。

もっとも過激な攻撃は、二〇一三年九月、デイリー・メール紙が彼の亡父を貶《おとし》めたことだった。マルキストの学者だった父親は、第二次世界大戦で英国海軍に所属し、同紙に言わせると、「イギリスを憎んだ男」だった。反論する権利をエド・ミリバンドに与えながらも、彼らは「悪しき遺産。本紙が謝らない理由」と題する記事で攻撃を続けた。もしミリバンドが首相になったら、「彼は無数の人々が愛してやまないこの国の心臓に、ハンマーと鎌［訳注：労働者と農民の象徴で、旧ソ連の国旗の柄］を打ちこむだろう」と。

このあまりにも極端な攻撃は、デイリー・メール紙自体による世論調査でも中傷と見なされた。「メディア

Alamy/PPS通信社

徹底攻撃された労働党党首エド・ミリバンド

はとにかく赤旗を振って、労働党指導部は頭のおかしい左派だと訴えていた」と、ミリバンドの右腕だったスチュアート・ウッドは言う。「それで労働党の未来はかぎりなく暗くなったと考えたのだろうが、大衆には受け入れられず、むしろエド・ミリバンドが父親を擁護したことで、人情味あふれる話になった」

デイリー・メール紙の記事は常軌を逸していたので、残りのエスタブリッシュメントの大部分も、あれはやりすぎだと感じ、少なくとも逆効果だったと判断した。しかし、この種の攻撃は、メディア全体をつうじてもっと巧みなやり方でくり返されることになる。

タイムズ紙の社説担当ティム・モンゴメリーは、エド・ミリバンドによる党の方針は「きわめて非愛国的」だと断じた。その証拠としてモンゴメリーがあげたのは、「今国会が成立して四年たっても、いまだに労働党はイギリスを経済破綻の一歩手前まで導いたことを認めていない」[*8]だった。これはゆがんだ主張である。イギリスが破綻の一歩手前まで行ったことはないし、財政赤字の原因は支出（それは保守党も支持した）ではなく、西側諸国を赤字に引きずりこんだ世界的な金融崩壊だった。ここに示唆されているのは、経済危機についても、エスタブリッシュメント好みのシナリオを受け入れなければ反国家に等しいということだ。

メディア各局は、エスタブリッシュメントのシナリオからはずれたと見なされる政治家を攻撃するだけではない。二〇一三年九月下旬、マンチェスター史上最大規模の五万人以上が集まって、市内で開かれている保守党大会の会場の外を行進しながらNHS支持を訴えたが、メディアのほとんどは無視した。BBCの政治記者ジェイムズ・ランズデールも、「保守党のくず」と叫んだひと握りの活動家にふれただけだった。抗議する人が報道されることはまずなく、あるとすれば騒乱になったときだけだ。その場合も騒ぎばかりが報じられ、圧倒的多数の平和な群衆にカメラが向けられることはない。

二〇一一年三月には、労働組合会議（TUC）が主催した、政府の緊縮財政政策に反対する「別の選択のデモ行進」に約四〇万もの人が参加した。だがこのときにも、多くのメディアはデモそのものではなく、ごく小さな器物損壊をとらえ、さも重大事件のように誇張して報じた。メトロ紙には、「ロンドンの支出削減反対デモが暴力で終結。二〇〇名逮捕」と書かれた。この見出しは、拘束された人のほとんどが〈フォートナム&メイソン〉デパートのまえで租税回避反対の平和的な座りこみをしていただけ、という事実を無視している。同日のデイリー・テレグラフ紙の記事は、「TUCデモ行進――暴力の陰に民兵あり」、「『家族の日』が暴力沙汰になったわけ」だった。

世界規模の「オキュパイ」運動〔訳注：格差社会を生んだ経済界・政界に対する抗議運動〕の一環として、ロンドンのセントポール大聖堂のまえで人々が平和裡にテントを張ったときでさえ、メディアは鼻であしらい、まじめに取り上げなかった。「占拠《オキュペーション》」について考えると、ドイツのナチスが、たとえばフランスを占領したことを思い出します」と、スカイ・ニュースのアダム・ブルトンは、オキュパイ運動家のひとりに言った。そして、そのとんでもない表現を正当化するために、「運動家がナチスと似たようなやり方で自分の考えをまわりに押しつけている」という意味だと説明した。

以上のすべてから、メディアの自己イメージが虚偽であることがわかる。メディアは、エスタブリッシュメントに対する挑戦者と見られることを好む――彼らの本来の存在意義である民主主義の柱として。「愚かかもしれないが私は、ジャーナリストが民主主義を正しい方向に進ませる浄化装置のような役割を果たすと心から信じている」と、ガーディアン紙の元政治担当記者デイビッド・ヘンケは言う。サン・オン・サンデー紙のデイビッド・ウッディングも、「すべての新聞は反エスタブリッシュメント色を強めている」と考える。だが、メディアと政治エリートはかつてなく入り混じっている、という逆の結論を出さないでいるのはむずかしい。

　個人的なつながりがあるとか、親と似たような職業を選ぶといった理由からそうなることも多い。メディアのなかでそれが起きることもあるし、メディアと政治のあいだにいちおう引かれた境界線を越えてそうなることもある。それ自体はとりたてて悪いことではない。仲間内で多くの時間をすごせば、つながりができないほうがおかしいし、子供が親に影響されて同じ道をたどることもままある。

　たとえば、デイリー・メール紙のコラムニストであるサラ・バインは、保守党閣僚のマイケル・ゴーブと結婚している。〈ニュースナイト〉の政治記者アレグラ・ストラットンの夫は、右派のスペクテイター誌の政治部部長ジェイムズ・フォーサイスだ。サン紙の政治部部長トム・ニュートン＝ダンは、自由民主党に鞍替えした保守党欧州議会議員の息子である。ジャーナリストと政治家の関係が、ビジネス上のつながりを越えることもあるだろう。デイリー・テレグラフ紙のベネディクト・ブローガンは、政治家と仲よくつき合うジャーナリストを何人も知っている。彼らはいっしょに休日をすごし、互いの子供の代父《ゴッドファーザー》になったりしている（ブローガンは当人のプライバシーのために名を明かさなかった）。

　しかし、エリートたちを一致団結させるのに何よりも役立っているのは、メディアと政治をつなぐ「回転ドア」だ。保守党のロンドン市長ボリス・ジョンソンは、両方の世界を股にかける。スペクテイター誌の元編集長で、現在はデイリー・テレグラフ紙に毎週コラムを書き、新聞から得られる二五万ポンド（約三七五〇万円）

の給料を「はした金」とうそぶいたこともある。もし彼が首相になれば、同紙オーナーのバークレー兄弟も投資した価値があったというものだ。

また、タイムズ紙の人気コラムニスト、マシュー・パリスは、マーガレット・サッチャーの直属の部下だった経歴のある元保守党下院議員だ。タイムズ紙のフィリップ・コリンズは、トニー・ブレアのスピーチライターだった。ティム・モンゴメリーは、保守党の元党首イアン・ダンカン・スミスの政策担当チーフだったが、右派のシンクタンク〈社会正義センター〉の設立にたずさわり、評論サイト〈コンサバティブ・ホーム〉の編集を担い、最終的にタイムズ紙の社説担当になった。オブザーバー紙によると、モンゴメリーは「現在、閣僚以外でもっとも影響力のある保守党員のひとり」だ。

アラステア・キャンベルは、ジャーナリストから政治エリートに加わったいちばん有名な例だろう。デイリー・ミラー紙の記者から出世して、トニー・ブレアの凄腕のスピンドクターになった。これに対して、テレグラフ誌の副編集長ベネディクト・ブローガンは「ジャーナリスト、とりわけ政治ジャーナリストなら、どんな政党にも決して入らないようなＤＮＡ構造でなければ」と咎《とが》めるように言った。「政治ジャーナリストであるということは、とりもなおさず、ほぼ政治から超越しているということだから。つまりあらゆる政党に対し、どの瞬間においても、同意も敵対もできる状態であるべきで、もしも突然スイッチを切り替えるようにどこかの党派に入ったとしたら、もともと充分に無党派ではなかったということだ」

だが、アラステア・キャンベルはメディア業界での経験を活かして、以前の同僚だったジャーナリストたちを操作し、なびいてこないジャーナリストを干した。「アラステアには、気に入ったジャーナリストがいた」とデイビッド・ウッディングは振り返る。「自分の指示にしたがう、そのひと握りの連中によく最高のネタを与えていた」

躍進したジャーナリストは、ほかにも大勢いる。サン紙の政治部部長グレアム・ウィルソンは、二〇一三年八月、キャメロンの新しい報道官になった。タイムズ紙のトム・ボールドウィンは、エド・ミリバンドが党首に選出されたあと、彼のメディア戦略の責任者になった。デイリー・ミラー紙の政治部部長ボブ・ロバーツは、労働党の広報部長になり、二〇一三年九月、サンデー・タイムズ紙の政治部部長だったパトリック・ヘネシーが副部長に収まった。

しかし、それより心配なのは、ジャーナリストが最終的に政治家に仕える「先兵」になる現象だ。二〇〇八年、オブザーバー紙の元政治部部長カマル・アーメドは、イラク戦争の準備を進めるアラステア・キャンベルの代弁者になりさがり、オブザーバー紙の読者を「徐々に偽情報のなかに浸して」侵攻の正当化を助けている、とガーディアン紙の記者ニック・デイビーズから非難され、否定しなければならなかった。

タイムズ紙のデイビッド・アーロノビッチは、ニュー・レイバーの政治家のためにひそかに文章を書いていたジャーナリストを何人か知っている。彼自身も、財務相時代のゴードン・ブラウンから声をかけられた。「ブラウンに呼ばれて、財務省の一室で話し合った」とアーロノビッチは回想する。「『われわれをひと言で言い表す大きなキャッチフレーズを探している』と彼は言った。『たとえば、〝犯罪に厳しく、犯罪の原因にも厳しい〟といったフレーズですか?』と私が訊くと、『あれは私の作だ。私が考えたんだ』と返ってきた」

アーロノビッチは感心しなかった。「そこは財務省の部屋で、労働党は一八年ぶりに政権を握っていた。イギリス国民を助けるためにやるべきことは、それこそ山のようにあるのに、自分が考えついたスローガンで私を感心させようとするなんてね」。とはいえ、ブラウンから声をかけられたのはうれしかった。有力な政治家から褒められ、機嫌をとられたら、まちがいなく多くのジャーナリストは引き寄せられるだろう。

なかには、政治エリートとの距離感を完全に捨て去ったジャーナリストもいる。ダニエル（〝ダニー〟）・フインケルスタインは、ジョン・メージャー政権で保守党調査局の長を務め、閣僚会議にも出席していた。そして一九九七年、ニュー・レイバーの地滑り的勝利のあと、ウィリアム・ヘイグが保守党党首になると、今度は彼の政治顧問になり、二〇〇一年の総選挙で保守党から立候補までした。二〇〇八年に彼がタイムズ紙の論説記者になったのは、明らかにメディア全体が保守党にシフトしたことの表れだった。

フィンケルスタインの影響力は絶大だった。やがて編集主幹になり、二〇一三年からは共同編集長を務めたが、ジャーナリズムの世界に入っても、政界での地位は失われなかった。二〇一一年六月には、保守党のベテラン政治家が創設した有力な右派シンクタンク〈ポリシー・エクスチェンジ〉の新会長となった。そのほかにも、彼を保守党政府の中心に引き寄せたものがあった。

連立政権発足からちょうど一年がたつころ、「フィンケルスタインが、リバプールで開かれた労働党の年次党大会から帰ってくる列車内で、携帯電話に『大声で』話していた」と政治記者のポール・ウォーが報じた。電話の相手はどうやら母親で、会議に出席したジョージ・オズボーン財務相のスピーチ原稿を書いたと話していた。*9 フィンケルスタインとオズボーンの関係は、年配のジャーナリストのあいだでは公然の秘密だった。右派のジャーナリスト、ピーター・オボーンによると、オズボーンは自分の妻よりフィンケルスタインと話す時間のほうが長いと冗談を言っていたらしい。もっとも、リーブソン審理でフィンケルスタインとの関係を問われたとき、この財務相は「ただの親友だ」と答えたのだが。*10

フィンケルスタインのベテランの同僚から私が聞いた話では、「フィンケルスタインが『ジョージ』と言えば、それはかならずジョージ・オズボーンのことだ。ほかにジョージという知り合いがいるのかどうか知らないが、彼と会話をすると、ほぼ毎回、ぽろりと『ジョージ』が出てくる」。新聞の論調を決める社説会議でフィンケルスタインは、政府の政策について、「彼の能力に見合うほど、またほかの話題なら想定されるほど、批判しない。二〇一三年八月、彼はフィンケルスタイン男爵として上院議員になった。数カ月後、タイムズ紙はオズボーンを『今年いちばんのイギリス人』に選出した」

民主制において、メディア各局の主要な目的のひとつは、たとえ社説の政治的見解が閣僚寄りだろうと、政府の活動を丹念に調べることである。メディアと国家の舵とりをする人々のあいだには、明確な一線が引かれるべきだ。しかし現実には、イギリスの主要紙と言っていい新聞の要、言い換えれば社説の執筆者が、財務相のスピーチライターと顧問を兼ねていた。自分が書き起こしたスピーチについて、新聞の社説でコメントし、批判していたのである。

世界じゅうを騒がせた盗聴事件

二〇一一年、マードック帝国はかつてない激震にみまわれた。ニュース・オブ・ザ・ワールド紙の記者たちが、記事のネタ探しに人々の電話を盗聴し、警官に違法な金を支払っていたことが発覚したのだ。当初はあまり話題にならなかった。というのも、狙われたのは有名人ばかりのようだったし、電話盗聴が明らかにニュース・オブ・ザ・ワールド紙にかぎられた話ではなかったからだ。他紙が熱心に詳細を報じたとはとても言えなかった。

ブライアン・キャスカートは元ジャーナリストで、メディア改革を支持したため、イギリスの報道機関ではきわめて評判が悪い。同じジャーナリストのニック・コーエンからは、「偏狭なムッソリーニ」というあだ名までもらっている。眼鏡をかけていて静かに話すのでそうは見えないが、メディアの大物に怖れられる活動家である。

「ひとりのならず者の記者がやったことではないと〈ニューズ・インターナショナル〉が認めた直後から、彼らは訴えを金で解決しはじめた。(罪を追及できなくなる) 大きなリスクがあった」と、現在キングストン大学でジャーナリズムの教授になっているキャスカートは言った。「最初期の盗聴の犠牲者に(女優の)シエナ・ミラーがいたが、彼らは(ミラーと和解するなどして)この問題に効果的に金を投入しはじめた」

キャスカートと仲間のメディア活動家は、法廷で盗聴問題の調査がいっさいおこなわれなくなることを怖れ、このスキャンダルに対する公聴会の開催を要求した。その間、政治エリートはあいかわらずマードックの宮廷を表敬訪問しつづけた。二〇一一年六月中旬、デイビッド・キャメロンも、労働党のエド・ミリバンドやエド・ボールズもみな、〈ニューズ・インターナショナル〉の夏のパーティでシャンパンを飲んでいた。

しかし翌月、事態は急転する。二〇一一年七月、電話盗聴の対象者にミリー・ダウラーが含まれていたことを、ガーディアン紙がすっぱ抜いた。盗聴は、二〇〇二年三月に彼女がサリー州で失踪したあと、すぐに開始されていた。ダウラーはのちに殺害されて発見される。二〇〇五年七月七日のロンドン爆破事件で亡くなったイギリス兵士や、生き残った人たちの親戚など、ほかにも盗聴されていた人が次々と明らかになった。

ダウラーのニュースが報じられた直後には、キャスカートでさえ、世論にあれほど大きな影響を与えるとは思っていなかった。それでも、仲間とともに活動団体〈ハックト・オフ〉を設立し、やはりニュース・オブ・ザ・ワールド紙に狙われていたヒュー・グラントを初めとするさまざまな著名人に後押しされて、広範なメディア改革運動を展開した。マードック帝国は長いあいだ人を狩る立場だったが、ついに自分たちが狩られることになったのだ。

帝国をくわしく調べようという動きに、マードックと結託したイギリスのエリートは激しく抵抗した。彼らは、何を大騒ぎしているのかわからないと切り返した。「ダウラー一家に起きたことはたいへん悲しく思っているが、とくに知りたくはない。正直なところ、この件について腹を立てることはできない」とベル卿は言った。彼はサッチャーの元顧問で広告業界の巨人〈ベル・ポッティンガー〉の会長で、マードック帝国の同盟者である。昔からルパート・マードックに広報上のアドバイスを与え、盗聴スキャンダルのあいだもレベカー・ブルックスに助言していた。「マクカーン家が何を考えているかにも興味はない〔訳注：二〇〇七年にポルトガルの高級リゾートで行方不明になったマデリーン・マクカーンの事件を指す〕。わが社はただ、五〇万ポンド（約七五〇〇万円）払うから、一年間すべての新聞の一面に自分たちを載せてくれと言ってきた彼らに応じたまでだ」

驚くにはあたらないが、〈ニューズ・インターナショナル〉のジャーナリストたちは、スキャンダルを少数の「悪い卵」のせいにしたがった。「今回の盗聴スキャンダルでわかるのは、特ダネを得るためなら自分のお祖母さんも殺すような恥知らずが少数いるということだ」と、ニュース・オブ・ザ・ワールド紙の元政治部部長でもあったデイビッド・ウッディングは言い、彼の時代にメディアの水準はむしろ上がったと主張した。

しかし人々の怒りの声はやまず、マードックは二〇一一年七月、一六七年の歴史を誇るニュース・オブ・ザ・ワールド紙の廃刊を余儀なくされた。同月、レベカー・ブルックス、アンディ・クルソンといった〈ニューズ・インターナショナル〉幹部や記者数名も逮捕され、ジャスティス・リーブソン卿による公開審理がおこなわれることになった。そしてその見世物から、マードック帝国の触手がいかに権力の奥深くまで入りこんでいたかが明らかになった。

「トニー・ブレアは、イギリスでルパート・マードックをここまで強力にした責任をとらなければならない。誘拐されたティーンエイジャーの留守録を盗聴することさえ許される、などという企業文化が生まれるほどだったのだから」と労働党の元大臣トム・ワトソンは言う。もちろん、ブレアだけを責めてすむ話ではない。危機に陥った労働党政権をマードック帝国が攻撃するまえ、レベカー・ブルックスとルパート・マードックの当時の妻ウェンディ・デンは、ゴードン・ブラウンの妻から「お泊まりパーティ」に招待されていたのだから。

さらに、デイビッド・キャメロンが首相官邸に入ってから、マードック帝国の力は新境地に及んでいた。二〇〇七年の盗聴事件の最初の告発で編集長を辞任した、ニュース・オブ・ザ・ワールド紙のアンディ・クルソンが、キャメロンの報道官に就任したのだ。ガーディアン紙の編集長たちはキャメロンの側近たちに、クルソンの過去について警告したが、保守党にとってニュース・オブ・ザ・ワールド紙の元編集長はまたとない「賞品」であり、マードック帝国を味方につけておくための鍵だった。

結局、その後、電話盗聴の件で世論の圧力が高まり、クルソンは二〇一一年一月に辞任に追いこまれた。また二〇一四年六月には、ついに盗聴計画に関して有罪が確定した。二〇一〇年の総選挙に先立ち、デイビッド・キャメロンは「ブロークン・ブリテン」〔訳注：壊れたイギリス〕について熱心に語り、社会の底辺にいる人々の犯罪行為に焦点を当てたキャンペーンを展開したが、国の支配的なメディア帝国をなだめるという名目で、みずから犯罪者を側近に引き入れたのだ。

リーブソン審理によって、キャメロンは首相着任後の一五カ月のあいだに、〈ニューズ・インターナショナル〉幹部と公式に二六回会ったことが明らかになった。ほかのどのメディア企業と比べても二倍を超える回数だ。レベカー・ブルックスは、キャメロンの隣人で親友、いわゆる「チッピング・ノートン・セット」〔訳注：オックスフォードシャー州の町チッピング・ノートンに家を持つメディア関係者や政治家たち〕のひとりだった。ふたりは二〇一〇年、ジェイムズ・マードックも加えてブルックス家でクリスマス・ディナーまでともにしている。マードックと首相はターキーと芽キャベツの料理を楽しみながら、きわめて異論の多い〈ニューズ・コーポレーション〉による衛星放送事業者〈BスカイB〉の買収提案について話したにちがいない。

キャメロンはまた、ライサという馬に乗って、レベカーの夫で同年代のイートン校卒業生であるチャーリー・ブルックスと遠出をした。その馬は、引退後にロンドン警視庁から貸し出されたものだった。レベカーとキャメロンのあいだの驚くべき携帯メールのやりとりは、彼らの人生がいかに密接にからまり合っていたかを示していた。「またすぐに田舎の夕食を食べながら話し合いましょう」。ブルックスは、マードック帝国が保守党支持にまわってさほどたたないころ、キャメロンにメールを送った。「明日は精いっぱい応援します。あなたを誇らしく思う友人であるだけでなく、私たちは仕事のうえでもまちがいなくともに取り組んでいるのだから」。保守党の緊縮財政のスローガンをもじったのは不注意だが、いかにも裏のつながりを物語っている。

リーブソン審理の証言でブルックスは、辞職させられたときブレアから同情のメッセージが届いたと証言した（キャメロンからも届いたのだが）。彼女の記憶では、「これまでのようにあなたに誠意を示せなくて申しわけない。エド・ミリバンドに追いかけられている」といった内容だった。労働党党首は、キャメロン政権と〈ニューズ・インターナショナル〉のつながりを容赦なく追及していた。

人々は、リーブソンの報告書が罪を科すべきところに科すことを期待した。しかし、がっかりするはめになった。「リーブソンは一般論を述べた。誰かを指差して罪を負わせるという進め方ではなかった」と〈ハック・オフ〉のブライアン・キャスカートは言う。「だから、基本的に全員の責任を免除した。彼は、自分の提案を受け入れさせるためにそうしたのだ」。もしそれが本当にリーブソンの目的だったとすれば、たちまち挫折することになった。

リーブソンは、自主規制組織である報道苦情処理委員会の改革を提案した。メディアの大物の支配が及ばず、制裁を科す権限がある新しい組織に置き換えて、謝罪と修正が適切におこなわれることをめざしたのだ。しかしそれは、「報道の法的規制」であり、イギリスの報道の自由に対する全面攻撃と見なされた。

提案が発表されると、メディアのオーナーはこぞって反対した。ニュース・オブ・ザ・ワールド紙で副編集長や編集主幹を務めたニール・ウォリスは、自由民主党の下院議員マーク・オーテンを例にあげた。オーテンは男娼との性的行為をタブロイド紙に暴かれてキャリアがついえた政治家だ。「要するに、こういうことはつねにウェストミンスター宮殿のどこかにある」とウォリスは言った。「ところが、規制があるとメディアは萎縮して報道しなくなる。タブロイド紙や中級紙は、リーブソンの提案が忘れられるまでなんとか乗りきろうとしている」

リーブソンの提案を懸念したのは、メディアの寡頭支配者や元編集長だけではない。報道の自由のための国際運動組織〈インデックス・オン・センサーシップ〉のマイケル・ハリスは、「リーブソンは多くの調査ジャーナリズムを阻止する」と言った。実際、リーブソンの報告書のあと、有力な個人に関する重要な記事が没になった例がいくつもあるらしい。

一方、こうした主張を真っ向から否定する人々もいる。たとえば、〈調査報道ジャーナリスト協会〉のクリストファー・ハードは、「われわれの調査や経験から、リーブソンがそのような影響を及ぼしているという証拠はいっさい見つかっていない」と言う。

だが、じつのところ、リーブソンの提案は完全に的はずれだ。彼の報告書はメディアの所有が少数の支配者に集中していることを問題視せず、外国籍者による所有や、ジャーナリズムが最上位の特権階級の独占市場になってしまったことにもふれていない。あらゆる基本的な意味で、リーブソン審理は不発に終わった。

メディアはあいかわらず、政治的動機を持つ少数の権力者の遊び場になっている。そして彼らが、庶民の代表とはとても言えない富裕者ばかり社員に抱える報道機関を経営している。

BBCも例外ではない

多くのメディアが富裕者の利益を誘導する構造になっている、という主張には反論もある。大物たちが所有するメディアはたしかに強いが、それらのメディアよりさらに強いＢＢＣによって抑制されているというのだ。なにしろＢＢＣのニュースは世界じゅうで視聴される。ニュース番組や夜の時事問題番組では最高品質を誇る。ＢＢＣ帝国には、ラジオの全国キー局五つと、各地のラジオ局、イギリスでもっとも人気の高いニュース・ウェブサイトも含まれる。そしてイギリスの大多数の右派の指摘によれば、明らかに左に偏向している。

だが、ＢＢＣで最大の影響力を持つプレーヤーをくわしく見れば、実際にはまったく逆であることがわかる。ＢＢＣも、程度の差はあれ、エスタブリッシュメントの代弁者なのだ。

ＢＢＣで主要な地位にいる人物をざっとあげるだけでも、その見方が正しい根拠になる。運営・監督組織の〈ＢＢＣトラスト〉会長クリス・パッテンは、保守党の元議長で閣僚にもなった〔訳注：二〇一七年四月に〈ＢＢＣトラスト〉は廃止。理事会に置き換わって、ほかの放送メディアと同様に放送通信庁の監督下に入った〕。ＢＢＣの代表的な政治番組『デイリー・ポリティクス』、『サンデー・ポリティクス』、『ジス・ウィーク』の著名インタビュアー・司会者のアンドルー・ニールは、同僚の多くとちがって公立学校出身だが、確固たる右派的見解で知られ、保守系のスペクテイター誌の持ち株会社会長であり、サンデー・タイムズ紙の元編集長だ。また、これらの番組のチーフ・ディレクター、ロビー・ギブは、保守党議員フランシス・モードの元政策担当チーフで、保守党学生連盟の副会長だったこともある。同連盟はあまりにも右寄りだということで、保守党重鎮のノーマン・テビットに解散させられた。

まだある。ＢＢＣの政治部部長ニック・ロビンソンは、保守党青年部の元全国議長だし、ロビンソンの上司の政治担当プロデューサー、シーア・ロジャースは、二〇一二年末にジョージ・オズボーンに引き抜かれた。保守党のほかの政治家も、ＢＢＣから人材を登用している。デイビッド・キャメロンは、報道官としてＢＢＣニュース編集長のクレイグ・オリバーを雇った。保守党のロンドン市長ボリス・ジョンソンの広報部長グトー・ハーリは、ＢＢＣの元政治特派員だ。ハーリがそこを離れて〈ニューズ・ＵＫ〉の広報部長としてマードック帝国に加わると、後任にはこれまたＢＢＣの議会ニュース編集長だったウィル・ウォルデンがついた。

上級ジャーナリストの転職先も、ＢＢＣの左傾化を示してはいない。ＢＢＣの経済部部長だったステファニー・フランダースは、二〇一三年九月にその職を捨て、投資銀行〈ＪＰモルガン〉の年収四〇万ポンド（約六〇〇〇万円）の地位についた。フランダースの後任にＢＢＣのビジネス部部長ロバート・ペストンが入ると、空いた席についたのは、サンデー・テレグラフ紙のビジネス部部長カマル・アーメドだった。アーメドは、オブザーバー紙で働いていたころに、ガーディアン紙のニック・デイビーズから、イラク戦争に対する報道を批判された人物である。

アーメドの記事は完全に企業利益の側に立っていた。二〇一三年六月、彼はサンデー・テレグラフ紙で、「ビジネス界に対する執拗でたいてい否定的な報道」を批判し、「政界は本当に、好業績で革新的でグローバルな企業がイギリスで活動することを望んでいるのだろうか」と考察した。イギリスは「反ビジネスの臆病者になりかかっている」「、金融危機によって「西欧諸国は、利益追求と競争市場の価値を正しく評価できなくなっている……結局はそれらが人々の必需品を生み出し、みなが望んでやまない進歩をもたらすのに」。[*11]

ＢＢＣの元上級ジャーナリストが「ぜったいにオフレコ」という条件で私に話してくれたとおり、ＢＢＣは「主流イデオロギーの送信機になる設定」なのだ。彼によると、この非公式の社是はほかの人事にも反映されている。たとえば、マードックのタイムズ紙の元編集長で現在ＢＢＣニュースの責任者であるジェイムズ・ハーディング、ＢＢＣワールド・サービスの責任者のピーター・ホロックス、超ブレア派の大臣だったＢＢＣ戦略・デジタル担当取締役のジェイムズ・パーネル。

フランダース、アーメド、ペストンだけでなく、「彼ら全員に共通するのは、リベラル中道派の世界観」だと匿名のジャーナリストは言った。ＢＢＣは「その視点を大量生産する工場」、すなわち、新自由主義経済を深い信念として取りこみ、セクシャリティやジェンダーの問題ではリベラルな立場をとる。同じジャーナリストによると、彼らは「あらゆる権力者と小さなクラブを作り」、政府の重要人物との交友を自慢している。こうしてＢＢＣの番組は、たとえば新政権の政策発表とそれに対する反応というふうに、そのときどきの政府の議題にもとづいて制作される。

エスタブリッシュメントにとって、ＢＢＣほど完璧な伝達手段はない。自由市場の現状維持を、中立で非政治的な姿勢として伝えてくれるからだ。そこからはずれた人は偏っていると見なされ、客観性の維持のために修正を求められる。「ＢＢＣのビジネス番組の九九パーセントは、『ビジネスは善』という裏の意味を持っている」とＢＢＣの元ジャーナリストはオフレコで言う。「彼らは、『資本主義は善、資本主義はダイナミック、自由市場は成果をあげ、南の発展途上国の人々の生活を向上させている』と言う。もし『資本主義は悪、資本主義は成果をあげておらず、発展途上国の人々の生活を破壊している』と言えば、イデオロギー的と見なされる。バランスとしては、両方の考えを同等に持っていなければいけないが、ＢＢＣはちがう。なぜなら、それがエリートの見方だからだ」

ＢＢＣに対する右派からの飽くなき「左派偏向」批判は、巧みな予防手段である。そう言うことでＢＢＣの制作物を監視できるからだ。とりわけデイリー・メール紙は攻撃的で、長く続いている連続テレビドラマ『シャーロック』でさえ、ＢＢＣの「左派偏向」の「さらなる証拠」と批判している。

二〇一四年二月、保守党の閣僚クリス・グレイリングは、ＢＢＣが「社会の公平な代表ではない首都圏の左寄りの集団」に支配されていると指摘した。このときからＢＢＣは、常時、左派偏向の疑いを抱かれる報道を怖れるようになった。ＢＢＣの元ジャーナリストによると、制作側が少々批判的なジャーナリズムの場を提供すると、管理職の人間は「償いをしなければならない」と感じ、逆方向の番組を制作するのだという。とくに移民のような複雑な問題になると、ＢＢＣ幹部は警戒し、賃金下落や職不足といった経済的不安定の観点から彼らを見ることをひどくためらう。そして結局は全員がそれにしたがう。職員が局内で出世するには、食物連鎖の上にいる誰かに気に入られ、悪い状況では守ってもらい、うまくいったときには取り立ててもらわなければならないからだ。

ＢＢＣはさらに、大衆の利益に大きくかかわる主要なニュースの一部を非常に軽く扱ってきた。たとえば、二〇一〇年に保守党連立政権が成立し、ＮＨＳの民営化が着々と進められたときがそうだった。保守党は、選挙期間中には国民に何ひとつ知らさず、それどころか、保守党の選挙マニフェストでは、逆にＮＨＳ支持が強調されていたが、ＢＢＣのニュースはこの民営化計画をほとんど取り上げなかった。二〇一二年に下院で関連法案が討議されているときにも、報道はないも同然だった。

立法化されてようやく、ＢＢＣのニュースは「一般開業医に権限を与える法案成立」と宣言した。[*12] 一般開業医自身が所属する英国医師協会を含めて、ＮＨＳに関連する労働者の代表組織が猛反対していた立法について、政府の情報操作がおこなわれた例である。同様に、支出削減もほぼつねに、「節約」という消毒されたことばで表現される。人気の高い全国的な制度を政府が事前の同意なしに変革するとき、ＢＢＣはいつもその報道官のようにふるまってきたのだ。

国内と同じく国際的な問題についても、ＢＢＣはエスタブリッシュメントの意見を投影する。二〇〇九年一月、イスラエルのガザ侵攻による難民のための募金を放送で呼びかけたい、と災害緊急事態委員会（ＤＥＣ）が要望した際、ＢＢＣは拒否した。マーク・トンプソン会長の説明は、そのような活動は「ＢＢＣの公平性に対する人々の信頼を損ねる怖れがある」というものだった。[*13] この態度に対しては社会に怒りが広がり、ＢＢＣ

番組の強い親イスラエル偏向が話題になった。BBCの一部の局員が、DECの訴えを支持する陳情書に個人的に署名してもいいかとトンプソンに尋ねたときには、署名するならBBCからの離職を覚悟するようにと言われた。

独立調査によっても、BBCが現状維持の思想にどれほど同調しているかが明らかになった。カーディフ大学の教授陣が、幅広い話題についてBBCの報道のしかたを調査し、二〇一三年に発表した報告書によると、おおむねそのときの政府寄りの内容であることがわかったのだ。ただし、二〇〇七年にゴードン・ブラウン首相がニュースに登場した回数は、デイビッド・キャメロンの二倍に達しなかった。一方、二〇一二年にデイビッド・キャメロン首相がニュースに出た回数は、エド・ミリバンドの四倍近くだった。同じ二〇〇七年と二〇一二年の比較では、保守党と労働党の大臣のあいだにも同様の割合の差があった。

その研究では、番組内でのEUに関する議論はほとんど反対派がとりしきり、EU支持の声がわずかしかなかったこともわかった。また、BBCに財界の代表が出る回数は、民放と比べてかなり多かった。二〇一二年の六時のニュースに財界の代表者が出た回数は、労働組合の代表者の一九倍だ。二〇〇七年では五倍だったから、劇的に伸びている。二〇〇八年の金融危機と、それに続く銀行救済の時期には、株式仲買人やヘッジファンド・マネジャーなどのシティの声がニュース番組を占拠していた。[*14]

要するに、BBCはあくまで親ビジネス、右派寄りの放送局であり、一貫してエスタブリッシュメント思想のプラットフォームとして機能している。新聞の売上が減り、ソーシャルメディアの人気が高まって、人々が多種多様なオンラインの情報源からニュースを得るようになっているのだから、主流メディアの偏向は重大事ではなくなってきた、という議論もできるだろう。しかし、イギリスの新聞業界の衰退は、裕福な権力者に対する精査がますますおこなわれなくなることを意味する。

カーディフ大学のメディア専門家による別の研究では、ジャーナリストの仕事量が急激に増えていることがわかった。一九八八〜二〇〇六年のあいだに、書くべきページ数は三倍になっていた。ページ数が増えるということは、一記事あたりに使える時間が少なくなるということだ。するとジャーナリストたちは、「既製のニュース」、すなわちＰＲ資料や通信社からのニュースに頼るようになる。事実、報道記事の約六〇パーセント、また、放送されるニュースの三〇パーセント以上は「完全に、またはおもに」こうした情報源のどれかから出ていた。既製の情報源からの情報にもとづかない報道記事は、全体の二〇パーセント、完全にオリジナルなものはわずか一二パーセントだった。*15

この研究が発表されたのは二〇〇八年だが、その後、状況はまちがいなく悪化している。これはジャーナリズムではなく、いわゆる「チャーナリズム」だ〔訳注：「チャーン」はかき混ぜること。株や証券の仲買人が取引手数料を稼ぐための回転売買の意味もある〕。ジャーナリストが自分の分析能力で書いた記事は減る一方、ニュースの多くは広告業界が効果的に書くものになりつつある。それがまたメディアの独立性を損なう。記事の多くを、資金力のある私企業に雇われた人材が書くことになるからだ。

調査ジャーナリズムも苦しい状況にある。クリストファー・ハードによると、おもな理由は三つだ。第一に、たとえばスカイ・ニュースやスカイ・スポーツ、ディスカバリー・チャンネルなど、テレビのチャンネルが増殖し、オンラインニュースやブログといったコンテンツも爆発的に増えたことで、読者や視聴者の獲得競争が厳しくなっている。第二に、新聞の購読者がどんどん減り、新聞社の収入が落ちて、調査ジャーナリズムにまわせる資源が少なくなっている。そして第三に、戦後体制に対する新自由主義の攻撃の結果、「社会的使命」を抱く企業幹部が減っている。

これらすべては、エスタブリッシュメントにとって、じつに好都合だ。「調査ジャーナリズムの目的は、世界とそのなかの有力な制度や機関がどう動いているのかを説明する手助けになることだ」とハードは言う。「さらにその目的は、世界をもっと人道的で、寛容で、生きやすい場所にする社会運動を生み出すのに貢献することだ」

そのようなジャーナリズムは不正を暴き、人々に刺激を与えて行動を起こさせる潜在力を持つ。多大な資源を投入して監視の目を避けている裕福な有力者に対抗するには、ジャーナリストがかなりの時間をかけ、努力を注いで、そうした障害をくぐり抜ける方法を見つけなければならない。放置すれば当たりまえと見なされるエスタブリッシュメントのさまざまな前提も、攻めれば磐石ではない。しかし、調査ジャーナリズムが衰退すれば、社会の不正は隠れたままになり、対処しようと人々が行動を起こす可能性はかぎられてくる。

イギリスのメディアは、国民に情報を与え、国民を教育し、いまいる国やまわりの世界の現実を理解させてくれる奉仕者ではない。その多くは、オーナー個人の目的を達成するために熱心にロビー活動をする「政治マシン」だ。メディアと政治エリートは往々にして密接に結びつき、社会を運営、組織化する方法について、数多くの前提を共有している。ジャーナリストは編集長の思いつきに完全にしたがうことが多く、人材面でも一般読者とはまったくちがうエリートの出身者が増えている。

中世のイギリスでは、教会を用いて、人々の心を現状維持に向かわせていた。現代のイギリスには、教会の代わりにマスメディアがある。異なる見解を持つ人にとっては窒息しそうな状況だ。

とはいえ、そのメディアでさえ、現代イギリスにおける権威主義の「最強の柱」ではない。

4

警察は誰を守る？

The Boys in Blue

スティーブ・ウィリアムズは、警官になって最初のシフトの日のことを生涯忘れないだろう。一九八〇年代初め、ノース・ウェールズ州リルの暖かい夏の夜のことだ。

果てしなく続いた職業訓練がようやく終わり、本番の仕事に乗り出したその日、ウィリアムズが誇りで胸をいっぱいにして店のウィンドウのそばに立ち、新しい制服を着た自分の姿にほれぼれしていると、目のまえにタクシーが停まった。「そして運転手が、『この先でちょっと事故があった』と言ったんだ」。彼は思い出す。「もちろん、制服を着ていれば、相手はこっちが勤務の初日か一〇年目かなんてことはわからない」

タクシー運転手はウィリアムズを乗せて、怖ろしい現場に連れていった。ヘロイン依存症の男が車を盗んで走らせ、一七歳の少女三人をはねたのだ。ウィリアムズがあとで知ったところでは、三人はブラックプール出身で、その日初めて、両親から故郷を離れる許可を得ていた。「大騒ぎになって、みんなが叫んでいた」。ウィリアムズは少女のひとりに人工呼吸をほどこそうとしたが、すぐに亡くなっているのがわかった。残りのふたりは近くの店のなかに飛ばされ、大怪我を負っていた。

救急隊員と警官たちが到着し、上司はウィリアムズに「署に戻ってお茶でも飲んでろ」と言った。しかし、血にまみれた制服で署に歩いて戻る途中、男が家から飛び出してきて叫んだ。「頼む。かみさんに子供が生まれそうなのに、救急車が捕まらないんだ！」。ウィリアムズが言うとおり、それは無理もないことだった。地域の救急隊は先ほどの事故にかかりきりだったからだ。警察学校で、子供が生まれるビデオを見たことはあった。出産を助けるとしたら、頼りになるのはその記憶だけだ。「奥さんに『いままで赤ちゃんを何人くらい取り上げたことがあるの？』と訊かれたから、『これが初めてです』と答えたら、恐怖の表情を浮かべてた」

ウィリアムズの試練はそこで終わらなかった。ようやく署に戻ると、生き残った少女のひとりのところへ供述をとりに行かされた。友だちが死んだことも伝えなければならなかった。「私はそのとき二三歳で、人の死を見て、別のかわいそうな少女のひどい怪我を見て、赤ん坊が生まれるのを見た。それがひとり立ちした最初のパトロールだった」

ウィリアムズは警察の記録に全幅の信頼を置いているので、巡回中の警官にかかるプレッシャーの強力な証拠として、この話を私にしてくれた。すさまじい初日の勤務から三〇年間、職務に対する情熱が彼を支えてきた。そして二〇一三年、スティーブ・ウィリアムズは、イングランドとウェールズの警官を代表する組織〈警察連盟〉の会長になった。彼の仕事は、社会に害をなす人間を捕まえ、ときには危険に飛びこんで社会の安全を維持する警官たちを代表することだ。毎年三〇〇〇人を超える警官が負傷し、そのうちの約八〇〇名は重傷を負っている。[*1]

しかし、イギリスの警官はそれ以外にも多くの役割を果たしている。そのひとつは市民を安全に守ること、人々にみじめさと恐怖と屈辱を与える犯罪者を阻止し、追跡すること。これは問題ない。問題になるのは、ほかの仕事である。今日のエスタブリッシュメントの形成という点からすると、一九八〇年代の産業激動期に、労働組合という敵を大敗させるために果たした警察の役割ははずせない。

「市民による抗議活動は、なんであれ国家によって阻止されたり無視されたりするもの」と見なされるようになると、警察には新しい力が与えられた。経済的な自由主義（「オープン」で「自由」な経済）と、ある種の権威主義が組み合わさった新しいエスタブリッシュメントは、将来展望の中心に警察を置いた。

一般に、警察による権限の行使には社会の力の不均衡が反映される。警察は、貧困者の軽罪（少量の大麻の保持、生活保護の不正受給など）を取り締まる一方で、社会のトップに立つ人々のはるかに悪質な行為（租税回避、純粋な強欲にもとづく行動、経済的大災害を引き起こすこと）を無視し、許容し、手助けまでする。さらには、エスタブリッシュメントにとってもっと強力な敵を無力化しようともする。

また、警察はこれらすべての役割を果たすなかで、自分たちを監視の目から守るために、隠蔽と陰謀という不穏な力を発揮する。フランスなどの他国とちがって、イギリスは中央権力から独立した警察力を持ち、理論上は「合意による活動」〔訳注：警察は国民の合意にもとづいて存在、活動するという内務省の方針〕をしている。しかし、新しいエスタブリッシュメントのもとで、彼らはますます国家に接近しているのが実状だ。

ある雨の日、私はイースト・ロンドンのパディントンにあるカフェで、ロンドン警視庁の元主任警部ピーター・カーカムに会った。カーカムは警察の擁護者だ。やや素っ気ない、地味な服装の中年男性で、時間さえ空けばソーシャルメディアで警察批判に反論しているが、そんなカーカムでさえ、ニュー・レイバー時代は警察が政府にすり寄りすぎたと嘆いている。その時代、警官たちは国会議員にロビー活動までして、市民の自由に対する攻撃を支持するよう求めていたらしい。「ひどい話だ。本当にひどい」とカーカムは言った。「警察は自分の立場を忘れている。歴史的に見れば、警察は国家ではなく人民のものだった。国の一機関ではなかったのだ」。たしかに、厳密に言えばそうかもしれない。だが、権力者が警察を党派的に用いた例は昔からある。たとえば一世紀近くまえ、権力者は警察の忠誠を得るという難題に取り組んだ。その忠誠心は、現代のエスタブリッシュメントが決定的な勝利を収めるために欠かせないものだった。

支配エリートたちが一〇〇年前に学んだこと

一九一八年八月、ロンドン警視庁がストライキに突入するという前代未聞のことが起きた。「ペトログラード［訳注：サンクトペテルブルクの旧称。ロシア革命の中心地］の精神を！」。革命的社会主義者で婦人参政権論者のシルビア・パンクハーストはそう叫んだ。「あの革命のあとには何が起きてもおかしくない。政治的、産業的な暴動を抑えこんで、イギリス社会の既存の秩序を維持しているのは、軍隊ではなく警察だ！」

政府の大臣たちは首相官邸に逃げこんで、貧困レベルの給与と高圧的な管理体制に怒ってホワイトホールを行進する、一万二〇〇〇名の警官を見つめた。警官たちの態度は「非常に威嚇的で……官庁街にいる者たちに、目のまえで革命が起きていると本気で信じさせた」と、ロイド・ジョージ連立内閣の上級職のひとりは回想している。事態はさらに悪化した。政府の建物を守るために派遣された兵士たちが、ストライキ側についたからだ。ある新聞記事によると、「ストライキ中の警官たちが、おりてきた兵士たちのライフル銃を受け取り、あたりは温かい歓声に包まれた」。

イギリスの支配エリートが恐怖を覚えるのももっともだった。ロシア革命から一年足らず。労働者たちはざわめき、ヨーロッパ大陸はいまだ第一次世界大戦のさなかで、社会の下から大変動が起きる怖れが高まっていた。ここで警察が制御できなくなったら、目も当てられない。「秩序の守護者の反乱を鎮めなければ、法の世界全体が消え去る」と、ロイド・ジョージは保守党党首のボーナー・ローに言った。「私は首相として、権威ある社会秩序を取り戻すために、あなたがとるいかなる方策も支持するつもりだ。それがどれほど重大なものであろうと」

それでも、ストライキのあと、情勢はいっそう悪化した。警官の新しい労働組合、〈全国警察官・刑務官組合〉（NUPPO）は労働党を支持し、労働組合会議に加入した。NUPPOは、警察は「公平な仲裁者」になり、「労働者の正当で合法な要求を退ける雇用階級の道具」として使われてきた時代は終わると宣言した。「われわれは労働者から選ばれた」と、NUPPOの指導部は誇らしく組合員に告げた。「そして、われわれは労働者でありつづけ、勤労大衆の解放のために団結する」

だが政府側は、警察力を「解放」するつもりなどなかった。NUPPOは一九一九年に最後の（不成功に終わった）ストライキをおこなったあと、活動を禁じられた。抵抗した警官たちは解雇され、年金の権利も奪われた。廃止された組合の代わりに〈警察連盟〉が創設され、一般の警官たちの不満のはけ口となった。もちろん、ストライキとほかの労働組合に加入する権利を奪われたうえでである。「最初から失敗することになっていた」と、一〇〇年近くのちに〈警察連盟〉会長になったスティーブ・ウィリアムズは言う。警察と労働運動はこうして、後戻りできないかたちで切り分けられた。

一方、支配エリートはこのとき大切なことを学んだ。最初のストライキのまえ、警察の賃金レベルはすさまじく下がり、多くの警官の給与は未熟練労働者より下で、栄養失調になったという報告すらあった。これは決定的な失策だった。その後、警官の給与は大幅に改善され、彼らはそれまでには考えられなかった地位と名誉を与えられた。そのおかげで、第一次世界大戦の戦場から兵士たちが還ってきてストライキが頻発し、一九二六年のゼネストに発展しても、政府に対する警察の忠誠は保証された。*2 その後も何度か慰撫《いぶ》する必要はあったものの、その忠誠心は継続した。

「政治家を守る兵器」に

ブライアン・パディックはいかにも警官らしい。背が高く、がっしりしていて、声にも雰囲気にも威厳がある。ロンドン市内のホロウェイで巡査になってから三〇年以上働き、二〇〇七年に退官するときには、ロンドン警視庁の副総監補だった。

彼が警察に入った一九七六年の労働条件は、二〇世紀初めとは比較にならないほどよかったが、それでも賃金は数年にわたって下がりつづけていた。「警察は危機的な人手不足だった」とパディックは振り返る。「人員が少なかったのは、人を雇うのも維持するのもむずかしかったからだ」。翌一九七七年、当時の労働党政権に指名されたエドマンド・デイビーズ判事が、警官の給与について調査をおこない、四五パーセントの賃金引き上げを提言したが、パディックによると、「労働党はその大胆な引き上げを受け入れたものの、ずるずると実施を引き延ばし、結局、賃上げはなかった」。

ところが一九七九年、マーガレット・サッチャー政権成立後に労働争議が増えてくると、新政権はいち早く警察の四五パーセントの昇給を承認した。ほかの公務員の給与が軒並み削減されるのに逆行する決定だった。以来、その後の嵐のような変化のなかでも警官たちの忠誠心は揺るぎなく、新自由主義にもとづく新しいエスタブリッシュメントの対抗者を撃退するのに、主要な役割を果たした。

「あれが警察の問題の始まりだったと思う。あからさまな党派政治というかたちで、政治にかかわるようになった」と元主任警部のピーター・カーカムは言う。「マギー・サッチャーは、自分の闘いのために警察を使うことになるのがわかっていた。だから彼らに投資したわけだ」。昇給は確実にその目的を果たした。「マギーの計画はうまくいった」とカーカムは結論する。「警官たちは、マギーはヒーローだと考えた。マギーのことが大好きだった……彼女のためならなんでもやるつもりだった」

一九八四～五年にかけての炭鉱労働者ストライキで、警察は政治家の「攻城兵器」になった。炭鉱の村で、彼らは「マギーの不良少年《ブート・ボーイズ》」と呼ばれるようになった。「いま思うと、サッチャーがエドマンド・デイビーズの提言を取り入れたのは、警官の忠誠心を買うためだったという皮肉な見方もできる」とパディックは言う。「そして炭鉱労働者の争議があって、恩返しのときが来たというわけだ」

一年間続いた争議のなかでもとりわけ悲惨な結末で悪名高い、一九八四年六月の「オーグリーブの戦い」で、サウス・ヨークシャーのコークス工場のまえにピケを張っていた労働者たちは、騎馬警官に警棒を振るわれたり、殴られたりした。ただし、その労働者たちを起訴しようという試みは失敗し、サウス・ヨークシャー警察は賠償と訴訟費用で五〇万ポンド（約七五〇〇万円）以上を支払うことになった。さらにそれから約三〇年後、サウス・ヨークシャー警察は、偽証、司法妨害、オーグリーブでの暴行の容疑で、独立警察苦情委員会（IPCC）の審査を受けることになった。嫌というほど聞かされた話だが、警察がまた証拠を捏造し、事実の隠蔽を図った疑いで告発されたのだ。

国を代表する勅撰弁護士で、一部の炭鉱労働者を弁護したマイケル・マンスフィールドは、シティの北、ファーリンドン通りにあるロンドン法律事務所で、警察の陳述書について話してくれた。警官たちはみなそっくり同じことばを用いて、オーグリーブでの出来事が暴動だったと明言したという。「暴動の定義に当てはまる表現をしなければならなかったからだよ。とにかく、同じ文言を使った供述が数えきれないほど出てきた。組織から指示があったのは明白だった」。最終的に、裁判は一六週間後に取り下げられた。警察の陳述書のうち一枚の署名が偽造だとわかったからだ。

あの炭鉱労働者ストライキのあいだ、警察は法の公平な守護者として行動していなかった。マンスフィールドによれば、彼らはどんな犠牲を払っても労働者を打ち負かす闘争に本格的に駆り出されていた。「あれは政治闘争だった。暴動の嫌疑は明らかに政治的な決定だった。あまり例がないから、まちがいなく新聞の見出しを飾る。労働党も保守党もそろって、労働者側が悪いという態度だった」

一九八〇年代なかばの炭鉱労働者の敗北は、現代の労働組合運動の破壊を象徴する出来事だった。新しいエスタブリッシュメントは、もっとも怖ろしい敵対者を屈服させたのだ。「組合のリーダー、アーサー・スカーギルは、国家によって『内なる敵』と見なされた」とマンスフィールドは言った。「彼を徹底的に粉砕しないかぎり、炭鉱労働者組合は別の国家になり、新しい規制緩和、言い換えれば、大々的な資本主義の強化に対する脅威になる、と彼らは考えたのだ」

結局、サッチャーの自由市場十字軍は敵を壊滅させた。新しいエスタブリッシュメントの地固めにとって、これは決定的な瞬間だった。巨大な対立組織を無力化し、みずからの考えにしたがわせる能力が証明されたのだ。警察は重要な役割を果たした。

そのころから警察は、エスタブリッシュメントの「内なる敵」を探し出す訓練を受けていた。彼らのメンタリティの特徴は、残忍性、責任転嫁、隠蔽の文化であり、一九八〇年代の闘いではこれらがすべて使われた。そして、こうした態度が、あのサウス・ヨークシャー警察による「ヒルズボロの悲劇」を引き起こした。

マーガレットはなぜ、あんな目に遭ったのか

オーグリーブから五年後の一九八九年四月一五日、シェフィールドのヒルズボロ・スタジアムでおこなわれたFAカップ準決勝、対ノッティンガム・フォレスト戦で、リバプールがキックオフをするときに、九四人のリバプールファンが押しつぶされて死亡した。その後、重傷だった二名も死亡。サッカー観戦に行って棺で帰ってきた九六人の男女の家族の悲しみは、想像するに余りある。しかし彼らは、また別の深い傷を負わされた——亡くなった身内や生存者に対する、サウス・ヨークシャー警察の陰謀である。

「お金もないし、ものにこだわりもなかったけれど、つねづね自分はとても恵まれていると思ってた」とマーガレット・アスピノールは言う。私と彼女は、リバプールのレジャーセンターのなかに座っていた。隣のスポーツホールから子供の声が聞こえてくる。「恵まれているというのは、五人のすばらしい子供がいたから」。長子はジェイムズ、生涯リバプールファンだった。「あの子は、クリス・デ・バーに夢中だったの」と彼女は思い出す。「本当にクリス・デ・バーの音楽が好きで、いつも演奏してた。とくに『セイリング・アウェイ』という曲があってね、よくジェイムズに、『その曲といっしょに旅立《セイル・アウェイ》ってもらえないかしら。お母さんはもうすっかり聞き飽きたから』と言ったものよ」

リバプールの船会社に職を得てまもないある日、一八歳のジェイムズは帰宅して、玄関から興奮した声で母親に叫んだ。父親にギターを買ってきたのだ。「この一八年間、パパとママにお世話になったから、パパに何か特別なものを贈りたかったんだ」とジェイムズは言った。「でも心配しないで。九月にママの誕生日が来たら、また何か買ってくるから」。しかし、ジェイムズは九月まで生きられなかった。

マーガレットは、一九八九年四月一五日のことを本当に細かいところまで憶えている。ヒルズボロでたいへんなことがあったと義理の妹が騒いでいたが、すぐには、息子が行ったスタジアムのことだとわからなかった。子供たちのために作っていたサンドイッチを落として、居間に駆けこみ、意識不明でベンチに並べられたリバプールファンを見たのも憶えている。まず七人死亡という報道があり、テレビ画面に息子が映った気がして叫び、義妹にテレビを消してもらったことも。

マーガレットの夫のジミーもヒルズボロにいたが、ジェイムズとは別行動で無事だった。ジミーは息子を探し出すとマーガレットに約束し、一時間おきに自宅に電話をかけて彼女を励ました。夜中にその電話がやんだ。夜が明けるころ、マーガレットは息子の犬を外に連れ出した。そこに義妹がゆっくりと近づいてきて、同時に夫の車が通りから入ってきた。マーガレットは怖ろしい現実を突きつけられ、思わず走りだした。「マーグ、待ってくれ！」とジミーが叫んだ。「いやよ、ジミー、お願いだから、追いかけないで」と彼女は叫び返した。「お願い、追いつかないで。あなたが追いつかなければ、私の息子はまだ生きてる。追いついたら、あの子は死んだと言うつもりなんでしょう？」。いっそ車に轢《ひ》かれたかった。聞かなくてすむなら、なんでもよかった。ジミーが通りに倒れ、別の息子がどうしようもなく泣いていた。マーガレットは夫に懇願した。「嘘でしょう、ね？　私のすばらしい息子は死んでなんかいないんでしょう？」。だが、夫の答えですべての希望は打ち砕かれた。「マーグ、どう言えばいいんだ？」。マーガレットは悲鳴をあげながら近所の家のドアを叩き、ベッドから出てきてとわめき、息子が死んだのと涙ながらに告げた。

これは九六家族のうちのひとつが味わった恐怖だ。マーガレットの言う「地獄の責め苦」の一夜である。彼女のいちばん上の子は、ひいきのチームがＦＡカップの準決勝でプレーするのを見ようと胸躍らせて家を出たあと、遺体袋に入った。

ほかの遺族と同様に、マーガレットの家族も愛する者の遺体に会いにいった。本能的に、マーガレットは息子の上着を持っていった。医療センターに着くと、すでに泣いている人が何十人もいた。心痛のあまり、マーガレットは状況がつかめず、どうしてみんなジェイムズに会ったこともないのにこれほど悲しんでいるのだろうと思った。家族は、ガラス張りの壁に青いカーテンがかかった部屋に連れていかれた。「よろしいですか、ミセス・アスピノール？」と訊かれたあと、カーテンがついに開けられると、目のまえに命の消えたジェイムズの体があった。「息子を返してください。あそこに行って、息子を抱きしめてやりたいんです」と彼女は訴えた。しかし答えは、彼女に言わせると「とりつく島もなかった」。「彼はいまあなたがたのものではないのです、ミセス・アスピノール。いまは検死官のものです」

悲劇から二三年後、ヒルズボロ独立委員会は、生存者や犠牲者の家族が最初からわかっていた結論を出した――ファンはいかなるかたちでも事故の発生に加担しておらず、責任はおおむね警察にある。事件当日の警察の戦略は「群衆の安全より制御を優先させる」ことだった。とりわけ酔っ払ったり、秩序を乱したり、入場券を持っていなかったりするファンが引き起こしそうな問題に神経を集中していた。サッカーファン、なかんずくリバプールのファンの「暴徒」というイメージも、警察の対応に影響を与えた。「サッカーファンは低所得者の小集団だから、基本的にくず、というのが当時の支配的な見解だった」と、ウィラル・サウス選出の労働党下院議員でヒルズボロの活動家、アリソン・マクガバンは言った。

ヒルズボロ独立委員会の報告書は、集まった証拠から、事件当日、レッピングス・レーン〔訳注：リバプール側のゴールエンド〕の立見席へと続く入場口は「キックオフまでに入れるべきファンの人数をさばくことができなかった」と結論づけている。「しかし、高まる危険は無視された」。当日の警備責任者で主任警視のデイビッド・ダッケンフィールドは、すでに混雑しているふたつの「囲い」（このことばもふつう、動物に使われる）につながるトンネルの出口ゲートを開けろと命じた。警察の監視室では、モニター画像に「深刻な混雑」が映し出されていたが、それに対する行動はとられなかった。警官たちはレッピングス・レーンの「不穏な状況」を「騒乱の前触れ」と解釈し、「結果として、観客が押しつぶされ、怪我をし、死亡していることに対する認識が遅れた」。報告書によると、亡くなった九六名のうち四一名までは助かる余地があった。

しかし、サウス・ヨークシャー警察は責任をとる気がまったくなく、窒息死や圧死の犠牲者がまだ臨時の遺体安置所に横たわっているあいだに、もう非難の矛先をそらす活動を始めた。警官たちは、悲しむ遺族に「愛する人の社会的態度や飲酒の習慣」を訊いてまわった。酔っ払ったファンが悪いというシナリオに、説得力を持たせるためだ。ことは煩《わずら》わしい質問にとどまらなかった。亡くなったファンの遺体は、遺族の許可なくアルコール含有検査にかけられた。報告書によれば、「事故の発生にアルコールがかかわっていたという証拠はなかった」にもかかわらずである。

血中アルコール濃度がゼロだった犠牲者に対しては、別種の汚名工作がしかけられた。「死亡者の評判を落とす」試みとして、彼らの犯罪記録が調べられたのだ。「酔っ払い」だけでなく、「犯罪分子」もスケープゴートにされた。致命的な殺到はリバプールファンがスタジアムになだれこんだせいだ、とダッケンフィールド主任警視は「嘘をつき」、そのデマが世界に報道された。

「オーグリーブとヒルズボロの結びつきは興味深い。同じ警察が、調査の段階で似たような力を行使したのだから」と、勅撰弁護士のマイケル・マンスフィールドは言う。そして、どちらのケースでも、調査結果をごまかす外部の力としてウェスト・ミッドランズの警察が選ばれた。ヒルズボロの正義のために長く活動してきたマージーサイド選出の労働党下院議員、マリア・イーグルは、「黒いプロパガンダ集団」がいると指摘する。「彼らは基本的に、警察本部長レベルに至るまでの警察幹部で、自分たちの側から見たストーリーを広め、ほかのあらゆる人に汚名を着せるのです」

ヒルズボロ独立委員会の報告書によると、一六四あった警官たちの供述書のうち、およそ一一六は、サウス・ヨークシャー警察にとって「好ましくないコメントをはずすか、修正されていた」。のちの独立警察苦情委員会（IPCC）の報告書では、その数字はもっと大きいかもしれず、加えてファンの供述書も書き換えられたかもしれないとも指摘されている。オーグリーブとヒルズボロの両方で、警察の組織立った活動が明らかになったのだ。すなわち、警察の行動を批判するのに使われそうな供述をすべて取り除く活動である。

警察幹部やサウス・ヨークシャー警察連盟、保守党下院議員アービン・パトニックは、メディアにも嘘の情報を流し、サン紙はこれを、不名誉にも「真相」という大見出しで無批判に報じた。これが警察による陰謀の卑劣の頂点だった。そのでっち上げの記事によると、リバプールファンは瀕死の人々を救おうとする警官たちを攻撃し、彼らに小便をかけたのみならず、死者のポケットから財布を盗んだ。[*3]「でも私たちは、あそこまでひどいことを書いた新聞を訴えることもできなかった。個人の名前はひとりも載っていなかったから」とマーガレット・アスピノールは言う。名指しにしないかぎり、心的外傷を負ったサッカーファンを中傷してもかまわないという作戦だった。

一九八〇年代、新しいエスタブリッシュメントの興隆と、それにともなう労働組合の激変に応じるかたちで、警察は労働者階級を「内なる敵」として扱う訓練を受けた。その結果、「彼らは自分たちが引き起こした悲劇の犠牲者まで『内なる敵』と見なした」とマリア・イーグルは言う。「警察から見れば、犠牲者たちはゴミみたいな労働者階級のリバプール人で、炭鉱労働者と同じ『内なる敵』だった」。不正行為に対するサウス・ヨークシャー警察の反応は、調査を受け入れるどころか、団結を固め、事実を隠蔽し、証拠をねじ曲げ、捏造すること、そして犠牲者を貶めるプロパガンダをサン紙のような新聞にばらまくことだった。

オーグリーブの炭鉱労働者ストライキは、警察のなかに強固な新しいメンタリティを形作った。そのメンタリティが、ヒルズボロの悲劇を生んだ。「サウス・ヨークシャー警察は、労働者階級の人々に好き放題やっても処罰されないことに慣れていた」とイーグルは言う。「それは炭鉱労働者から始まった。ストライキ決行者に無実の罪を着せて罰してしまえば、最終的に自分たちは罰せられないという感覚が広がり、それがそのままヒルズボロに流れこんだ」。サウス・ヨークシャー警察は、オーグリーブで逃げおおせたことで強気になり、自分たちの行動が九六名のサッカーファンの死亡につながったときにも、同じようにふるまった。

「警察は自分たちが法であるかのように、思いどおりにしてた」とマーガレット・アスピノールは言う。「マーガレット・サッチャーは、サウス・ヨークシャー警察に大きな借りがあった。昔、警察が炭鉱労働者を弾圧してあげたからね。サッチャーが炭鉱労働者の家族を飢えさせようとしたことを忘れないで。彼女は兄弟同士、父子同士、夫婦同士で争わせた。そして自分のやりたいことをどんどん進めた。警察は彼女のためにとてもいい働きをした。とんでもなくすばらしい働きをね。だから彼女は警察に借りがある」。サッチャリズムは警察の忠誠心を金で買い、警察は、闘いつづけるうちにいっそう権威主義的になったのだ。

ヒルズボロについてようやく事実が明らかになったのは、ひとえに遺族が最後まであきらめず、真実と正義を求めてあくまでも闘いつづけたからだ。遺族は、メディア、警察、政治エリートによる、ほとんど四半世紀にわたる隠蔽に立ち向かわなければならなかった。「真実を知っているのは家族だけじゃなかった」とマーガレット・アスピノールは言う。「あの日スタジアムにいた二万四〇〇〇人のファンと、目撃者もいた。政府とエスタブリッシュメントはそれを忘れてたの」

しかし、二〇一二年九月、ヒルズボロのショッキングな隠蔽工作の詳細がついに明るみに出て、政治エリートが謝罪せざるをえなくなると、あれはもう歴史の一部だ、ずっとまえに終わった時代を振り返って不安になっているだけだ、という意見が広がった。あれから警察は進化し、かつての権威主義的、秘密主義的な文化は改善されている、と。少なくとも、そういう説明がなされた。「まったくちがう時代の出来事だった。サッカーのサポーターが二級市民として扱われ、すべてがフーリガン行為のプリズムを通して見られていた時代だ」。ヒルズボロの調査報告が発表されたあと、労働党のアンディ・バーナムはBBCでそう指摘した。バーナムは、調査の遂行で主導的な役割を果たした。[*4] ガーディアン紙のベテラン記者マイケル・ホワイトも、「おそらく今なら起きないだろう」と書いた。

もちろん、それに疑問を投げかける人もいる。「多くのことが変わったけれど、私たちが望んだほど変わってはいないかもしれない」とマリア・イーグルは私に言う。「権力や権限を持つ人たちは、つねにそれを濫用したいという誘惑に駆られる。それには抵抗しなければならない。警察は彼らよりはましなだけ」

実際はどうか？ 新しいエスタブリッシュメントが警察に付与した権威主義的な文化は、時代を越えて生き残っている。労働組合が崩壊したあと、エスタブリッシュメントに敵対する急進的な勢力は、以前と比べてはるかに細分化され、まとまりがなくなったが、それでも警棒や一斉逮捕からは逃れられなかった。それどころか、もっとひどいこともあった。

新しいエスタブリッシュメントは、個人の解放を約束した。しかし、その権威主義的な傾向はますます強まり、警察にいっそう権限を与えて、人々の抵抗権を脅かすまでになっている。一九八六年に公共秩序法が成立し、「ハラスメント、恐怖、苦痛」を引き起こしうる発言または行為は違法になったが、この法律が適用されたのは、ゲイの権利を訴える活動家や、通りでキリスト教を説く説教師といった集団に対してだった。[*5] デモにも新たな制限が課された。八年後に導入された新しい公共秩序法は、とくに若者の音楽イベントの取り締まりを目的としたが、ある種の抗議活動や直接行動も対象になっていた。

つまり、一見、称賛すべき意図で作られた法律が、反対派を取り締まるために巧みに使われてきたのだ。その一例が、一九九七年のハラスメント規制法である。ハラスメントから守られたのは、個人ではなかった。二〇〇七年には、オックスフォードシャーの中流階級の住民が、原子力発電業者〈RWE〉による湖の埋め立てに反対した際、その抗議活動を阻止するためにこの法律が用いられた。抗議する人々から企業利益が守られたわけだ。二〇〇五年には重大組織犯罪警察法が成立し、パーラメント・スクウェア〔訳注：ロンドン中央部、ウェストミンスター宮殿の北西の端〕から半径一キロ以内の抗議活動を制限することになった。「諸議会の母」の外で自由に抗議する歴史的な権利ですら、攻撃されたのである。

こうした動きは、ニュー・レイバー時代にもあった。たとえば、「テロの脅威」を理由に、テロ行為が疑われたものの有罪にはならなかった人々に、「制御命令」を出す立法が正当化された。それは権力側に、電話や書簡、電子メールの合法的な傍受を認めるものだったが、このとき最大の議論を呼んだのは、ニュー・レイバー政権が、起訴事由のない身柄の拘束を九〇日（西欧世界では最長）まで延長しようとこだわった点だった。

二〇〇五年、当時の首相トニー・ブレアは、テロリストの尋問にどのくらいの時間がかかるかを、ロンドン警視庁幹部に尋ねた。幹部たちは、首相が自分たちの提案を受け入れるとは思っていなかったので、根まわしのために国会議員にロビー活動をおこなった。「議員の会合にありとあらゆる人たちがやってきて、もしこれが通らなかったら世界が終わるとわれわれに訴えた」と、当時一般議員だった労働党の影の大臣はオフレコで語った。一対一の話し合いもあった。その結果、ブレアは「警察に望みどおりの権力を与えた」。そう言ったのは、ロンドン警視庁の元幹部ブライアン・パディックだ。「労働党は、もし大規模なテロや犯罪の急増が起きたときに、責められる側に立ちたくなかったのだ。だから警察幹部の要求リストをすべて了承した。いざというときに政府の責任ではなく、警察の責任になるようにね」

結局、九〇日の拘束は議会の造反で実現しなかったが、ほかの反テロ法は成立した。その適用のわかりやすいケースとして、一九三七年にナチスのドイツから逃げてきた八〇代の労働党候補者、ウォルター・ウォルフガングがいる。彼は二〇〇五年の労働党大会で、外相のジャック・ストローに野次を飛ばして退場を命じられたとき、テロリズム法にもとづいて再入場を認められなかった。ブライアン・パディックがニュー・レイバー時代について次のように言うのもうなずける。「ほとんど制御不能な状態だった。警察は好きなことができて、責任を問われなかった」

イギリスの新しいエスタブリッシュメントの価値観に逆らう人々は、この権威主義に苦しめられた。二〇〇九年春、金融システムが公金で救済されてから数カ月後に、主要二〇カ国の金融相が集まるG20サミットがロンドンで開かれた。到着した有力な男たち（女性はめったにいない）を、社会的、経済的、環境的正義を要求するデモが迎えたが、〈ストップ・ザ・ウォー〉、〈自由チベット〉、〈ピープル・アンド・プラネット〉、〈クライメート・キャンプ〉らが組織したそのデモに対し、ロンドン警視庁は〈グレンコー作戦〉という名の警備体制を敷いた（グレンコーとは、一六九二年二月に国王への忠誠を誓わなかったスコットランドの氏族長らが虐殺された場所。意図がよくわかる）。

「われわれはこれに取り組む。われわれにはできる」と、作戦指揮官のサイモン・オブライエンは公の場で宣言した。「これ」とは、政治デモに対処することだろう。民主的なデモをうながすのではなく、最初から対決に備えているのが明らかにわかる発言だった。「抗議を容易にすることは、警察の文化に反する。彼らにはなじまない」とパディックは説明する。「警察にとって自然な態度とは、抗議を抑えこむこと、制御することだ」

トムリンソンの死

ソフィ・ペツァルは、イースト・エセックスの田舎で育ち、二〇〇九年四月一日、一八歳でデモに参加した。抗議活動に加わったのは初めてで、それが最後だった。「ティーンエイジャーのころには、偉そうなことを考えてたの」とそのころを振り返る。「思慮のないアナーキストの段階だった」。金融崩壊のあとの混乱と、シティの「無法」に対する軽蔑から、政治に何を求めているのかはっきりとはわからないにせよ、「正義への欲求が本当に強くなっていた」という。

その日、彼女は友人たちと馬鹿げたチョッキを着て、テレビのコメディドラマ『ファーザー・テッド』から拝借した「こんなのは嫌だ」など、滑稽な文句を書いたプラカードを持ち、元気いっぱいで通りにくり出した。最初の数時間は外でパーティを開いているような雰囲気だったのを憶えている。しかし、イングランド銀行の近くに人々が押し寄せたころから、それが変わりはじめた。「馬鹿な人たちが割りこんできたの」と彼女は言う。プラカードが警官隊のほうへ投げられたりした。幸い、午後三時にはデモの群衆もあちこちに分かれて、平穏が戻ってきたように思われた。

ところが、家に帰ろうとしたソフィと友人たちは、デモの場所から出ていくルートを警察がふさいでいるのに気づいた。ソフィたちはそこに囲いこまれた。「本当に怖ろしい雰囲気だった。ほとんどの人は、もうデモはいいって感じで家に帰りたがってたの」。警察はこれを「封じこめ《コンテインメント》」と言うが、より広く知られた呼び名は「デモ包囲《ケトル》」だ。ソフィたちを含め、残った人々は高まる緊張のなか、その場から約六時間も動けなかった。

彼女たちと話したオーストラリアのフォトジャーナリストは、人混みのなかに入って写真を撮ったりインタビューをしていたところ、警察にカメラを取り上げられて破壊されたうえ、本人も血だらけになった。

その近くでは、〈クライメート・キャンプ〉の抗議メンバーが、ビショップスゲート地区を踊りや太鼓や音楽でお祭り騒ぎにしていたが、午後七時一〇分、そこに警官隊が突入した。「これは暴動じゃない」と叫ぶ人々に警棒が振りおろされ、彼らも数時間にわたって囲いに入れられた。警察はそれを、乱暴なデモ参加者が〈クライメート・キャンプ〉を「乗っ取る」のを防ぐためだったとし、包囲を正当化した。のちに「不当な実力行使」だったと高等法院が裁定したが、その判決は控訴院で覆された。

午後七時以降、デモの参加者は去っていったが、警察の上官たちは、小競り合いになった場合には「妥当な実力行使」をしてよいという命令を出した。そして、抗議とは何も関係のない歩行者が危険な衝突に巻きこまれた。そのひとりが、仕事帰りだった四七歳のイブニング・スタンダード販売員のイアン・トムリンソン。彼は数分後に死亡した。

警察の最初の報告書によると、群衆のなかで倒れた人（トムリンソン）がいると誰かが警官に知らせ、警察の医療班が送られて、「投擲物《とうてきぶつ》（ビンを指すと思われる）が多数投げつけられているにもかかわらず」心肺機能蘇生を試みたということだった。[*6] メディアも警察と結託して、デモ参加者に責任を押しつけた。ジャーナリストが不用意に警察側の説明を受け入れた裏には、まちがいなく抗議側に対する反感があったはずだ。翌日のイブニング・スタンダード紙の記事は、警察からの情報提供にもとづいて、「警察、瀕死の男性の介抱中にレンガを投げつけられる」という見出しを掲げ、トムリンソンを助けていた警官たちが「レンガやビンや板切れを投げつけられた」と書いた。警察が自分たちの行動に向けられた非難をかわすために、抗議する人を悪者扱いした例であり、昔から嫌というほどくり返されてきた戦術だった。

私はトムリンソン家の顧問弁護士ジュールズ・ケアリーに話を聞いた。「四月四日、ジュリー（トムリンソンの妻）のところに、ロンドン市警察の家族連絡担当から電話がかかってきた」とケアリーは言った。彼の事務所に近いセントラル・ロンドンの騒々しいパブで、ケアリーはこうも言った。「警官はジュリーに、『捜査が終わりました。黒い目出し帽をかぶって抗議していた人たちが突撃してきたので、警察が対応したところ、彼らは退却しました。イアンは逃げる人たちに巻きこまれ、心臓麻痺で亡くなったようです。イアンを死に追いやったのは抗議していた人です』と説明した」。その警官のメモによると、ジュリーはそれを聞いて、わっと泣きだしたという。

しかし、革新的な技術の普及で、偽情報を広めて逃げきるのは昔よりむずかしくなっている。このときにも、ニューヨークの投資ファンドマネジャー、クリス・ラ・ジョニーが、携帯電話のカメラでイアン・トムリンソンの最後の瞬間をとらえていた。トムリンソンの死亡から数日後、ヒースロー空港に向かう途中で、ラ・ジョニーは、自分の動画に映っている男の特徴が死者と一致していることに気づき、その素材をガーディアン紙に渡した。[*7]

警察側の説明は自爆した。その動画ではイアン・トムリンソンがポケットに両手を突っこんで、警官たちと警察犬から離れようとしていた。なんの挑発もなかった。それなのに、目出し帽をかぶって身分証の番号も隠したひとりの警官が警棒でトムリンソンの両脚を殴り、彼を地面に押し倒した。トムリンソンの頭が路面にぶつかった。彼は地面に座って警官たちに文句を言っていたが、誰も手を差し伸べなかった。立ち上がるのを助けたのは、警察にそしられた人のひとり、アラン・エドワーズだった。エドワーズはあとで、トムリンソンが警察に言ったことばを思い出す――「ぼくは家に帰りたいだけなんだ」。

トムリンソンはそこからぼうっとした様子で歩き去り、六〇メートルほど進んで倒れた。最後に記録されたことばは、「あいつらにやられた、あのくそどもに」だった。ルーシー・アプスという医学部の学生がトムリンソンに応急処置をほどこそうとしたが、警察に無理やり引き離された。トムリンソンのまわりに警官が集まり、ダニエル・マクフィというソーシャルワーカーが救急車を呼んだ。救急隊員は警察と話そうとしたが、警官たちは応じなかった。警察の最初の説明は、嘘だらけだったのだ。[*8]

「彼が亡くなって八日後の四月八日、私はロンドン市警察を訪ねて話し合った」と、ジュールズ・ケアリーは言う。「捜査官は、トムリンソンの脚についた犬の嚙み跡は抗議側の投げたビンだろう、脚の棍棒の跡はおそらく抗議側の人間の棍棒が当たったのだ、と主張した。彼らが警官の制服を盗んだとも言ったし、トムリンソン自身が抗議側のひとりだった可能性も否定しなかった」

当初、市警察の検死官ポール・マシューズは、トムリンソンの検死にフレディ・パテル医師を指名した。結果は「冠動脈の持病が死因」というものだったが、パテルの医師としての能力は長く問題視され、二〇〇四年には、警視庁がその点を懸念する手紙を内務省に送ったほどだった。医学総会議（GMC）も、G20の抗議デモの四年前に彼を調査していた。

トムリンソン死亡の数カ月後、パテルは政府から病理学者の登録を抹消され、ほかのいくつかの件でも無能さを露呈して完全に資格を剝奪され、医療行為ができなくなった。トムリンソンの二度目の検死が命じられ、死因は「アルコール性肝硬変を発症した腹部に、鈍器で外傷を加えられたことによる腹部内出血」とされた。[*9]この二番目の結論が、最終的な検死結果となった。

独立警察苦情委員会（ＩＰＣＣ）と警察は、トムリンソンの死因調査に最初から介入した。彼の死亡を警察が公表したのは四時間後（応急処置をしている警官をデモ参加者が投擲物で妨害した、と主張する最初の報告書）、本人の家族に連絡したのは九時間後のことだった。[*10]報道機関には、死亡を知らされた家族は彼に持病があったので驚かなかった、という説明がなされ、家族が動揺するので憶測はしないようにと釘が刺された。ＩＰＣＣが調査から警察をはずすまでに一週間かかった。[*11]

ようやく審問［訳注：裁判や政府の決定のまえにおこなわれる、当事者や関係者へのヒアリング］が開かれ、陪審は二〇一一年五月に「違法殺害」の評決を下した。責任を問われたサイモン・ハーウッド巡査は以前に二回、違反行為で審問を受けており、一回は車の運転がらみの暴力沙汰だった。彼は懲戒審問のまえに健康上の理由で警視庁を辞職し、サリー警察に勤務していたが、のちにロンドン警視庁に復職した。

トムリンソンの死亡から四年後、警視庁は遺族の「肉体的・精神的苦痛」に対して裁判外の和解を申し出て謝罪し、ハーウッドの行動に「完全な責任」があることを認めた。[*12]ハーウッドは殺人容疑で起訴されたが、二〇一二年七月一九日、無罪とされた。一九九〇年以降、警察との接触後に一五〇〇人足らずが死亡しているが、有罪の判決が出た警官はひとりもいない。

サイモン・ハーウッドのようなケースを見ると、あれは警察全体にはほとんど関係のない「悪い卵」だと切り捨てたい誘惑に駆られる。だがこれも、新しいエスタブリッシュメントが経済的な自由主義と権威主義を融合したことの顕著な結果なのだ。
　G20抗議デモに対する弾圧をきっかけとして、デニス・オコナー首席監察官の指揮下で調査がおこなわれ、警官たちが抗議デモに組織的に対処していたという有力な証拠が見つかった。報告書は「イギリスの警察活動の強権化」を警告し、G20抗議デモに用いられた戦術は「不公平、攻撃的で一貫性がない」ように見えると指摘した。オコナーはまた、緊張感が最大に高まる場面でさえ、警察力の投入は最小限であるべきだと提案したと言われる。しかし、報告書のなかで決定的に大事なのは、警察のおこないは「国民の同意に立脚」しなければならないと結論したことだ。この「イギリス・モデル」から「乖離《かいり》」してはならないとオコナーは戒《いまし》め、このモデルを「もう一度議題にする」必要があることを強調した。これは警察のメンタリティの変化を警察自体が公式に認めた文書である。[*13]
　とはいえ、イギリスの町に抗議の新しい波が押し寄せたとき、オコナーが勧めた「攻撃的でない」戦術はほとんどとられなかった。二〇一〇年五月に連立政権が成立してほどなく、大学の授業料が三倍になった。それは、「授業料そのものを廃止する」という自由民主党の主要なマニフェストをあっさり反古《ほご》にする施策だった。二〇一〇年一一月から、学生の反対運動の波が起きた。それまで若者たちは、甘やかされ、テレビのリアリティ番組に毒された無感動世代と言われてきたが、これを機に通りを行進し、デモ包囲や警棒を経験することになった。ロンドンでおこなわれた一二月のデモでは、ティーンエイジャーも含めた参加者たちが警察に包囲され、凍える寒さのなかで五時間動けなかった。
「怒って疲れた若者など一〇〇〇人が狭いところに閉じこめられて、満員のロックコンサート会場みたいだった」と、活動家のひとりダン・ハンコックスは言う。衝突は激しく、アバディーン王立病院のある麻酔医のことばを借りれば、「あれほど怖ろしいものは見たことがない。ヒルズボロはあんな感じだったにちがいない」。[*14]

平和的集会と同盟の自由に関する権利を専門とする国連特別報告者、マイナ・カイは、デモ包囲を「見境がなく過剰に大規模な点で、平和的集会の自由の権利行使にとって有害」と表現しているが、それももっともだ。[*15]
攻撃的取り締まり、デモ包囲、大量逮捕、ニセ情報による抗議側の悪者扱い、傷害や死亡までもたらす行為――これらがエスタブリッシュメントの権威主義の結果である。デモ包囲で何時間も拘束されたり、逮捕されたり、あるいはもっとひどい目に遭うのは怖い。だから、政治的関心はあってもデモに参加することをためらう人がいるという話は、多くの活動家から聞いた。サセックス警察にしろ、ほかの警察にしろ、「警察サービスの核のひとつは、平和的抗議活動を支援すること」と公言しているが、最近の抗議活動に対する彼らの反応を見ると、本当にその気があるのか疑問だ。警察は明らかに、現状維持の擁護者になっている。

卑劣な捜査手法

デモとは別のかたちで異を唱える人に対する警察の態度は、さらに深刻だ。アリソンは一九九四年、二〇歳のときに、ノース・ロンドンのハックニーでマーク・キャシディと出会った。アリソンは〈コリン・ローチ・センター〉の活動メンバーだった。このコミュニティ・センターは、一九八三年にコリン・ローチという二一歳の黒人男性がハックニー警察に射殺されたことを追悼して建てられた［訳注：ノース・ロンドンの急進的活動の拠点になっていた］。

「彼（マーク）は気取りのないしっかりした人で、自分は労働者階級だと言っていた」。彼女はトルコ料理店でランチを食べながら、当時を思い出してくれた。「新鮮な感じがした。左派は中流階級だらけだから」。ふたりは一九九五年の春からつき合いはじめた。マークは建具屋で、ワンルームのアパートに住み、寝袋で寝ているようだったが、ほどなくアリソンと同居するようになった。「彼に完全に恋してた」とアリソンは認める。

マークは政治活動に加わった。センターは〈反ファシスト活動〉という、レイシストやファシストの集団を追い払うことをめざす団体を支援していたが、マークは左派のセクト〈レッド・アクション〉の活動に深入りした。ある夜など、アリソンは午前三時に電話で起こされ、相手の男からマークに替われと言われた。マークによれば、その男は、「フェニアン〔訳注：カトリック教徒を蔑む卑語〕のくそったれ。おまえを殺してやる」と叫び、電話を切った。マークはおびえるアリソンをなだめた――本当に殺す気なら、電話で予告なんてしないから、と。しかし表に面した窓には横木を打ちつけ、「心配するな。きみを傷つけるようなことは誰にもさせない」と言った。

つき合いはじめてまもないころ、アリソンはよく冗談半分で、「ヘンドンの友だちのところに報告に行くの？」と訊いた。ヘンドンには警視庁の主要な訓練センターがある。マークはそのたびに笑い飛ばしていたが、交際して一年ほどたったある日、マークが買い物に出かけたすきに彼の上着のポケットを探り、ナショナル・ウェストミンスター銀行のクレジットカードを見つけた。カードの名義は、M・ジェナー。

マークが戻ってくると、アリソンは、「M・ジェナーっていったい誰よ」と大声で問いつめた。「ああ、本当に馬鹿なことをしてしまった」とマークは両手で頭を抱えて叫んだ。「パブで会った男」がガソリンを買いたいというので、現金と引き換えにカードを買い取ってやったんだという説明だった。泥棒とまちがえられるから、このことは誰にも言わないでほしいと頼まれたアリソンは、「奇妙だけど、いかにも彼みたいな人がやりそうなことだ」と自分を納得させた。自分とはまったくちがう世界の人なのだから、と。

つき合いが終わるころには、マークは引きこもりがちになり、アリソンに自分のばらばらになった家族のことを話したりした。そして二〇〇〇年の春、アリソンが家に帰ると、テーブルにメモがあり、ぼくたちの関係は終わりだと書いてあった。その後マークがベルリンから送ってきたハガキのメッセージには、『『陽光の休《ホリデー・イン・ザ》日《サン》』は望まない」とあった。それはセックス・ピストルズの曲で、歌詞の最後は「どうかぼくを待たないで」だった［訳注：日本語のタイトルは『さらばベルリンの陽』］。アリソンはひとり残され、絶望した。

以前の左派の友人たちから電話がかかってきたのは、マークがいなくなって数週間後のことだった。そのリーダーのひとりとパブで会うことにしたが、彼は次々と探りを入れてきた。「あいつがスパイでなかったかどうか、いろいろ調べてみなきゃならない」と彼は言った。

アリソンは、期せずして警察の囮《おとり》捜査官と関係を持った女性のひとりだったのだ。彼女たちの経験には驚くほどの類似がある。囮捜査官はみなワゴン車を持っていて、打ち合わせのあと、活動家たちを自宅に送り届けていた――彼らの住所を知るためだ。また、家族に問題があるという話をでっちあげ、彼女たちに家族を紹介しない口実にしていた。そしてみな突然姿をくらまし、非常に似かよったメッセージを残した。警視庁の元高官ブライアン・パディックに言わせると、この仕組みは、「デモ参加者の弱みを握るあらゆる試み」の一環として支持された。「彼らがやりそうなことを調査し、抑えこめるように。あの影響力は強かった」

アリソンはこれを「組織的な性差別」と断じた。男性が身元を偽って女性の人間関係のなかに入り、性行為をする。それで女性の家に住めれば、所有物すべてを利用することができる。生活を共有しながら、重大な秘密を守れる。「あの分野に関して、警察は完全に制御不能に陥っているように思える」と、緑の党の下院議員キャロライン・ルーカスは言った。彼女は不正に巻きこまれた女性たちと活動を続けてきた。「電話盗聴でさえ、どれだけの人々が怒ったか。それを考えれば、電話に割りこむどころか実質上人生に割りこんできた人に対して、どれほど怒らなければならないか、わかりますよね。ベッドを共にし、あるケースでは六年間、あらゆるものを共有し、子供まで作ったのだから」

警察の囮捜査官ボブ・ランバートとのあいだに子供ができた活動家は、自分に起きたことをためらいなく話した。「国にレイプされた」と彼女は言う。「私はボブ・ランバートと寝ることには同意していなかった。ボブ・ランバートが誰かも知らなかった。スパイと暮らし、スパイと寝て、家族を持った。そんなひどい目に遭うべきことなんて、何もしていないのに」[*16]。勅撰弁護士で労働党の法務次官だったベラ・ベアードが、こういう囮捜査官はレイプ加害者の基準を満たすと言うのも当然だ[*17]。

犠牲者たちは団結して、自分たちがこうむった感情的、心理的、財務的損害を賠償させ、国家が政治的な反対派を抑えこむためにどこまでするのか明らかにしようとした。ところが、キャロライン・ルーカスが「とうてい信じがたい損害に、侮辱まで加えた」と言ったとおり、二〇一三年一月、判事は一部の事件の裁判を非公開にすると決定した。想像しうるかぎりもっとも深く入りこむかたちで国に権利を侵害された人々は、みずからの裁判の傍聴をすることも許されなかった。

一線を越えた行動は、ほかにもあった。何十人という警察のスパイが、少なくとも四二名分の亡くなった子供の身元を盗んでいたのだ。市民を標的にすることもあった。黒人のティーンエイジャー、スティーブン・ローレンスが一九九三年にレイシストの集団に殺害されたとき、ロンドン警視庁はきわめてずさんな捜査をおこなった〔訳注：容疑者を五人逮捕したものの、訴追に至らなかった〕。一九九九年、本件を調査したマクファーソン報告書は、警察が「組織的なレイシスト」だったと指摘したが、いまでは、警察がたんに正義実現の義務を果たしそこねただけではなかったことがわかっている。二〇一三年六月、元囮捜査官のピーター・フランシスが、ローレンス家に関するスパイ活動を命じられていたと認めた。家族を貶めるために、「醜聞」を見つける任務を負っていたのだ。フランシスは、ローレンスが殺された夜にいっしょにいた友人、ドウェイン・ブルックスの逮捕に助力したが、ブルックスの容疑は結局、判事に否定された[*18]。

スティーブン・ローレンスを殺害した集団五人のうちふたりがついに有罪になったのは、事件から二〇年近くたってからだった。そのあいだ、殺害者に法の裁きを受けさせる責務を負っていたはずの警察は、実際には被害者の家族の評判を落とすことに力を注いでいた。

標的にされた最下層の人々

新しい権威主義的なエスタブリッシュメントは、警察に急進的な活動家を取り締まる強大な力を与えた。それは、かつての東ドイツ流の警察国家に似つかわしい作戦へとつながったが、その新しい権威主義の手で苦しめられたのは、活動家だけではなかった。

一九八三年、マーガレット・サッチャーの保守党が、慢性的に分裂した野党を圧倒して大勝利を収めたあと、ブライアン・パディックは、さまざまな人種が住むサウス・ロンドンのブリクストン警察で巡査部長を務めていた。「目標のある警察活動が導入された」と彼は振り返る。「警察は行動計画を立て、目標達成をめざすようになった。それまで見たこともない成果主義の体制だった」。公共サービス全体で「費用対効果」を証明する必要が生じ、警官たちも、多額の昇給はあったものの、こうした新しいガイドラインの例外にはならなかった。

その結果、パディックの言う「ひねくれた結果」が現れた。逮捕をしたときにだけ警官隊に超過勤務手当が出ることになったので、「大麻をやっていた若者を大勢逮捕した。簡単にできて、超勤手当が大量に入ってくるから」とパディックは言った。しかも、その若者は黒人に偏っていた。

権威主義への政策移行は、一朝一夕だったわけではない。一九八一年には、政府が超党派の内務特別委員会の提言を受け入れ、警察が犯行の疑いだけで市民を抑止し、逮捕までできる「不審者抑止法」の廃止を決めている。この法律は黒人に偏って適用され、それに対する反発が一九八一年のイギリス各都市での暴動につながっていた。とはいえ、政府が権威主義の方向に進んでいるのは明らかだった。一九七九年の選挙で保守党は「法と秩序」を主張の中心に置き、マニフェストのなかで、労働党が「法の支配」を弱めたと主張した。そして政権を握ると、量刑を重くする刑事裁判法を施行し、サッチャーの後継者ジョン・メージャーは、一九九四年に刑事司法・公共秩序法を導入した。これによって、パディック曰く「合理的な容疑がなくとも」市民に職務質問をする新たな権限が警察に付与された。新しいタイプの「不審者抑止法」も制定された。

新しいエスタブリッシュメントの政治家たちは、戦後イギリスの「寛容な社会」に反対することを明確にした。サッチャーの右腕ノーマン・テビットは、一九八五年の講演で、戦後の「寛容」は、「犯罪者も犠牲者と同じくらい同情に値する」社会をめざすと指摘した。サッチャー自身も「言いわけの文化」として、これを公然と批判した。

こうした主張は、ほぼ二〇年後、トニー・ブレアによってくり返される。「さまざまなライフスタイルを含む社会から、親にあまりしつけられずに育った若者たちが生まれました。今日、人々は一九六〇年代のこういう風潮にうんざりしています」と断言し、「ルール、秩序、きちんとした行動」の必要性を唱えた。その結果、一九九三～二〇一二年のあいだに、イギリスの刑務所の収監者数は二倍近くになり、八万六〇〇〇人を超えた。[*19] 人口比で見ると西欧諸国でいちばん多い。満員の刑務所では人種問題が広がった。黒人は白人と比べて五倍も収監されやすいからだ。[*20] この新しい権威主義は、控えめに言っても、人を選んでいた。標的にされたのは社会のトップではなく、最下層にいる人々だった。

ヨハネス・スカーレットは私と同様、逮捕されたことも、犯罪で起訴されたこともない。だが、私は警官に勝手に呼び止められて所持品検査をされたことがない点で、ヨハネスとちがう。私にとってはきわめて異質な体験も、ヨハネスにとっては当たりまえの出来事だ。一二歳のとき、ウェスト・ロンドンのシェパーズ・ブッシュにある自宅近くのサッカー場から、友人とぶらぶらと歩いて帰る途中で、初めて職務質問された。それ以来、五〇回ほど警察に呼び止められている。一二歳のときから平均すると、二カ月に一度だ。

ジャマイカ移民の息子であるヨハネスは、もうすぐ大学を修了する。将来はジャーナリズムの仕事につきたい。才能を見込まれて、イブニング・スタンダード紙の青年クラブ会員からインターンに選ばれた。話し方は穏やかだが雄弁で、素朴な魅力があり、誰からもすぐに好かれる。服装もイギリスの都会に住む多くの若者と同じだ――パーカー、ジーンズ、スポーツシューズ、野球帽。だが、彼がそうすると警官たちは見咎める。「その恰好は、犯罪者が着る制服みたいなものだろう」と職務質問されて警官に言われたことがある。

ヨハネスの体験はさまざまだ。礼儀正しい警官もいるにはいる。彼らは、「警官だからって、みんながみんな無礼なわけじゃないと友だちに伝えてくれ」と言う。一方で、たんなる職務質問を超えるひどい体験もある。私のインタビューの数日前、彼が煙草を吸いながら帰宅していると、パトカーがすぐ横に迫って、ゆっくりとついてきた。「脅しとか、いじめのような感じだったよ」とヨハネスは言う。だが、職務質問となるとそれ以上で、無罪の前提がまるきりなくなったように感じる。人権を持つ市民として扱われなくなるのだ。「すごいスピードで近づいてきて、車から飛び出し、『壁に手をつけ』と大声で言う。そこから叫びつづける。こっちは何が起きてるのかわからない。ただ家に帰ろうとしてるだけなのに」

やたら乱暴な警官もいる。「とにかく乱暴だ。壁に押しつけ、振り向かせる。身体検査をするときにもぐいぐい引っ張るし、少しでも抵抗するそぶりを見せると、さらにひどくなる。ちょっとでも逆らうと、叩きのめさなきゃいけないと思うようだね。……こっちにも人権があるというふうに言い返すと、彼らは応援を呼ぶ」

日常的に職務質問を受けていない人に、それがどれほど不快かを説明するのはむずかしい。「たちまち恐怖に襲われる。あれは本当に怖い」とヨハネスは言う。「自分は何をしたのだろうと思う。それから、恥ずかしくなる。通りのまんなかだし、みんなの目があるから。こっちは無力だ。世界でいちばん不快なことは、誰かに捕まえられ、拘束されて、動けなくなることだ」。衆目にさらされることは、とりわけ不名誉だ。通行人に冷たく評価されているような気がする。ほら、黒人の若者が警察の取り調べを受けているよ、というふうに。「家の窓から『あの不良どもめ』という感じでこっちを見る人もいる」

ヨハネスは、人種に関する不安を「つねに避けられないもの」として抱えている。一五、六歳のころ、いっしょにサッカーをしていた友人たちと受けた職務質問では、「全員が身体検査をされたけど、白人ふたりと混血のひとりは例外だった」という。「彼らを検査する人員が足りないからだと言われたけど、人種によって扱いがちがうのは明らかだった。黒人はみんな集められて検査され、白人ふたりと混血のひとりはただサッカーボールの横に立って、ぼくたちの検査が終わるのを待っていた」

これは決してヨハネスの被害妄想ではない。政府が支援する平等人権委員会（ＥＨＲＣ）の二〇一〇年の報告書によると、黒人は白人と比べて職務質問をされる可能性が六倍高い。アジア人の場合、その比率は二倍である。[*21] 犯罪容疑のない人に警察が職務質問をおこなうことを認める公共秩序法第六〇項の適用となると、状況はさらに悪化する。ＥＨＲＣの二〇一〇～一一年にかけての数字では、第六〇項の適用で黒人がロンドン警視庁の職務質問を受ける可能性は、白人の一一倍だった。さらにウェスト・ミッドランズでは、驚くべきことに、その不均衡が二八倍にまではね上がった。[*22]

職務質問を減らす改革にも進歩は見られるが、そのこと自体、「犯罪を減らす」という本来の目標に対して職務質問がいかに非効率であるかを示している。ＥＨＲＣによれば、二〇一三年六月までに、犯罪発生率を下げつつ職務質問を半分に減らした警察署が五つあった。[*23] 職務質問から逮捕に至るのは全体の九パーセントで、保守党の内相〔訳注：現首相〕テリーザ・メイですら、「職務質問がつねに適切におこなわれているのか疑問に思う」と認めた。また、二〇一三年七月の警察監察局の報告書によると、二七パーセントの職務質問について、それをおこなった警官が理由を説明できないか、説明できても根拠が不充分だった。報告書は、イングランドとウェールズの警察の三分の二以上が、力の有効な使い方も、警察行為が地域社会に与える効果も、理解していないと結論づけた。

この問題は、ニュー・レイバー政権時代に「検挙目標」が導入されてから悪化した。慈善団体〈刑法改革のためのハワード・リーグ〉の理事フランシス・クルックが言うとおり、政府は「警察ができるだけ多くの若者を逮捕するよう仕向けた。なぜなら、それで目標を達成することができるから。家庭内暴力や児童ポルノといったほかのあらゆる容疑は、それよりずっと複雑だから検挙が進まない。不良だからということで一二歳の子供たちを逮捕するほうが、はるかに効率がいい」。言い換えれば、目標を達成しろと上から圧力をかけられた警官たちは、「とりやすい果実をとる」、とりわけ町の若者を狙うということだ。

黒人の人口が多いノース・ロンドンのトッテナムに住む若者のリーダー、シミヨン・ブラウンから見ると、偏りのある職務質問の慣行は、長年にわたってコミュニティ全体に根深い心理的な影響を与えてきた。とくに若い黒人男性に。「自分たちが『のけ者』にされているのがわかる」と彼は説明する。「まるで国家の敵のように見られていると感じるよ。一種の危険物であり、犯罪を起こしやすく、失業しやすいとね。そしてそれはだいたい、おまえが悪いからだと言われるんだ」

新しい権威主義は麻薬犯罪にも及んだが、これにも人種が大きくかかわっていた。一九八六年、警察は麻薬に関して三万二五〇〇件の職務質問をおこなったが、二〇〇八年には、それが四〇万五〇〇〇件と爆発的に増えた。[*24] 麻薬関連のNGO〈リリース〉が二〇一三年におこなった調査によると、ロンドンの警察が麻薬所持を疑って職務質問をする相手は、白人の場合一〇〇〇人あたり七人だったが、複数の人種の集団ではそれが一四人になり、アジア人では一八人、黒人では四五人だった。黒人は白人と比べて六倍も、麻薬所持の疑いで職務質問される可能性が高いのだ。この比率は、麻薬を「使用する」比率を反映しているとはとうてい言いがたい。〈リリース〉が指摘しているように、黒人が麻薬を使用する頻度は、白人のほぼ半分なのだから。

白人と黒人の扱いのちがいは、職務質問のあとでどうなるかを見るといっそうはっきりする。大麻所持が見つかった黒人は白人より五倍、起訴されやすい。コカイン所持が発覚した場合、白人の四四パーセントが起訴されるのに対し、黒人が含まれる集団ではその比率が七八パーセントになる。少量の麻薬保持でも有罪になると、その後の就職見込みなど、将来に多大な悪影響が出る。そのこと自体も問題だが、黒人のほうがはるかに犠牲になりやすいという事実は、イギリスの司法制度に固有の人種差別があることを示している。

「ギャング」でつながる関係

二〇一一年、イギリス各地で暴動が起き、混沌と破壊と恐怖をもたらしたあと、ロンドン・スクール・オブ・エコノミクスとガーディアン紙がおこなった調査によって、騒動の場にいた多くの人々が、警察に恨みを抱いていることがわかった。また、屈辱的な裸での所持品検査、恒常的なことばの暴力、人種による差別的待遇が常識だったことなどが、次々と明るみに出た。

暴動の一年後、私はトッテナムのカフェで、ベテランの人種問題活動家スタフォード・スコットにインタビューした。彼にとって、この恨みが世代から世代に伝わることは、いくら強調してもしすぎることはない。警察から不公平な扱いを受けたという若者の感覚は、祖父母や親の世代から蓄積したものだ。

スコット自身も若いときに「不審者抑止法」で逮捕され、罰金を科された。この法律は、二世紀近くまえに制定されて一九八一年にようやく廃止された「路上生活者取締法」の一部で、犯罪を起こす意図があるかもしれないと警察が疑うだけで、逮捕までできる権限を与えるものだった。その結果、多くの黒人が犯罪者にされ、同時に一九七〇~八〇年代にかけて、多数の黒人のティーンエイジャーが放校処分になった。ロンドン・ハリンゲー区の職務質問監視グループ会長ケン・ハイズは、私にこう語った。「職務質問で同じ目に遭ってきた三世代の黒人のコミュニティがある。つまり、私が三五年前に経験したことを、いまは私の孫が経験しているということだ」[*25]

私が話を聞いた若い黒人のあいだには、「警察は地元で最大のギャング」という共通の認識が広がっていた。不穏なのは、この表現を警官自身も使っていることだ。二〇一二年の初め、エンフィールド警察の主任警部イアン・キブルホワイトは、ギャングのメンバーに次のように警告した。「おまえらギャングは一〇〇人かもしれないが、こっちのギャングは三万二〇〇〇人だ——ロンドン警視庁と呼ばれてる」

昔の同僚を思い出して、ブライアン・パディックは言った。「同年代の一部は犯罪者になり、一部は警官になった。どっちに行くかは、ちょっとした差だった」。そして、その理由について考える。「安全ということかな。自分は危ないと考えていたからかもしれない。まわりで暴力が続くと安全が欲しくなる。自分を守ってくれるまっとうなギャングに加わりたくなる。あのころ、ギャングは若者にある種の安全を与えていた。一方で警官たちもまた、警察が同じ安全を与えてくれると感じていた」

警視庁元主任警部のピーター・カーカムから話を聞いたときにも、警察の役割の説明にまったく同じイメージが含まれていた。「団地で少数の不良たちが、これからここを支配してやると決意する。そういうときに警察は、はっきりと強いメッセージを伝えなければならない。『いや、おまえらは引っこんでろ』とね。そうやって連中を思いきり動揺させて、われわれこそが地元で最大のギャングだってことを思い知らせる。おまえらが地域住民をおびえさせるのは許さないと」

これがイギリスの警察で広く受け入れられ、どうやら奨励もされている考え方だ。自分たちを、たんに公平な法の守り手ではなく「ギャング」と見なすことで、警察は自動的にライバルのギャングと敵対する姿勢をとる。「ギャング」ということばには、縄張りを守る、力をほしいままにする、地位のために威光と尊敬を求める、敵を叩きつぶして服従させるといった、あらゆる不穏な意味合いがある。

　これに対して、「この考え方が攻撃的なメンタリティを生みやすくするとしても、実際に影響を受けるのは悪者だけだ」と、心地よい自己正当化に浸るのはたやすい。だが、たとえば黒人の若者のような一部の集団が、最初から「悪者」と決めつけられ、ライバルのギャングのメンバーのように扱われることはやはり問題だ。

　警察の攻撃的な姿勢は、ロンドン警視庁の現在のスローガンに集約されている。イアン・ブレアが警視総監だった時期には、人々が共感しやすい「より安全なロンドンのために力を合わせて」だったが、二〇一一年九月に警視総監になったバーナード・ホーガン＝ハウのもとでは「全面的な警察活動《トータル・ポリシング》」となり、映画『ロボコップ』を思い出させた。マクファーソン報告書は一九九九年の時点で、警察は「組織的なレイシスト」だと宣告していたが、今のほうがもっとそうだと言いきる人は多い。

「人種差別という観点では、警察はまったく改善されていない」と報告書にたずさわった四人のなかのひとり、リチャード・ストーン博士は言った。二〇一二年のことだ。「これだけみなが努力してきたにもかかわらず、なぜか何ひとつ変わっていない」[26]。翌年、ロンドン警視庁黒人警察官協会も同意して、「警察は組織的にレイシストであるという見解に、変わりはない」と述べている。

　黒人のイギリス人が警察に不当に扱われても、一般に知れ渡ることはない。たしかに、技術の進歩もあって、以前なら隠されていたであろう人種差別の事例も告発できるようになった。二〇一一年には、二一歳のマウロ・ディミトリオが、アレックス・マクファーレン巡査の暴言を録音し、ガーディアン紙にリークした。「おまえの問題は、これからもずっとニガーだってことだ」というその発言について、人種に関する悪質で意図的なハラスメントとして有罪判決を下すことに、陪審員ふたりが反対したが、警視庁内の懲戒委員会では重大な不正行為と認められた。また、この事件のあと、警視庁の警官の人種差別案件が大々的に調査され、訴追されることになった。

とはいえ、悪事を咎めたマクファーソンの報告から一〇年がたっても、露骨な人種差別が一掃されていないのは明らかだ。微妙な差別については言うまでもない。苦しい立場のIPCCも、二〇一三年の報告書でその問題を指摘している。「充分な調査もなく、解決もせずに苦情が見送られることがあまりにも多い。適切な取り組みがなく、何も教訓を学んでいない」というのが、IPCC委員長ジェニファー・イゼカーの厳しい結論だった。「人種関連の苦情の場合、適切に対応しなければさらに深刻な事態になる。また、警官たちが説明責任を免れているか、自分の行動から学んでいない可能性もある」[*27]。ここには二重の不正がある。まず、人種によって扱いが異なること、そして勇気ある決断でそれを訴えても、まじめに取り上げられないことだ。

「人種差別がないとは言わない。多少はあるだろう」とピーター・カーカムも認める。「だが、露骨な人種差別はそれほど多くないと思う。そんなことをして不問ということは考えられないから……ステレオタイプ的な思いこみならまだかなりあるだろうがね。それについては、必要な訓練が充分おこなわれていない」。ただし、カーカムに言わせれば、それは警察だけではなく、社会全体の責任だ。「イスラム教国に行けば、イスラム教に便利な社会の仕組みがあるように、この国ではキリスト教に合わせてある。ここはイングランド教会のキリスト教の国だ……われわれは自分たちの目を通して世界を見ている。西欧の白人、アングロサクソン系、イギリスの歴史、そういったことを通してだ。この国はそういう人々に都合よくできているから、ちがう背景を持つ人にとっては、大なり小なり組織的にレイシストだ」

彼のこの正当化は気がかりだ。一国が多数派の民族の必要に応じた構造になるのはしょせん避けられないというのだから。警察による組織的な人種差別がどれほど危険かという問題からも、論点がずれている。警察には人々から自由を奪う独自の強大な権力がある。その事実を忘れてはならない。

誰がショーン・リッグを殺したのか？

権威主義的なメンタリティと人種差別の組み合わせは、致命的な結果を招く。収監者の死亡に関する活動をおこなう慈善団体〈インクエスト〉は、「過剰な力の行使や拘束、深刻な医療ネグレクトで亡くなる事例は、黒人と少数民族コミュニティの住民に偏っている。これは、司法制度のなかに組織的な人種差別が存在することの証左だろう」としている。彼らの示した数字はショッキングだ。一九九〇年以来、刑務所、留置場、または警備つきの更生施設で、黒人や少数民族出身者が五〇〇名以上死んでいるというのだ。[*28]

警察による拘束中の死亡事故で全国的な注目を集めたのは、ショーン・リッグの事件だ。四一歳のイギリス人で黒人ミュージシャンのリッグは、妄想型統合失調症だった。「ショーンはすばらしい人間でした。ダンサーで、ミュージシャンで、とても芸術的で、自分の人生と旅について書いていた」と彼の姉のマーシャ・リッグは振り返る。私たちはブリクストンの太陽の下に座って話した。「成長するにつれ、乱暴なくらい陽気で楽天的になりました」。一〇代のころ、ショーンはまだ精神的に健康だった。

ところが一九八八年、二〇歳のとき、LSDのバッドトリップのあと、警察に逮捕されたことで人生が変わる。彼は警察署で、おそらく向精神薬とマーシャが考えているものを注射され、精神保健法により専門病院に入れられ、妄想型統合失調症と診断された。マーシャの言う「回転ドアシステム」に入ってしまい、「二度と回復しなかった」のだ。

マーシャは、多くの黒人の若者がそのシステムに取りこまれることに心を痛めている。彼女の弟も、なすすべもなく薬物依存になっていった。それでもショーンはなんとか人生に復帰し、旅行もしつづけた。そして最終的には、ブリクストンの宿泊施設に住むことになった。そこは精神疾患のある人の一時滞在所のような施設で、「好きなときに出入りできる、さほど警備の厳しくない棟に自分の部屋も持っていた」。

二〇〇八年八月二一日の朝、マーシャは目覚めると、衝動的に亡くなった父親の墓参りをしようと思った。墓地のあるバーミンガムに出かけ、まだ早い時間に家族の友人の家で世間話をしていると、携帯電話が鳴った。妹のサマンサからだった。警察から連絡があって、電話では話せない内容だから至急会いたいと言われたらしい。サマンサとマーシャは即座に、ショーンが死んだのだと悟った。連絡担当の警官たちがサマンサのところに到着し、サマンサがまたマーシャに電話をかけて、やはり怖れたとおりだったと告げた。

ショーンは警察に拘束されているあいだに倒れ、死亡した。少なくともそういう説明だった。くわしい情報がわかり次第伝えるということだったが、弟のウェインは最初から警察を疑い、腹を立てて、ショーンの病歴について教えてほしいと言われても応じなかった。警官たちは家族に、ＩＰＣＣが調査をおこなうことになると告げ、警察の番人とされるその組織のＡ４サイズのパンフレットを渡して、担当者の名前（クリストファー・パートリッジ）を残していった。

サマンサは、いつ遺体の確認ができるのかと警察に訊いた。「すると彼らは、いま遺体袋に入れてありますと答えて、ショーンのパスポートを差し出し、これで身元を確認してくださいって言ったんです。いったいどうなっているのか、理解できなかった」とマーシャは言った。警官たちはサマンサに、ほかのパンフレットも渡した。そのうちのひとつが〈インクエスト〉だった。なんとかしなければと思ったサマンサは〈インクエスト〉に連絡をとり、彼らをつうじて、八月二二日の午前に検死解剖がおこなわれることを知らされた。

その日、マーシャはロンドンに帰ってきて、宿泊施設でケアチームから話を聞いている家族や捜査官に合流した。IPCCを代表して、主任捜査官のクリストファー・パートリッジが、解剖結果と、外傷のようなものがあったことを家族に伝えた。「頬に小さな引っかき傷、手錠をはめたと思われる傷、両膝と両肘に擦り傷、以上です。疑わしい点はありません」

だが、二〇〇八年八月二三日の土曜日に、ようやく許可が出てショーンの遺体を見た家族は、思いがけないものを目にした。顔の片側がこめかみまで傷だらけだったのだ。彼らは泣いた。ショーンの体に手を置いて、主の祈りを唱えたが、そこで弟たちは顔を背けた。「あいつらが兄さんを殺したんだ！」。ウェインが叫んだ。当局はショーンが亡くなったあと、「彼の尊厳は守っている」と言ったが、亡くなるまえには尊厳がなかったのだ。

「私たちが探偵になることにしたんです」とマーシャは語る。何が起きたのか突き止めようと、家族で決断した。二週間後、IPCCのオフィスを訪ね、ショーンの最後の様子をとらえた監視カメラの映像を見せてもらった。「弟のウェインと食い入るように見ました。三年後にようやく映像を渡されたときには、何度も、何度も、見た。ショーンが彼らの足元で死んでいくところを。そのとき彼らが何をしていたかを。そして、それを文字に書き起こしました」

八月二一日、ショーン・リッグの精神状態は突然悪化し、宿泊施設の職員がくり返し警察に電話をかけたにもかかわらず無視された。リッグは宿泊施設から通りに出た。一般人が緊急電話番号《999》に通報し、警察がやってきた。彼らはリッグを通りで追いかけ、手錠をかけて組み倒し、少なくとも八分間、地面に顔を押しつけた。リッグは警官への暴行、公序良俗違反、失効したパスポート窃盗の容疑で逮捕されたが、のちにそのパスポートは彼自身のものだったことがわかる。

ブリクストン警察署に移送されるあいだ、リッグは檻つきの警察のワゴン車の床に、脚と体を折り曲げたV

の字で寝かされていた。彼の状態は精神面も身体面も急速に悪化した。警察署の駐車場では、ワゴン車のなかでうしろ手に手錠をかけられたまま、少なくとも一一分間放置されていた。体調はなおも悪化していたが、警官たちはまじめに取り合わなかった。あとで監視カメラに映った警官のひとりは、リッグが具合の悪い「ふりをしているだけだ」と主張した。

本格的に調子を崩したリッグは、警察署内の留置場のまえにある鉄格子のエリアに運びこまれる際、やはり手錠のままでさらに一〇分ほど中庭の地面に放っておかれ、そこでついに医師が呼ばれた。この時点で、リッグは署内に少なくとも二〇分間いた。ひとりの警官が医師に、リッグは「気を失った演技をしている」と言った。約一〇分後、医師はリッグの心臓が停止し、息もしていないことに気づいた。サザークのキングズ・コレッジ病院に搬送されてすぐに、リッグは死亡を宣告された。

しかし、その死を調査したIPCCの二〇一〇年二月の報告書には、警察側のネグレクトや不正行為の証拠はなく、むしろ警官たちは「合理的かつ公平に」行動したと記されていた。IPCCの批判者なら予想できなくはないが、お笑いぐさの醜悪な意見だった。二〇〇八年、IPCCの諮問委員会から一〇〇名以上の弁護士が辞めた。「IPCCのあらゆるレベルの意思決定の質が、一貫して低下している」ことに対し、「失望し、幻滅することが増えた」からだった。

二〇一三年二月、下院内務委員会の報告書がIPCCを厳しく批判した。「痛ましいほど能力に欠け、本来の目的を果たせていない。警察の公正性が疑問視されているときに、その判断に必要な権限も資源も持っていない」[*29]。しかし問題の大部分は、権限や能力の不足にあるのではない。組織としてのIPCCの独立性が疑われるのは、その構成員に問題があるからだ。「事実、彼らはあえて権限を行使しようとしないんだ。組織のなかに元警官が多すぎるから」と勅撰弁護士のマイケル・マンスフィールドは指摘する。「元警官は、無意識のうちに警察を守ろうとする。だから現実を適切に判断することができないんだ」。新しいエスタブリッシュメントから権限を与えられている警察で、抑制と均衡の仕組みは正しく機能していない。

ＩＰＣＣの報告書とは対照的に、サザークの検死官裁判所の陪審は二〇一二年八月一日、警察の行動はリッグの死亡に「少なからぬ」影響を与えたという評決を出した。警官たちはリッグに不適切で不要な力を行使し、彼の基本的な権利を守らなかった。たしかにリッグは逮捕しようとする警官たちともめたが、陪審によれば、暴力的ではなかった。死因審問に警官たちが提出した証拠は、捏造と嘘であるように見えた。リッグの遺族はその点を強調した。

死亡事故から五年後、ようやく三人の警官（ふたりはリッグの拘束にかかわり、ひとりは〈警察連盟〉の警官）が、偽証と司法妨害の罪で収監されることになった。さらに一年後、公訴局〔訳注：日本の検察庁にあたる〕がそのふたりについて起訴を検討した。現在、ＩＰＣＣがリッグの逮捕と拘束を再調査しており、逮捕にかかわった警官四名と、巡査部長一名が再度取り調べを受けている。

当初のＩＰＣＣの調査に関しても、二〇一三年五月に独立機関から報告書が発表された。その内容は、本来警察の責任を問うはずの番人に対する告発状だった。ＩＰＣＣは、警官たちの「現実味のない、信じがたい」説明を受け入れ、彼らの主張と矛盾する監視カメラの映像を確かめず、〈警察連盟〉からの干渉を「不適切な行為」と見なされるほど受けていた。事件に関与した警官たちも、互いに口裏合わせをしていた。[*30] ＩＰＣＣの調査は冗談か、まがいものと言ってよく、真相を解明する徹底調査のパロディさながらだった。

「ショーンは動物じゃなかった」とマーシャは言う。「ひとりの人間です。だから、人間として扱われるべきだった。それは黒人でも、白人でも、ネイティブ・アメリカンでも、中国人でも、誰だろうと変わりません」。警察は政治エリートから新しい力を与えられて大胆になっていたが、その力の適用方法は公平ではなかった。

警察の権威主義に苦しめられたのは、社会の底辺にいる人々だった。あるコミュニティは、ほかと同等ではないと見なされ、悲劇的な結果を招いた。反面、権力や影響力を持つ人々は、ほとんど怖れる必要がなかった。

メディアエリートとの怪しいつながり

一九九九年に、スティーブン・ローレンスの死亡に関するマクファーソンの報告書が出たあと、「警察は病的に世間の評判を気にするようになった」とブライアン・パディックは言う。そこには「失態が生じたときに上層部に恥をかかさない」という目的もあったが、「事後の隠蔽や対策の際に、警察の評判を維持して世間の協力を得たいという狙いもあった」。対策のひとつは、大きな広報機関を設け、新聞のデスクに近づくことだった。だがこれが、パディックの言う「不適切な一歩」になった。たとえば、「新聞のデスクと飲食したり、しゃべったりして、警察に不都合なニュースを紙面からはずしてもらおうとする」。警察とメディアは、ますます接近した。

そうであれば、ロンドン警視庁がマードック帝国による電話盗聴事件の捜査で不手際をしたのも、驚くにはあたらない。二〇〇五年から始めたこの捜査で警視庁は、電話盗聴とは何かという最初の技術的な定義からつまずいた。「被害者がまだ聞いていないメッセージを聞くこと」だけを違法と定義したことで、盗聴被害者はほんの「ひと握り」だったという完全に見当ちがいの主張をし、説得力のある証拠は無視したのだ。

この電話盗聴の多くを引き受けていた私立探偵のグレン・ムルケアは、二〇〇六年という早い段階で家宅捜索を受け、盗聴された可能性のある何千もの人々の詳細が明らかになっていた。書類のなかには、「ネビル用の記録」という文字起こしもあった。ニュース・オブ・ザ・ワールド紙の記者ネビル・サールベックを指していた。だが、サールベック自身も、同紙のほかの記者や経営者も、警視庁の取り調べを受けることはなかった。

ニューヨーク・タイムズ紙の調査によると、警視庁の警官は公訴局に証拠を提出することができなかったという。「ほかの記者の関与を疑わせるメモなどの証拠について、上級検事と議論することができなかった」[*31]

見えてきた一大スキャンダルにイギリスの報道機関の多くが沈黙しているなか、代わりに調査を進めたのは、外国の新聞だった。二〇〇七年には、王室の電話を違法に傍受した罪で、ムルケアとニュース・オブ・ザ・ワールド紙の元王室担当記者クライブ・グッドマンが逮捕された。だが警視庁は、犯行に及んだのはこのふたりだけで、追加の捜査は必要ないという説明を売りこもうとした。

「警察はつねにリソース不足を主張する」とパディックは言う。もちろん、それだけで彼らの行動は説明できない。警察は、ベテラン政治家も盗聴の対象だったこと（それ自体、保安上の深刻な問題だが）を本人たちに伝えると決定したが、結局伝えなかった。その一方、メール・オン・サンデー紙の記者には、〈ニューズ・インターナショナル〉に電話を盗聴されていると伝えた。「安全保障の点からも知らされるべき人々には知らされず、ほかの記者に盗聴されていた記者たちは知らされた」とパディックは言う。「警察とメディアの関係を、これほど雄弁に物語るものはないね。警察がいかに彼らを大切にしているかということだ」。警視庁の専門刑事部には人材も資金も豊富にあるのに、なぜかこの事件の担当者にはまわらなかったというわけだ。

ほかにも、両者の関係を示すデータがある。警視庁広報部で働く四五名の広報担当官のうち、一〇名が以前〈ニューズ・インターナショナル〉で働いていた。警視庁幹部は、マードック帝国の大物たちから一貫して手厚くもてなされている。二〇〇六～二〇一一年のあいだに、警視総監ポール・スティーブンソンは〈ニューズ・コーポレーション〉の重役と一八回以上会食している。警視庁は、記者たちが王族にしかけた盗聴の捜査について、二〇〇五年から特別捜査担当のアンディ・ヘイマンを責任者にしていたが、ヘイマン自身は、ニュース・オブ・ザ・ワールド紙の大物と食事やシャンパンを楽しんでいた。部下が捜査の証拠を取りまとめていた二〇〇六年四月にもである。一年後に警察を辞めたヘイマンは、マードック傘下の新聞であるタイムズ紙で、コラムの仕事を与えられた。

警察とマードック帝国のあいだに緊密な関係を築いたのは、元警視総監のジョン・スティーブンスだ。二〇一二年四月のリーブソン審理の際、ニュース・オブ・ザ・ワールド紙の元副編集長・編集主幹のニール・ウォリスは、スティーブンスの警視総監就任を後押ししたと自慢した。スティーブンスはできるだけジャーナリストと情報を共有するよう部下に推奨している、とも。二〇〇五年の引退後、スティーブンスはマードックの新聞社、ニュース・オブ・ザ・ワールドでコラムを書くことになった。

ニール・ウォリスは背が低く、ひげ面で、荒々しいリンカンシャー訛りがある。電話盗聴容疑で逮捕されたことは、彼にとってトラウマになる体験だった。本人に言わせれば、「政治に動かされた、明らかに理不尽な国家による迫害」だった。ウォリスは、二〇一一年七月一四日の朝六時に警察が突入してきたときのことを鮮明に憶えている。「麻薬の取引所の手入れか何かのように、家に飛びこんできた。私が銃のディーラーか組織犯罪者であるかのように」と言った。「わが家じゅうをひっくり返したんだ。本当にすさまじかった」。二〇カ月で保釈になったが、「子供たちにとっては地獄だった。私は仕事を失い、最低二年分の六桁の給料を失った。結婚も破綻した。頭がおかしくなったよ」

二〇一三年二月の起訴こそ見送られたものの、八カ月後にまた、法廷で証拠として用いられる可能性のある尋問を受けた。この事件全体は、労働党の復讐心が原動力だったと彼は主張する。マードック帝国が労働党を攻撃したことへの仕返し、そして、メディアに経費の悪用を暴かれた議員たちによる仕返しだ、と。

ウォリスは警察とのつながりをなんら恥じていない。「警察の知り合いのほとんどとは、持ちつ持たれつの関係だ。お互い得るものがある。〈ウォルズリー〉ですばらしいディナーを食べるのも悪くない」と言って笑う。「彼らだって欲しいものを手に入れる——記事も、支援も、助言もね」。副総監のジョン・イェーツは、リーブソン審理で、ウォリスとは「親しい友人」であり、いっしょにサッカー観戦に行ったこともあると述べた。ウォリスはまた、広告会社〈チェイミー・メディア〉を設立し、警視庁の捜査にもとづく犯罪のストーリーを〈ニューズ・インターナショナル〉に売って、大金を得た。「私は長年、いろいろな警視総監や警視庁幹部の非公式広報官としてすごした。みんなに信頼されていたからだ」と言う。「昔は無料だったアドバイスを提供して、金をもらった。正直なところ、たいした額じゃなかったがね」

警視庁の広報部長ディック・フェドルシオも、〈ニューズ・インターナショナル〉と親しい関係を保ち、ニュース・オブ・ザ・ワールド紙の犯罪担当デスクの執筆に、警視庁のコンピュータまで使わせていた。だが、ウォリスの会社を警察の広報活動顧問に雇い、二〇〇九年一〇月から二〇一〇年九月のあいだに二万四〇〇〇ポンド（約三六〇万円）を支払ったことで、辞職せざるをえなくなった。彼だけではない。ミリー・ダウラー一家に対する盗聴が発覚して巻き起こった嵐のなかで、スティーブンソンとイェーツも追放された。ただ、責任を負わされたのはこれらの幹部だけで、ほかの警官たちのほとんどは停職にもならず、まして逮捕はされなかった。

警視庁とマードックのエリートたちの蜜月は、警官たちへの違法な支払いというかたちにも表れた。このことは二〇〇三年に、労働党下院議員クリス・ブライアントの質問によって暴かれた。その後メディアはあえて無視していたが、二〇一一年七月、ガーディアン紙に、ニュース・オブ・ザ・ワールド紙が最大五人の警官に約一〇万ポンド（約一五〇〇万円）を支払っていたことを示唆する文書が渡った。警視庁によるマードック・スキャンダル捜査の責任者だった副総監補のスー・エイカーズも、リーブソン審理で「サン紙に違法な支払いをする文化があった」ようだと述べた。情報と引き換えに、記者ひとりにつき一五万ポンド（約二二五〇万円）までの支払いが認められていたという。彼女はまた、記者たちは「その行為が違法であること」を充分理解していたようだと強調した。

このように警察は、政治エリートにもメディアのエリートにも接近していた。しかし、最近のいくつかの出来事から、新しいエスタブリッシュメントのなかでの警察の地位は、当初想定されたほど盤石ではなかったことがわかった。警察は、新しいエスタブリッシュメントの反対派を抑えこんできたが、彼ら自身が抑えられる事態が起こった。手厳しいしっぺ返しが始まったのだ。

ついに、警察も切り捨ての対象に

二〇一二年五月、何千人という非番の警官が、人員削減、民営化、リストラに反対して、ロンドンでデモ行進をおこなった。経験豊富な政治活動家が、皮肉な笑みを浮かべるような光景だった。ソーシャルメディアには、彼らを「デモ包囲」すべきだという意見があふれた。

デモに参加した警官たちは、怒り心頭に発していた。抗議デモの数日後にも、ボーンマスで開かれた〈警察連盟〉の年次総会で講演した、保守党のテリーザ・メイ内相が、警官たちのブーイングでやむなく退場した。「一部の人々の目には、われわれはラッダイト運動〔訳注：一九世紀の産業革命期にイギリスの織物工業地帯で起きた機械破壊運動〕をしているとか、変化に抵抗していると映るかもしれない。だが、それはちがうと思う」と〈警察連盟〉会長のスティーブ・ウィリアムズは言い、政治家との関係を改善する必要があることを強調した。「あの内相へのブーイングと野次で、政治的にも世間的にも、われわれの行動に共感してくれる人がずいぶん減った。あれは聴衆のなかのごく少数だったんだが、メディアであんなふうに報道されたから、会議について人々の記憶に残ることは、本当にあれだけになった」

一年近くあとの二〇一三年三月に〈警察連盟〉がおこなった投票では、スト権などの労働基本権の獲得をめざして政府にロビー活動をおこなうことに、投票者の八一パーセントが賛成したが、投票者だけでなく全警官の過半数の同意が必要というルールによって、その動議は否決された。

彼らはすでに運命の曲がり角に来ていた。一九八〇年代のなかばに、炭鉱労働者がエスタブリッシュメントと「先兵」の思想に反対してストライキを決行した際、警察はその打倒に協力した。一方、新しいエスタブリッシュメントは、警官たちの忠誠心を維持するために、敵を倒しながらも警察には同種の切り捨て政策を適用しなかった。警察は「改革されていない最後の公共サービス」というのが、政治評論家や大臣の決まり文句になった。だが、エスタブリッシュメントが敵という敵を打ち負かし、もはや安泰という自信を持つと、警察だけに特別な措置をとる合理的な根拠がなくなった。

二〇一三年一一月、すでに警察から一万人の雇用を減らしていた連立政権のもと、ロンドン警視庁は五億ポンド（約七五〇億円）相当の業務を民営化する計画を発表した。人員削減と民営化。それはすでに他業種の労働者がたどった道だったが、ついに（遅まきながら）警察にも順番がまわってきたのだ。もちろん警官たちは嫌悪したが、その運命を避けることはできなかった。

政府のもうひとつの主要な警察改革は、イングランドとウェールズに公選の警察・犯罪対策長官を置くことだった。国じゅうの地方警察の説明責任を強化するのを狙いとした。しかし、二〇一二年一一月に選挙がおこなわれると、投票率は一五パーセントにも満たず、平時の国政選挙史上、最低の投票率になった。警察の説明責任が向上するどころか政治化がますます進んで、あちこちで懸念が表明されていた。そのことが投票率の低さに影響したのはまちがいない。

政府に対する警察の怒りは、積もりに積もった。そしてついに二〇一二年の秋、それまで警官たちが活動家や少数民族集団のメンバーに使っていた手段が、食物連鎖の最上位にいる人物に対して使われた。

アンドルー・ミッチェルの奇妙な事件

アンドルー・ミッチェルは、全身から力と権威を発散している。下院にある彼の広い事務室で話している最中も、こちらが当惑するほどまっすぐに見つめるかと思うと、息をするように他人に命令してきたその口調で、隣にいる研究員にぶっきらぼうにコメントした。ノース・ロンドンの高級住宅地ハムステッドの生まれ。父親は保守党の元大臣にして王国騎士、自身は私立の高級寄宿学校であるラグビー校に入り、「鞭打ち人《スラッシャー》」と呼ばれた。一〇代のころの態度がうかがい知れるあだ名だ。ケンブリッジ大学では、当然のごとく弁論部《ユニオン》の部長になった。

大学卒業後は、グローバル投資銀行〈ラザード〉で働き、保守党議員として下院に入った。保守党党首選ではデイビッド・デイビスの選挙対策責任者になって敗れたが、そのとき楽勝したデイビッド・キャメロンの内閣に入り、最終的にはキャメロンの議会対応の要である院内幹事長になった。ミッチェルが警察および〈警察連盟〉と衝突し、劇的な政治的成果をもたらしたのは、その地位についていたときである。

ミッチェルは自分を「熱心な警察の支持者」だと言った。たしかに一時は影の警察担当大臣で、スティーブ・ウィリアムズの前任者のひとり、ジャン・ベリーと緊密に協力していた。「警察のおかげで、わが選挙区はイギリスで二番目に安全な町になっている」とミッチェルは胸を張る。「私はよく夜遅くに警察と町に出ては、彼らがさまざまな状況に対処するのを見ていた。だから警察のことはよくわかっているし、全般的にとても高く評価している」

院内幹事長のミッチェルは、ダウニング街で三人の上級大臣のひとりとして働いた。一度、警察が「首相と閣僚が参加する緊急会合に向かう私を入れなかったことがある」と振り返る。誤解はすぐに解けた。「警備責任者に苦情を言うと、事態は解決して、裏口から問題なく出入りできるようになった」。とはいえ、ゲートにいる警官がなかなか通してくれないときもあった。「私が『頼むから開けてくれ。ここで働いているのだ』と言うと、やっと開けて通してくれた」

そして、二〇一二年九月一九日の夜がやってきた。その日、メインゲートにいた警官は頑として彼を通そうとしなかった。「歩道で自転車を押して端のゲートまで行き、そこを抜けたあと向きを変えて、もうひとつゲートを抜けるなどというのは、あまりにも不便だった」。そこでミッチェルは警備員に言った。「私はここで働いている。院内幹事長だ。通してくれ」。それでも、その警官トビー・ローランド巡査は強情で、「できません」を三度くり返した。ミッチェルは機嫌を損ね、罵声を浴びせた。「私は、『きみたちのくそ仕事は、われわれを助けることだろうが』と言った。たんに事実を述べただけだ。そのあと、たしか立ち去り際に、『明日、この件について話し合おう』とも言ったはずだ」

これは、警察の正式な日誌に書かれている内容とちがう。ローランド巡査によると、ミッチェルはこう怒鳴った。「身のほどをわきまえろ。くそ政府を動かしてるのはおまえじゃないだろう……このくそ平民《プレブ》」。ミッチェルがそのようなことばは使わなかったと断言したので、ローランド巡査は〈警察連盟〉の財務支援を得て、彼を名誉毀損で訴えた（そして結局勝訴する）。翌日、ミッチェルの問題発言は別の方面から裏づけられた。副幹事長のジョン・ランドールのもとに、一般人のひとりと名乗る人物からメールが来て、そこに、問題の瞬間にダウニング街にいたと書かれていた。自分も罵倒のことばを聞いたし、まわりにいた通行人も「見るからにショックを受けていた」と。

警察の日誌がサン紙にリークされると、全国的な騒動になった。「プレブゲート」と呼ばれることになるこの事件が人々の心をとらえたのは、私立学校出の億万長者たちが支配する政府に対する怒りが、隅々にまで広がっていたからだ。この事件も、地位の低い人々を軽蔑する傲慢な上流階級の人間が大勢いる、という見解が正しいことの証明だった。たちまち「平民」Tシャツやカフスボタン、バッジなどが作られ、庶民を見下す保守党員に抵抗した。ミッチェルはことばの重要性を思い知った。「一九二〇年代の、上流階級の若い鼻つまみ者のような扱いだった」と彼は言う。

一方、電話盗聴の審理のあと、メディア改革案を出されて激怒していたサン紙にとって、これは政府を脅すまたとないチャンスだった。「サン紙は私を叩くキャンペーンを開始した」と、ミッチェルは言った。事件後ほどなく、同紙の政治部部長トム・ニュートン＝ダンが、保守党大会に「平民」のロゴの入った服で現れた。一方、彼が警察の記録を否定していることについては、記事のなかでざっとふれただけだった。ミッチェルは、彼自身のことばを借りれば、「野生動物のように狩られた」。「わが家の裏の原っぱの先に森があるんだが、夜になると、自分が動物になってその森に追いつめられているイメージ、彼らが私を狩ろうと迫ってきているイメージが浮かんだ」

メディアの大騒動は、「鞭打ち人」でさえ深く傷つけた。「アラステア・キャンベル（トニー・ブレアの元広報部長）に相談したら、個人にしろ、政府にしろ、くそメディアの嵐に耐えられるのは最大八日ということだった」と彼は言う。「デイビッド・ケリー〔訳注：科学者でイギリス防衛省に雇われていたが、イラクの大量破壊兵器に関する文書をＢＢＣに流した疑いで議会の調査を受け、自殺した〕は六日で手首を切った。私は二八日持ちこたえた」。だが六キロほど痩せ、自称「歩く死体」になった。妻ともども、食べることも眠ることもできなかった。通りでは人々に罵られ、彼の子供もいじめられた。

結局、ミッチェルは二八日後に辞任する。「損害を与える評判」のせいで、公務を続けられなくなったという理由だった。ところが、まもなく彼に対する告発にほころびが生じる。

二〇一二年一〇月一九日、ウェスト・ミッドランズ警察連盟が、このスキャンダルについて話し合うために、三名の警官をミッチェルのもとに送った。「あれも一種の罠だった」とミッチェルは主張する。話し合いのあと、警官たちはミッチェルが問題の夜に言ったことを正直に話さなかったと報告した。しかし、保守党の広報担当がその内容をすべて録音していたことで、警察のほうが嘘をついていたことがわかった。

さらに事件の三カ月後、当日の監視カメラの映像が流出した。ミッチェルと巡査のあいだに短いやりとりはあったが、会話をしている様子はほとんどなく、まして興奮した罵倒など見られなかった。しかも重要なことに、メールによる申し立てとちがって、どこにも旅行者や通行人のような人影は映っていなかった。そしてついに、もっとも罪深い証拠が出てくる。彼らのやりとりについて副幹事長にメールを送った「一般人のひとり」とは、なんとロンドン警視庁の官邸警備担当官キース・ウォリスだった。のちにウォリスは、その場にいなかったことを認める。要するに、彼のメールは真っ赤な嘘だった。

真実は、一時的な癇癪《かんしゃく》がはるかに大きな事件にエスカレートしてしまった、ということのようだ。ミッチェルはその場で警官たちに謝り、警官たちも謝罪を受け入れていたのだ。

ただ、この短いやりとりが「プレブゲート」と呼ばれるまでに発展した理由はよくわかる。警官たちは、政府の施策に対して〈警察連盟〉が弱腰だと考え、不満を募らせていた。「そこへ突然この事件が起き、〈警察連盟〉はこれを政府への反撃に使わない手はないと考えた」とミッチェルは言う。「『上級大臣はわれわれを平民と呼ぶ。彼らはそういうふうにふるまう』という具合にね」。スキャンダルのさなか、労働党の元大臣クリス・マリンが言ったように、〈警察連盟〉がこの件にかかわってきたのは、ミッチェルが警官たちに謝ったあとだった。「いつの間にか、関係する警官たちに連絡がまわって、それぞれのメモの内容を流すようにと説得されていた。それがそのままサンの一面に掲載され、やがてデイリー・テレグラフにも載って……〈警察連盟〉はいじめの加害者だ。大臣やジャーナリストのほか、誰だろうと邪魔立てする人々を脅してきた長い歴史がある」。[*32]〈警察連盟〉はミッチェルの辞任要求を主導した。元院内幹事長をさらに陥れようとしたのも、その支局だった

そこに組織的な陰謀はあったのか？　「プレブゲート」のあと〈警察連盟〉会長になったスティーブ・ウィリアムズは、「なかったと信じている」と言う。ＩＰＣＣによれば（警察からの独立性はたびたび疑問視されているが）、「組織的な陰謀」はなかったものの警官たちの共謀はあり（ミッチェルに言わせれば、「結局同じこと」だが）、「ミッチェル氏に対する不正行為になった」だけでなく、「警察サービスにも恥辱をもたらした」。

警視庁の調査で、決定的な「証拠」を提供したウォリスとほかの警官ふたりが、どうやら連絡をとり合っていたことも判明した。ミッチェルも、メールの発案者がひとりだったという可能性を言下に否定する。「ひとりの陰謀だったわけがない。そんなことはありえない。現実の世界に生きようじゃないか」。改めて調査が開始されたものの、ミッチェルが言うには、それも「彼らのボスを守るための後処理だった。警視総監が、すでに全国放送のラジオで、部下を一〇〇パーセント信用すると意地悪く言っていたからね」。

それでも、メディアへの不当な情報開示を含む容疑で数名が逮捕され、二〇一四年二月には、キース・ウォリスともうひとりの警官、ジェイムズ・グランビルが解雇された。ウォリスは、公務中の違法行為で一年の禁錮も言い渡された。

「もしこれがエチオピアで起きていたら、イギリスの新聞はこぞって人権無視だと書きたてただろう」とミッチェルは言った。「だが、イギリスでは武装警官が権力の砦を守って、政府の主要メンバー、つまり院内幹事長を古くさい罠にかけている。説明責任はどこにもない。われわれはこの国の警察に巨大な力を与え、彼らは

国民の自由を奪うほどの力を持っている」

ミッチェルは、自分の事件が注目に値するのは、有力者でありながら通常は無力な人々だけが経験するような目に遭ったからだと考えている。「こんなことが閣内大臣に起きるのなら、ふつうの人や、その人の子供や孫にも起きうる。私はまだいい。反撃して真実を明らかにできたから。だがたとえば、ハンズワースやブリクストンに住む貧しい若者だったら？　同じような目に遭ったときに、どんなチャンスがある？」

ミッチェルの妻は家庭医だが、事件後に仕事に復帰するのが怖かった。ところが、いざ復帰したときのまわりの反応はこんな具合だった。「アフリカ系カリブ人の看護師たちが近づいてきて、家内を抱きしめ、『これであなたも、私たちや私たちの子供に起きていることがわかったでしょう』と言ったのだ。家内はみんなに避けられるのではないかと心配していたんだが、大ちがいだった」。事件のつらい体験から、ミッチェルは精神的苦痛に悩まされる収監者を助ける慈善団体〈ブラック・メンタル・ヘルス〉を支援するようになった。自分の無実を確信し、罪を受け入れようとしない人々は、心の葛藤から精神の健康に深刻な悪影響が出ることが多いという。

二〇一四年一一月、ミッチェルは、ローランド巡査が起こした名誉毀損訴訟に完敗した。裁判長は事件に関するローランドの説明を事実上正しいと認め、ミッチェルは巨額の賠償金の支払いと政界からの引退を余儀なくされた。だが、ローランドといっしょにゲートにいて、ミッチェルに不利な証言をしたイアン・リチャードソン巡査が裁判後に言ったとおり、これは本来「意味のない些細な事件」で、このような結果は「まったく不必要」だった。ミッチェルにとっては「非常に」気の毒だったが、「新聞にリークされた些細な事件として、みんなもう忘れようということになってもおかしくなかったのに、そうはならず、みんなで先週も今週も高等法院に出廷するはめになった。多くの人の負担になって、本当に残念だ」。とくに興味深いのは、〈警察連盟〉に対するリチャードソン巡査の個人的な評価だ。「本格的な改革」が必要で、「メンバーの意見をもっとしっかり反映させるべきだと思う。みんなの不満を拾い上げる組織になっていなかった」[*33]。

アンドルー・ミッチェルの事件がこれほど注目を浴びたのは、彼が上流階級の白人で、地位も影響力もある保守党員だったからにほかならない。この件では監視カメラの映像も出てきたし、メディアもさまざまな主張を調べて、大衆が内容を検証した。しかし、いままで見てきたとおり、警察がらみで人々が巻きこまれる事件の多くでは、これよりはるかに検証が少ない。被害者は話を聴取されるどころか、まじめに取り合ってもらえず、あきらめて自分が置かれた状況を受け入れるしかないこともよくある。看護師たちがミッチェルの奥さんを抱きしめたのも、もっともだ。

アンドルー・ミッチェルの奇妙な事件は、警察がエスタブリッシュメントのなかで不安定な地位にあることを示すことになった。警察は、エスタブリッシュメントを強化することや、敵を退けることで重要な役割を果たし、いまもエスタブリッシュメントの権威主義的メンタリティは彼らを頼りにしている。だがその一方で、エスタブリッシュメントの存続を脅かすほどの敵対勢力がいなくなった現在、警察を遠ざけることはかつてほど危険ではなくなっている。

いずれにせよ、この一件は警察のなかで発達したメンタリティをはっきりと示している。結局ミッチェルは、食物連鎖の最下層にいる人々に当たりまえのように、そしてあまりにも頻繁に降りかかっている運命を味わわされたのだ。警察は権力の分配状況を反映する。彼らは貧しい人々の不品行は取り締まるが、権力者は総じて守る。こうした警察の権威主義は、国家の活動範囲を狭めるというエスタブリッシュメントの主張が嘘であることを表している。実際には、国家はエスタブリッシュメントのもとで力を増している——当然ながら、自分たちのために機能するという条件のもとで。

5
国家にたかる者たち
Scrounging off the State

マーク・リトルウッドが愛煙家であることは、顔と歯を見ればわかる。一日二〇本の習慣は、かすれた声からも想像がつく。上品で愛想がよく、情熱を傾ける政治について語るときには早口で力強い。また、論敵との妥協しない意見交換では、明らかに興奮する。この〈経済問題研究所〉（IEA）所長は、ひとつの単純明快な哲学を持っている。それは、国家から解放され、国家活動の最前線を押し戻して、その抑圧から人々を自由にすることだ。

私たちは、ジョージ王朝様式の印象的な建物、IEA本部の役員室に座っている。下院から四〇〇メートルも離れていないが、こちらはテラスハウスが並ぶ閑静な通りで、労働党の元首相ハロルド・ウィルソンを初めとする歴史上の著名人が住んできた。

リトルウッドはその反国家主義ゆえに、公共の場での禁煙にも反対している。個人の選択権に対する国家の不当な侵害の一例として、受け入れられないのだ。かつては自由民主党のメディア担当責任者を務めた。保守党ではないところに注意をうながす。「あらゆる麻薬」の合法化を支持し、「君主制はおそらく廃止すべき」、「国民国家には非常に懐疑的」、移民に対してはきわめてリベラルで、「国境の検問所を廃止してもいいくらいだ」。

リトルウッドと同じく、自由市場急進主義の揺るぎない信奉者であり、政治的な議論の領域を広げることに貢献する「先兵」に、サイモン・ウォーカーがいる。イギリス企業の経営者を代表する団体〈経営者協会〉の会長である。

ウォーカーは強硬な右派の出身ではない。ほかの多くの人と同じように、一九八〇年代に右寄りになった。一八歳のときに南アフリカのアパルトヘイト体制から逃げ出してオックスフォード大学に入り、学内の〈労働党クラブ〉会長を務め、一九八四年のニュージーランドの総選挙では、民営化と減税の計画に着手していた同国の労働党の広報活動を取りしきった。しかし、一九八九年にイギリスに戻ると、ロビイングの会社で働き、やがてジョン・メージャーの保守党内閣の政策ユニットに加わる。そして〈ブリティッシュ・エアウェイズ〉の総務担当取締役、女王の広報責任者、〈ロイター〉の広報・マーケティング担当取締役を歴任。さらに〈英国ベンチャーキャピタル協会〉（ＢＶＣＡ）の最高経営責任者を四年間務め、二〇一一年一〇月に〈経営者協会〉会長職を引き継いだ。彼ほどエスタブリッシュメントと深く結びついた経歴の持ち主は、なかなかいない。

ウォーカーには改宗者の熱情がある。「政府の規模を小さくして、企業の存立と運営に関する自由を増やす。これが正しい方向性だと思う」と、ロンドンのペルメルにある〈経営者協会〉本部で私に説明した。「法と秩序の維持、契約履行の強化といった政府の機能はまちがいなく残る。だが、やるべきことはだいたいそのくらいだ」。この発言は、「夜警国家」ということばを思い出させる。一九世紀ドイツの社会主義者フェルディナント・ラッサールが命名したそれは、同時代の自由放任《レッセ・フェール》主義の将来展望であり、国家の機能を国内の治安維持と防衛の最小限に制限するとした。

多少穏健だったり、急進的だったりはするものの、イギリスのエスタブリッシュメントの統治イデオロギーは一貫している――国家は悪であり、企業家の才能の妨げになっている。自由市場こそが成長と進歩の原動力である。本物の富を創出するのは実業家だ。こういう思いを、あらゆるタイプの政治家が共有している。二〇〇七年に自由民主党の党首になったニック・クレッグは、金融崩壊の数カ月前、「信用できない大きな政府の政策に対し、リベラルなほかの選択肢を定義する」と誓った。別の機会には、「柔軟性のない中央集権的な独占事業体による国営の教育、国営の健康保険、国営の福祉」を攻撃している。

保守党党首デイビッド・キャメロンも、自由市場を「人間の富と幸福を増やす、想像しうるなかで最高の力」と擁護した。そして「開放市場と自由企業体制によって社会に道徳観が広がる」と論じ、「公共サービスにおける国の独占事業を終わらせる」改革を呼びかけた。さらには、二〇一〇年に労働党党首の座を争ったデイビッド・ミリバンドも、「個人やコミュニティや企業に力を与えるという使命を掲げるべきときに、党が国家と一体化する勢力と見なされている」ことを非難した。

この考え方はあまりにも広くエスタブリッシュメントに受け入れられているから、少しでも疑問を呈すれば、政治的な変人と見なされる。だが、自由市場資本主義のイデオロギーは、全面的なごまかしの上に成り立っている。現実には、イギリスの資本主義は国家の寛大さに頼りきっている。しかも、エスタブリッシュメントの自由市場のイデオロギーはたいてい、公共の資産を民間に引き渡し、社会に負担を押しつける口実にほかならない。

何重にも国に守られる

実態としての国家主義は、多額の費用がかかる警察と法制度の強制力で、個人の財産権を守ることから始まる。国家は、企業の財産を違法介入や窃盗から守るだけではない。たとえば特許法は、企業の商品が競合他社の楽な儲けに利用されることを防いでいる。二〇一三年にはその特許法が改正され、わずか六〇〇ポンド（約九万円）でEU全域に有効な革新技術の登録ができるようになった。[*1] 同様に、国家は著作権・商標法を用いて企業の知的財産権を守っている。

また、有限責任法によって、株主個人は会社の負債から守られている。言い換えれば、株主が負う責任は、株式の購入に支払った金額だけであり、会社の損失は債権者の負担になる。資本主義イデオロギーのゴッドファーザー、アダム・スミス自身は、有限責任という考えに反対だった。無限責任の場合、株主はみずから投資した会社の決定に一〇〇パーセント影響される。そうなれば、たんに配当が入ってくるのを待つだけでなく、経営に積極的に関与するようになるからだ。曰く「それぞれのパートナーは、自身の保有資産の限度まで会社の負債に責任を負う」。今日でも、極端なリバタリアンの自由市場擁護者は、有限責任すら国家による経済への不当な介入と見なして反対する。

「資本主義の初期には、有限責任という考え方はなかった」と、ケンブリッジ大学の経済学者ハジュン・チャンは言う。チャンは、経済的なコンセンサスを攻撃した著書がベストセラーになった陽気な反体制派の学者だ。「そこで、投資家のためにリスクの上限を定め、そのルールがなかったときより彼らが儲けられるようにした」。一八世紀には、実業家が負債超過に陥れば、所有する一切合財を売り払って借金を返さなければならず、返せなければ債務者監獄に入れられた。しかし今日の破産法は、実業家に事業を立て直して借金を返す時間を与え、収監される心配もなく、まっさらな状態で再出発できることを保証している。

さらには企業の研究開発費も、国からの援助を受けている。私企業の負担もあるものの、現在、年間九〇億～一〇〇億ポンド（約一兆三五〇〇億～一兆五〇〇〇億円）の国費が研究開発にまわされている。ビジネスエリートは日常的に国に陳情し、さらに多くの公的資金を研究開発に投入するよう訴えている。二〇一二年、実業界の声を代表する英国産業連盟（ＣＢＩ）は、「科学的インフラ」への支出増加に喝采を送り、「研究と革新的インフラに対する歓迎すべき追加投資」であり、「研究、開発、イノベーションに投資するビジネスの場としてのイギリスの魅力を維持するのに役立つ」と評価した。

経済学教授のマリアナ・マッツカートが明らかにしたように、私企業はこのように国家の潤沢な資金の恩恵をこうむっている。たとえば、一九七〇年代以降の英国医学研究会議［訳注：ビジネス・エネルギー・産業戦略省の管轄する研究組織］の研究によって、「モノクローナル抗体」が開発された。同会議は、これが「生物医学の研究に革命を起こし、何十億ポンドにものぼる国際的バイオテクノロジー産業の火つけ役となって」、がんから喘息までの治療薬の開発をうながしたと自慢する。[*2]

また、インターネットの起源も、そもそもはアメリカ政府の研究であり、ワールド・ワイド・ウェブは、ヨーロッパの公的資金で運営される研究機関〈欧州原子核研究機構〉（ＣＥＲＮ）で働いていたイギリスのエンジニア、ティム・バーナーズ＝リーが生み出した。〈グーグル〉の検索エンジンも、アメリカ国立科学財団が気前よく提供したアルゴリズムを中核に使わなければ、実現不可能だった。〈アップル〉のｉＰｈｏｎｅにしても、タッチスクリーン式のディスプレイや、マイクロエレクトロニクス、全地球測位システム（ＧＰＳ）など、国の資金から生まれたさまざまな革新技術を取り入れている。この種の企業に国費が使われている例は、枚挙にいとまがない。[*3]

加えて、企業ビジネスは、国家が建設した道路、空港、鉄道などのインフラがなければ機能しない。政府の支出削減を声高に唱えるＣＢＩも、みずから望む分野への支出拡大は求めるのだ。たしかにＣＢＩは「政府の財政赤字削減を全面的に支持する」と公式発表している。「国際市場の信頼を維持」し、政府や企業の資金調達における「記録的な低金利」を確保するためである。二〇一二年の歳出見直しについても、とりわけ最貧層の一部の国民に大きな打撃を与える就業中および失業中の手当の実質的削減を歓迎し、法人税率の一八パーセントまでの引き下げを要求した（二〇一〇年には二八パーセントだったのを、そもそも財界との結びつきが強い政府が、忠実にそれを二〇パーセントにまで下げようとしていたのだが）。

ところが、道路網の改善や拡張といった、彼らがビジネスの利益になると考える計画については、日頃から政府に支出をうながしている。「インフラはビジネスにとって重要だ」と、CBI会長のジョン・クリッドランドは言う。「ネットワークを向上させることは、当連盟から見て、経済をもう一度動かすために最優先で取り組むべきことだ」。クリッドランドは、「産業オリンピックを開催して、本物の変化を起こす大きな計画を立てる」ことまで国に提案している。*4

さらにCBIは、ビジネスを潤す政策に資金をまわすために、最貧層の人たちへの生活保護費の削減を嬉々として提唱する。二〇一二年のジョージ・オズボーン財務相の秋期財政報告書が発表されたあと、CBIは、省庁の歳出と労働年齢者への手当〔訳注：失業手当、所得補助金など〕を実質的に削減することで、一五億ポンド（約二二五〇億円）を「国内の戦略的な道路網の拡張と改善、地方道路における混雑緩和」にまわせると提案した。翌年六月、政府は道路網の拡張と維持に二八〇億ポンド（約四兆二〇〇〇億円）を拠出すると確約し、「一九七〇年代以来、最大の支出」と宣伝した。だがCBIは、その原資として国内の道路の通行税を提案し、支出の負担を運転者個人に押しつけたがっている。「企業への直接税」から「個人への間接税」への移行という方針で、首尾一貫しているのだ。

同様に、CBIは国が大金を払って新しい空港を建設することも望んでいる。二〇一三年三月に発表したある報告書では、「イギリスは、ブラジル、ロシア、中国への直行便の獲得という点でヨーロッパの競合国についていけず、長期的な輸出の可能性に打撃を与え、競争力を失って、国内投資を妨げている」と警告した。そして、空港との「接続が悪い道路や鉄道」への「緊急投資」も必要だが、政府は空港のハブ化に向けた措置をとるべきだと提言した。中期的には、ヒースローやガトウィックといった南部の空港に新滑走路を建設することも含まれていた。CBIのほかにも、道路や空港への支出は合理的な投資と考える人はいるかもしれない。しかし、ここで言いたいのは、CBIのこうした要求が、大企業の国への依存をよく表しているということだ。彼らは、自分好みの計画以外、あらゆる面で緊縮財政を主張しながら、国家によるインフラ投資は求めるのだ。

鉄道、エネルギー、軍事産業のたかり方

税金で補助されて民営化された鉄道網は、民間ビジネスがいかに国家に頼っているかを示す顕著な例だ。労働組合会議（TUC）が委託した、鉄道網に関する〈社会的・文化的変化研究センター〉の二〇一三年の調査報告書によると、驚くべきことに、一九九〇年代なかばに民営化された鉄道に対する国費の支出額は、実質的に六倍になっていた。鉄道運行会社は、「二〇〇一年以降の爆発的な国費支出の恩恵を受けている」と報告書は結論づけた。「インフラの民営化の失敗を挽回するために、国は厳しい財政のなかから新しいインフラ投資を始めた」。鉄道網を運営する民間企業は投資することができず、国が肩代わりすることになったのだ。

民営化で約束された列車や線路への民間投資が集まらなかったことで、車輌の交換頻度は減り、増加する利用客のための運搬容量も足りなくなって、混雑がいっそうひどくなった。報告書にあるとおり、民営化は、「リスクと投資を嫌がる民間企業が、公的資金による多額の補助から価値を引き出している状況」になっている。ここでもリスクを引き受けるのは納税者で、利益は民間企業に流れる。報告書が指摘したように、「いずれにしろ、企業側が得をする状況」なのだ。

二〇〇七～二〇一一年だけを見ても、イギリス最大手の鉄道会社五社は、国の補助金を三〇億ポンド（約四

五〇〇億円）近く得ている。この国家への依存は、じつのところ非常に儲かる。五社はこの四年間で五億ポンド（約七五〇億円）を超える営業利益をあげ、そのほとんどが株主への配当金として支払われた。

鉄道会社は、批判されると、鉄道サービスに国民が満足している証拠として、いつも乗客数の伸びをあげる。だがその増加は、経済や仕事の質の変化や若者の大学進学率の上昇といった、まったく別の要因によるものだ。技術的な発明や改善を支えているのは民間企業の力ではなく、税金による融資や費用負担である。しかも、これだけ補助金が投入されているにもかかわらず、乗客は高額の運賃を払っている。イギリスの運賃はヨーロッパでいちばん高く、実質賃金が下がっているなかでインフレ率以上に値上げしている。鉄道システムがほぼすべて公有化されているフランスと比較してみればいい。フランスの運賃はイギリスよりはるかに安い。政府からの公的資金の投入はほぼ同じくらいだが、フランスではそれが私企業に流れこむことはない[*5]。

そんななか、二〇〇九年に鉄道会社〈イースト・コースト〉が国有化された。二〇一三年の鉄道規制庁の発表によると、税金の使い途という観点では、この国有の〈イースト・コースト〉本線がもっとも効率のよい鉄道会社だった。イギリスの一五の私鉄のどこよりも公金を受け取っておらず、政府の補助金の額は収入のわずか一パーセント（私鉄のなかには、その比率が最高三六パーセントというところもある）[*6]。国有化してから飛躍的に業績が伸び、乗客からの苦情も劇的に減っていた[*7]。

しかし、エスタブリッシュメントの自由市場原理主義は、「うまくいっていること」を世間に見せたがらなかった。二〇一五年一月、〈イースト・コースト〉は、租税回避者リチャード・ブランソンが経営する〈ヴァージン〉と、〈ステージコーチ〉（会長のブライアン・スーターがゲイの権利に反対する運動をしていることで有名）によるジョイント・ベンチャーに移された。困ったことに国有企業が成功してしまったので、終わらせるしかなかったのだ。労働党のトム・ワトソン曰く、ある元運輸相はこう言ったらしい。「鉄道運行会社は、ビジネスの世界でならず者やごろつきにいちばん近いから、いまの規制ではまったく不充分だ」

もちろん、国家が援助するのは私鉄だけではない。かつて国有だった他企業も、寛大な国に頼っている。二〇一三年九月、下院の公会計委員会は、政府が地方のブロードバンド建設費として〈ブリティッシュ・テレコム〉に実質上一二億ポンド（約一八〇〇億円）の補助金を支払っていたことを非難した。同委員会によると、〈ブリティッシュ・テレコム〉は巨額の公的資金を受け取りながら、「独占に準ずる立場を強化する行動をとり、卸売および小売市場へのアクセスを制限し、消費者に不利益をこうむらせた」。

国の補助金はさらに、地球の健康を大きく損なう企業まで潤している。二〇〇五年、保守党を「解毒する」（と宣言した）若い党首デイビッド・キャメロンは、環境保護のキャンペーンに乗り出した。気候変動の問題に焦点を当てるために、北極でハスキー犬を使った写真撮影会を開き、有権者に「青に投票、緑を支援」と呼びかけて、保守党のロゴを一本の木に変えたのだ。しかし五年後、保守党が政権を握ると、態度はがらりと変わった。財務相に就任したジョージ・オズボーンは、「地球を救ってわが国を倒産させるようなことはしない」と宣言した。二〇一二年七月には、陸上の風力発電設備への補助金が一〇パーセント切り下げられた。地元選挙区のコミュニティに風力タービンが設置されるのを嫌って、「うちの裏庭はだめ」運動を起こした保守党下院議員たちの意向にしたがうかたちだった。

その反面、化石燃料業界は国から気前よく補助されつづけた。石油、ガス、石炭の消費にかかる付加価値税（VAT）は二〇パーセントから五パーセントにダウン。これで何十億ポンドも節約できた可能性がある。さらに石油やガスの精製に関する課税控除などの企業減税も加わって、化石燃料の会社は毎年二億八〇〇〇ポンド（約四二〇億円）の出費を減らしている。[*8] 二〇一二年の予算では、オズボーンが北海の小規模な油田とガス田への課税をさらに控除し、シェトランド諸島近辺の掘削事業にも新たに三〇億ポンド（約四五〇〇億円）の控除を認めた。[*9]

化石燃料は環境にも大きな損害を及ぼすことから、国際通貨基金（ＩＭＦ）は、化石燃料の価格にそのコストが反映されないかぎり、補助金と同じであると指摘している。[*10] これらすべてを含めると、国からの支援は莫大だ。経済協力開発機構（ＯＥＣＤ）によると、天然ガスだけでも三六億ポンド（約五四〇〇億円）相当の支援がおこなわれているという。[*11]

イギリスの原子力産業も、国の補助金の受益者だ。政府は「補助金」とは呼ばないが、下院議員からなる環境監査委員会の二〇一三年四月の見積もりでは、原子力産業は毎年二三億ポンド（約三四五〇億円）の補助を受けている。原子力発電所の運営者は有限責任で守られているから、もし発電所で大災害があっても、彼らは最大一億四〇〇〇万ポンド（約二一〇億円）まで賠償すればすむ。政府はこの上限を一〇億ポンド（約一五〇〇億円）に引き上げる提案をしているが、まだ実現していない。賠償の残金は公金でまかなわれることになっており、おかげで原子力発電業者の保険料は著しく抑えられている。

また、将来の廃炉と核廃棄物処理の財務的負担も、二〇〇五年の五六〇億ポンド（約八兆四〇〇〇億円）という見積もりから今日の一〇〇〇億ポンド（約一五兆円）へと大幅上昇しているものの、そのほとんどは国が肩代わりする。自由民主党が、野党時代から連立政権時代まで一貫して、原子力拡大に反対しているのももっともだ。エネルギー・気候変動省［訳注：現在はビジネス・エネルギー・産業戦略省に統合］の大臣だった自由民主党のエド・デイビーは、「安全上、環境上のリスク」とともに、「原子力発電所は、税金からの多額の補助か操作された市場がなければ成り立たない」と宣言していたが、二〇一二年には「新しい原子力発電所は、公的資金の補助がない場合のみ建設される……そこは譲れない」と述べた。

こうした原子力業界の実態も、現代資本主義の根底にある真実を映し出す一例だろう。つまり、請求書は納税者にまわってくる。二〇一三年、連立政権はデイビーの約束を裏切って、サマセット州に原子力発電所〈ヒンクリー・ポイントC〉を建設する契約を交わした。受注者はフランスと中国の国営企業である。契約書では、現在のエネルギー価格の二倍にあたる価格の保証を維持するために、三五年間、補助金を提供しつづけることが合意されていた。〈CF・パートナーズ〉のアナリストによると、その補助金の額は、インフレを考慮すると年間約七億二〇〇〇万ポンド（約一〇八〇億円）にのぼる。[*12] イギリス政府は原発の国有化に反対しないということだ——運営する国がイギリス以外なら。

しかし、国からの補助に頼る資本主義がもっともわかりやすく見えるのは、なんといってもイギリスの軍需産業だ。〈武器貿易反対キャンペーン〉（CAAT）に依頼されて、〈ストックホルム国際平和研究所〉が作成した二〇一一年の報告書によると、イギリスの武器輸出には、毎年六億九八九〇万ポンド（約一〇四八億円）の補助金が費やされている。しかも、これはかなり控えめに見積もった数字のようだ。内訳には、武器貿易を監視する貿易投資総省国防安全保障機構への毎年の支払い一五八〇万ポンド（約二三億七〇〇〇万円）が含まれる。約五万五〇〇〇人のイギリス人が武器輸出に直接かかわる仕事についており、ひとつの仕事につき約一万二七〇七ポンド（約一九一万円）の公金が使われている計算だ。[*13]

軍需産業全体の労働者の数は、一九八〇年代初期の五〇万人から今日の二〇万人まで激減しているが、業界は依然として巨額の補助金を得つづけている。[*14]「軍需産業は最大の製造業で、熟練労働者をたくさん雇っています」とCAATのアン・フェルタムは、フィンズバリー・パークにあるくすんだ団体本部のなかで言った。「ですが、それは国から補助され、支援されているからです。ほかの多くの業種は放置されて廃業になっている。国の態度は単純ではありません」

エスタブリッシュメントは、ほかの産業に対しては自由放任主義をとって消滅するにまかせ、その産業に依存していたコミュニティに壊滅的打撃を与えるが、人を殺す武器の話になると、まったく扱いが別になる。巨額の補助金を与えるのは、わが国の安全保障のためだ、という理屈は通らない。武器の多くは、イギリスのエスタブリッシュメントが抱える外国のクライアント、この惑星上でいちばん人権を踏みにじっている人々の手に渡るからだ。たとえば二〇一一年には、サウジアラビア政府宛に、一八億五〇〇〇万ポンド（約二七七五億円）相当の軍需品が輸出された。[*15]

本当の「たかり屋」ははっきりしている

大企業は、補助金で優遇されているだけではない。ほかにも、国からの莫大な支出で利益を得ている。社会の最富裕層の多くは、公教育を受けない。税制上は慈善団体として扱われる私立学校でわが子たちを学ばせている。そしてそのことによって、年間八八〇〇万ポンド（約一三二億円）相当の税金を控除されている。これは、階級特権と社会的分離を続けさせる国の補助制度だ。私立学校に通う生徒はもともと社会的、経済的に恵まれているし、私立学校が公立学校と比べて格段すぐれた教育をほどこすわけではない。[*16]それなのに優遇されているのは、歴史家のデイビッド・キナストンが指摘したように、私立学校が「苛酷な試験体制、洗練された社会ネットワークとして」成功しており、「好感は持てるが頭は悪い、さほど優秀でないか怠惰な人々が、社会の下の層に落ちるのを防いできた」[*17]からだ。これは従来ほとんど強調されなかった点である。

その一方、労働者の訓練は国家の教育制度にまかせている。つまるところ雇用主は、基礎的な読み書き計算能力から、問題解決能力や、その他の技術まで備えた労働者を必要としている。イギリスで教育にかかるコストは高い。学校だけを見ても、年間五三〇〇億ポンド（約七兆九五〇〇億円）が費やされている。二八〇億ポンド（約四兆二〇〇〇億円）の高等教育予算の実質的削減に加え、三倍になった大学授業料は学生にとってかつてなく大きな負担になっていて、ひとりあたり平均五万三〇〇〇ポンド（約七九五万円）超の借金を負っている。企業は大学で訓練された労働者なしではとうてい機能しないのに、彼らをただの消費者として扱っているのだ。

企業は国に対してつねに、教育を自分たちの都合に合わせるよう求める。学校に関するある詳細な報告書で、CBIは「教育改革」を「イギリスの長期的な成長戦略のもっとも重要な要素」と位置づけ、「正しくおこなえば計り知れない経済的利益が得られるだろう」と論じた。だが、彼らの提案する改善策のひとつは、利益をあげている企業が教育制度の多くを引き受けるというものだ。結果的に、公金が子供の教育に使われるのではなく、株主のポケットに入ることになるのは必然だが、保守党のベテラン議員たちはこの政策を支持している。

企業はまた、職業訓練制度についても、国が多額の資源を投入することを期待している。イギリス企業に関する二〇一一年のCBIの調査によると、三分の二近くの雇用主が職業訓練制度を国の支出の優先事項としてあげ、中央政府は毎年最大約一四億ポンド（約二一〇〇億円）を支払っていた。教育と職業訓練制度は何百万という個人の将来にとってきわめて重要なだけでなく、社会にも大きな便益をもたらす。社会は、訓練された医師、技術者、教師、自動車整備士、機械工、科学者、弁護士などから多くのものを得ている。だが、ビジネスエリートにとっても、教育と職業訓練制度は欠かせない国のサービスだ。国の費用で訓練された労働力がなければ、ビジネスエリートは、競争はおろか仕事すらできなくなるだろう。

それなのに、企業は従業員の給料を徐々に減らしている。ビクトリア時代以来、これほど長期にわたって平均給与が縮小したことはない。おもに生活水準を調査している中道左派のシンクタンク〈レゾリューション財団〉によると、二〇〇九年、ロンドンの外の居住者の「生活賃金」に認定された時給七ポンド二〇ペンス（約一〇八〇円）より給与が下まわるイギリス人労働者は、約三四〇万人だった。それが二〇一二年になると一気に四八〇万人に増え、全女性労働者の二五パーセントがそこに含まれた。ほんの三年前の女性労働者の数字は一八パーセントだった。

給与の低い労働者には、それでも生活していけるように、手取りの給与に「加えて」、タックス・クレジット［訳注：税額控除。控除額より所得が少ない場合には現金を給付するので、低所得層への福祉手当となる］が支給される。原資はもちろん税金だ。たとえば、二〇〇九―一〇年の会計では、タックス・クレジットの支出は二七三億ポンド（約四兆九五〇億円）で、大部分は勤労者世帯に支払われた。二〇〇三―四年と二〇一〇―一一年のあいだの支出で見ると、一七六六億四〇〇〇万ポンド（約二六兆四九六〇億円）という途方もない額だ。タックス・クレジットは、それがなければ悲惨な貧困状態に陥るかもしれない何百万という人々のライフラインだが、一方で、タックス・クレジットが、低賃金しか支払わない経営者に対する補助金であることも忘れてはならない。経営者は労働者に充分な暮らしができるだけの給与を支払わず、その収入分を国に補ってもらっているのだ。

同じことは、二四〇億ポンド（約三兆六〇〇〇億円）にのぼる住宅手当にも言える。二〇〇二年、ロンドンでは一〇万人の賃借人が住宅手当を申請したが、ニュー・レイバーの時代が終わるころには、家賃が上昇し、その数は二五万人になった。これは、歴代政府が手頃な公営住宅を提供しそこねたことによる症状でもある。そのせいで、賃借人はしかたなく家賃の高い民間の物件に流れた。そして民間賃貸業者へは、住宅手当という名の高額の補助金が流れることになった。

別の角度から見れば、住宅手当もまた低賃金に対する補助である。二〇一二年に〈建築・社会的住居財団〉がおこなった研究では、連立政権発足後の二年間で新たに申請された住宅手当の一〇件中九件以上は、失業者ではなく勤労者世帯への支給だった。[*18] 申請者の多くは働いていながら、給与が低すぎるために、民間賃貸業者の課す高額な家賃が支払えないのだ。個人の家主と同様、民間住宅を提供している企業も住宅手当で補助されていて、なかには〈グレインジャー・レジデンシャル・マネジメント〉や〈キャリドン・プロパティ・サービス〉のように、年間一〇〇万ポンド（約一億五〇〇〇万円）以上の公金を手にしている企業もある。*19 しかし、これらあらゆる補助金の母、究極の補助金といえば、二〇〇八年のイギリス政府による銀行救済だ。私企業が世界の多くを巻きこんで経済的破滅に突入したら、ふつう、その責任は彼ら自身がとるべきだ。ところがこの国の私企業は、納税者がつけを払うことを当然のように期待した。結局、政府は一兆ポンド（約一五〇兆円）を超える公金を銀行の救済に投入した。イギリスに残されたのは、税金で動く生命維持装置につながった金融システムだった。民間のビジネスは、それに完全に依存している。

要するに、エスタブリッシュメントが尊重する「自由市場」は、幻想の上に成り立っている。現代イギリスでは社会主義が隆盛である、という議論ができるかもしれないが、だとしても、それは「富裕層と企業のための社会主義」だ。国家が彼らを支援し、必要があれば救済する。それに対して、残りの大多数の国民はますます沈むか、勝手に泳ぐことを期待される。庶民が経験するのは、歯と爪を血で赤く染めた資本主義である。

イギリスのエスタブリッシュメントに行き渡った「富裕層のための社会主義」を批判するのは、左派を自認する人々だけではない。リバタリアンの右派も問題視している。たとえばダグラス・カーズウェル。リバタリアンを自称する、一匹狼の保守党下院議員だ。議員会館ポートカリス・ハウスのアーチ窓の下に座り、私は彼から話を聞いた。

一七世紀イングランドの急進的な平等派《レベラーズ》［訳注：ピューリタン革命時の左派］から刺激を得た、とカーズウェルは言った。「いろいろ調べて、一七世紀の議論に行き着いた。われわれは今も傲慢なエリートに対抗しているのだとね。生産力はないのに権力を握って、残りのわれわれにヒルのように寄生している彼らに」。力強く歯切れのよい口調でことばを連ねる。「多くの問題は、一九八〇年代に始まったのだと思う。それを認めるのは、熱烈なサッチャー派だった私としてはつらいけれど。あの時代に起きた多くのことは、自由市場をまえに進めるという意味では大成功だった。だが一方で、われわれが作り出した多くのものは、自由市場になるはずだったのに結局ならなかった」

カーズウェルが見るかぎり、イギリスは「寡頭政治国家」となり、「企業縁故主義」がはびこっている。典型的には、大企業が「完全にまちがった国防物資調達制度をつうじて、国防予算のいろいろな部分を吸い上げている」。カーズウェルのような右派のユートピア思想家にとって、いまの現象は資本主義ではなく、「企業主義」だ。「大企業と大きな政府が結託して、経済のパイの大部分を自分たちに有利なように切り分けている」

カーズウェルのこの分析に同意しないのはむずかしい。彼の解決策は、国家を極限まで小さくして、イギリス国民を無制限の市場の力にさらすことだから、その点は賛同できないが、カーズウェルのような論者が、現代エスタブリッシュメントの現実を指摘しているのは事実だ。リスクと負債は国有化されて国民が引き受ける反面、利益が出る部分は私有化される。エスタブリッシュメントのイデオロギーは国家主義を忌み嫌うにもかかわらず、ビジネスエリートは国家の気前のよさに完全に依存し、国家も現代資本主義の「背骨」として、それを支えている。大企業を守り、労働者を訓練し、賃金を補助し、金融の心臓部を救済して、銀行の利益を直接増やしている。

それなのに、「たかり屋」ということばは、後述するように、税金さえろくに払わない私企業ではなく、もっぱら最貧層の人々に対して使われる。イギリスで「たかり屋」といえば、福祉制度に頼る人々に投げつけられる屈辱的な侮蔑語だ。しかし本当に「たかり屋」のレッテルが似つかわしいのは、無責任で仕事嫌いと見なされた失業者を労働市場に駆り出す役まわりの、私企業のほうなのだ。

「民営化」は国民を苦しめるだけ

ブライアン・マカードルは、ラナークシャーに住む五七歳の元警備員だ。脳卒中になって片側の目と体が不自由なせいで、食べたり服を着たりはもちろん、話すのにも苦労する。こうした悲劇があるからこそ、イギリスの福祉制度は重要なのだと思われるかもしれない。ところが彼はまず、〈アトス〉のおこなう「労働能力審査」を受けるよう指示された。〈アトス〉は、高度障害給付金の申請者を減らすことによって、福祉支出を削減するために雇われたフランスの企業である。審査の数日前、マカードルはまた卒中の発作を起こしたが、なんとか審査は受けた。それなのに、結果は就労可能と判定され、二〇一二年九月二六日、給付金を止めるという通知が来た。その翌日、彼は路上で心臓発作を起こし、そのまま他界した。

マカードルの一三歳の息子キーランは、「〈アトス〉が父さんにストレスと無用の苦しみを与えた。それが今回のすべての原因で、審査はなんの助けにもならなかった」と主張した。その手紙を、デイリー・レコード紙が代理でイアン・ダンカン＝スミス労働・年金相に渡したが、返事は冷ややかだった。「父上を亡くされたご心痛を和らげることばは見つかりません。しかし、疾病手当制度に関する政府の改革がなぜ重要なのか、また、それをできるだけ公平に進めるために、われわれがいかに努力しているかを説明させてください」。ダンカン＝スミス（というより、おそらく彼の顧問のひとり）はそう書いて、もしご家族が「父上の申請の結果について話し合いたければ、地域の〈ジョブセンター・プラス〉で機会を設けることができます」と提案した。「父さんや障害を抱えたほかの何千という人たちが、こんなひどい方法で狙い撃ちされたことを謝ってほしかったのに」と、悲しみに暮れる息子は言った。[*20] 二〇一二年一一月、私はダンカン＝スミスとBBCチャンネル1の『クエスチョン・タイム』に出演した際、〈アトス〉の失敗を取り上げた。少なくともブライアン・マカードルという名前を憶えていますかと彼に尋ねると、大臣はとたんに激怒し、私に指を突きつけて怒鳴った。

「きみから何度も聞かされている」

〈アトス〉のシステムは、エスタブリッシュメントの教義から必然的に導かれた。国の制度の民営化は、いまやたんに私企業に資金を流すだけの事業になっている。〈アトス〉のような企業にとって、人々の需要に応じることは主要な目的ではない。大事なのは儲かるかどうかだ。

〈アトス〉は二〇〇五年、当時の労働党政権から就労能力審査を委託された。その契約は二〇一〇年一一月に連立政権によって更新され、さらに政府が「福祉改革」という包括的な計画に乗り出したことで、桁ちがいに大きな役割を担うことになった。五年間の契約額は五億ポンド（約七五〇億円）。つまり、毎年一億ポンド（約一五〇億円）の公金が同社につぎこまれた。二〇一二年、会計検査院は、政府と〈アトス〉のこの契約が対価に見合った効果をあげていないと責めた。報告書には、同社が「契約に記されたすべてのサービス基準をかならずしも満たしていない」とある。目標達成度は「不充分」で、政府も「レベルの低い成果に対する適切な財務上の見直し」をすることができず、「契約の履行に厳密さが欠けていた」[*21]。

それでも、高まる反発で〈アトス〉が契約破棄に追いこまれるまでに、さらに一年半がかかった。国家の中核機能（この場合には、社会でもっとも弱い立場の人々に対する支援の再検討）を私企業の下請けに出し、しかもその企業が公金を得ながらろくなサービスをしない——これは、現代エスタブリッシュメントの顕著な特徴だ。

血も涙もないモンスター

〈アトス〉が招いた悲劇は、決してマカードルの死だけではない。たとえば、三九歳で三児の母エリナー・タットンは、回復不能な脳腫瘍の患者だったが、二〇一三年に〈アトス〉によって手当を取り上げられた。[*22] 裁判に訴えようとした矢先に病気が重くなり、ホスピスに入って、そこで亡くなった。

カレン・シャーロックもそうだ。彼女はツイッターでつぶやきつづけた。その短いプロフィール欄には、「透析の準備中。毎日が闘いよ」とあった。カレンの腎臓は日々弱まっていたが、〈アトス〉は彼女がまだいくらか働けると判定し、「就労関連活動グループ」に入れ、期限つきの手当を与えた。結局、シャーロックは二〇一二年六月に亡くなった。彼女の友人で、障害者の権利保護活動家のスー・マーシュが言ったように、彼女は「システムにはじかれ、残酷な人たちが話を聞こうとせず、権力者が行動を拒否したせいで、おびえながら死んでいった」。[*23]

二〇一二年四月に情報公開請求で得られた回答では、二〇一一年の最初の八カ月で、就労の可能性があると見なされて「就労関連活動グループ」に分類された人のうち、約一一〇〇人の疾病者と障害者が亡くなっていた。毎週三二人が亡くなっていた計算になる。[*24]

ルイーズ・ホイットルは、〈アトス〉とかかわったときの試練を、電話でゆっくりと、ことばを選びながら話してくれた。深刻な精神的問題を抱えたことで、彼女は二〇一一年の夏に雇用支援手当の対象になった。その後、就労能力審査を受けよという手紙が届いたが、〈アトス〉から「医師が足りない」ので面談は延期になったという電話連絡が入る。ようやくおこなわれた面談は、「とても現実離れした体験」だった。「すごく風通しの悪い部屋で、外の光も入らず、空気がむっとしていた。男性看護師に紹介されたのですが、精神保健の訓練は受けていない一般の看護師だということでした」。目を合わせることもほとんどなく、その看護師はもっぱらコンピュータを見て、画面に現れる立ち入った質問を読み上げるだけだった。「非人間的に扱われている気がしました」とルイーズは言った。

それは、人間ではなくコンピュータによる審査だった。ほかのあらゆる受給者と同様に、彼女も病状や障害の判断基準にもとづいてポイントを与えられることになっていたが、得られたポイントは一八ポイント中ゼロ。そう告げられた彼女はすぐに再審査を求めた。今度はパートナーの福祉アドバイザー、トニーを連れていった。すると、対応ががらりと変わった。〈アトス〉からの派遣ではない医師が審査を担当し、よりくわしい質問をして、全体像をつかもうとしているように見えた。その医師は〈アトス〉の審査結果を覆し、ルイーズに一八ポイントを与えて、手当を受ける権利を回復してくれた。

何がそんなに問題なのかと思われるかもしれない。まちがった手続きで手当を奪われたにしても、決定は覆されたのだからいいではないかと。しかし、〈アトス〉の制度で屈辱的に扱われたあと、たとえ受給者が勇気を出して再審査を申し出たとしても、さらに数カ月の手続きに耐えなければならないし、その間、受給者は支援を得られない。イギリス社会でもっとも弱い人々が、たいへんなストレスを抱えこむことになるのだ。

〈アトス〉については内部告発者もいる。グレッグ・ウッド医師は長年海軍で働き、兵の健康管理にたずさわっていたが、二〇一〇年九月に〈アトス〉に転職した。「それまで、医師による認定には、はっきりとした意見を持っていた」と彼は説明する。「つまり、医師は何かの資格の認定をする際に、いささか簡単に署名しすぎているのではないか、書類を偽造するとは言わないまでも、法廷で通用するくらい厳しく審査していないのではないかと」

だが、〈アトス〉で就労能力審査をするようになって、ウッド医師のこの説は完全に否定された。〈アトス〉では、申請者が実際に手当を得るには、「合理的な疑問の余地なく」適格でなければならなかった。しかも、審査者はまちがった情報で訓練されていた。たとえば、手が動くかどうかの審査では、申請者がボタンを押すことができればポイントなしと指導されたが、ウッド医師によれば、正しい基準はペンとコンピュータを使うことができるかどうかで、「たんにボタンを押すことよりはるかに複雑な動作が基準になるべき」だった。

しかしそれ以上に、申請者はそもそも提出書類を受けつけてもらえないことが多かった。申請者は一件ごとに、地元の一般開業医から診断を記した書類をもらって提出するはずだったが、実際にそうすることはめったになく、たいてい申請者自身が書類を用意していた。「多くの人は、どういう情報があれば申請に役立つのかを知らない。そこまで期待するのは無理だった」

なおひどいことに、ウッド医師によれば、「労働・年金省の期待に添うように」、ほかの〈アトス〉の医師によって報告書が改竄《かいざん》されることもあったという。つまり〈アトス〉は、審査を厳格化して就労能力がある人を正確に判定するのではなく、できるだけ多くの人を受給対象からはずすために雇われていたのだ。ウッドのことばを借りれば、〈アトス〉は「パイント・ジョッキに一クオート［訳注：一クオートは二パイント］を入れようとしていた」。そして意図的にか不注意からかはわからないが、結果として、本来資格のある多くの人々が手当を奪われていた」。申請者、とりわけ精神的な問題を抱えた人々にとっては、手続き全体が「屈辱的で苛立たしいものだった」。

そんなふうであれば、再審査で〈アトス〉の多くの判断が覆されたのもうなずける。二〇一二年の三カ月間で、就労能力審査の四二パーセントの判断が、再審査で否定された。[*25] 福祉アドバイザーがついている場合には、成功率はさらに高かった。ただし当然ながら、正当に評価されるまで、みじめで腹立たしい数カ月が続く。また、これは納税者へのさらなる費用転嫁になる。再審査にかかったコストは、二〇〇九―一〇年の二一〇〇万ポンド（約三一億五〇〇〇万円）から、二〇一二―一三年には三倍の六六〇〇万ポンド（約九九億円）になった。

政府の公式発表ですら、〈アトス〉の審査結果は「あまりに不正確で受け入れられない」とされた。「アトスに殺《や》られる」が人気のスローガンになり、それが抗議デモの横断幕や町の壁に書かれた。二〇一三年一〇月、労働党の過激な議員デニス・スキナーは、〈アトス〉を「血も涙もないモンスター」とこきおろした。[*26] 人々の怒りは募り、ついに二〇一四年三月、〈アトス〉は請負契約を解消すると発表した。とはいえ、巨額の公金を懐に入れたあとである。

二〇一四年一〇月には、同社に代わってアメリカ企業の〈マキシマス〉が契約を引き継いだ。ここも詐欺、障害者差別、経費の虚偽報告などで訴訟が絶えない会社である。[*27]〈マキシマス〉の幹部のひとりは、〈アトス〉で医療担当取締役だったマイケル・オドネル教授で、労働党は、〈マキシマス〉は〈アトス〉の失敗のたんなる継続だとコメントしている。[*28]

なんという皮肉だろう。イギリスの報道機関からつねに「たかり屋」と悪者扱いされるのは、給付金の申請者だ。障害者の慈善団体連合の二〇一二年の調査によると、その結果、町なかで障害者が嘲《あざけ》られることが急増した。国家を食い物にしていると思われたからだ。ところが、より正確な意味でイギリスの納税者にたかっているると言えるのは企業だった。彼らは、何百万ポンドという公金を受け取りながら、非人間的なひどいサービスを提供し、受給者になるべき人たちから手当を奪っていた。

政府のさまざまな「福祉から就労」計画についても同じである。これもまた、おもな目的は人助けではなく、私企業に資金を提供することにある、という例だ。鳴り物入りで政府が立ち上げた、予算五〇億ポンド（約七五〇〇億円）の雇用支援策「ワーク・プログラム」は、二〇一一年六月の導入以来、一一〇万人を対象としてきたが、担当したのは税金を投入された多様な私企業だ。そして、これも失敗した。労働・年金省自体の数字によると、「ワーク・プログラム」の対象にならなかった失業者のほうが、就職率が高かった。プログラムに申しこんだほうが、何もしないより結果が悪かったのだ。二〇一二年六月の数字では、プログラムに参加した疾病手当受給者の二〇人にひとりが仕事についたが、発表された目標は六人にひとりだった。[*29]

このプログラムを請け負った主要契約者のひとつは、〈A4e〉だ。元会長はエマ・ハリソン。九歳のときに学校で秘密の売店を開いてビジネスパーソンとしての人生が始まったと豪語する、自称起業家である。「私たちは自分のやり方を見つけなければなりません。自分なりのやり方を見つける、それが起業家の核心です」。二〇一〇年の〈経営者協会〉年次総会でおこなった激励スピーチではそう語った。しかし、彼女の〈A4e〉へのかかわり方は、起業家の才覚を感じさせるものではないし、「自分のやり方を見つけた」証拠にもなっていない。二〇代の前半に、父親が設立した〈A4e〉の前身企業を譲られただけなのだから。父親のほうは、そのあとドイツに移住した。何より、ハリソンの〈A4e〉は公金に依存する企業だった。

ニュー・レイバーが一九九七年に選挙に勝利したあと、ハリソンの会社は手当たり次第に政府の外部委託の仕事に入札し、二〇〇四年には、ほぼ二億ポンド（約三〇〇億円）相当の公共部門の仕事を請け負っていた。「〈A4e〉が次々に契約を獲得する状況に、競合他社は当惑していた。「〈A4e〉の入札内容がほかよりよさそうには見えなかったから」と、同社と契約した経験のあるアン・ゴッドンは電話で私に語った。

ニュー・レイバー政権が若い失業者のために実施した「ニュー・ディール」計画でも、〈A4e〉は最大のサービス供給者となり、新しい連立政権が二〇一〇年一〇月にこの計画を終了したときには、「解約金」として六三〇〇万ポンド（約九四億五〇〇〇万円）の公金が支払われた。二〇一〇年五月に首相になったデイビッド・キャメロンはその間、一二万のいわゆる「問題家族」を就労させる計画に協力するハリソンを、「刺激を与えてくれる人」と呼んでいた。

二〇一二年、〈A4e〉のCEOアンドルー・ダットンは、年間一億八〇〇〇万ポンド（約二七〇億円）にのぼるイギリス国内での収入は、すべて公金であることを認めた。一年前のハリソンの個人収入は、三六万五〇〇〇ポンド（約五四七五万円）の給与、八六〇万ポンド（約一二億九〇〇〇万円）の株式配当に加えて、彼女から会社にリース賃貸されている不動産の賃料があった。その不動産には、寝室が二〇ある豪邸で、彼女が「高級なコミューン」と呼ぶソーンブリッジ・ホールも含まれる。それらのほぼすべてが、公金でまかなわれていたのだ。一部の社員が〈A4e〉を「すべてはエマのために《オール・フォー・エマ》」の頭文字だと言ったのも無理はない。

恐るべき「サービス」の中身

最低のサービス（もし彼らの仕事を「サービス」と呼べればだが）にもかかわらず、〈A4e〉には大金が流れた。これもまた、エスタブリッシュメントが国費で私企業を潤し、その私企業が人を人らしく扱わなかった例である。

レスターに住む二六歳のキャット・フェルベルドは、二〇一二年、失業して一八カ月目に「ワーク・プログラム」の対象者になった。「あらゆるところに申しこんだけれど、どれも壁に突き当たっていた」と彼女は話す。「さんざん拒否されて。でも、私なんかはまだいいほうで、『ノー』の返事さえもらえない人もいた。長いあいだ、ひたすら申しこむばかり。職業安定所からは、それでいい、あなたはできることを精いっぱいやっているのだから、と言われるだけだった」。やがて、彼女はほかの人たちと〈A4e〉に送りこまれる。そこではまず申込書に記入し、どういう仕事を探しているか説明し、資格と職歴を細かく訊かれた。

〈A4e〉との最初の面接では、「アドバイザーが私をじろじろ眺めて、それまで見たなかでいちばんぞっとする顔つきをした」とフェルベルドは言う。「部屋に入った瞬間から、彼女が私のことを、くずだと思っているのがわかったわ。それは私が失業者だったからよ」。フェルベルドはアドバイザーから、探す職種を絞るべきだと言われた。できる仕事はすべて探しなさいという、職業安定所の助言とまったくちがった。三カ月前に国防義勇軍に志願したことを説明すると、アドバイザーはそこがどういうところか理解していなかっただけでなく、公職守秘法に署名したので仕事の内容については話せないとフェルベルドが言うと、機嫌を損ねた。そのあげく、申しこんだ仕事の数について嘘をついたと責められ、「面接技術講座」を受けることになった。講座といっても、実際には五、六人の受講者とひと部屋に入れられ、誰からの指導もなく、ただコンピュータ端末で職を探せと言われただけだった。

彼女が同じ「講座」の受講者から聞いた話では、履歴書から大卒の資格をはずすことを強制されたという。資格「過剰」で仕事が見つかりにくくなるからという理屈である。履歴書は〈A4e〉が書き換えたが、基本的な文法やスペルのミスは残ったままだった。

次のアドバイザーのところに送られたフェルベルドは、ここまでよくがんばりましたと祝福され、あるホスピタリティ企業が面接をしてくれることになったと告げられた。そこは会社主催イベントのチケットを売る企業らしく、たまたま〈A4e〉と同じビル、しかも同じ階に入っていた。「みんなお互い知り合いのようだった」と彼女は振り返る。

インターネットで調べてみると、その企業の存在は会社登記所のリストでしか確認できず、不安が募った。面接に行って、その不安はさらに増した。パーカーにジーンズという恰好の若い男性が、彼女のほうをほとんど見もせずに、馬鹿げた質問をするだけだったからだ。面接のあいだじゅう、男性は友人からの電話を受けつづけていた。面接が終わると、フェルベルドは法定最低賃金に満たない給与の仕事を提案されて驚いた。

その後〈A4e〉から電話があり、彼女が仕事を断ったことを非難された。だが、それは事実ではなく、彼女はたんに給与と勤務時間を書面で確認したいと言っただけだった。次いで、〈A4e〉の三人のアドバイザーとの面談が有無を言わさず設定された。「三人に取り囲まれて、例のホスピタリティ企業の仕事につけと脅された」。職業安定所に報告せずに一週間その仕事をやってみろと言われたが、それで給付金を受け取ったら詐欺になる。四〇分間そうしていじめられたあと、彼女は正式に苦情を申し立てると言った。「すると彼らは露骨に笑って、そうしたければすればいい、誰も聞く耳を持たないからって言ったの」。彼女もまた、人間らしい扱いより私的利益を優先するエスタブリッシュメントの犠牲者だった。

〈A4e〉のでたらめな経営の被害を受けたのは、失業者だけではない。ダン・ジェイミソン（仮名）は同社のグラスゴーの職場で、契約社員として二〇一三年一月まで三カ月間働いた。そのまえの何年間かは、「福祉から就労」政策にかかわるさまざまな会社に勤めていた。「最初のうち〈A4e〉は、『現場に出てクライアントの本質を引き出せば、彼らの人生を変えることになる』などと、希望に満ちたことをあれこれ言っていた。でも、問題はそこからでした」とジェイミソンは言い、同社の「農作業」について説明した。彼らは簡単そうな人だけを選んで処理し、あとは「畑」に残した。「私が担当したのは、いちばんむずかしいケースでした。たとえば、アルコール、ドラッグ、精神保健上の問題を抱えた人たちや、人生がめちゃくちゃになっていて、本当に助けが必要な人たち。彼らに対してまずやるべきことは、『ワーク・プログラム』に登録させて、ありもしない仕事を押しつけることではないはずです」

エスタブリッシュメントの信条は、「私企業のほうが、公的機関より良質で効率的なサービスを提供する」だ。しかし、会社は利益を追求するから、実際には提供するサービスの質は落ちる。「ワーク・プログラム」の約束のひとつは、失業者がアドバイザーと有意義な話し合いをして、それぞれの必要に応じた個別の支援が得られることだったが、アドバイザーは三〇〇件もの処理をまかされるのが通例だった。当初約束された八〇～一〇〇件とは大ちがいである。しかもジェイミソンのような職員は、慢性的な問題を抱えた人々に対応する訓練を受けていなかった。利益追求型の私企業は、必要な訓練に投資したがらない。彼自身も、「どんなにがんばっても、ソーシャルワークは自分向きの仕事ではない」と認める。

利ざや重視の会社は、アドバイザーに必要な訓練をしないだけではない。〈A4e〉のように、人件費を節約するために、ひとりあたりの仕事量を増やしすぎる。「民間の契約者に金を注ぎこんでも、彼らは何も達成できないのです」とジェイミソンは言う。エスタブリッシュメントの「民間部門は善、公共部門は悪」の教義が行き着くところはそこだ。

人々を就労させる〈A4e〉の業績があまりに悪かったので、結局、政府はまかせる人数を大幅に減らしたが、それも巨額の公金が渡されたあとだった。「ワーク・プログラム」の初年度、二〇一一—一二年だけでも、〈A4e〉は四五九〇万ポンド（約六八億八五〇〇万円）を手にした。その間に短期の仕事についた人は、九万四〇〇〇人。しかし六カ月後、〈A4e〉から離れたあとも働いていた申請者は四パーセント未満だった。つまり、一件の仕事につき約一万三四九八ポンド（約二〇二万四七〇〇円）の公金が費やされたことになる。[*30]

詐欺の告発も絶えない。二〇一三年九月には、〈A4e〉の従業員九名が六〇件の法律違反で起訴された。失業者たちを就職させたという文書を偽造し、政府から成功報酬を受け取ったという容疑だった。実際、それらの失業者は〈A4e〉に割り当てられておらず、仕事にもついていなかった。二〇一五年一月、〈A4e〉の元従業員四名が詐欺で有罪となった。

だが、どれほど税金が株式配当に流れようと、業績が最悪だろうと、厳しい告発があろうと、〈A4e〉は政府のクライアントのままだった。「彼らは私企業で、金儲けのために存在する。彼らの存在意義は株主にとっての価値、それだけです」と〈A4e〉の元契約社員、ジェイン・ウォーカーは言う。「でも、そのお金はすべて国から出ている。そして彼らは何をするか？　業績がどれほどひどくても、目標をどれだけ下まわっても関係ない。とにかく次の契約を得るのです」

無茶苦茶がまかり通る世界

国から企業への支援は、金銭だけではない。無料の労働力まで提供している。ニュー・レイバー政権下で生まれた「ワークフェア」という制度〔訳注：社会保障手当を支給する代わりに、受給者に就労を義務づける〕は、連立内閣のもとでエスカレートしている。人々は、国から週にたったの五六ポンド八〇ペンス（約八五二〇円）の手当を受け取るだけで働かなければならず、雇用主はいっさい金を払う必要がない。

「ワークフェア」政策は、未就職の地質学の大学院生ケイト・ライリーによって全国的な注目を集めた。ライリーは仕事を探しながら、地元の博物館でボランティアとして働いていたが、あるとき、〈ジョブセンター・プラス〉から、小売店の開店日に働かないかと声がかかった。就労申請者の多くは、これに参加しなければ手当が打ち切られると言われていたが、ライリーのように、義務ではないと説明された人もいた。事前の「訓練」は名ばかりで、たんに雑貨店チェーンの〈パウンドランド〉と〈パウンドストレッチャー〉で数週間「店内訓練」を受けるだけだった。小売業界に職を探している人だけが申しこめばいいと言われたし、無給で働くつもりはなかったので、ライリーは申しこまない旨をアドバイザーに伝えた。それなのに、これは強制だから、拒絶すればただちに手当を停止すると言われたのだ。*31

政府は「ワークフェア」を、職探しに苦労している失業者に訓練を提供する機会だと正当化する。だが、政府自体の調査でも、こうしたプログラムに効果がないことはわかっている。二〇〇八年の労働・年金省の報告書は、アメリカ、オーストラリア、カナダの似たような政策を調べ、「ワークフェアによって仕事が見つかりやすくなるという証拠はほとんどない」と結論している。それればかりか、「ワークフェア政策は職探しに使える時間を制限し、本来賃金で評価される技術や経験を提供できないために、かえって雇用機会を減らすこともある」。[32]

連立政権になってからの「義務的就労活動《MWA》」（何千人という失業者に週三〇時間の無給労働をさせる政策）に関する同省の別の調査では、申請者はこの活動をしようがしまいが同じくらい長期にわたって手当の申請をし、雇用機会はいっさい増えていないことがわかった。MWAに参加しても、「非参加者と比べて雇用の可能性が高くなる効果はなかった」のだ。[33]

ほかの政策についての調査結果も、似たようなものだ。たとえば、「コミュニティ・アクション・プログラム」は、手当と引き換えに長期失業者を六カ月働かせる政策だが、シンクタンク〈経済・社会的包摂センター〉は、これを全国展開すれば「高価な失敗」に終わるだろう、とガーディアン紙に語っている。また、保守党のロンドン市長ボリス・ジョンソンは、若者向けに一三週間の無償ワークフェア政策を独自に打ち出したが、二〇一四年の政府の報告書によれば、その参加者は、不参加か途中で投げ出した人たちと比べて、有給の仕事につく可能性が半分だった。[34]形態の如何を問わず、ワークフェアは失敗なのだ。

結局、〈ボイコット・ワークフェア〉といった活動団体が、大規模な草の根の反対活動をおこなったことで、多くの会社は体裁が悪くなり、ワークフェア政策から撤退した。とはいえ、ワークフェア自体は風土病のように広がっている。国家統計局の数字によると、二〇一二年に生み出されたと考えられる新しい働き口の五分の一は、ワークフェア政策によるほとんどが無報酬の仕事だった。[35]しかも、そこに含まれる大半の人は、公式の失業者の数字からはずされたにもかかわらず、いまだに失業手当を申請している。

ワークフェア政策が通常の有給の雇用に置き換わりつつある証拠も増えている。二〇一三年四月、ブロガーのトム・プライドは、ホームセンター〈ホームベース〉の店長室に貼られていたポスターを入手した。そこには、一〇例の「就労体験」の紹介とともに、「就労体験プログラムが、あなたの店にどう役立つか。人件費のかからない七五〇時間の労働は、あなたの店にとって支援になりませんか?」と書かれていた。[*36]

私企業の利益を支えるために国の資源が使われることは、すでにニュー・レイバーの時代から広がり、「公共部門改革」と婉曲《えんきょく》に表現されていた。しかし、そうした政策が下地となって、ニュー・レイバーのあとの政権では、公共サービスに対してはるかに激しい攻撃がしかけられた。二〇一一年二月、デイビッド・キャメロンは、公共サービスの「国家独占」は終わったと宣言した。そうなるともう早い者勝ちで、司法制度から国防に至るまで、あらゆるサービスの運営は、〈G4S〉、〈サーコ〉、〈ソデクソ〉といった利益至上主義の企業の手に渡ることになった。〈G4S〉のイギリスでの利益の約半分は、政府との契約から来ていた。

二〇一二年には、四〇億ポンド（約六〇〇〇億円）もの税金が、〈サーコ〉、〈G4S〉、〈アトス〉、〈キャピタ〉といった最大規模の民間契約企業の口座に振りこまれた。会計検査院の報告書でも問題点が指摘され、公会計委員会の議長マーガレット・ホッジは、それを次のように要約した――このアウトソーシングは、公共部門に「準独占」状態を作り出し、「内部告発者の抑圧」を招き、納税者に煩雑な契約手続きを押しつけ、「適正な競争を経ていない数多くの契約」を発生させている。

エスタブリッシュメントのイデオロギーは、あまりにも根強く浸透している。そのせいで、ふつうの人なら根本の前提がまちがっていると思いそうな話がどれだけ積み重なっても、生き延びている。二〇一三年の終わりにかけて、重大不正捜査局が〈サーコ〉と〈G4S〉の調査に乗り出した。納税者に何千万ポンドもの過剰請求をしているのではないか、という疑いだった。両社は釈放された犯罪者に電子タグをつける業務を請け負い、つけるタグの数に応じて公金を受け取ることになっていたが、たとえば釈放後に国外に出た人や死者も人数に入れて、五〇〇〇万ポンド（約七五億円）も国に過剰請求していたのだ。これらの企業の動機が、すぐれたサービスの提供ではなく、利益であることがよくわかるエピソードだ。

同じ金額を払えば、民間部門のほうが効率よく優れたサービスを提供する――少なくとも建前はそうなっている。二〇一二年のオリンピックがロンドンで開かれることになって、利益を得る機会は明らかに増えた。〈G4S〉は開催期間中の公式「警備サービス提供者」に選ばれ、一億ポンド（約一五〇億円）相当の契約を結んだ。納税者が〈G4S〉に出血大サービスをすることは、オリンピック熱が高まるはるかまえに決まっていた。二〇一一年末には、警備員たちの管理費が七三〇万ポンド（約一〇億九五〇〇万円）からなんと六〇〇〇万ポンド（約九〇億円）にはね上がった。その大部分は〈G4S〉の「プログラム管理オフィス」の費用だった。[*37]

しかし、オリンピック前夜、〈G4S〉は約束した警備員の人数を確保できないと宣言し、国が介入せざるをえなくなった。そして、三五〇〇名の兵士が動員された。これには、エスタブリッシュメントのイデオロギーのもっとも熱心な擁護者でさえ、弁明に窮した。「国防省に入ったときには、政府も民間のやり方をよく見て学ばなければならないと思っていた」と国防相のフィリップ・ハモンドは言った。「しかし、今回の〈G4S〉の失敗と軍による救援で、わかったことが多々あった」。ハモンドは、民間と公共のサービスのちがいを簡潔にこう言い表した。「〈G4S〉モデルでは、コストの上限が決まっている」から、サービスを「信じられないほど切りつめる」しかない。一方、軍のほうは「発想がまったく逆だ。やらなければならない仕事は？　わかった、ではやりましょう、となる」[*38]

ただ、こういう失敗があっても、国の金で潤う私企業の爆発的な増加は止まっていない。会計検査院によると、財・サービスに対する公共部門の一八七〇億ポンド（約二八兆五〇〇〇億円）の支出の半分は外注に出され、国家の民営化がいかに進んだかを端的に示している。[*39]

自由市場を信奉するリバタリアンは、国家の役割は、ほぼ国防と国内の治安維持だけでいいと主張する。しかし新自由主義者たちは、その部分すら民間にまかせはじめている。いまや、イギリスの警察も売りに出されているのだ。二〇一二年、リンカンシャー警察は、〈G４S〉と二億ポンド（約三〇〇億円）の契約を結び、文民警官の半数をその指揮下に置いた。二〇一三年末までには、エイボンとサマセットの警察も、留置場と囚人移送のサービスの入札を募り、〈G４S〉を含む五社が業務の引き継ぎを狙って応札している。オリンピックの失態で〈G４S〉が不適格と見なされるまえ、ウェスト・ミッドランズとサリーの警察は、同社から、民間警備会社に地域の巡回と犯罪捜査を委託する一五億ポンド（約二二五〇億円）相当の業務の応札を受けていた。〈G４S〉のトップだったデイビッド・テイラー＝スミスは、二〇一二年六月、今後五年以内に民間企業が国内の多くの警察を掌握すると言った。それは、どうやら的を射ていた。イギリス警察の存在理由は、「合意にもとづく治安維持」だったが、国民はついに警察が、「地域社会」ではなく「株主」の合意にもとづいて治安維持をおこなうのを目にすることになりそうだ。

民営化された刑務所や軍の施設で

エスタブリッシュメントの信条の論理的帰結は、サービスの質と労働者の権利をないがしろにする「下への競争」だ。結局のところ、公共部門から分け前をもらう企業を動かすものはただひとつ――利益である。そして、労働者の賃金を下げ、労働条件を悪くすること以上に、利益を急激に増やす方法はなかなかない。

ほかの現役の契約労働者と同じく、テリー・ウィリアムズも本名を明かすことができない。明かせば解雇される怖れがあるからだ。彼は軍を退役後、当時〈セキュリコー〉［訳注：二〇〇四年に〈グループ４ファルク〉と合併して〈G４S〉になる］が所有していたサウス・ウェールズ刑務所の看守になり、最終的には〈サーコ〉で犯罪者に電子タグをつける仕事についた。「〈サーコ〉で働いて幸せな人間はいないと思う」と言う彼は、最近、経営側からのいじめに関して労働裁判で証言もしている。

契約更改にあたって、〈サーコ〉は競争相手より優位に立つために、職員の削減に取りかかった。「会社は、契約獲得のために、装備の質とか提供するサービス内容を改善しようとはしない」とウィリアムズは説明する。「とにかく全員の給料が大幅にカットされた」。彼の地域では六人が解雇され、二〇人分の仕事を一四人がすることになって、「首を切られた鶏みたいに、休む間もなく車でサウス・ウェールズの谷をまわることになったよ。それもこれも、入札価格をできるだけ安くして、〈G4S〉と〈キャピタ〉を出し抜くためだった」。

彼の女性の同僚のひとりは、「若い連中の相手をするのが本当にうまかった。ちゃんと話を聞くんだ、それが彼らに必要なことだから」。だが、その同僚は上司から叱責《しっせき》され、「ただ入って、出て、次に移れ」と指示された。これが私企業の典型的な態度だ。人も金も最低のレベルまで切りつめ、犯罪者の更生をうながすどころではない。

〈ソデクソ・ディフェンス〉が経営する軍事宿泊施設で、ポーターとして働くデイビッド・モファットも、似たような話をしてくれた。「この三年間で気づいたのは、会社がサービスを削減してきたということです」と言う。職員の労働時間はつねに減らされ、食事を出したり掃除をしたりする人が働く時間も、どんどん短くなっている。「いつも恐怖のなかで働いている雰囲気がある。仕事が減るばかりで、そのうち解雇されるんじゃないかという」

二〇年前に国防省がその施設を経営していたときには、給与はほぼ二倍で、有給休暇もあったが、いまデイビッドは有給の病気休暇ももらえない。「週に一八時間勤務の掃除担当が辞めさせられたら、代わりの求人広告は週一六時間で出される、そんな調子です。そのしわ寄せは残りの職員全員に及ぶ。足りない分を補わなければならないから。そしてサービスが悪化する。働くほうとしては、軍の人たちにいいサービスを提供したいんです。彼らもいい仕事をしているし。なのに提供サービスが減っていくのは、見ていてがっかりします」

選挙で成立した政府ではなく、私企業がサービスを提供することで、民主的な説明責任は失われ、同時に働き手の労働条件は例外なく悪化している。全ヨーロッパを対象とした調査でも、「公共サービスの自由化と民営化は、雇用と労働条件にたいていマイナスの効果を及ぼしている」ことがわかっている。[*40] もはや公的資産の叩き売りは、サービスを改善したり、投資に見合った価値や効率性を得たりするためではない。エスタブリッシュメントの教義として浸透しすぎ、それ自体が目的化しているのだ。

利益に取り憑かれた請負契約者にとって、公的資産の売却は控えめに言っても儲かる商売であり、何十億ポンドもの公金が取り放題の状態になる。これは、国が民間の株主の銀行口座に金を振りこむ「国家主義」の一形態であり、公金で補助された不当な商売である。

ここに、現代の資本主義の本質があらわになっている。「たかり屋」は社会の底辺ではなく、頂点にいる。そしてついには、国家資産の売却という大火事が、保守党の元財務相ナイジェル・ローソン曰く「イギリス人が持っているもののなかで宗教にいちばん近い」制度にまで及んだ――すなわち、NHSにまで。

NHSのこれまでと今

「政府は、これはNHSの民営化ではないと言いつづけている」と、労働党の元保健相フランク・ドブソンは書いた。「だが、契約で外部に委託する意図が明らかになったということは、民営化にほかならない。私企業が私営病院に仕事をさせるということだ」。彼がこう主張したのは、保守党連立政権の時代ではない。二〇〇六年、トニー・ブレアのニュー・レイバーが政権についていたときだ。公金を患者の治療にではなく、個人の銀行口座につぎこむ政策は、キャメロンの保守党のもとで始まったのではない。

公的資産を私的利益に移すエスタブリッシュメントにとって、NHSは最大の難敵だった。二〇一三年の世論調査によれば、イギリス人は軍隊や君主制も含めたあらゆる制度のなかで、ＮＨＳをもっとも誇りに思っていた。[41] 保健が公共部門からはずれたらどうなるかは、アメリカの民間ヘルスケア制度がはっきりと示している。オバマ大統領による改革があったにもかかわらず、いまも何百万というアメリカ人が健康保険なしで暮らしている。アメリカはＧＤＰ比でイギリスの約二倍の金額をヘルスケアに費やしているが、アメリカの雑誌、ジャーナル・オブ・パブリック・ヘルスが二〇一三年におこなった調査によると、その制度の効率の悪さは西洋でも一、二を争う。

二〇一三年一〇月の〈ユーガブ〉の世論調査では、八四パーセントの国民がＮＨＳの国営継続を望んでいて、民営化に賛成した人はわずか七パーセントだった。保守党支持者でさえ、七七パーセントは国営に賛成していた。[42] また、二〇一五年初めにおこなわれた〈ユーガブ〉の調査によると、ほぼ半数のイギリス人が、「デイビッド・キャメロンの政権があと五年続いたら、いまのＮＨＳはなくなる」のは「一般論として真実」だと認めていた。[43] だが、それでも、ＮＨＳがエスタブリッシュメントの触手から逃れることはできなかった。

たしかに、これまでもＮＨＳは完全な国営ではなかった。ＮＨＳが一九四七年に誕生した際、病院から地域社会のサービスまで、その多くは国有化された。だが当初、労働党のアナイリン・ベバン保健相が、ＮＨＳを創出する法案を議会で通過させようとしたときには、一般開業医が反発した。そこでベバンは、彼らを国家公務員にする代わりに、保険サービスを契約で請け負う事実上の小事業主として扱うことに同意した。「彼らの口に金を詰めこんだ」とベバンはのちに告白した。「だから、民営化の種はＮＨＳ創設の日にまかれていたのだ」と、一般開業医で英国医師会副会長のカイラシュ・チャンドは私に語る。「そうしてわれわれは、ここ数年の災難にみまわれることになった」

その後はマーガレット・サッチャーでさえ、ＮＨＳの民営化には手をつけなかったが、一九九一年に事態が変わりはじめる。彼女の後継者ジョン・メージャーの政権下で、最初の「病院トラスト」ができた。患者を得ようと競い合うこの独立組織によって、医療サービスは購入者（地方自治体）と供給者（トラスト）に分かれ、内部市場が形成された。政府はまた、民間の健康保険に優遇税制を導入した。その結果、病院を建設し、維持するためにあったＮＨＳの資本予算は現金不足に陥り、病院は荒廃した。ＮＨＳの制度は徐々に分断されていった。

ヘルスケア民営化の最初の大きな波は、一九八九年以降に保守党政権下で現れた制度「ケア・イン・ザ・コミュニティ」だ。その目的は、精神的・身体的な障害がある人のケアを病院から自宅に移すことと説明された。しかし、そのためにできた法律は、民間のサービス提供者に市場を開放するのが狙いだった。

この問題に焦点を当てた少数の人のなかに、公衆衛生を研究するアリソン・ポロック教授がいる。私はイースト・ロンドンのホワイトチャペルにあるポロックの職場〈プライマリーケア・公衆衛生センター〉のカフェで、彼女と話した。ポロックはＮＨＳの民営化に反対する運動を長く続けているが、かつて激しく攻撃してきた労働党指導部が、いまは自分の研究を支持していることに苦笑いした。そして、「ケア・イン・ザ・コミュニティ」は、「ほとんど注目も警戒もされなかった初期の民営化」だと指摘した。「なぜなら、老人や高齢の精神障害者、学習困難者といった、反対する声を持たないもっとも弱い人たちが対象だったから。コミュニティ内でケアが改めて提供されるという説明だったけれど、その裏には利益を追求する民間企業への大きな広がりが隠されていた」

介護施設は一大ビジネスだ。〈サザン・クロス・ヘルスケア〉は、一九九六～二〇一一年に国じゅうで七五〇の施設を開業して、国内最大のサービス提供者となったが、未公開株式投資会社や資産運用会社が目をつけ、金儲けのために同社の売買をくり返した。二〇〇四年には、未公開株式市場のハゲタカ、〈ブラックストーン〉が買収し、三年後に売却して巨額の利益をあげた。その一方、コスト削減が常態化し、サービスの質は落ちて、従業員は貧困レベルの給与に苦しめられた。ついに、養護施設を買い上げて家主に売るという大胆な事業戦略をとったものの、最終的に賃料が払えなくなって行きづまり、二〇一一年に破綻、三万一〇〇〇人の弱者が不安な生活を送ることになった。[*44] 二〇一四年なかばの審理では、〈サザン・クロス〉の財務問題と「ケアに対する不充分な取り組み」のせいで「弱い立場の人々」が危険にさらされ、六人の高齢者が亡くなったことが明らかになった。[*45] 悪質な資産運用者にとっては、高齢者の介護さえも安易な金儲けの機会でしかないのだ。

ニュー・レイバー政権初期、トニー・ブレアは、当時の保健相で民営化への最大の障壁と見なされていたフランク・ドブソンを、苦戦が必至のロンドン市長選に送りこみ、代わりにアラン・ミルバーンを就任させた。ミルバーンは、公金で患者を民間治療施設に送りこむなど、NHSにおける私企業の役割の拡大を熱心に進めた。「民間の診断・治療センターは、手術一件につき、NHS病院より平均一一パーセント高い金額をもらっている」とドブソンは指摘した。「コストが下がるなら、アウトソーシングもまだ正当化できるが、コストが高くなるなら意味がない」。これらの市場化政策は、サービスの官僚的手続きを増やし、結果としてNHSの管理コストは二倍になった。[*46]

医療まで食い物にする国

民営化のきわめて悲惨な形態といえば、〈プライベート・ファイナンス・イニシアティブ〉(PFI)だろう。これは、ジョン・メージャーの保守党政権が初めて導入したもので、民間の契約者が毎年、国から費用を受け取って学校や病院を建設し、それらの施設を国に貸し出すという仕組みだった。好都合なことに、その費用は国の公共部門借入に計上されない。会計上のペテンである。銀行と建設会社は共同事業体を作り、期間限定で有限責任の会社を「特別目的媒体」として設立した。「その裏には、過去に例のない施設管理サービス業界の急成長があった」とアリソン・ポロック教授は説明する。「それともちろん、法律家、会計士、経営コンサルタントからなる、まったく新しい産業もできた。ＰＦＩには国家の解体を可能にする専門家集団が必要だったから」

ＰＦＩがコスト高になることは、最初から不可避だった。私企業は、破産する可能性がはるかに低い国よりも高金利で、資金調達せざるをえないからだ。現代イギリスにおいては耳慣れた話だが、ここでも納税者がリスクの肩代わりを期待された。二〇一一年、財務省特別委員会は、ＰＦＩが納税者をリスクから守っているというのは「錯覚」であると結論づけ、二〇一二年には政府が「ＰＦＩ病院」の救済に一五億ポンド（約二一五〇億円）を投じると発表した。その利益は私企業に流れたままである。

ＰＦＩが過去二〇年ほどのあいだにむしり取った巨額の国費については、どれだけ強調してもしすぎることはない。委託された計画の総額は、五四七億ポンド（約八兆二〇五〇億円）。にもかかわらず、数十年後にようやく共同事業体に借金を返済し終わるまでに、納税者は三〇一〇億ポンド（約四五兆一五〇〇億円）という信じられない額を負担する見込みだ。国も三〇年契約に縛られていて、毎年企業に利息分だけを支払いつづける。

個々の病院も、笑えるほど高額な保守サービス契約にしたがわなければならず、ときには電球を一個新品に取り替えるのに三三三ポンド（約四万九九五〇円）を請求されるといった馬鹿げたことが起きた。資金は患者の治療に向かわず、企業のポケットに直行している。病院には破産の危機が迫る。二〇一二年には、〈サウス・ロンドン・ヘルスケア・ＮＨＳトラスト〉が倒産して管理手続きに入り、ほかの病院も似たり寄ったりだった。「ヘルスケアを抵当に入れて、将来世代に残したようなものだ」とカイラシュ・チャンド医師は言った。

スコットランドとウェールズの保健サービスは、それぞれの自治体に委譲されたが、イングランドのＮＨＳ

は利益追求者の攻撃を受けつづけている。イングランドのNHS全体の本格的な解体が始まったのは、連立政権が成立してからだ。保守党は二〇一〇年の総選挙のマニフェストで、NHSの「トップダウンの再編」はこれ以上しないと誓ったにもかかわらず、選挙が終わるや、一九四七年のNHS創設以来最大規模の「トップダウンの再編」に取りかかった。

二〇一二年の医療・社会ケア法は、NHSを創設した法律の三倍以上の分量があり、これまで保険サービスを担ってきた戦略保健局とプライマリーケア・トラストは廃止、NHSの六〇〇億ポンド（約九兆円）の支出は〈臨床委託グループ〉（CCG）に移された。CCGは一般開業医が運営することになっていたが、その前提自体がナンセンスだ。官僚や行政の管理をするために医師になる人はほとんどいない。二〇一三年三月の調査によると、委託業務にかかわる一般開業医は、CCGができてからも増えていなかった。[*47] 代わりに、CCGは私企業に目を向けた。

この新法で決定的に重要なのは、第七五項である——競争の名のもと、NHSの全サービスについて、CCGが「単一の提供者」で満足しない場合には強制的に競争入札にかけることになったのだ。実際には、CCGが満足することはまずありえない。王立一般開業医師会の元会長がブリティッシュ・メディカル・ジャーナルに書いたように、CCGが「高額な入札をおこなわずに、単一の提供者しかいないと確信できるわけがない」。

この立法のまえから、NHSの一部は民間企業の餌食になっていた。最初に民営化された病院は、二〇一一年のヒンチングブルック病院で、〈サークル・パートナーシップ〉に一〇億ポンド（約一五〇〇億円）で売却された。ヒンチングブルックは、そのまえの一種の民営化、PFIで借金を抱えていた。デイリー・メール紙を初めとするメディアや保守党の政治家は、この売却を称賛したが、[*48] 二〇一五年一月の〈ケア品質委員会〉の報告書が出る直前に、〈サークル〉は契約からの脱退を発表した。その報告書は、ヒンチングブルックのサービスを「不充分」と断じ、特別措置を講じるとする内容だった。政府の補助金削減に加え、事故や緊急サービスの負担が大きすぎて、病院を放棄せざるをえなくなったというのが〈サークル〉側の説明だった。民営化の模範とされた病院の失敗は、市場重視の教義が通用しないことの証である。

もうひとつ、ウォリックシャーにあるジョージ・エリオット病院も民営化の寸前まで行き、〈サークル〉〈ケア・ＵＫ〉〈サーコ〉といった企業が出番を待っていた。労働党は、ＮＨＳが「売りに出された」と警鐘を鳴らしたが、説得力はなかった。なにしろ彼ら自身が政権を握っていたときに、民営化を推進するエスタブリッシュメントの教義を取り入れていたのだから。

サリーでは、二〇一二年に域内の保健サービスが〈ヴァージン・ケア〉に譲渡された。契約額は五億ポンド（約七五〇億円）相当。この種の契約は驚くほど複雑で、本件でも一三二〇ページにもわたっていて、精査は事実上不可能だった。[*49] そしてこの民営化も、一年後には影が薄くなる。ケンブリッジシャー・ピーターバラにある〈ＣＣＧ〉が、ＮＨＳサービスを最大一一億ポンド（約一六五〇億円）で民間ヘルスケア企業に売却すると発表したからだ。労働党の影の保健相アンディ・バーナムに言わせれば、「過去最高に無謀な売却」だった。[*50]

コーンウォールでは〈サーコ〉が通常時間外のサービスの管理をまかされたが、下院の公会計委員会から、「低水準の」サービスと二五二回にのぼる虚偽の業務実績報告を非難された。また、ＮＨＳの脳腫瘍の患者を治療する別の契約は、民間ヘルスケアの巨人〈ホスピタル・コーポレーション・オブ・アメリカ・インターナショナル〉の手に渡った。この企業は保守党に献金している。さらに、ミッドランズでは七億七〇〇〇万ポンド（約一一五五億円）相当の病理学関連サービスが入札にかけられ、ブリストルでは成人精神衛生サービスの二億一〇〇〇万ポンド（約三一五億円）の契約を民間企業が手にした。イングランドのＮＨＳは、ポロック教授が言うとおり、もはや「ただのロゴであり、実態は資金供給」になっている。

迫る「生命への脅威」

ＮＨＳの民営化は、このように雪崩《なだれ》のごとく起きた。政府の法案が通過してからの半年で、ＮＨＳ病院に渡った臨床契約は、二四件中わずかに四件だった。[*51] 上空を舞っているハゲタカたちにとって、地上は新鮮な肉だらけだ。現在、政府はＮＨＳ病院に、ＮＨＳ未加入の患者からの収入を全体の五〇パーセントまで認めており、二〇一三年七月のブリティッシュ・メディカル・ジャーナルの調査によると、ＮＨＳ病院の六分の一は民間の仕事を増やしている。

企業金融コンサルタント〈カタリスト〉の二〇一二年の報告書では、この先、イングランドのＮＨＳの予算九五六億ポンド（約一四兆三四〇〇億円）のうち、二〇〇億ポンド（約三兆円）が民間に流れると想定されている。報告書の見出しには、誇らしげに「今後、民間部門に二〇〇億ポンドのチャンス」とある。「多くの困難を乗り越えて、民間部門は、税金または利用者のその都度の支払いにもとづいて、徐々にヘルスケアを提供しはじめている」という強気の内容で、二〇二〇年までに、プライマリーケア（初期治療）とセカンダリーケア（二次治療）の四〇パーセントまでを民間企業が提供する大成長の見通しを示した。[*52]

しかし、この民営化の流れは、一般国民の目にはふれない。いまやＮＨＳの一〇〇以上のサービスを〈ヴァージン・ケア〉が提供しているが、何を引き継いだにせよ、患者が〈ヴァージン〉のロゴを見ることはない。そこにはあいかわらず安心の〈ＮＨＳ〉の三文字が記されているのだ。

民間企業への売却が進めば、ＮＨＳサービスへの予算の割り当ては減少する。事実、連立政権になってからの三年間で、八〇〇〇床のベッドが削られ、[*53] 王立看護協会は、ＮＨＳに必要な看護師が二万名不足していると見積もった。[*54] そのうえ、ＮＨＳサービスには二〇一五年までに二〇〇億ポンド（約三兆円）の「効率化による節約」が期待されている。[*55]

これらすべては「偶然」ではない。もとからの「計画」だ。二〇〇五年、保健相のジェレミー・ハントはすでに、『直接民主主義――新しいモデルの党』と題する共著の小冊子のなかで、NHSを国営からはずし、国民保険のモデルに切り替えることを提唱している。保健相という立場を考えると信じがたいが、ハントは、二〇一二年オリンピックの開会式でNHSに賛辞を贈ることを取りやめるよう個人的に働きかけてもいる。[*56]

国営のヘルスケアを支持しないのは、NHSを管轄する閣内大臣だけではない。二〇一二年には、経営コンサルタント〈マッキンゼー〉の元シニア・パートナー、デイビッド・ベネットが、NHSの監督機関〈モニター〉の永久最高経営責任者に任命された。〈マッキンゼー〉は世界じゅうで民営化とアウトソーシングの経験を積み、イギリス政府のNHS民営化法案の一部を起草した当のコンサルタントだ。また、二〇一三年一〇月には、サイモン・スティーブンスがNHSのCEOになった。かつてトニー・ブレア首相の顧問として市場を重視し、民間ヘルスケア企業〈ユナイテッド・ヘルス〉の重役を一〇年間務めた人物である。NHSは、自由市場イデオロギーの信奉者たちの手に握られているのだ。

NHSのこの切り売りは、患者の健康どころか生命にとってとても脅威になっている。王立医学協会アカデミーのテレンス・スティーブンソン教授は、「不必要な競争は、複雑で相互に関連した地域の保健経済、とりわけ病院を不安定にし、患者の治療に悪影響を及ぼしかねない」[*57]と言っている。ヘルスケアの中心に利益という動機を置いたことで、深刻な事態を招いているのだ。「市場は当然、収入と利益を求める。それが彼らの哲学。単純なことだ」とカイラシュ・チャンド医師は言う。「利益を生まないことは知りたくない。たとえば、儲かる選択的手術［訳注：緊急性がなく、本人が選択できる手術］だけを扱う。最終的には、ヘルスケアが二層に分かれて、選択的手術などは民間がおこなう体制になるだろう」

ＮＨＳの治療に金を払える人は、治療待ちの列を飛び越えることができる。金に困っている病院は、喉から手が出るほど彼らが欲しい。しかし残りの人々はみな、長くなる一方の待機リストに無理やり入れられる。二〇一二年には、五万二〇〇〇人を超える患者が通常の手術を受けられなかった。[*58]

民営化政策は、患者に「選択肢」を与えると説明されることもあるが、この政策は「選択肢」とはなんの関係もない。「選択肢」を売り払っているのは患者ではなく、選挙で選んだこともない、たいてい名前すら知らない人々だ。彼らが、患者の保健サービスをばっさり削減したり、私企業に渡したりしている。患者はそれを好きになるか、我慢するしかない。たとえば、コーンウォールでＮＨＳの患者が通常時間外のサービスを受けたいと思ったら、「選択肢」は〈サーコ〉ひとつしかないのだ。

民営化にはコストがかかる。現在の「再編」には三〇億ポンド（約四五〇〇億円）かかったが、市場原則を拡大するには法律も整えなければならず、それも安くはない。「私たちは競争関連法の泥沼にはまっている」。サー・デイビッド・ニコルソンは、ＮＨＳイングランドのＣＥＯを退任するときにそう語った。「競争専門の弁護士がまわりに大勢いて、ああしろこうしろと言ってくる。それが途方もなく面倒だ」

民営化に金がかかる理由は、ほかにもある。「過去に保健サービスというものは存在しなかった。あったのは、疾病サービスだ」とカイラシュ・チャンド医師は言う。病気の予防に集中し、健康な生活を送ることで、高くつく病状の出現を最初から抑える代わりに、ＮＨＳは健康悪化の症状に対処するよう設計されている。だが、病気には高額の治療と投薬が必要で、それは大手製薬会社にとって有益なモデルだ。健康なライフスタイルを推進すれば、この利益システムは崩れる。現実には、イギリス人の高齢化が進んでいるので、病気や体の不調には今後ますます多くの金が必要になるだろう。ＮＨＳの解体と売却から利益を得る立場の私企業にとっては、朗報だ。

ともあれ、これは今のイギリスのエスタブリッシュメントを象徴する話である。エスタブリッシュメントの支配的なイデオロギーは、国家を毛嫌いし、個人を国家の束縛から解放しろと主張しつづける。そして社会でもっとも貧しい人々は、生活保護受給者として国に依存していると見なされ、つねに「たかり屋」や「怠け者」と叩かれる。だが実際には、国家は私企業の利益を守り、インフラを提供し、訓練ずみの労働力を供給している。それだけではない。利益そのものを途切れなく与える存在にもなっている。いまや国家は私企業化し、税金のたんなる分配者へと変わり、その過程でますます説明責任を負わなくなっている。

そこにはもう、公益を担う「公共サービス」の影も形もない。重んじられるのは、人間より利益だ。エスタブリッシュメントの政治家やジャーナリストやシンクタンクのなかでは、大規模な民営化運動を支持することが賢明だと思われるのかもしれないが、それで国民の心と精神を満足させることは決してできない。

大企業は、国の膨大な富と資源を喜んで受け取るのに、自分のほうからはめったに与えたがらない。「国家は本来不要であり『富の創出者』である起業家の才能にとっては邪魔物だ」というエスタブリッシュメントのイデオロギーは、国が機能するのに最低限必要な収入さえなくてもかまわないという考えを生む。そして、サービスや人々の暮らしを悪化させる緊縮財政の時代においても、イギリスの裕福なエリートの大多数は、巧みに税金の支払いから逃れている。

その実態を見れば、イギリスという国が誰に奉仕しているかがわかる。

6

租税回避の横行と大物実業家

Tycoons and Tax-Dodgers

現代イギリスの資本主義に宣伝大使が必要だとしたら、スティーブ・バーリーはなかなかの人選ではないだろうか。四大会計事務所「ビッグ・フォー」のひとつで、年商二四〇億ポンド（約三兆六〇〇〇億円）を誇る〈アーンスト&ヤング〉の比較的若い会長である。それでいて、イギリス企業の役員室によくいるような、堅苦しいパブリック・スクール卒業生のイメージからはほど遠い。生まれはヨークシャー州ハロゲイト。北部の訛りがかすかに聞き取れる抑揚のある声で、「ハロゲイトはおしゃれな町だろう?」と冗談を言う。

育ったのは、マンチェスター郊外のベリーのテラスハウスだ。ベリーFCのスタジアム〈ギグ・レーン〉から二〇〇メートルのところだった。笑みを絶やさず、実直な雰囲気なので、「いっしょに一杯飲りたいやつ」テストには楽々と合格する。「故郷に帰ると、『一杯目はこいつのおごりだ』と言われるよ」と笑う。「外に出て、二〇分サッカーをすれば、また昔の友だちに戻れる」

ごくふつうの善人バーリーに魅了されて、エスタブリッシュメントも悪いと決まったものではない、と結論するのはたやすい。彼は成長期にはサッカーに夢中になり、大学を卒業してもまだ、人生で何をしたいのかわからなかったという。「一年間旅に出て、だいたいは旅行ガイドの『ロンリー・プラネット』に書いてあるようなことをしていたね」。イギリスに戻ったときには、借金を抱えていた。「あのころは銀行家になるか、専門職につくかという時代だったけど、銀行家になろうなんて考えたことはなかった」。コンサルティング会社に入ったあと、二〇〇五年に〈アーンスト&ヤング〉に引き抜かれた。そこで印象に残る仕事をしたのだろう、六年後の新会長の選出で、ほかの候補者とともに彼の名前がリストに入った。「そこからは謎めいたプロセスだ」と彼は笑みを浮かべて説明する。「新しいローマ法王を選ぶわけではないけれど、それとあまりちがわない」。会長に選ばれたのは驚きであり、名誉だった。職場の多くの人間より若く、会計士出身でもなく、会社に加わってさほどたってもいなかったからだ。

本人に言わせれば、「夢じゃないかと、自分で自分をつねらなければならなかった」。閉鎖的な特権エリート集団の外から出世して、イギリスのエスタブリッシュメントに加わった比較的少数の人たちは、同じように感じることが多いようだ。「自分はどれだけ運がいいのだろうと思うわけだ。こんなことまでするようになるとは、と。貿易代表団の一員として首相と行動したり、ブラジルの大統領の執務室に入ったり。それも二度。奇妙な感覚だよ」

バーリーは、自分が倫理的で思いやりのある資本主義の代表であることを積極的に示す。ロンドンにそびえる〈アーンスト&ヤング〉本社ビルの最上階のオフィスに入ってきた彼は、首都の大パノラマを背景に、まえの晩は〈ストーンウォール〉が主催した会に参加して疲れているとこぼした。〈ストーンウォール〉は、レズビアン、ゲイ、バイセクシャルの活動組織で、〈アーンスト&ヤング〉は二〇一二年、その団体からもっとも「ゲイ・フレンドリー」な会社と認定された。翌年には、LGBTの平等を祝う国内最大のイベント、〈プライド・イン・ロンドン〉のヘッドライン・スポンサーにもなっている。

加えて、バーリーは社会起業家を支援する〈ソーシャル・ビジネス・トラスト〉のメンバーでもあり、なかでも誇らしげに語るのは〈バイクワークス〉という、出所した犯罪者を訓練して自転車の整備工にするプロジェクトへの支援だ。出産した女性の職場復帰とパートタイムの専門職探しを手伝う別の組織にも、協力している。「非常に元気を与えてくれる女性たちだ。私も、あそこから多くのものを得ている」

感心せずにいるのはむずかしい。目のまえに「人の顔を持つ資本主義」がいて、イギリスで成功しているのだ。それでも、〈アーンスト&ヤング〉のような会社には、イギリスのエスタブリッシュメントのもっとも悪しきメンタリティと慣行が凝縮されている——富をますます少数の者に集中させる果てしない探求、私的利益と国家のあいだの障壁の除去、そして国家をイデオロギー的に否定して、その基本的なサービスと機能の維持に貢献しない姿勢だ。

〈アーンスト&ヤング〉は、現代資本主義の大きなスキャンダルのひとつに加担している。すなわち、公的支出が無残に削られているこの時期に、裕福な個人や企業が組織的におこなっている租税回避に。活動家の公認会計士リチャード・マーフィが、労働組合会議(TUC)のためにおこなった調査では、イギリスのエリートは毎年二五〇億ポンド(約三兆七五〇〇億円)相当の租税を回避をしている。二〇一四年、会計検査院は、イギリスの大企業五社のうち一社は前年に法人税をいっさい払っておらず、納税額が一〇〇〇万ポンド(約一五億円)を下まわる企業が半数を超えると明らかにした。[*1] 大企業の多くは国家を否定し(国家に依存しているにもかかわらずだ)、資金を提供したがらない。それどころか、すでに国には充分貢献していて、国内で人を雇っているだけでも感謝してもらいたいと思っている。

租税回避は、イギリスの富と権力のきわめて不平等な分配の一症状だ。法は貧困者の不正行為を厳しく取り締まる一方で、富裕者のもっとずっと破壊的な行動は認め、手助けさえする。租税回避で失われる何百億ポンドを、不正受給による一二億ポンド(約一八〇〇億円)の損失と比べてみてほしい。不正受給のほうはニュースの定番のネタになって、怒ったタブロイド紙の見出しを飾っている。二〇一三年一〇月、三二歳のビエナ・ミシェル・イスラエルは、子供が同居しなくなったことを報告せずに、合計二万三六〇〇ポンド（約三五四万円）を超えるタックス・クレジット、所得補助金、児童手当を不正に請求した罪で、一年の禁固刑を言い渡された。[*2] たしかに彼女の行為は許せないだろうが、租税回避の大企業が国庫に納めていない金額に比べれば、ほんのわずかだ。

この主張に対して、口達者な人はだいたいこう答える。「まあね。でも、租税回避と不正受給のちがいは、前者が合法で後者が違法だってことだよね」。しかし、この返答自体が、期せずして法律の問題点を明らかにしている。法律は、最富裕層の行動のほうが社会をはるかに破壊するときでも、彼らに有利なように作られているのだ。富裕者たちは、会計士と弁護士の一群を雇って、立法府が意図した納税を避けることができる。

租税を回避している富裕エリート層は、国がサービスを提供し、政策を実施するのに必要な資金を国庫から奪い、法律の正当性を損ない、国の機構と部分的に一体化することによって、民主主義にとって真の脅威になっている。そしてその中心には会計事務所の「ビッグ・フォー」、すなわち〈アーンスト＆ヤング〉、〈プライスウォーターハウスクーパース〉（ＰｗＣ）、〈デロイト〉、〈ＫＰＭＧ〉がいるのだ。

こうして、ベールがはがされはじめた

「ビッグ・フォー」の仕事は、長いこと秘密のベールに包まれていた。二〇一三年一月に、下院の公会計委員会（ＰＡＣ）に引きずり出されて初めて、彼らの業務が世間の注目を浴びた。そのとき、委員会を率いる、きまじめな労働党下院議員マーガレット・ホッジは、「租税回避が、利益をあげる新しい手法になっています」とにべもなく指摘した。「あなたがたがやっていることは、裕福な個人や企業が支払う税金を最小限にすること。

私にはそう見えます」。こういう鋭い公開質問に慣れていない彼らは、尻込みするしかなかった。ホッジはさらに、〈ＰｗＣ〉がルクセンブルクやジャージー［訳注：イギリス海峡のチャンネル諸島の一部で、イギリス王室属領］といった低税率の管轄区に、きわめて複雑な構造の会社を作らせている例をあげ、「これほど煩雑なことをする目的はひとつ」と論じた。「あなたがたのことばを借りれば、税を最小化する。私のことばで言えば、税を回避するためです」。税率の低い国にこうした複雑な構造を設けるのは「税を最小化する」ためか、と訊かれた税金担当責任者ケビン・ニコルソンは、おどおどと「それも考慮することのひとつです」と認めた。[*3]

「ビッグ・フォー」は、この「下院議員による公判」を嫌った。「議論はかなり感情的になる」。フリート街からほど近い〈デロイト〉のコンクリートのビルのなかで、しわひとつないスーツを着た白髪混じりの公共政策担当責任者、デイビッド・バーンズはそう言った。「マーガレット・ホッジも、ＰＡＣも、これ見よがしのスタンドプレーだ」。無理もない。イギリスの富裕エリート層による大規模な租税回避は、長年、税金の専門家やマニアだけが気にする問題だった。ニュー・レイバー政権下、少なくとも二〇〇八年までは、イギリスは終わりなき経済成長を謳歌しているように見えた。当時のゴードン・ブラウン財務相は、「好況と不況の波」は歴史書だけで見るものになったと宣言した。税収は増えつづけ、公共サービスへの投資も着実に伸びていた。

しかし、二〇〇八年の初秋に〈リーマン・ブラザーズ〉が崩壊すると、それまでの金銭感覚も崩れ去った。税収は突然底なしに落ちこみ、二〇一〇年五月には保守党と自由民主党の連立政権が成立して、大規模な支出削減計画を打ち出した。公共サービスは削られ、生活水準は一八七〇年代以来、最長の期間にわたって下がりつづけた。そのようななかで、イギリス企業が相応の税負担を拒んでいることに関心が集まる機が熟したのだ。

租税回避が顕著な政治問題になるはるかまえに、真剣に注目した数少ない人物のひとりに、公認会計士のリチャード・マーフィがいる。大学時代から左派の社会民主主義者を自認した彼は、同時にビジネスにも魅了されていた。一九八〇年代なかばに〈ＫＰＭＧ〉の前身の会計事務所に加わったときには、「おとなしく勤めていれば、一〇年かそこらでパートナーになれる」と言われてその場で辞めてしまうほど、野心満々で衝動的だった。その後、国内外で複数の会社の設立にかかわり、二六歳のときには、アメリカの人気ボードゲーム〈トリビアル・パスート〉のイギリス輸入にたずさわった。

「タックスへイブン（租税回避地）に悪い面があるなんて、誰も考えていなかった」とマーフィは振り返る。私たちは八月のあるすばらしい日に、イースト・ロンドンのオープンカフェにいた。「当時は誰もタックスへイブンについてくわしく知らなかったし、学術的な研究もなかった。でも、私はタックスへイブンに関する活動を見てすぐに、自分の道徳観に反すると思ったんだ」。マーフィはふたりのパートナーと会計事務所を設立した。そこはクライアントの納税を他国に移したり、信託を設けたりする租税回避措置を講じない点で、ほかの事務所とは一線を画していた。「商業的にも非常に成功したモデルだった」と彼は胸を張る。

その後、事業を売却してノーフォークで静かに暮らそうと決意したマーフィは、思索と執筆に集中した。「自分が学んだことを、世界をよりよい場所にするために使いたかった」。租税回避とタックスへイブンの問題に取り組む〈タックス・ジャスティス・ネットワーク〉も共同設立し、法律がエリートによる制度の悪用を許している状況を明らかにしようと、くわしい研究を始めた。それが、専門家と活動家の強力な同盟が生まれるきっかけだった。

別の日、ロンドンのエンジェル地下鉄駅に近い裏通り、芸術的な雰囲気の漂う静かなカフェで、私はふたりの先駆的な活動家、マリー・ワージーとケイト・ブラゴジェビッチに会った。ふたりとも二〇代前半。若々しい顔で、充分大学生として通用するが、会って数分でそのタフさと強い決意に感銘を受けた。どちらも以前は〈クライメート・キャンプ〉のような環境団体に協力していたが、イギリスに緊縮財政が兆した二〇一〇年に、少数の友人たちと、いまこそ行動をおこすときだと決断したという。

二〇一〇年の歳出見直しで、財務相のジョージ・オズボーンは六〇億ポンド（約九〇〇〇億円）にのぼる削減計画を発表した。携帯電話の巨人〈ボーダフォン〉が歳入関税局（HMRC）から六〇億ポンドの税金を免除されたことを、プライベート・アイ誌がすっぱ抜いた直後のことだった。同じ額が、ちょうど歳出から削られることになったのだ。「そのときみんなが集まって、なるほどそういうことかと納得し、ある水曜の朝に六〇人以上が〈ボーダフォン〉のまえで座りこみをしたの」とケイトは言う。「それが広がって、翌日にはリーズで座りこみをして、突然、イギリスじゅうで土曜もやりましょうということになった」。そこから新しい運動が生まれた――〈UKアンカット〉、不心得な企業を平和的に占拠して、租税回避を無理やり議論の俎上《そじょう》にのせるという、全国的な直接行動団体である。

ボーダフォンの言い分

名家の出身で〈ボーダフォン〉広報担当取締役のマシュー・カークは、事実上、同社の外務大臣のような役割を果たしながら、エスタブリッシュメントの伝統に浸っている。パディントンにあるオフィスを訪ねると、社員をしたがえて座り、誇らしげに父親の写真を指差した。亡き父はヨーロッパの保守党大臣、サー・ピーター・マイケル・カークだ。隣に写っているのは、マーガレット・サッチャー。「手元にある唯一の写真がこれで、『保守党はヨーロッパに賛成』と書いてあるのがじつにユニークだ」と笑いながら、一九七五年の国民投票では、父がサッチャーを説得して、イギリスの欧州経済共同体（ECC）加入に賛成する運動を展開したのだと自慢した。

カーク自身は外交官として国連で働きはじめ、ソ連崩壊後の軍縮協定などの国際交渉にかかわった。〈ボー

〈ボーダフォン〉で働かないかと声がかかったのは、フィンランド駐在大使だったときだ。「当時のCEOアルン・サリンからの提案だった。社内に、いまの環境では舵取りがむずかしくなってきたという雰囲気がある、という話でね」。世界じゅうのあまたの規制当局との交渉は複雑で、カークによれば、そのころ〈ボーダフォン〉は、電気通信事業の政策立案者の決定が「ますます政治的に」なってきたと感じていた。

租税回避の非難をかわすことにかけて、カークはプロである。「この議論はほぼ片づいたよ」と穏やかな声で、当然のごとく言った。「われわれもHMRCも、これは長いあいだ続いているから、そろそろ膝つき合わせて解決しようじゃないかと考える段階になっていた」。そして〈ボーダフォン〉は、HMRCに対する負債全額一二億五〇〇〇万ポンド（約一八七五億円）を支払うことに合意した、とカークは主張する。「そのすぐあと、支払うべき金額は一二億五〇〇〇万ポンドではなく、六〇億ポンドだったという記事がプライベート・アイ誌に出た」

だが、カークの指摘によれば、HMRC自体がその数字を「都市伝説」だと一蹴し、〈ボーダフォン〉はたんに、人々の感情をかき立てる数字の偶然の一致に迷惑をかけられたにすぎない。「あの六〇億ポンドは、たまたま政府の高等教育予算の削減額だった六〇億ポンドと一致しただけだ。予算削減の結果として、大学の学費は上昇せざるをえない。そこから〈UKアンカット〉が生まれた。『もし〈ボーダフォン〉が税金を納めてさえいれば、大学の学費を上げなくてすんだのに』というのは、みなが飛びつきそうな売り文句だよ」。実際、引退した判事のサー・アンドルー・パークは、〈ボーダフォン〉が法廷闘争を続ければ、勝訴して一ペニーも払わずにすんだチャンスもあったと言ったそうだ。

しかし、カーク自身も多少「売り文句」を使っている。現実の出来事は少しちがうからだ。二〇〇一年、〈ボーダフォン〉はタックスヘイブンのルクセンブルクに設立したオフショア企業を用いて、ドイツのエンジニアリング企業〈マンネスマン〉を一八〇〇億ユーロ（約二二兆八六〇〇億円）で買収した。そして、この取引によって本国で税金の支払いが生じないように、特別な資金調達の仕組みを作った。プライベート・アイ誌の報道によると、〈ボーダフォン〉は、「取引に関するすべての情報を得ようとした税務当局に抵抗」し、「税務上の利益を攻撃するイギリス法は、ヨーロッパ法によって覆される」と裁判所をつうじて主張した。「ヨーロッパの法律は、（きわめて怪しいタックスヘイブンも含めた）ＥＵ内のどこでも法人を設立し、課税逃れができることを認めている」と。

裁判は長引き、ＨＭＲＣ局長デイブ・ハートネットは、この件をもっと柔軟に対応できる部署に移管した。最終的に、ＨＭＲＣから〈ボーダフォン〉に八億ポンド（約一二〇〇億円）の請求がなされ、まず五年間で四億五〇〇〇万ポンド（約六七五億円）が支払われることになった。この和解額は、ＨＭＲＣ内の訴訟当事者や税法の専門家に諮《はか》ることなく決まったものだった。

これら一連の話をプライベート・アイ誌に流したのは、ＨＭＲＣで法人税と国際税務を専門とし、一五年間勤務したのち二〇〇五年に退職した税務調査官、リチャード・ブルックスだった。ブルックスは当時を思い出し、この闘いではＨＭＲＣが優勢となり、〈ボーダフォン〉はあきらめかけていたと言った。「負けそうだったから、和解するほうが得策と考えたのだ」。しかし金額の決定にあたって、ＨＭＲＣは専門家からいっさいアドバイスを受けなかった。局内にも弁護士はいるが、「内部の弁護士にも相談しなかった」とブルックスは語る。「この分野にくわしい弁護士も専門家もいて、その時点まで法廷で闘っていた。このくらい大規模な法廷闘争になると、まず知りたいのは、六〇億ポンドを納めさせるチャンスはどのくらいかということだ」

六〇億ポンドという数字は、二〇〇一年からの〈ボーダフォン〉の未納分と利子にもとづいていたが、ブルックスは「かなり控えめな見積もりだった」と指摘する。〈ボーダフォン〉が所有していたアメリカの電気通信事業者〈ベライゾン・ワイヤレス〉の膨大な株式が考慮されていなかったからだ。そこには、〈マンネスマン〉のときと同じく、二五億ドル（約二七五〇億円）相当の利益が隠されていた――やはりルクセンブルクの法人名義で。のちに〈ボーダフォン〉はその株式を〈ベライゾン〉に売却し、棚ぼた式に八四〇億ドル（約九兆二四〇〇億円）という巨額の金を手にする。その収入がイギリスで課税されないことがわかって、人々のあいだには改めて怒りが広がった。

「HMRCはそれまで〈ボーダフォン〉との争いで、一件の例外もなく勝利していた」とリチャード・マーフィは言う。「だから、二〇一〇年七月に突然和解が成立したのは、かなり驚きだった」。和解の一週間後、貿易使節団とインドを訪問したジョージ・オズボーンは、別の二七億ドル（約二九七〇億円）の租税回避でインド政府と争っている〈ボーダフォン〉への支持を表明した。同社はHMRCとの法廷闘争中、追徴課税があったときのために二〇億ポンド（約三〇〇〇億円）を確保していたが、「会計的に言えば、〈ボーダフォン〉はこの取引で利益を得た」とマーフィは言う。「幹部が超豪華なパーティを開けるぐらいはあったと思うな」

〈ボーダフォン〉をめぐるこうした動きのすべては、反租税回避運動の起爆剤となった。二〇一〇年の夏以降、〈UKアンカット〉は不当な企業を平和的に占拠する一連の活動をくり広げている。一方、租税回避の擁護者も行動に出た。彼らの理屈は、その会計操作に負けず劣らず独創的だ。「むずかしいのは、法人税に過度の注目が集まっていることだ」と〈ボーダフォン〉のマシュー・カークは穏やかな口調で言う。「法人税は、われわれがイギリスや、事業を運営しているほかの国に貢献している全体のごく一部でしかない。イギリス財務省には年間約七億ポンド（約一〇五〇億円）貢献しているからね。決して取るに足りない額ではないよ」

カークのこの主張は、「ビッグ・フォー」会計事務所もあちこちで広めている。サウス・バンクとテムズ川を見晴らす、チャリング・クロスの未来的な〈PwC〉本社ビルで、副会長のリチャード・セクストンも同じことを滔々《とうとう》と述べた。自信あふれるビジネスマンの口調で。

「少しずつだが、私たちは税の世界で言う『税総額』を人々に見てもらおうとしている。つまり、ひとつの組織の貢献全体を見てほしいということだ。同じことは私たち自身にも言える。私たちはこの会社のパートナーとして税金を払う。そして、税金を払う人々を雇う。VAT（付加価値税）であれ何であれ、それらをつうじて、税務当局に新たな収入の流れを作り出しているわけだ。そういったことすべてを見てもらいたい」

しかし、カークとセクストンは、どちらもゴールポストを動かしているにすぎない。彼らは次から次へと巧妙な手段を用いて法人税を支払うまいとし、その事実を突きつけられると、法人税の支払いだけが重要なのではないと反論する。ほかのありとあらゆる税金を支払っているのだから、と。この「税総額による貢献」という教義は、二〇〇五年、〈PwC〉の税務担当パートナーだったジョン・ホワイティングが考案した。[*4] ホワイティングは税務分野での貢献によって大英帝国勲位を授かり、現在はHMRCの非常勤理事だ。

じつのところ、「税総額による貢献」は、リチャード・マーフィが言うように「まったく馬鹿げた会計理論」である。「税総額による貢献」とは要するに、テレビ受信料だろうが、運転免許証税だろうが、燃料税、空港税、保険料だろうが、とにかく一企業から政府への支払いを合計するということだ。しかし、そうした税金は事実上サービスに対する支払いであり、一般税ではない。道路を使うから免許証税を払い、空港を使うから空港税を払う。加えて、企業は社員の源泉課税や国民保険料の支払いまで「貢献」に含めるが、それらは問題の企業が納める税ではなく、社員が収入に応じて支払う税である。そのほかに残るのは、経営者の国民保険による貢献だけだ。ただ、これすら企業に対する直接の課税と言えるかどうか疑わしい。

そもそも経営者は、みずから雇った労働者個人の保険料を代理で支払っているにすぎない。「会社ではなく、たんに賃金の総額を上げて社員一人ひとりが貢献したっていいわけだ」とマーフィは指摘する。「経営者はこう考える。この人物には一万五〇〇〇ポンド（約二二五万円）払いたい。そこから一四〇〇ポンド（約二一万円）の国民保険料が出ていくから、この人物に渡す額は一万三六〇〇ポンドだ、とね。ほとんどの会社について、彼らが本当に自力で払う税金、まぎれもなくその会社が払う税金は法人税だけだ。つまり、資本に対する課税だよ」

だが、ビジネスエリートが法人税を正当な要求と見なしていないのは明らかだ。英国商工会議所の会頭ジョン・ロングワースは私に「直近の財務省への提案書に、秋までに経済成長がなく、将来見通しにその兆候すらない場合には、非常に大胆な法人税の減税が必要になるかもしれないと書いた」と語った。二〇一三年の夏に、ウェストミンスターの彼のオフィスで会ったときのことだ。言い換えれば、財界のロビイストたちは、経済危機を減税実現のために利用しようとする。

さらに踏みこんだ政策を求める人もいる。「われわれは法人税を嫌っている」と〈経営者協会〉会長のサイモン・ウォーカーは言った。「あれは悪税だと思う。あまりにも二重課税になることが多いからだ」。彼は法人税の撤廃を提唱する。「法人税は非効率で非生産的な税だと思うよ」。これは、たんに「大企業は課税されるのが嫌いで、邪魔されずにできるだけ多くの利益をあげたい」と答えるよりは想像力に富んでいる（人々の同情を買うには、想像力を働かすしかない）。とはいえ、彼の見解は、企業の役員室で自由市場を擁護する態度が蔓延していることの、ひとつの表れである。彼らは、利益に課税されるという概念自体を受け入れないのだ。

このメンタリティはＨＭＲＣにも浸透している。ＨＭＲＣの態度は「一九九〇年代以降、がらりと変わった」とリチャード・ブルックスは言う。「規制者や調査官は懐疑的な考え方をするのがふつうだが、それが暗黙の信頼に変わった。ＨＭＲＣは大企業に対処するときに、担当役員ではなく『顧客担当マネジャー』と信頼や協力関係を築くようになった」。ブルックスは、この新しい態度を簡潔にまとめる。「言われたことを実質的に信じる関係になったのだ」

彼の見方は、エスタブリッシュメントに行き渡る自由放任主義のイデオロギーと完全に一致する。「すべては、規制緩和の方向が優勢になってきたことと軌を一にしている」とブルックスは言う。「彼らは、こういう規制緩和をあきれるほど極端に推し進めている」。いまやHMRCでこの新しい方向に反対する人々は、ほかのエスタブリッシュメントの反対派たちと同じように、切り捨てられる怖れがある。「文句を言うと、現代化に反対する人間として恐竜のように目立ってしまう」とブルックスは振り返る。「上層部が口にする妙な言いまわしとか、新しい信条に賛成していることを示す方法があってね、その型にはまらないと主流からはずされる。ぞっとする話だ」

制度作りに参加しておいて、その抜け道を教える

イギリスの大企業には「ビッグ・フォー」がいて、納税額を低く抑えてくれる。もちろん、会計事務所は無実を主張する。「租税回避は決して許さないし、支持しない」と〈アーンスト&ヤング〉のスティーブ・バーリーも誓う。「基本的に、議会が実現したいことは、議会が立法しなければならない。だから、今日の政府は経済で起きていることをよく見て、自分たちの戦略を立て、法案を出す必要がある。われわれはその法律にしたがって、クライアントにアドバイスするだけだ」

たしかに説得力がある。だがバーリーが言っているのは、もし租税回避に腹が立つなら、政府が法律を変えて取り締まるしかないということだ。〈アーンスト&ヤング〉のような会計事務所は、法律上の文言に忠実にしたがい、クライアントが法的義務をきちんと果たし、期待されている額の納税をするように、公平なアドバイスをしているだけだ、というわけである。

バーリーが都合よくふれていないのは、〈アーンスト&ヤング〉のようなところが最初から法律を作り、クライアントにそれを回避する助言をしているという現実だ。二〇一三年四月、公会計委員会（PAC）は、「われわれが目にしているのは、密猟者がいったん森番になり、また密猟者になっているような事態だ」と報告した。「政府に助言した人物が会計事務所に戻って、今度はクライアントに、その法律を利用して毎年の納税額を減らす方法を助言している」

これは驚くべき発見だ。会計事務所は、ただ政府に専門知識を伝授しているだけではない。税法について政府に助言しておいて、クライアントには、自分たちが作るのを手伝ったその法律の抜け道を教えている、とベテラン下院議員たちが結論したのだ。

「ビッグ・フォー」にとって、こうした役割は儲かる商売だった。イギリス国内だけで二〇億ポンド（約三〇〇〇億円）の価値があった。PACが指摘したように、HMRCは人的資源という面で会計事務所の足元にも及ばず、つまり彼らの専門知識に頼るしかなかった。会計事務所は「振替価格操作」の分野において、HMRCの四倍の職員数を誇っている。振替価格操作とは、課税可能な利益を税率の低い場所に移し替えることを、婉曲に表現した会計用語である。

「ビッグ・フォー」は、税務諮問グループに人材を供給するだけではない。財務省にも人を派遣する。官僚はその種の出向を誇らしげに支持する。「異なる組織から集まった人々が互いに学び、すぐれた慣行を共有することができる」だけでなく、「官僚の外の組織に中央政府の働きを知らせ、役立ててもらえる」からだ。[*5] 出向はしかし、公私の部門の区別をあいまいにし、国の機構でビジネスの影響力をますます大きくしようという、エスタブリッシュメントの思惑と切り離して考えることはできない。その裏にある理屈はいつもどおり、公共部門は非効率で怠け者だから、私企業の市場主導のやり方から学ぶ必要があるというものだ。

一九八〇年代には、マーガレット・サッチャーが出向を後押しした。彼女の政権下で、官公庁と民間のあいだの出向は一〇〇〇件に達した。小売業界の大物デレク・レイナーなど、事業経営者を政府に雇い入れることもあった。[*6] そして今日、出向はさらに広がっている。現在の公式の「公務員制度改革計画」の狙いは、「公共部門と民間部門の人事交流をあらゆるレベルで容易にし、活力と柔軟性を増やす」ことだ。[*7] しかし、大手会計事務所は、客観的、技術的な専門知識を提供する代わりに、財務省の「官僚の外の組織に中央政府の働きを知らせ、役立ててもらえる」という考えに乗じて、税法をかいくぐる手段をクライアントに伝えている。明白な利益相反行為である。

公会計委員会の報告書が指摘したように、本格的な税務知識を持つ職員や議員が少ないことから、HMRCとしては、ほぼ外部の会計の専門家に頼るしかない。「ビッグ・フォー」は、だから財務省の職員に「専門的なアドバイス」を与えているだけで、法律の草案そのものを書くわけではないと言いわけする。だが、〈アーンスト&ヤング〉が議員たちに説明したところでは、「この仕事で政府の思考方法がわかって、自分たちも得るものがあった」のだ。

こうしたアレンジによって、大企業をクライアントに持つ会計事務所は権力の中枢に近づき、税法の本質について膨大な知見を得るようになった。クライアントに法律の回避方法を指導する際に、きわめて有利にもなった。〈KPMG〉も、議員からの質問に対し、「大企業は、大手会計事務所をつうじて税制策の設計と実施に関する特別な知識を得ることができる。それは小企業には当てはまらない」と認めた。そのとおりだ。

二〇一〇年に連立内閣が成立したあと、〈KPMG〉は職員を財務省に出向させ、「タックスヘイブン税制」と「パテントボックス税制」〔訳注：特許権などの知的財産から生じた所得への法人税軽減措置〕に集中して取り組んだ。そして財務省に助言したあと、これらのルールに関するパンフレットを作成し、専門家として政府に協力したことを宣伝した。[*8] 二〇一二年に発行された「パテントボックス――それがあなたにもたらすもの」というパンフレットには、[*9]「この立法は、イギリスでの納税額を減らすビジネスチャンスになります。〈ＫＰＭＧ〉はクライアントの資産を守る費用配分を提案します」とある。

ＰＡＣの報告書は、「税の世界で、大手会計事務所は強力な地位にある」と述べ、「彼らはＨＭＲＣの税法の適用のしかたを熟知し、それを利用してクライアントに、ＨＭＲＣから摘発されそうなケースについて助言している。法改正時に政府の顧問になることで、イギリスの税法に関する詳細な知識を得、新法の抜け道をただちに特定する洞察力を持つ」と説明する。要するに、「四社が立法に関連したインサイダーの知識を用いて、クライアントに納税額を減らす法律の利用法を売りこんでいるように見えることに、深い懸念を抱いている」。[*10]

「ビッグ・フォー」は、政治エリートとの親密な結びつき自体は隠そうとしない。だが、〈ＰｗＣ〉のリチャード・セクストンは「政治との提携について、抽象的なことはわからない」と言う。「政党との関係では、彼らが政策を立案して練り上げるときに、できるだけ多くの知識を持っているようにするのがわれわれの役目だ」。これを額面どおりに受け取れば、「ビッグ・フォー」は中立な顧問であり、純粋に人道的、利他的な見地から専門知識を授けているにすぎないと信じそうになる。政治家が成立させる法律の抜け道を探して利益を得るような企業ではない、と。しかし二〇一四年一一月、労働党の影の財務相エド・ボールズ、影のビジネス相チュカ・ウムナ、影の教育相トリストラム・ハントら幹部議員が、〈ＰｗＣ〉から六〇万ポンド（約九〇〇〇万円）に相当するアドバイスを受けていたことが明らかになった。[*11] 労働党が政権に返り咲けば、〈ＰｗＣ〉はまちがいなく有利な立場になるだろう。

「私たちのネットワークによって、こう言ってよければ、政府や政治家をさまざまな有権者に引き合わせることができる」とセクストンはつけ加え、例をあげた。「ほとんどすべての主要団体のリーダーとビジネス会合をしてきたし、あらゆる分野の大臣と会って、いまある法律のいくつかについて、こちらの意見を伝えてきた」。ただし、政策を作るわけではない。「依頼されて、彼らの提案をストレステストにかけるだけ」らしい。これだけでも、「ビッグ・フォー」に付託された権限がいかに大きいかがわかる。彼らはクライアントの大企業とベテラン政治家のあいだの連絡路の役割を果たし、双方を引き合わせて政策の議論をうながしている。

ほかにも、大企業が政府に直接の政治的影響を与えるきっかけになるような構造がある。二〇一〇年の政権樹立後、デイビッド・キャメロンは、〈ビジネス・アドバイザリー・グループ〉を発足させた。公式ウェブサイトによれば、「イギリスにとって戦略的に重要な部門のビジネスリーダーの集まり」である。そうしたリーダーが四半期に一度、「わが国が直面するビジネスと経済の重大問題に関して、定期的に首相にハイレベルの助言をする」。

その一六名のメンバーのなかには、悪名高い租税回避企業のトップもいる。〈グーグル〉会長のエリック・シュミット、〈ボーダフォン〉CEOのビットリオ・コラオ、そして二〇〇二年に製造工場をイギリスから極東に移して国内の八〇〇の仕事を消し去ったサー・ジェイムズ・ダイソンらがそうだ。もちろん、労働組合や消費者団体の代表はひとりもいない。これは、財界の大物が首相と側近たちに政治的影響力を直接及ぼす場なのだ。

さらに財務省にも、税に関する作業部会がある。保守党が政権をとるまでは、メンバーに労働組合の代表者もいた。リチャード・マーフィもそのひとりだったが、新しい部会からは彼らが除外され、純粋に「ビッグ・フォー」と大企業からの代表、企業弁護士で構成されるようになった。「世界的な金融エリートは本来、税法にしたがって申告する側なのだが、実質上、立法過程にたずさわっている」とリチャード・マーフィは言う。税法改正に関する諮問に裕福な有力者だけがかかわっている大きな理由は、参加するのにかなりの資源が必要だからだ。たとえば、調査をおこなって詳細な事実を書き記すのには資金やノウハウがいる。だが、政府と官僚と「ビッグ・フォー」の関係は、さらに深い。

巨大企業には弱腰の税務当局

ＨＭＲＣの元局長デイブ・ハートネットは、租税回避企業の「傀儡《かいらい》」だと反対活動家から批判されることが多かった。租税回避企業のために無数の「温情取引」をしたというのが理由だ。二〇〇一年、ハートネットは、「大企業とのつながりに関する再考察」と題する、影響力の大きな内部報告書を書いた。これはのちに「ハートネット・レビュー」として広く知られる。

「あの報告書には、ほとんどの大企業は租税回避をしていないと書いてあるが、まちがいだ。局員もそのことは知っていた」とリチャード・ブルックスは言う。「私は局内で反対の声をあげた。局のデータベースに保管されていた反証も示した。レビューされた企業の半分以上が回避策をとっていて、われわれも調査していた。ほかの調査からもそのことが裏づけられた」。だが、ブルックスの反論は、「大人げない」とＨＭＲＣ上層部に無視されたのだった。

二〇一二年、オックスフォード大学で開かれた税に関する会議（参加費がひとり八五四ポンド（約一二万八一〇〇円）で、正装が必要）に、反租税回避活動家が押し寄せた。大企業に対するハートネットの「甘い態度」を世に知らしめるためだ。彼らは〈ボーダフォン〉や〈ゴールドマン・サックス〉などに対するハートネットの奉仕に、まがいものの賞を授けて抗議しようとしたが、ハートネットの仲間によって外に追い出された。なかでも勅撰弁護士のロバート・ベナブルズは、「乱入者のくそどもめ。これは陰謀だ。さっさと出ていかないと犬をけしかけるぞ」と活動家たちに叫んでいるところを動画に撮られた。*12

彼らの「乱入」が的を射ていたことは、ハートネットのHMRC退局後のキャリアによって証明された。彼の新しい勤務先は、「ビッグ・フォー」のひとつである〈デロイト〉で、外国政府に税制度について助言することになったからだ。

ハートネットは、公務員と大企業のあいだの回転ドアがまわった顕著な例かもしれないが、決して特異な例ではない。フィナンシャル・タイムズ紙の調査によると、過去一〇年ほどのあいだに、一八人の元大臣や元公務員が「ビッグ・フォー」に入っている。ニュー・レイバーの元内相ふたり、HMRCの元局長、首相官邸政策ユニットの元リーダー、金融サービス機構の元職員、副首相の元顧問を含む数字だ。同紙が言うとおり、これは「近年の租税回避騒動の中心にある、政府と企業の共生関係を表している」。[*13]

それればかりか、会計事務所と税務当局の共生関係は、出向や回転ドアの先まで進んでいる。HMRCは日常レベルで「ビッグ・フォー」と緊密に協力し合っている。情報公開請求で得られた内容によると、ハートネットは二〇〇七〜二〇一一年のあいだに、〈デロイト〉のイギリス人のシニア・パートナー、デイビッド・クリユックシャンクと四八回会っている。「クリユックシャンクとハートネットはいつも何か取引をしていて、お笑いコンビのようだった」とリチャード・ブルックスは言った。「大企業は、HMRCから好条件を引き出したければ、クリユックシャンクのところへ行けばいいとわかっていた。彼がハートネットと話し合って取引してくれると」

〈UKアンカット〉が懸命に暴こうとしたのは、この関係だった。彼らの抗議活動によって租税回避は無視できなくなったが、〈UKアンカット〉はそれで満足しなかった。二〇一一年には、「とても美しいところにある場所で」戦略会議をおこない、HMRCを高等法院に引き出そうと決断した。すぐに思いついた案件は〈ボーダフォン〉だったが、行政措置に対する司法審査は、それが公知の事実になってから三カ月以内に申請しなければならなかったのであきらめた。「あれは本当に残念だった。何十億ポンドという金額だったから」と〈UKアンカット〉のマリー・ワージーは言う。ややこしいのは、それだけではなかった。新たに別組織として〈UKアンカット・リーガル・アクション〉を設立しなければならなくなった。〈UKアンカット〉のケイトによれば、「店に座りこむ乱暴な活動家の集まりと判事に思われたら、こちらに有利な判決はあまり出ないだろうから」というのが理由だった。

彼らは、別の「温情取引」に光を当てた。今度は投資銀行の〈ゴールドマン・サックス〉がからむ案件だった。同行は一九九〇年代に、よくある租税回避策をとり、イギリス領バージン諸島にオフショア信託を設けて、会計と給与支払いの詳細を秘匿していた。二〇〇五年、長年の法廷闘争の末、裁判所はその種の信託が違法な租税回避であるというHMRCの主張を認めた。だが、〈ゴールドマン・サックス〉は当時三〇八一万ポンド（約四六億二一五〇万円）だった請求に応じず、五年後には利子が加わって、未納の税金は少なくとも四〇〇〇万ポンド（約六〇億円）になっていた。

〈ゴールドマン・サックス〉は強情だったが、いずれ負けるのは目に見えていた。二〇一〇年春、真の雇用主はバージン諸島にいるという彼らの主張は裁判で退けられた。HMRCの勅撰弁護士マルコム・ガミーは七月に、政府に対する同社の負債は全額支払われるだろうと「きわめて明るい」見通しを伝えた。

ところが同年一一月三〇日、HMRC内の委員会はショッキングな知らせを耳にする。デイブ・ハートネットが〈ゴールドマン・サックス〉の税金担当役員と会って、「手打ちをした」というのだ。その手打ちで、負債額から一〇〇〇万ポンド（約一五億円）が削られた。PACへの説明によると、それは二〇〇〇万ポンド（約三〇億円）に達する怖れもあったという。この知らせにHMRCの上層部は震え上がり、私的な打ち合わせでは「大失敗」の声もあがったという。[*14]

これは税務当局と租税回避企業の裏取引を明らかにする事例だ、そう確信した〈UKアンカット〉は、ロンドンの〈リー・デイ〉法律事務所に相談し、訴訟に打って出た。すでにHMRCの内部告発者がこのスキャンダルに関する手紙をガーディアン紙にリークして、ことは完全に公になっていたので、〈UKアンカット〉が司法審査を求めるなら残された時間はわずかだった。ガーディアン紙に記事が出た二日後、彼らは〈UKアンカット・リーガル・アクション〉を設立し、会社登記所とHMRCに強引に登録した。そして二〇一一年一二月には、司法審査の申請手続きに入った。

しかし、この戦いで活動家たちが勝てる見込みはないも同然だった。そもそもHMRCは徴税の独占事業体だ。案の定、判事は粛々と税務当局に有利な裁定を下した。ただ、司法審査で明らかになったこともあった。判決文のなかでジャスティス・ニコル判事が、これは「歳入関税局の歴史上、褒められた出来事ではない」と述べたのだ。HMRC職員が「法律家と相談せず、必要な承認を求めなかった」からだ。HMRCが法律家の助言も、局内のガイドラインも、審査委員会も無視した理由は、審査中に公開されたメール——デイブ・ハートネットがHMRCの幹部たちに宛てたメールから明らかになった。

HMRCの総合顧問弁護士アンソニー・イングレーゼは、ハートネットに、局は法律にもとづいて〈ゴールドマン・サックス〉の未納の利子を請求できると助言していた。また判決文にあるとおり、ハートネットが取引を無理やり実現したあと、HMRCのハイリスク企業管理委員会はその決定を覆そうとした。だが、ハートネットのメールによれば、〈ゴールドマン・サックス〉は委員会の決定に「激怒し」、政府の課税に関する新しいガイドラインを支持しないと脅してきた。このガイドラインにしたがうかどうかは各企業の任意であり、強制力もなく、追加の課税もおこなわないことになっていたが、ハートネットはその脅しを受けて、同社の未納金を回収する動きを封じようとしたのだ。

「このリスクは、ChX（ジョージ・オズボーン財務相）、HMRC、LBS（HMRC内の大企業担当）、そしてきみたちと私にとって、きわめて恥ずべき事態だ。とりわけ、GS（ゴールドマン・サックス）がガイドラインにしたがわないとすれば」とハートネットは書いていた。さらに、同意したことを覆せば、「HMRCと〈ゴールドマン・サックス〉の関係に重大な亀裂が生じる」ことも危惧していた。

ジャスティス・ニコル判事が述べたように、ハートネットは「〈ゴールドマン・サックス〉が税のガイドラインを無視すれば、財務相に恥をかかせる可能性があることを考慮した。それは本来無関係な考慮であり、彼の意思決定に影響を与えるべきではなかったとHMRCも認めている」[*15]。

これは、税務当局が攻撃的な巨大企業と対決したときに、いかに臆病になるかを示すエピソードである。「ここからわかるのは、〈ゴールドマン・サックス〉が、どれほどひいきめに言っても傲慢で、圧力的で、政府とHMRCを恫喝《どうかつ》しているということ。で、HMRCは転がっておなかを見せて言うの。『オーケイ、わかった、わかったから、もう怒鳴るのはやめてください』って」と〈UKアンカット〉のケイト・ブラゴジェビッチは言う。「ここで働いている力学は、なれ合いじゃなくてビジネスね。銀行側が一方的に力を握って、脅しをかけている。本物の脅しを」。この件について言えば、ハートネットは〈ゴールドマン・サックス〉に、たんにうまく使われたということだ。

そうであれば、二〇一一年一二月、HMRCによる大企業との課税議論の進め方を、下院公会計委員会が激しく非難したのも無理はない。委員会は、HMRCが真摯に答えず、「大企業との特別な取り決めの詳細を明かさず」、「大企業との関係が親密になりすぎているのではないかとの疑いが消えない」ことを責めた[*16]。

この件にかぎらず、そもそも主要な税務局員の多くは、心情的にも、イデオロギー的にも、租税回避者に同調している。二〇一三年九月、「個人の税金対策基本講座」と題する会議で講演したデイビッド・ヒートンを、

ＢＢＣがこっそりフィルムに収めた。ヒートンは、ほどなくＨＭＲＣで積極的租税回避者対策の顧問を務めた人物だ。話のなかで彼は、「財務省の汚らわしいミットから」財産を守る方法をいくつか提案した。そのひとつは、ボーナス支給のタイミングを出産手当の税金還付と合わせる方法で、彼はこれで税率が四一・八パーセントから八・四パーセントに下がると語った。この講演内容が公になり、ヒートンは辞任を余儀なくされたが、納税額を増やすことが職務のはずの高官が、じつはどのような考え方をしているかがわかる話である。

富裕エリート層の利益のために働く会計事務所と、税務当局のこの関係は、大企業が持つ政治力のまぎれもない一例だ。私企業がますます国家機構のなかに入りこみ、富と権力のバランスが社会の最上層にいっそう傾いているのがわかる。

大企業と裕福な個人は、イギリス国家のなかにロビイストを効果的に送りこみ、自分たちのために法を作らせ、その際できた抜け道の利用法を助言させている。政府や税務当局の高官は、最終的に「ビッグ・フォー」に雇われ、権力の座にいた経験をもとに、企業による法の操作を助ける。巨大企業は公務員を脅し、長々と熱弁をふるって税金逃れに成功する。

皮肉なのは、結果的にＨＭＲＣ自体が税収入を減少させていることだ。たとえば二〇一三年、財務省はＨＭＲＣの予算を近々五パーセント削減すると発表した。計算上は理屈に合わない。法律事務所〈ピンセット・メイソンズ〉の調査によると、ＨＭＲＣは、「前年、大企業法律遵守対策で新たに雇った職員に関して、人件費一ポンド（約一五〇円）につき九七ポンド（約一万四五五〇円）の追加税収があった」からだ。[*17]いずれにせよ、「ビッグ・フォー」など大手会計事務所が言う、自分たちは法の中立なオブザーバーであるという抗弁はナンセンスだ。

明らかになった巧妙な手口

〈アーンスト&ヤング〉のスティーブ・バーリーは、それでも租税回避は事実上必須なのだと主張する。実際問題として、法律によってそうするように追いこまれているのだ、と。企業経営者には、自社の「財務状態」を向上させるために戦略を立てる「受託者としての法的責任」があると彼は言う。「ところが、そこが最近ぼんやりしてきた。だろう? 何が道徳的か、何が社会的に公平かといったあらゆる議論があるから。これは、答えるのがじつにむずかしい問題だ。本当に道徳的で公平な税というのをどうやって決める? 企業経営者は、会社のために正しいことをしっかりする責任を負わされている。一方で、社会のために正しいことをするというのは、会社法のどこにも書かれていない」

だが、この発言は法律をまったく正確にとらえていない。二〇〇六年の会社法には、利益を最大化する条項など何もなく、むしろ経営者が「社員全体のために会社の成功をうながす」ことを求めている。そしてそこには、「社員の利益」と、さらに重要な「会社の業務が地域社会や環境に及ぼす影響」を考慮することが含まれている。公共サービスの維持に必要な資金を財務省から奪おうと計画することは、明らかに地域社会に影響を及ぼす(さらに言えば、社員にも)。法律のうしろに身を隠しても、租税回避の正当化にはならないのだ。

こうした会計士がやっていることは、異常なまでにずる賢く、こみ入った法のなかをかいくぐる行為だ。彼らは、税控除を認めるべきではないのに、認められている費用があることにしたり、収入を税率の低いキャピタルゲインに変えたり、貸付金を債券に変えたりといった、あらゆる巧妙な手口を駆使する。「グレーエリアで仕事をしている会計士もいる。いわば法律の境界を広げる仕事だ」と〈PwC〉のリチャード・セクストンは認める。「だが、われわれはしない」と断言するものの、誰が調べても事実ではないことがわかる。エセックス大学の会計学教授プレム・シッカは、「ビッグ・フォー」による法の「グレーエリア」の活用法をいくつか明らかにしている。たとえば〈PwC〉は、裕福な実業家が一〇七〇万ポンド（約一六億五〇〇〇万円）の利益に対するキャピタルゲイン税を回避できる手法を編み出した。それは、「自動的に無効になるまわりくどい取引で資産を新設、処分」し、一一〇〇万ポンド（約一六億五〇〇〇万円）の損失を作り出すというものだった。結局は判事に否定され、「資産の新設も処分もなく、実質的な損失もなかった」と裁定されたが、そのときすでに二〇〇の新興企業がこの手法を採用していたから、もし継続して認められていれば、一〇億ポンド（約一五〇〇億円）の国費が減っていたことになる。

〈KPMG〉もまた、ゲームセンター企業にVATの支払いを回避させる巧妙な手法を考案した。HMRCがそれを「受け入れがたい租税回避」と見なすことはわかっていたが、欧州司法裁判所に禁じられるまで、〈KPMG〉はこの手法を提案しつづけた。さらに〈デロイト〉の手法は、三〇〇の銀行の所得税と、九一〇〇万ポンド（約一三六億五〇〇〇万円）のボーナス分の国民保険料の支払いを回避させたが、これも「全体として、また個別に見ても、純粋に租税回避の目的のためだけに考案、調整された」と判事に停止を命じられた。[*18]

このような手法は、企業だけでなく、エリート富裕層全体にも大流行している。ジョージ・オズボーン財務相は二〇一二年三月に、右派の有権者も含めた世論を無視して、所得税率の上限を五〇パーセントから四五パーセントに引き下げた。これに対して、一八七〇年代以来もっとも長く続く生活水準の低迷に苦しんでいるイギリスの一般市民は、怒りを爆発させた。すると、怒りの矛先をそらすためにオズボーンは、「この国でもっとも裕福な一部の人々が納税を調整して……実質上、所得税をまったく支払っていない事例が頻繁に見られることにショックを受けた」と発表した。オズボーンが確認した機密の調査結果によると、最富裕層は積極的な租税回避手段を用いて、所得税を平均一〇パーセントしか払っていなかった。最高税率をなんと三五パーセントも下まわっている。[*19]

エリート富裕層の税逃れに対する怒りが大きくなるにつれ、保守党もなんらかの対応をせざるをえなくなった。ジャージーの租税回避策を利用する裕福な個人一〇〇〇人のなかに、コメディアンのジミー・カーがいることが判明すると、保守党のデイビッド・キャメロン首相は、カーを「道徳的にまちがっている」と責めた。ただし、〈トップショップ〉や〈ドロシー・パーキンス〉などの大衆向け衣料チェーンを経営している〈アルカディア〉のオーナー、サー・フィリップ・グリーンにそのような非難は向けられない。結局のところ、カーは一コメディアンであり、グリーンはエスタブリッシュメントの柱石だから、別のルールが適用されるのだ。

グリーンは疑問の余地なくイギリス市民だが、彼の会社はモナコのタックスヘイブンにあって、〈アルカディア〉の仕事にはいっさいかかわっていない妻の名前で登記されている。その租税回避策（あるいは「効率的納税」）は次のとおり。二〇〇五年、グリーンは自分宛に、イギリス実業界で過去最高額となる一二億ポンド（約一八〇〇億円）の配当をおこなった。その配当金は、オフショア口座の複雑なネットワークとジャージーのタックスヘイブンを経由して、モナコにある彼の妻の口座に入った。このあざとい仕組みで、グリーンは約二億八五〇〇万ポンド（約四二七億五〇〇〇万円）を節約した——イギリスの納税者の費用負担で。〈UKアンカット〉が指摘したように、この金額で二万人の看護師の給与がまかなえる。

当然ながら、グリーンのこの行動は、租税回避反対活動家の反発を引き起こした。二〇一〇年の冬、〈UKアンカット〉の活動家たちが、ロンドンのオックスフォード通りにある〈トップショップ〉旗艦店を平和的に占拠した。それでもグリーンは動じなかった。当日は、バルバドスの一泊一万六〇〇〇ポンド（約二四〇万円）の高級ヴィラで日光浴をしていたと言われる。政府も租税回避策を責めるどころか、サー・フィリップ・グリーンを顧問として雇い、公的支出削減について意見を求めた。

ほかの企業の大物たちも、租税回避反対活動によって世間の厳しい目にさらされた。時価総額四〇〇億ドル

（約四兆四〇〇〇億円）のアメリカの有名なコーヒーチェーン〈スターバックス〉も、標的のひとつだった。一九九九〜二〇一二年のあいだに、この巨大企業はイギリス国内での三一億ポンド（約四六五〇億円）相当の売上に対して、八六〇万ポンド（約一二億九〇〇〇万円）の税金しか払っていなかった。〈スターバックス〉側の弁明は、イギリス国内には七三五店舗があるが、毎年赤字を計上していて、法人税が適用されなかったというものだった。たしかに二〇〇九〜二〇一三年にかけては、法人税をいっさい払っていない。ところが、投資家やアナリストに対しては、イギリス国内で利益をあげていると説明していたのだ。本国アメリカに逆輸入するほどの成功例だ、とまで。

実際はどうだったのか？　同社はオフショア・ライセンシングと移転価格を用いて、利益をオランダとスイスにまわしていた。スイスにある三〇店舗は、二〇パーセントの利益率を記録していた。一方、イギリスの子会社には、〈スターバックス〉ブランドなどの「知的財産」使用料の名目で、売上全体の六パーセントを請求した。自社に有利な課税方式についてオランダ政府と密約を交わしていたから、スイスで適用される税率はわずか一二パーセントだった。つまり、自社内で課税し、利益はほかと比べて有利な税制度の国にまわしていたのだ。[*20] じつに巧妙なアレンジである。

〈アマゾン・co・uk〉もそうだ。名称からわかるとおり、これはイギリスの会社だ。最大の倉庫はイーストー・ミッドランズのルージリーにあって、従業員はほとんど休憩もとらずに長時間働かされている。トイレ休憩は定時で、勤務時間は決まっていないことが多い。イギリスに登記されているにもかかわらず、二〇一二年に同社が払った法人税はわずか二四〇万ポンド（約三億六〇〇〇万円）。それに対して売上は四二億ポンド（約六三〇〇億円）だった。納税額が増えすぎないように、売上をルクセンブルクにまわしていたのだ。

〈グーグル〉も似たような手段をとっている。会長のエリック・シュミットによれば、同社は「つねに正しい行動をとることを希求する」。興味深い言いまわしだ。「希求」というからには、野心的な遠い目標ということだろう。実際の〈グーグル〉は「正しい行動」からほど遠い。二〇〇六～二〇一一年までのあいだに、一二〇億ポンド（約一兆八〇〇〇億円）近い収入がありながら、税務当局に納めた金額はわずか一〇〇〇万ポンド（約一五億円）だった。[*21]〈グーグル〉はイギリスの会社を、アイルランドの本社を支援する、ただのマーケティング拠点と位置づけていた。[*22]そう、これも巧妙な（そして合法な）ペテンである。〈グーグル〉は実際には「悪い行動をとっている」と、マーガレット・ホッジは同社のモットーを逆手にとって言う。「邪悪なことはしないでほしい」

この話にはまだ先がある。租税回避者には公共サービスの売却で儲けた企業、つまり、利益を国費から直接得ている企業も含まれているのだ。二〇一二年、〈アトス〉と〈G4S〉には約二〇億ポンド（約三〇〇〇億円）の公金が支払われたが、どちらも法人税はゼロ、〈サーコ〉も〈キャピタ〉もわずかな額しか納めていない。NHSの民営化から利益を得た〈パートナーシップ・イン・ケア〉などの企業も、租税回避者と報じられている。人の税金は喜んで懐に入れながら、税収への貢献はごくわずかなのだ。

規制反対派を論破する

もちろん、租税回避をたんにイギリスの施政者の失策のせいにするわけにはいかない。「税金は違法に近い義務」と考える人々に後押しされて、回避の手法はますます洗練されている。その結果、最富裕の個人や企業が世界じゅうのタックスヘイブンを利用し、徴税者の監視の目から組織的に現金を隠している。二〇一三年春には、オフショア・タックスヘイブン（多くがイギリス領バージン諸島）に関連した二〇〇万件の秘密記録がリークされ、イギリス人を含む世界最富裕の人々の二一兆ポンド（約三一五〇兆円）もの富が隠されていたことがわかった。[23]

リチャード・マーフィが指摘するように、たとえばイギリスの法制度とケイマン諸島の法制度の相互作用によって、どちらも意図していなかった結果が生じている。「企業はふたつの法制度をぶつけて、都合よく利用する」とマーフィは言う。「『これは合法だ』と言っても、どこで合法なのか、どのようにふたつの法制度がかかわるのかは言わない。そこは非常に慎重だ」

ジャージーはタックスヘイブンかもしれないが、税法第一三四A項に、濫用を防止する厳しい条件がついていて、地元の住民は強制的に税を全額徴収される。ジャージーのようなタックスヘイブンの巧妙さは、外国の富裕エリート層の取引の記録場所になって、彼らに本国の税法を骨抜きにする能力を与えるところにある。重要なのは、それが完全に非公開でできることだ。多国籍企業の帝国は、異なるタックスヘイブンにある子会社に利益を振り分けながら、費用は税率の高い国で計上する。最終的には、その費用は税額控除に用いられ、利益はジャージーのようなタックスヘイブンにまわる仕組みだ。

そこで活動家たちはいま、「国別報告書」と呼ばれる国際的な税の透明性の確保に力を注いでいる。これにより各企業は、活動しているすべての国、そこに有するすべての会社とそれぞれの財務状況を、売上から税引前利益まで開示しなければならなくなる。「透明性を求める闘いは、グローバル・エリートが隠している秘密との闘いだ」とリチャード・マーフィは言う。

租税回避者の反論のひとつに、締めつけを厳しくすれば富裕層が問題の国から一斉脱出するだけではないか、というものがある。「休日にどこに行くか考えるときに、税金がかからずに食事ができるところと、つねに四〇パーセントの税金がかかるところがある」と〈アーンスト&ヤング〉のスティーブ・バーリーは言う。「それで心が決まらないかな?」。〈デロイト〉のデイビッド・バーンズも同じ説明をする。「いろいろと締めつけて、企業が『それならけっこう。ボールを持っていって、よそでプレーするから』と言いだす状況にはしたくない」

だが、この意見には、学術的な研究によって大きな疑問が投げかけられている。アメリカのシンクタンク〈予算・優先政策センター〉の報告によると、増税によって裕福な個人が国外に逃げ出した実例はほとんどない。「低税率の地域では、移住を考える人々が評価するような高品質の公共サービスが維持できなくなる可能性がある」と報告書は結論づけている。たとえば、「文化施設やレクリエーション、その他のすぐれた公共サービス」の提供がなくなるというのだ。[*24] ロシアは所得税の最高税率が一三パーセントだが、イギリスの億万長者がモスクワや、最高税率一五パーセントのセルビアに押し寄せているという話は聞いたことがない。富裕層は税率以外のこともいろいろ考える。たとえば、友人や家族がいることとか、社会生活や文化生活、くつろげる場所、住んだときの安心感などを。

大企業も、選挙で成立した政府を脅すために、労働力をほかの国で探すことをちらつかせるが、こけおどしにすぎない。リチャード・マーフィがおこなった調査では、二〇〇八年の税法改正が迫ったころ、ひと握りの多国籍企業が他国に本拠を移したが、そもそも彼らは法人税をほとんど納めておらず、国庫の損失は無視できる額だった。かりに本格的な取り締まりをしても、世界最大規模の市場で利益もあがるイギリスを企業が見かぎるとは考えにくい。つまるところ、この国には世界最高クラスの教育、インフラ、高度に機能する法制度など数多くのメリットがあるのだ。たまたまながら、自国の言語が国際ビジネスの共通語であることも忘れてはならない。

租税回避は、地元の中小企業にも打撃を与える。たとえば、ささやかな自営のコーヒー店は、法の抜け道を利用するために会計士の一団を雇うことができない。外国の子会社から費用を移し替えて税金控除に使うことも、タックスヘイブンに利益を放りこむこともできず、ただ期待される額の税金を支払うしかない。それによって競争上、法律をくぐり抜ける多国籍企業より不利になる。

別の反論は次のようなものだ――ちょっと待った。たしかにいろいろな技を使って税金を逃れる裕福な個人や企業はいるだろうが、それでも社会の頂点にいる人々は、イギリスの税収にかなり貢献しているのではないか？　そこでよく持ち出されるのは、トップ一パーセントの稼ぎ手が所得税全体の三分の一を負担しているという数字だ。だがこれは、所得税が国の歳入の四分の一しか占めていないという事実を、都合よく無視している。残りの多くは、国民保険と国民全体が支払っている間接税なのだ。

ほかにも、重要な点が見逃されている。まず、課税されるべき企業の巨万の富は、たんに幹部のビジネスの才能がもたらしたのではなく、大部分は社員の労働力から生まれたものだ。それなのに、その社員の多くは、快適な暮らしにとても手が届かないような給与で働いている。また、新しい世代を次々と育ててきた教師たちや、ビジネスのもととなる新しいテクノロジーを開発した人々の労働も、考慮していない。

第二に、もし企業役員が国庫に貢献する割合が大きすぎると不満を感じているのなら、会社の利益を自分たちにまわさずに、社員の賃金を思いきって上げればいいのだ。もちろん、それで社員の所得は増え、彼らの納税額が増えることになる。

租税回避の正当化でもっとも恥知らずな議論は、大企業の経営側の心理をよく表した次のようなものだろう。「誰かの活動全体を見ずに、特定の部分だけに集中するのは、少々危険だと思う」と。これは〈PwC〉のリチャード・セクストンのことばだ。「サー・フィリップ・グリーンだって、数多くある小売チェーンをきわめて効率よく経営することで、イギリス全体に巨大な富を作り出している。どうだろう、きみも彼の店で買い物をしたことがあるのでは？　たぶん私だってある。彼がどのブランドを管理しているかいないかといったことは、もう私にもわからなくなってしまった。だが、その彼のおかげで仕事が生まれ、富が生まれているのだ」

企業のオーナーはある意味で高潔な慈善家であり、富と仕事をふんだんに作り出しているというこの議論は、大企業がある種の慈善活動をしているとでも言いたげだ。自分たちは明らかに社会に貢献している、税の問題など取るに足らないだろう？ と。だが、そう主張する企業は一方で、インフラや銀行救済、低所得者へのタックス・クレジットから、労働者を訓練する教育制度に至るまで、国家の寛大な政策に頼りきっている。

スティーブ・バーリーは、「恵まれない女性」の就職を支援する〈アーンスト&ヤング〉の長期的な取り組みに胸を張る。しかし、福祉国家イギリスがほころびたことで、女性向け簡易宿泊施設は、毎日二三〇人の家庭内暴力被害者の入居を断りつづけている。これも、バーリーの会社が手伝っている租税回避の少なからぬ結果だろう。支援活動は彼の良心の慰めにはなるかもしれないが、規模の小さい寛大な行為（善意にもとづくことは疑いない）は、租税回避の大きな沼にのみこまれてしまう。福祉国家の時代は、悲しいくらい不充分で父権主義的な貧困救済活動のパッチワーク（貧困層が最富裕層の寛大さにほぼ完全に頼っていた状態）を一掃するはずだった。「慈善事業は冷たく灰色で、愛がない」。労働党の戦後の首相クレメント・アトリーの伝記を書いたフランシス・ベケットはそう表現した。「富裕者が貧困者を助けたいのなら、気まぐれにちびちびと寄付をするのではなく、喜んで税金を支払うべきだ」

最富裕層の組織的な租税回避は、民主的に選ばれた政府に、大企業や億万長者がどれだけ強い力を及ぼしているかを物語っている。その影響力は、政府の最高レベルとのつながりや、露骨な圧力によって行使される。一般市民は、社会のトップにいる人々とは別のルールで生きろということだ。しかも、最富裕層は規制当局に協力して、自分たちに都合のいいルールを作っている。企業がどれほど公共サービスの提供と維持に必要な資金を奪い、政府をむしばんでいることか。

これは、エスタブリッシュメントのメンタリティが広く行き渡っていることの表れでもある。すなわち、企業活動の邪魔になるだけの国家に納税しなければならないのは不合理だ、というわけだ。彼らは、国家の提供するサービスに頼りきっていることは認めようとしない。歴代の政府が与えてくれた富と権力に慣れ親しみすぎて、自分たちの地位をわずかでも脅かすものにヒステリーに近い反応を起こすばかりなのだ。

強者による脅迫と買収

租税回避は、イギリス社会全体の変移のひとつの徴候でしかない。エスタブリッシュメントが力を握るにしたがって、社会は大企業に有利になるように大きくシフトした。公的資産の民間移転、法人税率引き下げ、政権中枢への企業ロビイストの進出、無制限のグローバリゼーション、労働組合という伝統的な敵の敗北……これらすべては、富の不均等な配分を加速させ、富裕者に強い権利意識と勝利感を与えた。

二〇一三年九月、労働党党首エド・ミリバンドが、政権についた暁にはガス・電気料金を一時的に凍結する、という公約を発表した。古典的なマルクス・レーニン主義からはほど遠い、中途半端な提案だった。そもそも世論調査によれば、イギリス人の大半はエネルギーの完全な再国有化を望んでいた。にもかかわらず、右派の反応はヒステリーそのものだった。

「労働党の提案は急所を突いたか？　突きましたね」と〈エナジー・UK〉のアンジェラ・ナイトは認める。彼女はかつて保守党下院議員で経済担当政務次官だったが、一九九七年の労働党の地滑り的勝利で議会から追われた。そして、いくつもの非業務執行取締役のポストを提案されたあと、銀行協会のCEOとして全銀行の代弁者となり、最終的に〈エナジー・UK〉のCEOに就任した。ナイトがイギリス資本主義の派手な悪役の声を代表することは、最初から計画されていたかのようだった。労働党の提案がエネルギー企業に与えた効果を見るのにも、最適の場所にいた。「彼らはすぐに大きな反応を見せた。それはいまだに尾を引いています」。「ビッグ・シックス」の反応は、脅しといじめの攻撃演説だった。〈スコティッシュ・パワー〉のコーポレート部門最高責任者であるキース・アンダーソンは、四五〇〇人を雇う一五〇億ポンド（約二兆二五〇〇億円）の投資を引きあげると脅した。彼らの声を代弁する組織〈エナジー・UK〉は、「六〇万人の仕事を凍結」し、「エネルギー不足の見通しが現実になる」と警告した。

最大の企業〈セントリカ〉はもっと率直だった。「コストが上昇しているにもかかわらず」価格を統制したら、うちもほかのエネルギー企業も経済的に成り立たず、運用を続けられなくなると宣言したのだ。[25] シティの株式仲買人でエネルギー関連のアナリストであるピーター・アザートンは、「ビッグ・シックス」の脅迫をわかりやすい英語で言い換えた――「電圧低下《ブラウンアウト》と停電《ブラックアウト》」だ。[26]

もし労働組合がこの種の脅迫をすれば、右寄りの報道機関から嵐のような怒りの攻撃が始まっただろう。しかし、タブロイド紙に「エネルギー大手が国民を人質に」とか「内なる敵」といった見出しが躍ることはなかった。メディアはただ、ミリバンドの穏当な提案でさえ実現不可能と騒ぐ「ビッグ・シックス」の発言を拡散しただけだった。だが、〈ユーガブ〉のある世論調査によると、イギリスの一〇人中六人近くが、これをエネルギー企業のはったりだと思っていた。[27] すでにEU加盟国のほぼ半数が、エネルギー料金の急上昇を抑える施策を講じているが、結果として停電が発生した国はない。フランスで事実上、国が運営している〈EDF〉（フランス電力会社）も、国内の価格制限にしたがわなければならなかった。

この一件は、租税回避と同じくらい、ビジネスエリートのメンタリティをよく表している。新しいエスタブリッシュメントのもと、本来公共財であるはずの基本公共サービスは民間に売り払われ、国民のニーズを満たすというより、利益をあげるために運用されるようになったのだ。今日のイギリスでは、「燃料貧困」［訳注：

収入の一〇パーセント超が光熱費に使われる状態」に分類される世帯が、五〇〇万にのぼる。これはほかのどの西欧諸国より多く、〈燃料貧困アドバイザリー・グループ〉の報告では、二〇一六年には九〇〇万世帯に達すると警告されている。この国には、家を暖めるか子供に食事をさせるかの選択をしなければならない家庭があるということだ。

二〇一三年初期の世論調査によると、すでに四分の一近くの世帯が、このみじめな状態に陥っている。毎年冬には、二万人以上の高齢者が残酷な「冬期過剰死亡者数」［訳注：ほかの季節と比べて冬に増える死亡者の数］に加わる。もっとも寒い家に住む人は、暖かい家に住む人と比べて予防可能な死亡原因で亡くなる可能性が三倍という、慈善活動団体〈エイジ・UK〉の報告もある。NHSは、暖房不足の家で病気になった人の治療に、毎年一三億六〇〇〇万ポンド（約二〇四〇億円）を費やしている。[*28]

ところが、この「貧困」「苦悩」、そしてもちろん「死」の物語の対極には、エネルギー企業連合の大儲けがある。二〇一二年、「ビッグ・シックス」が計上した利益はなんと三七億ポンド（約五五五〇億円）で、三年前と比べて七三パーセントの増加だった。そのゆうに半分以上は配当として株主に支払われ、クリーンエネルギーへの大規模な投資は七二億ポンド（約一兆八〇〇億円）から三億ポンド（約四五〇億円）に落ちこんだ。[*29] いまも何千万という人々が光熱費の高騰に苦しむなかで、エネルギー企業の好業績は続いている。

それだけではない。大企業の多くと同じように、彼らもあからさまな租税回避者だ。たとえば、〈nパワー〉は二〇〇九～二〇一一年まで、七億六六〇〇万ポンド（約一一四九億円）の利益をあげながら、法人税を支払っていなかった。エネルギー業界が競争市場であることを示す証拠は、ないも同然だ。リバタリアンの保守党下院議員ダグラス・カーズウェルは、「国のインフラに依存し、自分たちに都合よく市場を操作し、国を利用して競争せずに利益の最大化を図っている企業に、納税者は金を払いたくない」と語っている。

ミリバンドに対する戦争で、エネルギー企業連合の強力な味方となった〈エナジー・UK〉は、二〇一三年の秋に保守党のエネルギー相マイケル・ファロンが言及したように、「きわめて有力で、議論が進んだロビイング団体」である。[*30] エネルギー企業は、権力の中枢にロビイストを送りこんでいる。二〇一三年五月には、〈セントリカ〉の広報マネジャー、タラ・シンが、デイビッド・キャメロンの個人顧問になり、エネルギーと気候変動について助言することになった。〈セントリカ〉会長のサー・ロジャー・カーは、キャメロンの〈ビジネス・アドバイザリー・グループ〉に入っている。

カーのまえには、〈セントリカ〉CEOのサム・レイドローが、同じグループに二年間所属していた。エネルギー・気候変動省の〈グリッド・マネジメント戦略〉を率いるフィオナ・ネイブセイも、二〇一四年まで〈セントリカ〉から出向している。また、同省の〈科学・エビデンス・グループ〉の元政策顧問は、〈EDF〉からの出向だった。[*31] キャメロン政権発足後の一〇カ月で、閣僚と「ビッグ・シックス」およびロビイストたちの打ち合わせは一九五回あったが、それに対して環境団体との打ち合わせは、わずか一七回だった。

エネルギー企業連合は、権力の中枢に入りこむことによって、エド・ミリバンドの提案に全面戦争をしかける強力な土台を築いていた。情報筋がオブザーバー紙に語ったところでは、それはまさに総力戦で、「すでに権力の中枢に送りこんでいた出向社員や、大勢の広報の専門家を用いて、慎重かつ巧みに、自分たちは必要不可欠だという印象を強めていった」。「ビッグ・シックス」のある広報アドバイザーも、完全にその方針でいくと記事のなかで明言した。「これ（ミリバンドの提案）に対して一大反対キャンペーンをするのは、大まちがいだ。ただでさえ悪役のように見られているのに、ますますそうなってしまうからね。だから、静かに全力を尽くし、マードックやほかの報道機関の助けを借りながら、労働党がぜったいに入ってこないようにする」[*32]。言い換えれば、政府の奥深くに根づき、マスメディアに支援された大企業が、エスタブリッシュメントのほかの部門と協力して、民主的に選ばれた政治家を攻撃したということだ。

これが、一九八〇年代のサッチャー派の改革運動の遺産である。公的資産を大量に民間に売却した政策は、新しい「大衆資本主義」の創出と謳われたが、結果はまったくちがった。「ビッグ・シックス」のうち四社は、外国企業が所有している。国が運営する唯一のエネルギー会社は〈ＥＤＦ〉だが、その国はイギリスではなくフランスだ。イギリスの「大衆資本主義」は、長期にわたって衰退しつづけている。一九六三年には、ロンドン証券取引所の株式の過半数を個人が所有していたが、現在、個人所有は一〇パーセント余りにすぎない。二〇一三年の時点で、イギリスの株式の五三・二パーセントは、外国投資家が所有している。

周知のとおり、サッチャー派は愛国主義的な誇りをレトリックに用いた。〈ブリティッシュ・エアウェイズ〉の民営化で、新しいロゴからイギリスの国章が消えたとき、サッチャーは嫌悪もあらわにハンカチでロゴを隠したほどだ。しかし、エスタブリッシュメントのサッチャリズムが残した遺産のひとつとして、イギリスの企業エリートは、もはやほとんど「イギリス」ではなくなった。国家統計局の記録によると、一九七三年、イギリスのトップ企業における外国所有の割合はわずか七パーセントだったが、一九九八年には三一パーセントになり、二〇一二年には四一パーセントに達した。イギリスの特許のおよそ四〇パーセントは外国所有だが、アメリカではそれが一二パーセントにも満たない。

外国資本によるイギリス企業の買収の勢いはすさまじい。二〇一一年だけを見ても、時価三三〇億ポンド（約四兆九五〇〇億円）相当の企業が外国に売却された。たとえば、イギリスのほとんどの空港は、スペインの総合建設会社〈フェロビアル〉が所有している。かつて国を代表する企業だった〈ＩＣＩ〉（インペリアル・ケミカル・インダストリーズ）も、いまはオランダの〈アクゾノーベル〉の経営だ。大衆向けの巨大ドラッグストア・チェーン〈ブーツ〉も、二〇〇七年、アメリカの未公開株式投資会社〈コールバーグ・クラビス・ロ

Sovfoto/PPS通信社

大実業家アリシェル・ウスマノフ（左）と、投資家レオナルド・ブラバトニック

バーツ〉とイタリアの実業家ステファノ・ペッシーナに売られ、チョコレート製造の〈キャドバリー〉も、アメリカ企業の〈クラフト・フーズ〉〔訳注：現在の名称は〈モンデリーズ・インターナショナル〉〕が買収した。

外国の独裁政権も、これに加わっている。カタールは、スーパーマーケット〈セインズベリーズ〉の大口投資家であり、〈ハロッズ〉のオーナーだ。ロンドンの高層ビル〈ザ・シャード〉、ヒースロー空港の二〇パーセント、カナリー・ワーフの一部、そしてロンドン証券取引所のかなりの部分も所有している。

イギリス、とりわけロンドンは、外国の新興財閥《オリガルヒ》の遊技場になりつつある。毎年、サンデー・タイムズ紙が、長者番付でイギリスの上位一〇〇〇人の富裕者を調査しているが、二〇一三年の番付でイギリス出身者の最高位は、ウェストミンスター公爵の八位だった。一位はロシアのオリガルヒ、アリシェル・ウスマノフ、二位はウクライナのレオナルド・ブラバトニック。こうした地球史上最高レベルの億万長者は、アメリカの経済学者タイラー・コーエンが「居住のタックスヘイブン」と呼んだイギリスの状況［訳注：居住者にかかる税金が低い］に魅力を感じているのだ。

外国の億万長者に買われているのは、イギリスの企業や資産だけではない。二〇一一年の前半だけを見ても、セントラル・ロンドンの新築物件の六〇パーセントが、外国投資家に買われている。二〇一一年に外国投資家がロンドンの住居に支払った五二億ポンド（約七八〇〇億円）は、政府が「入手可能住宅計画」でイングランド全体に投資した金額を小さく見せるほどだ。[*33] どこをどう見ても、イギリスの現代の経済システムは、少数の起業家と株主と資産家に支配されていて、「大衆資本主義」と呼べるようなものではない。

しかし、いくら自由市場の教義がつまずいても、デイビッド・キャメロンの政府は「高度サッチャリズム」を是が非でも完遂しようとした。マーガレット・サッチャー本人でさえ〈ロイヤルメール〉（英国郵便公社）の民営化は認めず、「まだ女王の頭［訳注：切手の図柄］を民営化する勇気はない」と言っていた。それが二〇一三年一〇月についに民営化されたのは、あらゆる公的資産の売却、リスクの国営化、利益の民営化というエスタブリッシュメントのイデオロギーにしたがった結果だった。にもかかわらず、〈ロイヤルメール〉の負債勘定になる年金ファンドは国有のままで、利益の出るビジネスだけが売却されたというのに、その評価額は異様なほど低く、実際の価値より何億ポンドも安く売られて、国庫収入に大損害を与えた。

このときの支配層には、「大衆資本主義」に見せかけようという努力すらなかった。投資家は〈ロイヤルメール〉の株を買うのに、最低七五〇ポンド（約一一万二五〇〇円）が必要だった。「多くが国際的なファンドや投機家のために取っておかれ、イギリスの個人の申込者の機会を奪っているのは残念だ」と、労働者の持株制度を支持する〈イソップ・センター〉の会長マルコム・ハールストンは不満を述べた。[*34] 新会社の三分の二は、シティの企業が買い上げた。大量購入者のなかには、クウェートなどの独裁国家を含む政府系ファンドが含まれていた。世界最大規模のヘッジファンド〈ランズドーン・パートナーズ〉も投資し、ロンドン証券取引所における初日の〈ロイヤルメール〉新株発行で、一八〇〇万ポンド（約二七億円）分を購入した。〈ランズドーン〉の幹部社員のひとりは、財務相の花婿付添人を務めたピーター・デイビーズだった。[*35]四九七年の歴史を誇る組織が、シティの投機家と独裁国家に安売りされ、顧客のニーズを満たすためではなく、利益のために運営されることになったのだ。納税者は大損させられたうえ、負債まで引き受けることを期待されている。これもまた、現代エスタブリッシュメントの顕著な特徴である「富裕層のための社会主義」の一例だ。

あからさまな不平等分配

公的資産の収奪は、エリートの手にこれだけの富が集中している理由のひとつにすぎない。別の理由としてあげられるのは、現代エスタブリッシュメントが現れてからの「再分配」だ。マーガレット・サッチャーが首相になった一九七九年、トップ一パーセントの人々に渡る国の収入は全体のわずか六パーセントだった。それが今日では、倍以上の一四パーセントになっている。

シンクタンク〈ハイ・ペイ・センター〉の二〇一三年の報告書では、二〇〇〇年、金融データを提供する会社ＦＴＳＥが発表した「１００ＣＥＯ」の平均給与は一般労働者の四〇倍だったが、二〇一一年には、株価が下がっているにもかかわらず一八五倍になっていた。同じ報告書によると、バークレイズ銀行というたったひとつの会社で、一〇〇万ポンド（約一億五〇〇〇万円）以上の収入を得ていたのは四〇〇人以上。いくつかの例では、トップに支払う給与額が極端に高かった。二〇一一年、〈ＢＰ〉の取締役は、同年代の一般社員に比べて三〇〇六パーセント増しの給与だったというから、あきれる。バークレイズ銀行の頭取の給与にいたっては、なんと四八九九パーセント増しだった。

国は経済危機にみまわれたかもしれないが、イギリス企業は手元に何億ポンドもの現金を抱え、投資ストライキをしているような状態だ。「その金が投資されれば本当にいいことだし、いずれは投資されると思う」と〈経営者協会〉会長のサイモン・ウォーカーは楽観的だ。しかし、だからこそ西側世界でも最低レベルへの法人税率切り下げは無意味なのだ。企業は大金を抱えている。税率を下げても、彼らが国内経済のために投資しようとしない現金の山が、いっそう大きくなるだけだ。

対照的に労働者の賃金は、金融危機が始まるまえから横這いか、むしろ下がっている。二〇〇三年からこのかた、ロンドンを除くイギリスのすべての地域で、実質可処分世帯所得が減っているのだ。二〇〇四年からは、社会の下半分の人々の賃金が伸びておらず、下三分の一については下がっている。[*36] 一方でこの時期、大企業は記録的な高利益をあげている。

二〇一〇年の連立内閣成立後の三年間で、イギリスの労働者は、EU加盟二七カ国中四番目にひどい平均五・五パーセントの賃金低下に苦しめられた。[*37] これは破滅的な流れだ。富裕層が銀行口座やタックスヘイブンに追加の金を貯めこんでいるあいだに、底辺に近い人々は、懐に入る最後の一ポンドまで使いがちだということなのだから。[*38] 労働者の生活水準を下げるということは、消費者が牽引する経済から需要をなくしてしまうことにほかならない。

労働者の賃金は下がっても、富はあいかわらずトップに吸い上げられていく。二〇一四年のサンデー・タイムズ紙長者番付によると、最富裕層一〇〇〇名のイギリス人の富はたった五年で倍増したが、平均的なイギリス人の生活水準は落ちていた。二〇一〇年、政府の支出削減が始まったときにも、長者番付はトップ一〇〇〇の富が三〇パーセント増えたと報告した。翌年も二〇パーセントに近づく上昇率だった。二〇一三年には、四五〇〇億ポンド（約六七兆五〇〇〇億円）という彼らの富に、三五〇億ポンド（約五兆二五〇〇億円）が加わった。

トップ一〇〇〇の富は、長者番付が初めて発表された一九八九年から見て八倍になっている。

二〇〇九年、労働党政権末期のゴードン・ブラウンが、年間一五万ポンド（約二二五〇万円）を超える収入（対象となるのは稼ぎ手の上位一パーセント）に対して最高税率を五〇パーセントに引き上げた際、世の中には支持の声が広がった。世論調査では一〇人中七人のイギリス人が賛成だった。だが大企業は激怒し、その政策を撃沈する一大キャンペーンを展開した。彼らに同情的な連立政権が成立してからは、その運動がさらにエスカレートし、二〇一二年二月末には、五三七人の実業家がデイリー・テレグラフ紙に署名入りの書簡を送って、「イギリス経済の現状に鑑《かんが》みて」ただちに廃止すべきと提案した。彼らによれば、新税は結果として「税収を減らし、経済、公共サービス、慈善事業への寄付に悪影響を与える」。そして、「われわれは実業家として、産業、経済、第三セクターを繁栄させたい。五〇パーセントの税を廃止すれば、イギリスの起業家精神を高め、産業を刺激し、政府の成長戦略に寄与したい財務省の意向を世に示すことになるだろう」と締めくくった。

あたかも「事実」のように粉飾された主張である。富裕者がさらに減税を受けることは公共の利益に適う、とイギリス国民に信じさせようとしているが、五〇パーセントを四五パーセントに引き下げる予算が発表されたあと、ベンチャー・キャピタリストのアイリーン・バービッジは、ともに働く若い起業家たちは最高税率になど興味がないと私に語った。「私たちはその枠に入っていないから、影響は受けないの。それより自分たちがやりたいと思うことを支援してくれる人がいるかいないかのほうに興味がある」。彼女はさらに、税率が影響するレベルに到達することは「私たちの多くにとって、抱えられるなら抱えたいくらいの問題」だとつけ加えた。それはつまり、夢にも見たことのない所得が得られたということだから、と。*39

イギリスの起業家でもとりわけ有名なひとり、マーサ・レイン・フォックスも、その見方に同意する。彼女はいわゆるドットコム・ブームの時期に〈ラストミニット・ドットコム〉を共同で立ち上げ、大成功を収めた。彼女いまはロンドンの超高級住宅地メリルボーンにある、本人が冗談めかして言う「新エスタブリッシュメント宮殿」に住んでいる。私がインタビューしてさほどたたないうちに、彼女は上院に入った。

私たちは美しい内装の部屋に座り、メイドにお茶とビスケットを出してもらいながら話をした。驚くべき四一歳のレイン・フォックスは、拍子抜けするほど謙虚だった。二〇〇四年にモナコで休暇をすごしていたときにひどい交通事故に遭い、家のなかでは杖をついて歩いていた。「自分の富を蓄えることに没頭する起業家は、あまり見かけない」と彼女は言う。「現実は、地下室に紙一枚、アイデアひとつを持ちこんで、銀行からお金を借りようとしたり、資金調達の方法を考えたりしているわけで、富の蓄積からはほど遠い」。要するに、勇気ある起業家と億万長者の関心は同じではないということだ。

最高税率の切り下げについて政府が持ち出す理由は、最高税率を上げても非効率である（富裕層は巧みに納税を避ける方法を見つけるから、予測より税収が減って非効率）というものだ。しかし、最富裕層の願望や利益にしたがう政治的議論がおこなわれていなければ、彼らのしつこい租税回避をしっかり取り締まれという声が、かならずあがっていたはずだ。いずれにせよ、政府の理屈は誤解を招きやすい。そもそも、最高税率の引き上げで影響を受ける人々は、「予防措置」と呼ばれる一度きりの方策で、あらかじめ新税の打撃を減らしていたからだ。つまり、彼らは新税導入の前年に収入を移動させていた。HMRCの計算によると、一八〇億ポンド（約二兆七〇〇〇億円）にのぼる収入がそのように前倒しされた。だから、新税の初年度の数字は参考にならない。

ゴードン・ブラウンが新税を導入した際、影響を受けそうな人々が運営しているメディアは、中流階級への一種の攻撃というふうに報じた。デイリー・テレグラフ紙の見出しは「イングランド中流階級への残酷で無意味な攻撃」だったが、イギリス人の給与の中央値が二万一〇〇〇ポンド（約三二五万円）で、五〇パーセントの課税対象となる収入の七分の一以下であることを考えると、不思議な話だ。デイリー・メール紙は「ねたみの政治」への回帰を非難し、サン紙も「富の創造者への暴力」と糾弾した。

これらもまた、「富裕エリート層に加わった人は、もっぱら本人の技術と決意でそうなったのだ」という考え方にもとづいている。才能があり勤勉であることで、なぜ罰せられなければならない？　というわけだ。だが、どれほどほかの人に助けられ、運に恵まれたかを正直に語る起業家もいる。「創設者や起業家を崇《あが》めるのは少し危険だと思う」と、マーサ・レイン・フォックスは率直に言った。「信じられないほど成功するビジネスを、たったひとりで生み出すことはできない。それに私としては、たったひとりに頼っているビジネスは大成功とは言えないと思う」

彼女自身のビジネスは、みなで協力し合った結果だと強調する。「本当の意味でチームプレーだった。チームのなかにすぐれた技術があった。そのなかでうまくいった活動もあったし、うまくいかなかったものもあった」。レイン・フォックスは、ありがたく享受した特権を列挙する。「いまに至る教育を受けられたのは運がよかった。アイデアを実現できるという自信が生まれつき備わっていたことも、収入がなくても借りられるフラットがあったことも、運のよさだった。それらすべては自分の技術とは関係なくて、完全に幸運だったことによるものでしょう。だから、自分は多くの意味で基本的に恵まれていたということを忘れないようにしている。忘れないことを願っています」

「下から」の力は弱まる一方

社会のトップに富が集中する原因として、もうひとつ重要なのは、それに対抗する下からの突き上げが弱いことだ。これは労働組合運動の敗北が残したひとつの遺産である。四〇年前なら、労働組合会議（ＴＵＣ）の初の女性書記長であるフランシス・オグレイディのような地位にいる人は、まさしくエスタブリッシュメントの一員だったはずである。一九六八年、TUCは創設一〇〇周年を祝う充実した冊子を発行した。そこには、「小さなひとつの討論集会が、イギリスの組合主義を代表する全国組織になり、政府の政策策定に協力し、主要な社会サービスの管理に加わり、全国の企業の広報担当者と対等に話し合えるようになった」と誇らしく書いてある。

しかし今日、労働組合はほとんど力を誇示することができない。会員数は一九七九年のピークの約半数にまで落ちこんでいる。二〇一三年には五万九〇〇〇人増えたが、これは過去一〇年間で初めての増加だった。とくに民間企業での衰退は激しく、労働組合に加入しているのは全労働者の一四パーセントで、しかもその多くは、民営化された公共部門や外部委託先で働く元公務員だ。サッチャー政権前には、一〇人中八人の労働者の給与と就労条件が集団交渉で決まっていたが、いまやそれは一〇人中三人にも満たない。

「その間、自分たちの力が弱まっているのに、きちんと向き合えなかったのだと思う」と、フランシス・オグレイディは言う。「経済が成長していたことも一因でしょうね。労働者の取り分がどんどん少なくなっているという事実は、ケーキ自体が大きくなってそれほど痛手はないという事実の裏に隠れてしまった」

労働組合は、さまざまな理由でつまずいた。「西側世界でもっとも労働組合に厳しい」とトニー・ブレア本人が自慢した反労働組合法が成立し、労働者のための意見を通すことがむずかしくなった。完全雇用の時代が終わったのも、大きな理由だった。雇用が不安定になると、労働組合の立場は弱まる。解雇されないのなら賃金カットや雇用条件の悪化は我慢しよう、という労働者が増えるからだ。かつては無敵に思えた炭鉱労働者にかぎらず、多くの労働組合が敗北したことで、ストライキをしても無駄だという空気も広がった。

これに加え、イギリスのビジネスエリートの質が変わったことも、労働代表としての労働組合の能力を削ぐ要因になった。

株式の外国所有が急速に増え、その所有者が頻繁に変わることによって、「資本の性質が大きく変わった」とオグレイディは説明する。「それは労働組合側から見れば、経営層が分断され、サプライチェーンが長くなり、人事のアウトソースが最高速度で進むようになったということ。だから、実際に権力を握っている人たちと同じ部屋に座って交渉することが、とてもむずかしくなった。彼らはより公平な分配を要求する労働者のあらゆる攻撃をかわすために、人間の盾を生み出したのだと思う」。富裕エリート層の構造がかつてなく複雑になり、労働組合が集団的な力を発揮することがいっそう困難になったのだ。

下からの圧力がないために、職場でも社会全体でも、ビジネスエリートへの権力集中はますます進み、労働者の権利はやすやすと奪われるようになった。労働組合〈ユナイト〉の調査によると、現在「ゼロ時間契約」［訳注：最低労働時間がなく、雇用主の要望があるときにだけ働く契約］を結んでいる労働者は、五五〇万人にのぼる可能性がある。[*40] それだけ多くの人々が、労働時間が定まらず、年金や有給休暇などの基本的な権利もない生活を強いられているのだ。二〇世紀初期、毎日早朝に港湾労働者たちが広場に集まり、必死で仕事を得ようとした時代への逆戻りである。気まぐれに使われ捨てられる消費財のように扱われる労働者は、基本的な安心感を奪われる。

では自営業の人はどうか。二〇〇〇～二〇一四年のあいだに、その数は一〇〇万人増えたが、安定して適正な収入が得られる仕事は少ない。〈レゾリューション財団〉の報告によると、二〇〇六年以降、自営業のイギリス人の収入は二〇パーセント減り、経済危機のあとで自営業になった一〇人中九人近くは、週に三〇時間未満しか働いていない。[*41] しかも自営業者には、ほかの労働者にはある病気休暇や有給休暇、年金がない。

ＯＥＣＤの先進国のなかで、雇用保護の状況がイギリスより悪いのはアメリカだけだ。それなのに、二〇一〇年にデイビッド・キャメロンの連立政権が発足すると、ビジネスエリートは権力をいっそう自分たちのほうへ引き寄せはじめた。保守党は労働者の権利への新たな攻撃として、エイドリアン・ビークロフトに報告書を書かせた。とうてい公平な人選とは言えない。ビークロフトは未公開株式投資の大物で、合法高利貸し〈ウォンガ〉にも投資し、保守党には五〇万ポンド（約七五〇〇万円）以上寄付していたのだから。

ビークロフト報告書は、ひとつの仕事で二年以内に解雇された労働者は不当解雇を主張する権利を失う、という提案をした。さらに、雇用主は必要な金を払えば、理由を説明することなく労働者を解雇できるようにすべきだともした。政府は結局、不当解雇の申請資格を得るまでの雇用期間を延ばすとともに、元雇用主を労働裁判所に訴える労働者に料金を課すことにした。ここでも改革は国益のためと宣伝され、これによって仕事が増えると主張されたが、〈イギリス人事教育協会〉の主任経済アドバイザーのジョン・フィルポットですら、たんに「景気循環のなかで雇用を不安定にする」だけだと指摘したほどだった。[*42]

それでも、〈経営者協会〉会長のサイモン・ウォーカーにとっては、ビークロフトの改革は「思慮深かった」。「どれほど人々の不興を買おうと、私はそう言いつづける」と擁護し、労働者を保護する残りの法律も縮小することを求めた。「悪い上司を規制する」ことは不可能だから、市場に決めさせろというのが彼の考え方である。「もし、ある会社にひどい経営者がいたら、それが評判になり、自然に誰もそこで働こうとは思わなくなる」とウォーカーは言う。だがそれは、労働者がみな好きに職場を選べ、雇用主の人徳を考慮できるという幻想にもとづく議論だ。トップに立つ人々が、いかにイギリス人の大多数の労働者の現状を知らず、隔離された世界に生きているかがわかる机上の空論である。

二〇一二年一〇月、キャメロン政権はまた別の政策を導入した。労働者が職場での権利を放棄することと引き替えに、株主になることを認めたのだ。これには財界からも、さすがにやりすぎだという意見が出た。英国商工会議所のジョン・ロングワース会頭は「完全に頭がおかしい」と言い、財務相の「ガリ勉政策屋」チームを責めた。じつは、この政策は手軽な租税回避策でもあった。会社の株式が利益つきで売られると、キャピタルゲイン税を免除されるのだ。[*43]

しかし、これほど「頭がおかしい」政策さえ実施されるということから、今日のエスタブリッシュメントのあり方がよくわかる。つまり、富と権力がますますビジネスエリートに移る方向に社会が進んでいるのだ――彼ら自身がそれを望んでいるかどうかに関係なく。イギリスはいま、大企業の利益に合わせて絶えず作り替えられている。頂点に立つ人々は、あたかも法を超越しているように扱われ、民主的に選ばれた政治家がしっかり守るべき税金の支払いを免れている。彼らは、必要とあらば集団の力を用いて自分たちのやり方を貫き、さらなる譲歩を引き出したり、地位を脅かすものを抑えこんだりする。

加速する一方のこの富と権力の集中は、数々の理由によって起きている。エスタブリッシュメントのイデオロギーはもはや非常に支配的で、外部から挑戦されることもないので、ほとんど常識と見なされている。これがデフォルト設定であって、そこからはずれるのはよほどの変わり者か政治的な時代錯誤者だけだ、と。

彼らのイデオロギーには独自の論理があり、富裕層への減税、民営化、労働者の権利剝奪が自己目的と化している。シンクタンクや企業メディアは、そうした目的の正当性を訴え、ビジネスエリートの利益がさも国民全体の利益になるかのように説明しつづける。大企業は、政党やシンクタンクに資金を提供するだけでなく、国家機構の一部と融合している。劇的に力を奪われた労働組合のように、組織的な対抗勢力がなくなったことから、トップに富と権力が集中しつづける流れはほとんど止めようがない。

この先、エスタブリッシュメントのイデオロギーと、大企業や先兵たちによる政治的支配に挑戦するものが現れないかぎり、この傾向は続き、おそらくさらに加速する。彼らの勢いが一気に増したのは、イギリスの金融エリートが国を未曾有の経済危機に陥れたときからだ。当時、イギリスのエスタブリッシュメントの態度ははっきりしていた——危機のつけを払うのは、それを招いた張本人たちではなく、労働者階級だと。この国で権力がどうふるわれるかについて、これほど説得力のある見識はない。

7
金融界の高笑い
Masters of the Universe

イギリスの金融部門であるシティでは、もっとも純粋なかたちで表現されたエスタブリッシュメントのメンタリティが見られる。ひとつは国家に対する猛烈な反発（納税への抵抗と、政府のあらゆる規制への強烈な敵意が特徴）、そしてもうひとつは、国家への依存だ。二〇〇八年、経済危機で自分たちが弱ったときには、公金を用いた前例のない救済を受けた。かつてなく少数のエリートの手に富が集中する過程は、たんに保護されてきただけでなく、美化されてきた。

シティには苛烈な個人主義、政治権力との親和性、既存勢力に敗れた人に対する無関心が蔓延している。なかでも目立つのは、頂点に立つ人々と残りすべての人々に対しては別々のルールが適用される、という感覚だ。実際、二〇〇八年の金融危機に続く国による銀行救済は、ほとんど無条件で責任も問われなかった。それに対して、その後の緊縮財政政策では、社会の底辺にいる人々への支援が次々と削られ、いま残っている支援には厳格な条件がついている。

たとえば、金融危機後に職を失った何十万人のなかのひとり、ブライアンは、生活保護を受けているほかの失業者と同じように、職探しの状況を「求職日誌」にくわしく記さなければならなかった。さらに、週に七一ポンド七〇ペンス（約一万七五五円）という情けない失業手当を二週間受け取ったあと、その日誌が返却されてきて、手当の給付は中止するが（いわゆる「給付制裁」）、求職活動をするという条件には引きつづきしたがわなければならない、という手紙が添えられていた。理由は何も書かれていない。手紙の電話番号にかけても説明はなく、彼の申し立ては「決定権者」に報告され、「そのうち」返事があると言われただけだった。

理由は最後にわかった。ほかの失業者と同様に、ブライアンも政府のウェブサイト〈ユニバーサル・ジョブマッチ〉を週に五回利用しなければならなかった。雇用主と求職者を引き合わせるサイトである。ブライアンはきちんと条件を守り、サイトでとった手続きを「求職日誌」にも書きこんでいたが、オンラインの日誌には記録していなかったのだ。でもそれは、そもそも指示がなかったからだ。のちにはアドバイザーも、四週間にわたる給付中止はさすがに厳しすぎると同意し、再審査の申込書を送ってくれたが、それからさらに二カ月、なんの連絡も受けなかった。どうなっているのかと電話をかけると、たんに決定はそのままだと言われた。

「正直言って失業は、たぶんこれまでの人生で一、二を争うくらい自信を失った時期だね」とブライアンは言った。「一四歳のときから新聞配達をして、ナイトクラブを経営して、ときには副業も持った。二八歳になるまで一度も仕事にあぶれたことはなかった。でも、そんなことは〈ジョブセンター〉の人たちには関係なかったようだ。ぼくに会うのが嫌でたまらないという感じだった。すべての手続きは恥辱を与えるためにあるのかと思ったよ」

こういう目に遭ったのは、とうていブライアンだけではない。マンチェスター出身で元ガス工事業者のグリンも、二〇一三年のクリスマスのまえに三週間、給付中止となって手当をもらえなかった。政府の「福祉から就労」政策の請負企業のひとつ〈シーテック〉で求職手続きをしていて、面会日に顔を出せなかったのが理由だった。

体が不自由なグラスゴー市民で、娘と暮らしているサンドラも、同居人がいるかどうかを答える申込書を送られた際、パートナーのことを訊かれているのだろうと思って「いない」と回答したところ、「コンプライアンス面接」に呼び出された。さらに、娘のかよう学校がフルタイムでなかったせいで、週に五〇ポンド〔約七五〇〇円〕の重度障害手当の資格を失った。

サウス・ロンドンに住むダニーは、深刻な神経衰弱を患ったあと生活保護を受けていたが、アドバイザーが通知し忘れた面会に一度行きそこねたことで、なんの警告もなしに二週間、給付を止められた。「本当に怖ろしい時期だった」と彼は振り返る。「また止めるかもしれないと脅されて、ストレスで精神をやられた」

こうした失業者に対する制裁の件数があまりにも増えて、ついには世間から隠しておくこともできなくなった。英国在郷軍人会にポピーの花を売って、仲間の兵士たちの資金調達を手伝っていた六〇歳の退役軍人スティーブン・テイラーも、そのひとりだった。ポピーを卸していたスーパーマーケットを含め、無数の仕事に申しこんでいたが、どれも成功せず、四週間にわたって給付を止められた。*1

孤立無援の失業者たち

メアリーは〈ジョブセンター〉でひとり親に仕事を斡旋《あっせん》し、〈公務員・民間労働組合〉に所属する労働者の世話をしている。「管理者のあいだに、いじめの文化が浸透しているんです」と彼女はひそかに打ち明けた。「誰のチームがいちばん制裁の件数を増やせるか、競争しています」。制裁の数で、あるセンターが別のセンターに勝つと「大喜び」した。圧力は管理者からだけでなく、チームリーダーからもかかった。制裁がなければ「仲間の期待を裏切る」ことになるという考え方だった。

なんという変わりようだろう。今世紀の初めに彼女が労働・年金省で働きはじめたころには、制裁は最後の手段であり、対応の失敗と見なされていた。それがいまや制裁に頼るようになってきた。「どんなレベルの思いやりもない」と彼女は言う。「失業しているという単純な事実で、人を罰する文化があるんです」

数字からも暗い現状が見えてくる。政府の統計によると、二〇一二年六月〜二〇一三年六月のあいだに、八六万人がこの制裁を受けた。労働党政権の最後の一年と比べると、三六万人の増加である。しかも、対象が特定の層に偏っている。慈善団体〈ホームレス・リンク〉は、失業手当を受けるホームレスの三分の一近くが制裁の対象になっていると述べる。緊縮財政のイギリスでは、一〇〇万人近くがフードバンク〔訳注：食べることは可能だが売り物にはならない食糧を、企業などから寄付してもらい、生活困窮者に配給する団体〕の支援を得ている。この地球上で六番目に豊かな国で、最貧層の人々はもはや自力で食べていくこともできないのだ。フードバンクの単独提供者のなかで最大の〈トラッセル・トラスト〉によると、食糧を受け取る人の半数以上は、手当の減額や中止が原因で、フードバンクに頼らざるをえなくなったのだという。

金融危機は、エスタブリッシュメントの基礎を揺るがすどころか、むしろ彼らの価値観を前面に押し出すことにつながった。危機が始まってほんの半年で、業界の声を代表するフィナンシャル・タイムズ紙は、「銀行家全員を罰したい衝動は行きすぎ」と宣言した。[*2] しかし、かりに政府の側にそのような「衝動」があったとしても、行動に移されることはなかった。その代わりに特別な罰の対象に選ばれたのは、社会の底辺にいる人たちだった。そこには、本来立つ瀬がないはずの銀行家が引き起こした危機で職を失った労働者も含まれる。失業者はいつしか、犯罪者のように扱われるようになっていた。ほんのわずかでも違反が認められると、ただちに警告が発せられた。

一方、イギリスを経済的な大災害に放りこんだ責任者たちには、制裁も処罰もなかった。困窮するほど貧しくもならなかったし、食うに困ってフードバンクに頼る生活に陥ったわけでもない。それどころか、それまで以上に儲けつづけたケースさえ多々あった。同じ国家の支援を受けても、失業者にはどんどん条件が追加されるのに、はるかに巨額の公金で救済された銀行家は、その手の条件で苦しめられることはなかった。経済危機の六年後、金融ニュースサービス〈ブルームバーグ〉に、車のオリジナルナンバープレートの広告が出た。「BU11　MKT」の値段はわずか二万五〇〇〇ポンド（約三七五万円）、「BU11　ESH」はたったの一万五〇〇〇ポンド（約二二五万円）だった［訳注：それぞれ「bull market」「bullish」の意味で、株式市場の上げ相場を表す］。

結局、金融危機は法がどちらの側についているかを明らかにしただけだった。公訴局長官だったキア・スターマー勅撰弁護士は、二〇一三年九月、給付金詐欺の量刑を一〇年まで延長すべきだと主張した。給付金詐欺の総額など、イギリスの社会保障支出のなかであきれるほど小さな割合しか占めていないというのに。その一方、強欲な私利追求にもとづく行動で世界を経済的カオスに叩きこんでも、法の立場から見ればまったく問題がなかった。

二〇一二年に明らかになった、LIBOR（ロンドン銀行間取引金利）の不正操作スキャンダルを思い出すといい。銀行家が利益を得るために、勝手に金利を上げ下げしていたにもかかわらず、そもそもイギリスの法律に違反しているだろうかという議論まで出た。二〇一四年のなかばでもまだ刑事訴追はなく、わが国を代表する金融関連ロビイストもオフレコで「さすがに謎だ」と私に打ち明けたほどだ。「貧しい人たちが同じようなやり方で生活保護費をごまかしたら、刑務所行きになる」と、ケンブリッジ大学の経済学者ハジュン・チャンは言った。

失業者には、権力の中枢に入りこめるロビイストがいない。彼らからの献金を当てにする政党もないし、すぐさま擁護にまわってくれる著名なシンクタンクや先兵の一群もいない。それにひきかえ金融エリートは、エスタブリッシュメント以外の人々の首をいつでも絞めることができた。経済的破滅を引き起こしたイデオロギーにも助けられていた。もちろん、破滅といっても自分たちを除く人々の破滅である。

シティ興隆までの歩み

ソーホーのカフェでシッダースと会ったとき、彼はなかなか話そうとしなかった。とても不安がっていて、身元を決して明かさないと誓う契約書に署名してもらいたがっていた。ちなみに、私が話をしたシティの働き手は、多かれ少なかれそんな感じだった。匿名を希望するのは、キャリアを傷つけないようにという配慮なのかもしれないが、真実を明かすのを悪事のように感じているのではないかという気もする。イギリス金融業界の沈黙の掟を破るのはまずい、というふうに。

子供時代にさまざまな場所で暮らしたことを反映して、シッダースの話し方にはどことなくインド、イギリス、アメリカの訛りが感じられる。インドの外交官の息子だったが、一〇代の反抗期に、あとを継いで外交官になるだろうという父親の期待に背き、金融業界で働くことをめざした。意欲満々のほかの学生たちとともに、バークレイズ銀行の大卒枠で就職面接を受けた二〇〇四年、金融業界にはまだドットコム・バブルが弾けた四年前の後遺症が残っていたが、やがてそれはその後の大変動のかすかな前兆だったとわかる。シッダースはバークレイズ銀行で長年まじめに働いたあと、世界最大規模の投資銀行（これも身元をたどられないように名を伏せたいそうだ）に引き抜かれた。「そこに何年か勤めた。ここに白髪があるだろう」と彼は指差す。「燃え尽きたみたいになったんだ、二〇〇八年に市場が崩壊して、なんというか、世界が変わってしまったから」

その秋、金融危機はふいに偽りの戦争ではなくなった。「サブプライムローン」危機が勃発したのだ。〈リーマン・ブラザーズ〉が崖っぷちに追いこまれた。「金曜（二〇〇八年九月一二日）に、規制当局があらゆる銀行に電話をかけて、『〈リーマン〉は月曜までもたない。買収する気はないか？』と打診しはじめた」と当時、

M&A部門で働いていたシッダースは振り返る。〈リーマン〉が倒産するまえの週末、彼はほかのライバルたちと同じように、〈リーマン〉に買収価値があるかどうか「試算していた」。

結果はノー。買収も、政府による救済もなかった。九月一五日、ロンドンのカナリー・ワーフにあった〈リーマン・ブラザーズ〉本部から、私物の箱を抱えた行員たちが続々と出てきた。南北戦争とふたつの世界大戦を生き延びた創業一五八年のアメリカの銀行が、民事再生を申請したのだ。

シッダースは、新しい不確実な時代の到来を目撃した。「世界の激変が見たいのなら、あそこはおそらく最高の場所だった」と目を輝かせて言う。「アドレナリンが噴出して止まらなかった」。翌月は毎晩、二、三時間しか寝なかった。オフィスで徹夜することもあった。「アドレナリンから力を得ていた。すばらしい体験だったけど、怖ろしくもあった。どっちに向かってるのかわからないのに、流れのまんなかにいたわけだから」

あとから思うと、準備期間があったのは確かだった。「二〇〇七年の前半まで、どの銀行も信じられないほど成長に積極的だった」と彼は言う。「とくにM&Aの分野で成長を加速させる動きが活発だった。ビジネスの成長にいちばんだからという理由で、とにかく買収契約を結ぼうとした……上司からも言われたよ。『わかるな、とにかく成長第一でいけ。通常より早くそうしたい。だから、今すぐどこかを買ってしまえ』とね」

しかし、アメリカのサブプライムローン危機が徐々に広がりはじめると、雰囲気が変わった。「二〇〇七年の五月か六月ごろだったかな。みんなが本気であとずさりしはじめて、『どうやらこの危機は消えてなくならない』となった。で、二〇〇八年九月が来て、〈リーマン〉がなくなった」

過去を振り返ると、実際に起きたことは明らかにそうなるべくしてなったという誤った認識を持ちやすい。嵐がすぐそこに迫っていたのに、なぜもっと多くの人が気づかなかったのだろうかと不思議に思うのだ。金融崩壊が近づくころ財務省秘書官だった労働党のアンジェラ・イーグルは、「一九二九年の大恐慌に関する〈アメリカの経済学者）ジョン・ケネス・ガルブレイスのすぐれた著作を読んで、ああ、どうして当時の人はああなることがわからなかったのだろう、と思ったのを憶えています」と言った。「そして、もちろん私たちも、本当にひとり残らず同じ轍《てつ》を踏んだんです」。ただ、金融危機に至る道は、二〇〇八年のはるかまえから始まっていた。

ここ数十年のシティは、過去に例を見ない支配力を発揮しているが、その役割に対する批判が始まったのは、一九八〇年代よりずっとまえだ。「金融業界の覇権《はけん》には長い歴史がある」とハジュン・チャンは言う。「すでに一九世紀の終わりから、イギリスではシティが強くなりすぎて、工業がドイツやアメリカに遅れをとっていると論じる人々がたくさんいた。当時は重工業や化学工業が伸びはじめていたが、シティが長期的な投資に関心を持たないから、イギリスで資金調達してそれらの大規模な施設を建設することができない、と」。第一次世界大戦前夜、イギリスは工業国としてドイツに抜かれ、第二次世界大戦後の数十年も投資不足のために、世界の競争国と比べて工業が伸び悩んだ。

ロンドンは、保険ビジネスの世界的な中心地だった。金融業界はイギリスの時差の恩恵も受けた。ロンドン証券取引所の取引開始時間が、アメリカとアジアの取引所のあいだに入っていたから。それでも、クレメント・アトリーの労働党政権が戦後に打ち立てた新秩序のもとで、シティの力は規制され、制限されていた。「社会主義国家のまんなかにあるシティは、モスクワにいるローマ法王ほど特異な存在だ」とアトリーは言い、[*3]政府は一九四六年にイングランド銀行を国有化した。イギリスの金融サービスは、国による規制が続いたこともあって、一九七〇年まではまわりの好景気の業界より成長速度が遅かった。

「金融に、広範で体系的な規制がかかっていた時期があった」と、ロンドン在住の洗練された反体制派の経済学者、コスタス・ラパヴィツァスは言う。「一九五〇年代から六〇年代、そして七〇年代の大部分にかけての長い好景気の時期、金融は抑えこまれていた」。その規制のせいで、シティは戦後のコンセンサスの基礎にはならなかった。ところが一九七〇年代の初め、その枠組みが崩れはじめる。第二次世界大戦後の資本主義先進国は、いわゆるブレトンウッズ体制のもとで運営されていた。これは、世界的な固定為替レートにもとづいて商業と金融のルールを定めた体制で、アメリカドルを基軸通貨とし、各国が自国通貨をドルと結びつけて、交換レートを固定した。しかし、その後アメリカ経済は傾きはじめ、相次ぐ政権は、ベトナム戦争や国内の社会制度の費用の支払いを拒否する。そして一九七一年八月一五日に突然、ニクソン大統領がドルの金への交換を停止して、この体制は死んだ。「ブレトンウッズ体制は、為替レートと金利の安定をもたらした。それは規制にとってきわめて重要なことだった。今日は存在しない、世界的な規制の枠組みだった」と、ラパヴィツァス教授は言う。ついに、無秩序な新しい金融の世界が開けたのだ。

その年、イギリスにはもうひとつ重大な移行があった。財務相アンソニー・バーバーが一時的に「競争と信用統制」政策を実施し、銀行の融資が事実上無制限になったのだ。その話を聞くために、私は経済学者のアン・ペティファーに会った。労働党のケン・リビングストンが大ロンドン市議会議長だったときに、顧問を務めた人物だ。最貧国の債務帳消しを求める活動団体〈ジュビリー2000第三世界〉の共同創設者でもあり、現在は経済学者のネットワーク〈マクロ経済学政策研究〉(PRIME)の理事である。

私たちは、コベント・ガーデンのしゃれた〈ホスピタル・クラブ〉で会った。芸術好きに人気がありそうな会員制クラブだ。「あれから信用創造のための規制緩和が始まった。銀行は自由に貸出ができるようになったの」とペティファーはバーバーの一時的な政策について説明した。その口調には、南アフリカ出身者の訛りがかすかにある。「一九七一年までは、銀行からローンを借りたければ店長と会って、何時間も説得して、銀行側が慎重に審査したうえでようやく借りられるというふうだった。それが一九七一年以降はほとんど規制もなく、無制限に信用借りができるようになった」。こうしてイギリス経済に信用取引が注入され、少なすぎる製品やサービスを、多すぎるマネーが追いかけたことで、一気にインフレが広がった。

その後、サッチャリズムが新しいエスタブリッシュメントを形成していくにつれ、金融業界はかつてない支援を受けた。ある意味で、新しいエスタブリッシュメントは製造資本に対する金融資本の勝利をもたらした。いまでは信じられないかもしれないが、かつては保守党のなかにも、伝統的にシティに対する懐疑論がいくらかあった。二〇世紀初めには、シティからの資本流入を規制すべきだと声高に主張する保守党議員もいた。しかしサッチャーは、一九七九年の首相就任の一年前に、金融業界の経済貢献を称える演説をおこない、「これは政治家の功績ではありません。なぜなら、シティの提供するサービスは補助金や隠れた助成金を必要としないからです」と述べた。

金融業界が最終的に、ほかの業界が得ていたどんな「補助金」よりもはるかに高額の税金で国に救済されることを思うと、後知恵ながらこれほど事実に反した発言はない。だが、サッチャリズムのもとで、なぜシティが新しいエスタブリッシュメントの中心にすえられたのかはわかる。シティは、やがてイギリスの事実上の公認信条となる反国家主義、自由放任の個人主義の信奉者と見なされたのだ。サッチャーによれば、それまでの政府がシティにしてきたのは、「改善の障害」になることばかりだった。やがて、その「障害」はすべて取り除かれた。*4

一九七九年にサッチャーが勝利する直前、ロンドン証券取引所の株価は、期待から記録的な上昇を見せた。「株はマギーに投票!」とイブニング・スタンダード紙は宣言した。*5 サッチャーは期待を裏切らなかった。資本統制や、資本移動への課税をただちに撤廃し、資本は無制限に国内外を移動できるようになった。それはすなわち、金融市場の力が劇的に増したということであり、選挙で成立した政府が経済に及ぼす影響力が弱まったということだった。

サッチャー時代初期のデフレ政策は、失業者を四〇〇万人に増やし、旧来のビジネスエリートの一部には不評だった。たとえば、イギリスの財界を代表する組織〈英国産業連盟〉の会長テレンス・ベケットは、製造業で働いた経歴から反対を表明したひとりだった。一九八〇年、彼は「強いポンド」が産業を弱らせている問題などで、サッチャーとの「本気の殴り合い」を呼びかけ、物議をかもした。しかし、シティは彼女の政策に大いに満足していた。保守党の大臣イアン・ギルモアが言ったとおり、「厳しい財政引き締め」は、「サッチャー派はまだまだ健在だとシティを納得させる」ために計画された。[*6]

一九八〇年一〇月、サッチャーの政務秘書官イアン・ガウは、ロンドン証券取引所会長のニコラス・グッディソンに宛てて、「政府の政策に対する変わらぬご支援に心から感謝します」と書いた。[*7] 一九八〇年代、製造業が高金利と強いポンドで大量に破壊されたのと対照的に、シティは繁栄した。〈ブリティッシュ・ガス〉などの公共サービスの民営化でも、大規模な売却を銀行が取りしきることによってシティは潤った。金融業界はさらに、エスタブリッシュメントの中心に近づいた。

一九八六年、「ビッグバン」として知られる一連の政策で、シティの興隆は加速した。すでにサッチャーは二回の選挙に勝利し、炭鉱労働者のストライキの敗北を経て、労働組合運動を抑えこんでいた。「ビッグバン」パッケージのひとつとして、株式仲買人と、マーケットメーカー（広く「ストックジョバー」と呼ばれ、株式売買の値付けができる単一の業者）の垣根が取り払われた。電子取引への移行を初めとして、技術面で大きな変化もあった。完全外資系企業のロンドン証券取引所加入も認められた。投資銀行が一般銀行と合併し、〈ゴールドマン・サックス〉のような外国銀行が、イギリスのライバル銀行より目立つようにもなってきた。

「ポンド危機」の教訓

シッダースと同様、「ビッグバン」の一年前にシティに加わったダレンも、インタビューではあくまで匿名を希望した。生まれ故郷のサウサンプトンのテレビ屋で働くのに飽き、どうしても逃げ出したくなったとき、幸い彼には助けてくれる友人や親戚がいた。ある同僚の妻が金融街で働いていて、その父親が、シティの従業員が集まるディナーパーティで口利きをしてくれた。ダレンはロンドン証券取引所の使い走りとして、シティで働きはじめた。

「取引所は階級社会だった」と彼は振り返る。「それぞれつけるバッジがちがう。銀色のバッジはランクが上、取引所のメンバーだ。青いバッジは取引が認められた人、黄色は訓練生で、走りまわって値段を訊くことができるけど取引はできない。サンドイッチを注文したり、電話を受けたりするのがだいたいの仕事」。当時は、ふたつの集団が支配的だった。ひとつはパブリック・スクール出身者、もうひとつはイースト・エンドの「通りの物売り」タイプ。そこに大学卒業者が少々。複雑な金融商品であるデリバティブのトレーダーになったダレンは、「だけどビッグバンで、すべてががらりと変わった」と言った。パブリック・スクールの「オールド・ボーイ」のネットワークは、ばらばらになった。新しいエスタブリッシュメントは、学歴ではなく共通の思想で結びついていたからだ。電子取引が主流になって、立会場は消えた。「ビッグバン」のあとのシティは、以前より高度な需要に応じるようになり、マネーがロンドンの金融の心臓部に流れこんだ。

「イギリスは、なかばオフショアの金融業界になった」とハジュン・チャンは言う。製造業が腐るまで放っておかれたのに対し、財務省は金融業界の収入に頼っていると徐々に言われるようになった。その収入の大きさは、エスタブリッシュメントがシティの覇権を強固に守るときの共通の理由になっている。金融業界のロビー活動も、力が増していった。

さらに、一九九〇年にサッチャーが保守党自身によって首相の地位から追われたあと、もうひとつ由々しい事態が生じ、金融市場がどれほど強力かを見せつけた。その年、保守党政権はイギリスを欧州為替相場メカニズム（ＥＲＭ）に加入させ、ポンドの価値をドイツマルクと結びつけた。シティは当初、この動きを歓迎した。ＥＲＭがインフレを抑え、イギリスの国際収支に益すると考えたからだ。[*8]

ところが、金利とインフレ率が加盟国ごとに異なることなどから、ＥＲＭ加盟は持続できないことがわかってきた。イギリスは財政赤字と貿易赤字の「双子の赤字」を抱えた。一九九二年九月一六日、ジョージ・ソロスらの投機筋や銀行、年金ファンドが、イギリスはＥＲＭで要求される経済基準を守れないだろうと読んで、いっせいにポンドを売りはじめた。イングランド銀行は、ポンドの価値をなんとか維持し、ＥＲＭからの追放を免れようと、毎時二〇億ポンド（約三〇〇〇億円）相当の通貨準備金を投入した。結局、このポンド危機で一五〇億ポンド（約二兆二五〇〇億円）を費やすことになる。投機家たちにポンド投資をさせようという空しい努力のために、たった一日で金利は一〇パーセントから一二パーセント、最終的には一五パーセントまで上昇したのだ。

だがそれも、無駄なあがきだった。保守党政権は断固として市場と金融業界を擁護する姿勢だったが、その評判をもってしても経済は救えなかった。当時の内相ケン・クラークが言ったように、「われわれは無力だった。市場とそこでの出来事に圧倒された。日がたつごとに、自分たちがただのぽんこつであることが明らかになり、まわりで起きることに翻弄されるばかりだった」。

彼の恐怖と好対照だったのは、一部の金融業者に広がった喜びと、力を得たという感覚だった。シティのディーラー、マーク・クラークの次のことばが引用された。「畏怖の念に打たれた。市場が中央銀行に挑んで、実際に勝ったんだ。信じられなかった」[*9]。イギリスは、ＥＲＭから追放される屈辱を味わった。投機筋は選挙で成立した政府に挑んで勝利し、ジョージ・ソロスだけでもイギリスの国費から一〇億ポンド（約一五〇〇億円）を手中にした。

ポンド危機は、政府と金融業界の勢力のバランスが変わったことを伝える有益な授業だった。

政治エリート、シティの権力にひれ伏す

シティの機嫌をうかがったのは、なにも保守党だけではない。政治エリート全体が、イギリスの金融業界の大物たちに敬意を払った。労働党も、伝統的に金融業者に対して好悪両面の態度をとっていた。一九七〇年代にニール・キノックが下院議員になったときには、当時の労働党首相ハロルド・ウィルソンの側近だったハロルド・リーバーから、こう言われた。「シティか乳牛にくわしければ、きみは簡単に労働党のトップになれるだろう。労働党がまったく何も知らない分野がふたつあるとすれば、それは金融と酪農業だから」。だが、サッチャー派の強大な力にたびたび痛い目に遭わされて、労働党は態度を一変させた。

一九九〇年代初期、党首だったジョン・スミスと重鎮のモー・モーラムは、シティの主要人物を個人的に昼食でもてなして話し合う「シュリンプカクテル攻撃」を開始した。労働党指導部のこの大きな方針転換をうながしたのは、シティが最上位に立った現実を見ればしかたがない、という一種の運命論だった。

「ビッグバンが社会構造を決定づけた。あんなふうに何かが構築されたあとで、やめておけばよかったと言うのはとてもむずかしい」とアンジェラ・イーグルは言った。「こちらは順応するしかないのです」。後悔はあるかと私が訊くと、彼女の答えは示唆に富んでいた。「振り返って考えれば、そう、後悔はある。でも、カッサンドラ［訳注：悲劇の予言者］みたいに最初からわかるべきだったと言われても、それは非常に困難だと答える

しかないわね」。シティは昔から強力だったが、新しいエスタブリッシュメントのもとで、正しいかどうかはともかく、ついに磐石の地位を築いたのだ。

一九九七年に労働党が政権についてからも、製造業は放置されて衰え、シティはかつてなく栄えた。エスタブリッシュメントのイデオロギーは、金融業界の圧倒的支配を正当化し、誰からも邪魔が入らないことを保証した。「シティは、イギリスのエスタブリッシュメントの残りの部分、とくに政治エスタブリッシュメントの首を、イデオロギー的にがっしり締めつけている点できわめて強力です」とアン・ペティファーは言う。「その力は心理的で、社会学的、そして財務的、政治的でもあります」

ほかの経済学者もほとんど同じ見解だ。そのひとりロバート・スキデルスキー卿は、多彩な政治的経歴を持つ人物で、上院で保守党財務局の広報担当を務めたが、二〇〇一年に離党した。経済学者ジョン・メイナード・ケインズの伝記を書いただけでなく、緊縮経済の著名な批判者でもある。私は上院の近くにあるオフィスで彼と会った。白髪の七〇代だが年齢より若く見える。陽気な笑みを浮かべ、私の質問に答えながら、ふたりのスタッフとともに気軽に意見を交わした。

シティの権力については、「あることは言ってはいけないとか、あることは常識はずれというふうな、共通認識のようなもの」だと言う。「イデオロギーは非常に重要で、そこに経済がどう当てはまるのか正確なところはわからないが、ゴードン・ブラウンが『シティにはあまり規制が必要ない』というイデオロギーを受け入れたのはまちがいない。要するに、自主規制にまかせる『効率的市場理論』にしたがって、規制にはインフレ目標だけがあればいいということになった」

もちろんそのイデオロギーの発信源は、一九七〇年代の終わりまで不遇をかこっていた「先兵」たちである。一九四七年にモンペルランに集まった経済学者や知識人の信念が、シティのトレーダーや銀行家、そして政治家たちの宗教になったのだ。市場は政府が介入しないときにもっとも繁栄する、よってシティは心置きなく巨額の利益をあげられるように放っておかれるべきだ——これが彼らの信条だった。

野に下った保守党は、二〇〇七年に発表した「イギリスを競争に解放する」という報告書で、シティに対するいっそうの規制緩和を要求したが、言われなくてもゴードン・ブラウンのシティへの追従は、どんな保守党議員にも負けないほどだった。「財務相としてこのように演説をする栄誉を得た一〇年間で」と、彼は経済危機の前年にマンションハウス［訳注：ロンドン市長公邸］で述べた。「私は年ごとに、ロンドンのシティがみなさんの努力、誠意、創造性によって世界の新しいリーダーになっていく過程を記録することができました」

ゴードン・ブラウンの側近だったダミアン・マクブライドに言わせると、二〇〇七年にブラウンが首相になったあと、向こうから訪ねてこなくても積極的に会いにいったのは、大型金融取引《ハイファイナンス》とメディアの大物たちだけだった。「ゴードンはよく、ボブ・ダイアモンド（バークレイズ銀行の元会長）の隣に座るディナーに誘われていた」とマクブライドは言う。そのような会合はオフレコで、官僚がメモをとることもなかった。「相手がボブ・ダイアモンドほどの人物になると、そういうことは考えられない。『私の立場はわかっているだろう』ということだ。その影響力は計り知れない」

労働党内のひとつの理屈は、金融業界から流れてくる税収を社会保障制度に使うことができる、というものだった。「経済が順調に成長するにつれ、シティは収入源として重要になった」とスキデルスキー卿は言う。「それによって彼（ブラウン）は公共サービスに資金をまわせた……だから、腐敗した関係だ。ブラウンの悪魔的契約と言ってもいいだろう。ブレアがマードックと同様の契約を結んだように。それがニュー・レイバーの基礎だったのだ」

イデオロギー的な正当化とは、そういうものだ——彼らはあまりに自分たちに都合のいい幻想にもとづいて行動する。マンチェスター大学で学者たちが二〇一一年におこなった研究では、シティが「景気循環増幅型の業界」だという事実が強調されている。たとえば、不況時に資金を貸し渋って危機を加速させるなど、景気の変動を大きくするのだ。

しかし、この研究でさらに重要なのは、金融業界では租税回避が横行しているので、「好景気のときにも驚くほど少額しか税収に貢献せず」、にもかかわらず結局、納税者が巨額の費用で金融システムを救済しなければならなかったという指摘である。二〇〇二〜二〇〇八年までの金融業界からの税収は、一九三〇億ポンド(約二八兆九五〇〇億円)程度で、平均すれば税収全体の六・八パーセントにすぎなかった。それに対して製造業界は、税金を納める労働者をより多く雇い、租税回避もはるかに少ないことから、金融業界の二倍の税金を納めていた。[*10] それでもサッチャー政権以降、政治エリートが足元にひれ伏したことで、金融業界は、発言力を失った製造業界を尻目に、絶対不可欠の存在であるかのようにふるまうことができた。雇用者数も納税額も多い製造業界は、金融業界と結びついた政治エリートによって放置され、衰退したのだ。

シティのおごれる人々

政治エリートがこぞってシティを礼讃するのだから、もとより自信には事欠かない銀行家やトレーダーが、自分たちは無敵だと信じこむのも無理はない。二〇〇八年の大危機前夜でさえ、シティはあいかわらず、男たちが品のない視線と男性ホルモンをまき散らして飲み騒ぐ夜の雰囲気だった。その時期〈ロイヤルバンク・オブ・スコットランド〉に落ち着いていたダレンは、シティは「ある種、現実離れした場所」だと言った。「実際の衝撃は彼らには伝わりにくい。危機の最中でもブラックジョークが飛び交う。大金を持っているせいで、本当の意味で現実世界に生きていないからね。ふつうのルールは適用されない。ディーリングルームは信じられないほど人種差別主義で、同性愛嫌悪で、性差別主義だ。職場では一般社会のような交流をしなくてもいいことになっている」

ダレンはゲイではなく結婚もしているが、よく「オフィスのオカマ」とか「プーフター〔訳注：男の同性愛者に対する差別語〕」と呼ばれた。マッチョな行動をとらず、ストリップクラブにも出かけなかったからだ。「ディーリングルームに女性はほとんどいなかった。たまに机の横を通ると、みんなからいやらしい目で見られた」

個人を豊かにすることが経済成長の鍵であるという、先兵たちが広めたイデオロギーは、何にも増して金融業界から支持された。「強欲が最大の原動力だ」とダレンは言う。「ボーナスにものすごく執着する文化がある。毎日仕事で金を扱うだろう？　日々の成功を測る尺度は、『今日いくら稼いだか』。それが今週になり、今年になって、年がら年じゅう金の話をしてる。こんなに大きなパイを作ったから、自分にもたっぷり分け前をもらう権利があると考えるんだ」

ゲイであることを隠し、エセックスのロムフォードで「消極的な投資銀行家」として働いているジムも、同じような経験をしたことがある。野蛮な偏見に満ちあふれた職場に送りこまれた、と彼は言った。「立会場のなかの遊び場みたいなところだった。性差別、人種差別、同性愛嫌悪でめまいがしそうだったよ」。とりわけ強欲が目立ったバブルの最中にも働いていた。「人はここまで自己中心的になれるのだと、いつも驚かされた」。一九八七年にサッチャー内閣のナイジェル・ローソン財務相が、所得税の上限税率を六〇パーセントから四〇パーセントに下げたとき、シティ全体が「高揚感」で沸きたったことを思い出してジムは言った。「むき出しの強欲、残りの世界から遊離しているような感覚だった。いつもみんなが、ボーナスを早めにもらうとか、納税を回避する方法を探っていた」

銀行の構造そのものが、そうした強欲の制度化に役立っている。「ここ数年、人件費がどんどん上がっているのは、行員が自分の部下を昇進させて、給与を上げてやろうとするからだ。そうすることで自分の地位が上がるからね」と、イギリス大手銀行副頭取のジェイムズは言う。「たとえば、もっと高給の地位に昇進したければ、まず部下たちを昇進させて給与を上げてやらなければならない。できるだけ多くの人間を引き上げることで、誰もが得をする」

二〇〇〇年代、中国の銀行が米国債を買い占めたことで、アメリカの銀行システムには低金利のマネーがあふれた。金余り状態になったアメリカの銀行は、借金を返す余裕もない貧しい顧客に、いわゆる「サブプライムローン」を大量に販売した。一部のパッケージには元金返済猶予期間もついていて、ローンは三年間返済する必要がなかった。だから多くの人は、買う家の価格はすぐに上昇する、そのあと売れば儲けられると考えた。

その結果、銀行の帳簿はたちまちサブプライムローンだらけになった。そのままではどこも購入してくれない。そこで信用格付け機関が、見込まれる返済の可能性で債権パッケージを評価する公式を編み出した。こうして、実際には返済される可能性がきわめて低いローンも、一定の手法と合法な事業体を使えば九九パーセントの可能性があると評価され、まったく価値のないローンの帳簿が「トリプルA」と格付けされた。このやり方は、格付け機関の利益にも適った。高く格付けすれば、通常よりはるかに高い手数料を取ることができたからだ。大手投資銀行は職員の訓練に力を入れ、偽の結果を引き出す公式の操作方法を教えた。その状況は全面的なウィン・ウィンに見えた。格付け機関は手数料をふんだんに支払われるし、銀行のCEOたちは利益が急増して喜んだ。

このパッケージを買おうと殺到した集団のなかには、イギリスの銀行もいた。新しいエスタブリッシュメントは銀行を巨大カジノに変えていた。莫大な富を得ようと必死になって、他人の巨額の金を賭けごとにつぎこんだのだ。ところが、低収入のアメリカ人たちがいっせいに債務不履行になったことから、ドミノが次々に倒れはじめた。

イギリスの経済学者デイビッド・ブランチフラワーは、経済危機の到来を予見した数少ないエリートのひとりだが、エスタブリッシュメントの政策の進め方と対立したせいで脇に追いやられ、無視されていた。二〇〇六年六月、彼は、一九九七年以来公定歩合を定めてきたイングランド銀行の主要部門、金融政策委員会に加わった。オックスブリッジの卒業生ではなかったので、珍しがられたという。「会議に出るたびに、『オックスフォードにいたときには』、『ケンブリッジにいたときには』ばかりだった」と回想する。「だからこっちは、『ボグナーにいたときには』と答えたよ。ケンブリッジやオックスフォードに行ったのと同じくらい、ボグナーに行った人間にも興味を持ってもらいたいから！　そんなわけで、最初の一秒から部外者だと感じたよ」

イングランド銀行総裁マービン・キングに煙たがられているのは、はじめからわかった。「会ったとたんに見下されていると感じた」。アメリカのアイビーリーグの教授である彼の履歴のほうが、キングのそれより立派に思えるのだが、「『どうして厚かましくわれわれのクラブに入ってきた？』という感じで、それがいつまでも続いた」という。経済学の手法をめぐっても、当初から衝突した。たとえば、ブランチフラワーの研究には幸福の経済的側面を調べたものがあるが、それをからかわれた。「出だしから喧嘩を売られたわけだ」

じつは一九八一年にはキングも、タイムズ紙宛てに政府の経済政策を非難する公開書簡を送った三六四人の経済学者のなかのひとりだった。彼も、シティを喜ばすジェフリー・ハウ財務相の乱暴なデフレ経済政策に異を唱えたのだ。しかし、同時代の多くの経済学者と同じく、いつしか先兵たちの経済学を支持するようになり、自由放任が正しく、放っておけば市場が魔法の力を発揮すると信じるようになった。「世界が実際にどう見えているかをあまり気にしない理論家の古典的な例」だった、とブランチフラワーは評する。「要するに、委員会はかなりイデオロギー色が強く、マービンが望ましいと思う委員が圧倒的に多かった」。キングのようなイデオロギー信奉者がいたせいで、イングランド銀行の方針に賛成しない人々は静かに無視された。イングランド銀行は、「市場が機能する。放っておくべきだ。余計な手出しはしない」という考えにもとづき、専門家をおもな金融機関に派遣しなかった、とブランチフラワーは言う。イギリスとアメリカは「分断」されており、アメリカ経済はイギリスとは無関係だとキングは信じていた。

さらに致命的なことにキングは、労働組合が活発化して大幅な賃上げを要求し、もうすぐ賃金爆発が起きると信じていた。「それを裏づけるデータはなかった」とブランチャードは語る。彼に言わせると、キングの失敗のひとつは、エスタブリッシュメントの一員であることを楽しんでいたことだった。「いかにも典型的だとつねづね思っていたが、マービンはウィンブルドンで貴賓席にいるときが、いちばん幸せそうだった。彼にとっては、権力と名声がすべてだった」

当時ブランチフラワーはアメリカに住んでいて、毎月ロンドンで開かれるイングランド銀行の会合に出席していた。「まったくひどい体験だった。二〇〇七年一〇月の時点から、イギリスに出張するたびに、『アメリカで私が見ることはすべて、翌日にはイギリスでも起きる』と言っていたのだが、彼らは口をそろえて、『それはおかしい。きみは自分が何を言っているのかわかっていない。本当に危ないのはインフレだ』と答えた」

キングはブランチフラワーをのけ者にし、イングランド銀行のスタッフが彼と話すことも禁じた。ブランチフラワーは「文字どおり頭がおかしくなったかのように扱われた。二〇〇八年九月に至るまでずっと、邪魔物扱いだったよ。二〇〇八年九月四日(リーマン・ブラザーズ崩壊の一一日前)の議事録を見てもらえばわかるが、そこでも大きな議題は、イングランド銀行はなぜ金利を上げるべきかだった」

イギリスはすでに景気後退に入っていると、ブランチフラワーは確信していた。それが正しかったことは、あとでわかる。脅威は、キングが信じていたインフレではなかった。もし物価が本当に上昇しつづけているのなら、少なくとも経済学的には、信用取引を抑えるために金利を上げるのが正しい。だが、真に迫っていた危険は深刻な不況のほうで、むしろ人々の消費をうながすために早急に金利を下げなければならなかったのだ。「二〇〇八年三月から3四半期にわたって、一九三〇年代以降のイギリスの経済史上類を見ない破滅的な経済状況になったのに、誰もそのことを理解していなかった」とブランチフラワーは言った。「イギリス経済がその3四半期で連続して三パーセント落ちこんだのに、誰ひとり気づかなかった。過去一〇〇年間で最大のマクロ経済的事象を見落とし、その責任をとらなければならなかったが、結局とっていない」。ブランチフラワーにとってそれは、「まったくもって絶望的な無能」の証明だったが、イングランド銀行のメンタリティに同調できない自分が排斥されているのもわかっていた。

〈リーマン・ブラザーズ〉が破産すると、その衝撃波は世界じゅうの金融システムを崩壊させるかに見えた。イギリスの政府関係者は、ただちに行動をとらないかぎり現金自動支払機から突然金が引き出せなくなると信じた。新自由主義の自由市場の時代に、世界じゅうで過去最大の国有化の波が生じたのは、苦々しい皮肉と言うしかない。ブランチフラワーが言うように、「民間部門が失敗し、公共部門に救ってもらわなければならなかった。ほかの方法はなかった」。それは壮大なスケールの「富裕層のための社会主義」だった。銀行を救済したのは自由市場の教義ではなく、国家だった。

イギリスでも最古参の銀行ロビイストのひとり、英国銀行協会（ＢＢＡ）のＣＥＯアンソニー・ブラウンは、「自分が銀行のためのロビイストになるとは思ってもみなかった」と笑いながら言った。金融街の中心付近にある意外に小さなＢＢＡのオフィスで会ったときのことだ。経歴を見ると、ブラウンは「先兵」に近い。かつては、保守党の大物が設立して右派の私企業が資金援助しているシンクタンク〈ポリシー・エクスチェンジ〉の理事だった。ほかの職歴も「回転ドア」を体現している——投資銀行〈モルガン・スタンレー〉の政府対応責任者、保守党のロンドン市長ボリス・ジョンソンの上級顧問、そしてBBC、オブザーバー紙、タイムズ紙のジャーナリスト。

ブラウンは、銀行救済の問題点を率直に語った。「コインの裏なら私の勝ち、表ならきみの負け。要するに、資本主義ではまったくない」。「基本的に、銀行の損失を納税者が補塡《ほてん》するというモラルハザードがある。儲けは株主と雇用主に行くが、損失を出したりつぶれたりすれば、株主と雇用主が支払うのは倒産までで、結局は納税者も負担することになる。これは大きな問題だ」

監査局によれば、国による銀行支援の規模は、なんと一兆一六二〇億ポンド（約一七四兆三〇〇〇億円）に達した。[*11]ところが銀行は、救ってくれた人々に対して説明責任を果たしていない。本来なら、納税者の代表を取締役会に迎え入れるべきだが、それもしていない。政府が納税者を遠ざけ、従来どおり銀行に好きなように行動させているのだ。

この救済に関しては、ジェイムズがもっとも驚くべき要約をしている。イギリス大手銀行の副頭取である彼も、やはりキャリア上の予防措置として厳密にオフレコという条件で話してくれた。「政府の認可を受けた、一産業規模の不正行為だよ」。この主張は、再度強調しておく価値がある。イギリスの貧困者に選択肢はない。毎月〈ウォンガ〉などの合法的な高利貸しに頼らざるをえない一〇〇万人ほどの家族が借金を返済できなくなっても、政府による救済はない。それどころか、執行人が家財を差し押さえようと玄関口に現れる。だが銀行はちがう。貧困者は苛酷な資本主義のルールにしたがわなければならないのに、世界を経済的大災害に叩きこんだ彼らには、セイフティネットがある——国の福祉が救出に現れるのだ。

銀行に対する国の大盤ぶるまいは、救済にとどまらなかった。二〇〇九年三月、イングランド銀行は経済をなんとか立て直そうと、遅まきながら公定歩合を〇・五パーセントに引き下げたが、これには副次効果があった。銀行が利率を上乗せして融資し、いっそう利益をあげることが可能になったのだ。金融業界にはさらに、ほかの施策によってもマネーがあふれた――「量的緩和」である。

量的緩和とは、ときに誤解されているように紙幣を新たに印刷することではない。紙幣の物理的な生産ではなく、イングランド銀行が電子マネーを作って国債を買うということだ。金融機関は保有する国債をイングランド銀行に売り、バランスシートにマネーを加える。二〇一三年までに、イングランド銀行は量的緩和を用いて三七五〇億ポンド（約五六兆二五〇〇億円）という途方もない額を金融システムに注入した。

それは富裕層、とくに金融資産を持っている人々にとって驚異的な補助金になった。イングランド銀行の試算によると、量的緩和でイギリスの最貧層一〇パーセントはひとりあたり七七九ポンド（約一一万六八五〇円）を失ったが、最富裕層一〇パーセントの資産は三二万二〇〇〇ポンド（約四八三〇万円）増えた。[*12] イギリスのマクロ経済学者クリス・マーティンの研究によると、量的緩和は「金融業界に限定的、一時的な利益をもたらした（ものの）……より広いビジネス・コミュニティや、インフレと失業に苦しむ個人と家族にはなんの益もなかった」。[*13] 反緊縮の環境活動団体〈グリーン・ニュー・ディール〉によれば、量的緩和は「銀行と資産家だけを利する」。そこで彼らは二〇一五年一月、量的緩和の代わりに、経済を成長させて環境を救う「グリーンインフラ量的緩和計画」への支持を表明した。[*14]

一九七〇年代、労働組合が国の経済停滞の濡れ衣を着せられたときには、並はずれて厳しい方策がとられ、ほぼどの西側民主主義国家よりも厳格な反労働組合法が制定された。しかし、二〇〇〇年代末のイギリスで、世界大恐慌以来の経済的惨事を引き起こした銀行に対して、似たような弾圧はなかった。独立銀行委員会が設けられたのも二〇一〇年六月で、報告書が出たのは翌年九月。金融危機からすでに三年がたっていた。

また、その報告書にもとづく立法を連立政権が約束したときにも、一般銀行と投資銀行のゆるやかな区分は二〇一九年までに実施すればいいという猶予が与えられた。これによって投資銀行は、一般顧客の金を危険な商品に賭けることはできなくなったが、そうなるまでに、リーマン・ブラザーズの崩壊から一〇年以上かかったことになる。保守党下院議員のアンドルー・タイリーでさえ、政府による修正立法は、銀行の区分に対する金融規制官庁の強制力を弱めたと述べた。自由民主党のビンス・ケーブルも修正案に反対し、一般銀行と投資銀行の完全区分を要求したが、連立政権に拒否された。結局、報告書に盛りこまれた提案の多くは、大手銀行が冒すリスクの制限も含めて、希釈されるか放棄された。

企業に対する融資は、銀行がみずから壊した経済の立て直しにどのくらい協力しているかを判断する有力な指標になる。だが、銀行は新たに得たマネーを企業に融資するより、自分たちのバランスシートの改善に用いた。二〇一三年の秋、銀行による非金融機関への融資は二年半で最大の減少を見せ、減少額は四七億ポンド（約七〇五〇億円）にもなった。[15] 二〇一一〜一三年のあいだに、融資はイギリスの一二〇の郵便番号地区の八割以上で落ちこんだ。つまり銀行は、経済の回復を阻害しつづけたのだ。[16]

連立政権は、イギリスの財政赤字を減らす主要な方法は支出削減だという理由で、緊縮財政の必要性を正当化した。赤字の原因は過剰な公的支出だ、と政府は説明するが、「ジョージ・オズボーンから直接聞いた話では、情報操作と政治でそう決まっているらしい」とデイビッド・ブランチフラワーは言い、危機に対する政府の不誠実な態度を指摘する。

ＧＤＰの八一パーセントという二〇一〇年の公的債務（政府債）は、戦後の平均より高いものの、先進七カ国の平均一〇五パーセントよりはかなり低い。しかし、企業と個人を合わせた私的債務ははるかに大きく、二〇〇八年にはＧＤＰの四八七パーセントという途方もない数字に達している。その大部分は金融機関の負債だ。一九八七年の「ビッグバン」直後には四七パーセントだったものが、二〇〇〇年には一二二パーセントになり、現在は二一九パーセント。これはG7の先進工業国経済でも群を抜いて高い。この私的債務が、イギリスの経済成長の重荷になっている。[*17] 緊縮財政のさまざまな方策が赤字を減らしている、という連立政権の主張とは裏腹に、国の借金はこの四年間で、労働党政権時の一三年間より増えているのだ。[*18]

連立政権は、銀行が経済危機前と同じように、おおむね介入なしで存在しつづけることを容認した。エセックス大学の会計学教授プレム・シッカは、「銀行はデリバティブとして知られる複雑な金融商品をつうじて、金利、日用品、石油、小麦、外国為替、その他もろもろの変動など、あらゆるものに賭けている」と書いた。億万長者の投資家ウォーレン・バフェットが「金融の大量破壊兵器」と表現したのは、このデリバティブのことだ。バフェットの予言と言ってもいいかもしれない。五年後に、それがグローバル金融システムのまんなかで爆発したのだから。[*19]

力の維持に欠かせない「PR会社」の役割

イギリスの労働者の収入が減るにつれ、フードバンクの数が爆発的に増え、絶望の究極の指標である国民の自殺率がはね上がった。しかし、シティに罪悪感や恥の感覚はほとんどない。彼らの一般的な認識は、「みんなスケープゴートが大好きだから、シティは手軽な身代わりにされるのだと思う」というシッダースのことばに要約されている。「クレジットカードが無利子になれば、誰もが喜ぶだろう。みんな金を使って、消費して、最後には持っていない金も使うのが大好きだ」。現実には、金融危機のはるかまえから生活水準の低下を肌で感じていた労働者は、減りつづける収入を低金利のクレジットで補わざるをえなかっただけだ。

シティでは、緊縮財政が人々の生活に及ぼす影響を口にするだけで、馬鹿にされたりする。「支出削減について話しはじめると、まわりから妙な人間だと思われた」とシティの元トレーダーのダレンは言う。「誰かのまえでそういうことを話題にすると、却下されるか、黙らされるか、無視された。彼らはバブルのなかで生きているからね。そういう関心は、あったとしてもわずかだ」

ダレンはまた、シティのトレーダーの「情け容赦のない適者生存」のメンタリティを批判した。「良かれ悪しかれ、彼らは自分たちが成功するのはそれだけの価値があるからだと思っている。ダーウィンの進化論的な考え方だ」。以前の同僚を責めることばは、かぎりなく厳しい。「彼らはだいたい卑劣で、厚かましくて、強欲だ。シティで長く生きれば生きるほど心が狭くなって、まわりの世界を見なくなる。何かに同情する心があったとしても、世界を理解していたとしても、それらは封印される。シティがそうさせようとしたわけじゃないけれど、実状はそうだ」

シティは経済の激動のさなかにも、うまく力を維持できた。それは、高度なPRとロビー活動のおかげだった。投資家や大衆や時の政府のなかで評判を維持し高めるには、イメージ作りとその管理を担うPR会社が欠かせない。過去三〇年間で、PR会社は雨後の筍のように増えた。金融危機直後の二〇〇九年には、少なくとも八六の金融専門のPR会社が存在していた。デイリー・メール紙の「シティ・ニュース」編集長イアン・ライアルが言ったように、危機のさなかにPR会社は、「どの銀行が回復不能なまでに壊れ、どの銀行が生き残るかを探ろうとするジャーナリストや投資家、そしておそらく規制者をも遠ざける防壁になった」[*20]。

今日、金融専門のPR会社のトップは〈ブランズウィック〉で、〈バークレイズ〉、〈HBOS〉、〈スタンダード・ライフ〉など二四の顧客を抱える。これに続くのは、二一社を担当する〈RLMフィンズベリー〉[*21]。こうした有力なPR会社に嫌われたビジネス・ジャーナリストは、ただちに追い出され、企業エリートの大部分から情報が得られなくなる。

ある金融ジャーナリストがオフレコで話してくれたように、これらのPR会社は、企業に「集団的保護」を与える。なかでも〈ブランズウィック〉と〈RLMフィンズベリー〉は、FTSE100／FTSE250の企業のうち約半分を顧客に抱え、彼の説明によれば、「記事のネタを得る大通りを封鎖してしまう」。情報の通り道がPR会社だけになれば、企業はライバルから中傷を受けないで安心することができる。それに、あまり芳《かんば》しくない話が報道されると、担当のPR会社が編集者に電話をかけて叱りつけてくれる。編集者は面倒なことに、パーティなどの社交の場でも文句を言われるかもしれない。「PR会社には、非常に高給で、魅力的で、攻撃的な社員が大勢いる」と金融ジャーナリストは言う。「そのマシンが立ち向かってくると、こちらは形勢不利だ」

　PR会社は、いわば現在のエスタブリッシュメントの「政治的身体」にとって必須の「器官」である。二〇〇七年、〈ブランズウィック〉の創設者アラン・パーカーの結婚式には、当時の首相ゴードン・ブラウン（ブラウンの妻のサラは〈ブランズウィック〉のパートナーだった）とデイビッド・キャメロンが招待された。[22] ブラウンはパーカーの息子の代父《ゴッドファーザー》であり、パーカーとキャメロンは翌年三月、南アフリカでともに休暇をすごした。また、二〇〇八年の初め、金融大災害のほんの数カ月前には、〈ブランズウィック〉のCEOスティーブン・カーターを、ブラウンが政策担当顧問に任命した。パーカーの姉のルーシーも〈ブランズウィック〉のパートナーで、デイビッド・キャメロンが政権につくと、政府の「人材・事業」特別委員会の長を務めた。

〈ブランズウィック〉は、マードック帝国からも人材を調達している。シニア・パートナーのひとり、デイビッド・イエランドは、サン紙の元編集長だ。[23] だが、パーカー自身はメディアの注目を嫌がることで有名で、活動の多くは秘密のベールに覆われている。PR誌ブランド・リパブリックが書いたように、〈ブランズウィック〉は「強い影響力を持つと同時に謎」である。[24]

〈RLMフィンズベリー〉の創設者ローランド・ラッドもまた、エスタブリッシュメントの中心人物だ。二〇一三年、金融ジャーナリストの投票で、もっとも影響力のある金融ＰＲ幹部に三年連続で選ばれた。実業家、銀行家、政治エリートと幅広い人脈を持つことでも知られる。[*25] 一九九八年にテレビ会社〈カールトン・コミュニケーションズ〉に雇われたときには、同社の当時の業務部長に直接報告していた――それがのちの首相デイビッド・キャメロンである。[*26] また、ラッドはＥＵの熱烈な支持者で、ピーター・マンデルソン（ラッドの子供の代父）やエド・ボールズといった労働党の大物とも親しくつき合い、トニー・ブレアが首相のときにも非公式の顧問だった。だから、二〇〇六年にブレアの息子のユアンが〈ＲＬＭフィンズベリー〉で実習体験を終えたのも、驚くべきことではない。[*27]

さらに、ラッドはマードック帝国にも近く、〈ＢスカイＢ〉を顧客に持っている。メディアの友人はほかにもいて、とくに仲がいいのは、一九九〇年代初めにフィナンシャル・タイムズ紙でいっしょに働き、現在はＢＢＣの経済部部長のロバート・ペストンだ。[*28] ちなみに、かつて投資銀行〈ＪＰモルガン〉に勤めていた妹のアンバー・ラッドは、二〇一〇年に保守党下院議員となり、一時はジョージ・オズボーン財務相の政務秘書官だった。同じ選挙で〈ＲＬＭフィンズベリー〉のパートナー、ロビン・ウォーカーも、保守党から出馬して当選した。「回転ドア」は逆方向にもまわる。デイビッド・ヘンダーソンは、首相官邸の経済担当顧問として四年間、ゴードン・ブラウンとデイビッド・キャメロンの議会での質問対応を手伝ったあと、二〇一二年に〈ＲＬＭフィンズベリー〉に入った。[*29]

「銀行ロビイスト」が大手をふる

大手金融機関は、こうしたＰＲ会社に依頼することで、すぐさま政治とメディアの広大なネットワークを活用することができる。だが、それとて多方面にわたる戦略の一部にすぎない。非営利団体〈調査報道協会〉〈Ｂ

IJ）によると、シティは年間九三〇〇万ポンド（約一三九億五〇〇〇万円）をロビー活動に費やしている。そうすることで政府から、国内法人や外国支店に対する減税、何百万という低収入の労働者を助けるはずだった国営の非営利年金構想の放棄など、大きな譲歩を引き出してきたのだ。[*30]

「イギリスでもっとも有力な銀行ロビイスト」とBIJに名指しされたのが、マーク・ボリートだ。ボリートは元「先兵」で、一九七〇年代には保守党のシンクタンク〈ボウ・グループ〉でパンフレットを書いていた。ともに働く仲間には、のちの財務相ナイジェル・ローソンや、サッチャーの右腕キース・ジョセフらの保守党の要人がいた。保守党右派で元社会保障相のピーター・ライリーとは、いまも仲がいい。そして今日、ボリートはシティ・オブ・ロンドン自治体の政策・資源委員会会長であり、事実上のリーダーだ。

「ロビイングに対する一部のコメントは馬鹿げている」と、ボリートは市庁舎《ギルドホール》の広大な役員室で言い、くすっと笑った。「私をロンドン最強のロビイストと呼んだものを除いてね。あれはよかった、たしかに！」。優秀なロビイストはみなそうだが、ボリートも親しみやすく魅力的だ。その履歴書はめざましい。住宅金融組合協会の会長を七年間、英国保険協会の会長を六年間務めた。「昔から、仕事はかぎられた期間でするのがいいと思っている」と彼は説明した。四〇代後半でキャリアの次のステージを考え、経営者とコンサルタントの混じった形態を想定した。シティ・オブ・ロンドン自治体のために働いてほしいと言われたときには、どういう仕事なのかもわからなかったという。しかし、それがロビイストとしてのキャリアの発射台になる。

シティ・オブ・ロンドン自治体は、いまも民主主義に頑固に抵抗している。制度の始まりは一二世紀にさかのぼる。経済と通商の要地として一定の自治を認められ、定着した特権的な慣行は以後の現代化のなかでも生き延びた。一六世紀から通商と金融の中心地となり、いまなお国会の命令の外に存在する。シティ内の二五区のうち二一区では、企業にも投票権が与えられているが、そのほとんどは金融業だ。[*31]それぞれの企業の投票権は従業員数に応じて決まり、ボリートは、大企業だけが投票権を持っているのではないと強調する。小企業もフランチャイズに含まれるからだ。

「まず企業を説得して登録してもらい、投票者を指名してもらわなければならない。その際には、職場を代表する投票者が望ましい。どれもむずかしいよ」。とはいえ、現実に投票者を指名するのは、労働者ではなく企業である。それは民主的だろうか、と私は訊いてみた。「民主的と言えるかって？ 完璧な解決策はないし、正しい制度というものもない。でも、私はいまの制度にとても満足している。これよりいい方法を思いつかないから。私に言わせれば、そこがポイントだ。よりよい制度とは何だろう？ 現状をどう改善できるか検討してはいる。たしかに、企業が投票者を指名するやり方には改善の余地があるがね」。ボリートは、「ひとりにつき一票」はあまりにも現実的ではないと考えているが、これは民主主義と金融の衝突が避けられない例のひとつだ。

着任以来、ボリートは危機のあとの金融業界を守るのが仕事だった。「規制で典型的なのは、ゆるいと事態が悪い方向に進むということだ。しかし苦労して反対方向に舵を切り、非常に厳しく規制すると、今度はやりすぎになる」。イギリス経済を多様化し、金融から離れてまた製造業に戻るという考えを、ボリートは退ける。「計画経済を信じるかどうかの問題だ。それはもうずいぶんまえに時代遅れになったと思う。実際に計画経済を採用していた国々においてもね。ここイギリスで、市場が決めることをわれわれが決められるかな？」。イギリスの金融業界を救ったのは市場ではなく国家だったことを考えると、これは奇妙な議論である。

大手金融機関の利益のために闘う仕事の一環として、ボリートは政治家を豪勢な食事でもてなす。「ロビー活動ではない」と彼は言う。「代表としての仕事だ。贅沢な食事を楽しんでいるわけじゃない。相手は店を出るときに、食べ物も口にしなかったし、ワインボトルも開けなかったと文句を言うことになるくらいでね。そこにいくのは、刺激的な議論のためだから。いっしょにいるのが（労働党の影のビジネス相）チュカ・ウムナだろうと、（労働党の影の財務相）エド・ボールズや同等の地位の大臣であろうと誰であろうと、かならず『チャタムハウス・ルール』が適用されるから、堂々と議論ができる」

チャタムハウス・ルールとは、すべてオフレコで、引用元の情報源は明かさないというルールのことだ。たしかにそれで率直な会話はできるが、透明性は損なわれる。つまり、イギリス国民のためになされた発言や約束や合意は、彼らの眼中にはないということだ。「だいたい大臣のほうからいくつか言ってくる」とボリートは言う。「だが、『シティで最近困っていることは何だね？　いまの問題は何だろう』と訊かれることもある」

ボリートは、イギリスの公務員の最高位である閣僚の隣で食事をしてきたが、それが不適切だとジャーナリストに指摘されることを不満に思っている。「ちがうんだ。彼らはこう言う。『マーク、シティでみな何を話している？　こういうことを耳にするが、きみはどう思う？』とね。これはすべて政策策定プロセスの一部だ。政策策定で大事なのは、人が何を話しているかだ。不適切な影響を与えるといったことではない」。しかし、くり返しになるが、それはオフレコの会話であって確認のしようがない。

少なくとも確かなのは、ボリートのような人たちが多くの問題で主張を通せるということだ。たとえば金融取引税。欧州委員会が二〇一六年一月の導入を勧告したこの税は、金融取引にわずかに課税することで、投機によるバブルを抑えるのに役立てようというものだった。税収は開発や気候変動に使うという目的もはっきりしていた。世論調査はこの税に大衆の支持があることを示していたが、シティのなかでは火種になった。「イギリス人に課税して、それをすべてヨーロッパの政府に渡す〔訳注：一度EUが徴税して、欧州議会で分配方法を決める仕組み〕という提案に、国民が賛成するのが驚きだ。唖然とするよ」とボリートは言った。

結局、イギリスはこの提案に乗らなかったばかりか、ヨーロッパ内にこの制度が導入されれば、イギリス政府が署名しようがしまいが国益に悪影響があると、訴訟にまで持ちこんだ。熱心に反対したのは、連立政権だけではない。シティ支持を公言する労働党の影の財務相エド・ボールズも反対した。大手金融機関を守るために、政治エリートが結束したのだ。

金融崩壊のひとつの原動力になったのは、法外なリスクを冒すことに途方もない給与とボーナスを払う、銀行家たちの報酬制度だった。崩壊のあと、たとえばスーパーマーケットの従業員や看護師の賃金が実質的に削減されたのに対し、銀行は繁栄しつづけた。二〇一二年には、イギリスで収入が一〇〇万ユーロ（約一億三〇〇〇万円）を超えた銀行家が二七一四人いた。ほかのどのEU諸国と比べても一二倍以上の人数である。彼らは基本給の平均四倍近くのボーナスをもらい、トップクラスになると前年から三五パーセントの昇給になっていた。

しかし二〇一二年、EUが、ボーナス額の上限を給与の一年分まで、株主の同意がある場合には二年分までとする提案をおこなうと、シティは激怒した。幸い彼らには、ボーナスを守ってくれる高い地位についた友人がいた。財務省が国費を使って欧州裁判所に訴え、提案の廃棄を求めたのだ。これが初めてではないが、イギリス政府全体がシティのために働く巨大なロビー集団であることがわかった一件だった。

二〇〇八年の崩壊の後始末では、シティはほかの影響力にも助けられた。保守党の一三四名の議員が金融業界で働いているか、過去に働いたことがあった。*32 そのひとりは、科学ジャーナリストで、本人曰く「合理的な楽天主義者」、マット・リドレーだ。父親からノーザン・ロック銀行会長の座を引き継いだが、彼の管理下で銀行が信用危機に陥り、納税者に救われた。「合理的な楽天主義」はほとんど役に立たなかったようだが、二〇一三年の初めには父親の爵位を踏襲し、保守党の上院議員になった。

保守党への献金の約半分は、シティから来ている。保守党の財政支援者のひとり、リチャード・シャープは、*33

二〇一〇年の総選挙に至るまでの数年間で、四〇万二四二〇ポンド（約六〇三六万三〇〇〇円）を寄付した。多国籍銀行〈JPモルガン・チェース〉で負債性資本市場・スワップ・グループの共同責任者を務めたのち、一九八五〜二〇〇七年には〈ゴールドマン・サックス〉で働き、最終的に欧州未公開株式部門を率いる業務執行取締役になった人物だ。右派の先兵〈政策研究センター〉の理事でもある。[*34]

これも金融業界と先兵の無数のつながりの一例だ。二〇一三年、ジョージ・オズボーンは、シャープをイングランド銀行の金融政策委員会のメンバーに任命した。金融危機の再発を防ぐ手立てを講じるべき組織に、金融業界の大物が加わるとは。しかも、その人物が巨額の献金をしている政党の財務相によって。

エスタブリッシュメントの「回転ドア」はこういうふうにまわる。ティム・ルークもそうだ。〈リーマン・ブラザーズ〉が倒産するまで一六年間そこで働き、〈バークレイズ・キャピタル〉に転職した彼は、[*35]二〇一一年七月に、デイビッド・キャメロンの「ビジネス、貿易、イノベーション」上級顧問に任命された。そして、ビジネスの相ビンス・ケーブルが実業界にごくわずかの規制をかけようとした際に、反対運動の先陣を切った。イバン・ロジャースもいる。彼は〈シティグループ〉と〈バークレイズ・キャピタル〉で上級職についたあと、二〇一一年八月にヨーロッパとグローバルの問題に関するキャメロンの顧問になり、二〇一三年一一月にはEUのイギリス代表常任委員になった。また、保守党の元内相ブリタン卿は、〈UBSインベストメント・バンク〉の副会長で、貿易問題について政府に助言している。

経済危機のあとも、政界の奥深くまで金融の触手を伸ばしたシティを揺るがすような変化は、起きなかった。主要な金融機関では、大勢の「兵士」たちが政治的影響力を行使しているから、いかに世論が銀行家に怒ろうと、ウェストミンスターのエリートが守ってくれると安心していられた。ここでも、民主主義がごく少数のエリートによって損なわれていることがわかる。そのエリートの利益がどれほど国民全体の利益と対立しても、そうなってしまうのだ。

金融システムはビジネスを育て、維持するのに欠かせないが、イギリスの金融システムは徐々にこの核となる役割から離れ、投機と複雑なデリバティブ商品に集中したカジノ的運営に移行している。ファンドマネジャーのフランク（彼も匿名希望）も、「金融サービス業界とシティは本来、経済的な目的のために存在する」と言う。「けれど今は、自分たちに奉仕するために存在しているように思える」

現代資本主義は完全に「金融化された」と言うのは、コスタス・ラパヴィツァス教授だ。今日の企業は、留保利益や未配当の資金を元手に、好きなだけ金融投機に走っている。一方で市井の人々も、家を購入し、生活水準に満たない収入をクレジットで補うことで家計が赤字に転落し、金融依存の度合いを深めている。そして現代のエスタブリッシュメントは、過去に例を見ないほど金融業界と一体化している。

何よりも重要なのは、金融業界がイギリスの民主主義にとって脅威であることだ。政府は彼らの経済力に屈服し、望まれるままに為替管理を放棄したり、規制緩和を進めたりする。金融業界は、ロビー活動や政治献金を通して、あるいはシティで働いていた人物の大軍を権力の中枢に送りこむことによって、恐るべき影響力を発揮している。要するに、「エリートはエリートのルール、ほかの全員は別のルール」という考え方がまかり通っているのだ。

金融業界の覇権に逆らう者は無視され、嘲られる。シティ・オブ・ロンドンは、エスタブリッシュメントのもっとも純粋で生々しい形態にほかならない。

8

「主権在民」という幻想

The Illusion of Sovereignty

「先兵」たちの野望は、イギリス国内にとどまらなかった。彼らが信奉するイデオロギーは、国境とは関係なく企業の力と結びつき、その計画はつねにグローバルな展開を視野に入れた。イギリスと同様、アメリカも彼らの知的な中心地だった。もちろん、イギリスの対米服従には長い歴史があるが、イデオロギーの共有がイギリスの新しいエスタブリッシュメントを団結させたように、この国のエスタブリッシュメントとアメリカのエリートがイデオロギーを共有することによって、ウィンストン・チャーチルが「特別な関係」と呼んだ二国の関係は変化した。それは、やがて巡航ミサイルや爆弾や戦車に後方支援されるようになるイデオロギーだった。人的被害は莫大となった。

ふたつの世界大戦のあいだ、まだ世界のあちこちを帝国として支配していたイギリスとアメリカの関係は、冷えきっていた。現在の同盟は、第二次世界大戦中にようやくできたものだ。大勢のアメリカ兵がイギリスに送られてきて、ヒトラーが滅びたあとも長く駐留しつづけた。戦争が終わって七〇年がたった今でも、国じゅうに広がる軍施設のネットワークに多数のアメリカの部隊が駐留している。

戦後をつうじて、英米間の軍と情報機関の結びつきはずっと強固だった。イギリスは一九四九年、労働党クレメント・アトリー政権のときにNATO（北大西洋条約機構）に加入して以来、アメリカ主導の勢力範囲にしっかりと組みこまれ、一九五二年には保守党とウィンストン・チャーチルの政権下で核兵器を保有した。イギリスのトライデント弾道ミサイルの配備は、依然としてアメリカの技術的なノウハウに頼っている。また、二〇一〇年に発足した連立内閣が国の防衛費を削減しはじめたときには、アメリカの元国防長官ロバート・ゲイツが、「（イギリスは）これまでのようにあらゆる事態に対処できる能力と技術を備えた、完全なパートナーではなくなる」と警告した。

とはいえ、イギリスがここまでアメリカの権力につきしたがうようになったのは、比較的最近のことだ。一九五六年、エジプトのナセル大統領がスエズ運河を国有化した際、イギリスはフランスとイスラエルに働きかけて共同で出兵したが、アメリカの圧力で撤退を余儀なくされた。大国としての凋落を公式に認めた屈辱的な事件だった。

一九六〇年代には、労働党の首相ハロルド・ウィルソンがアメリカのベトナム戦争を外交的に支援し、左派の国民から激しく非難された。アメリカがベトナムの都市を空爆したあと、ウィルソンはリンドン・B・ジョンソン大統領に、「この作戦についてわが国が態度を留保したとしても、ベトナムに対するアメリカの政策への支持は今後も変わらない」と述べた。ただ、アメリカから派兵の強い要請があったにもかかわらず、ついに軍を紛争地帯に送りこむことはなく、ワシントンを大いに苛立たせた。[*1]

一九六五年二月、エスカレートする戦争についてウィルソンがジョンソンに直接懸念を表明すると、大統領はイギリスのマレーシアでの暴動鎮圧にふれて、厳しく言い返した。「私はマレーシアについて何も言わないから、あなたもわれわれのベトナムでのやり方について何も言わないでほしい……もしベトナムでわれわれを助けたいのなら、あのゲリラに対処する人員を送ってもらいたい。報道機関にも、われわれを支援すると発表してほしい」[*2]

そして一九八〇年、選挙でロナルド・レーガンが大統領に選ばれた。マーガレット・サッチャーが総選挙に勝利してわずか一年余りのことで、これが決定的な転機になった。イギリスではサッチャリズムが新しいエスタブリッシュメントの形成に大きな役割を果たし、アメリカでは二期のレーガン政権が似たような変化を起こした。レーガニズムはおおむね、ふたつのイデオロギーの混合体だった——新保守主義（ネオコン）と新自由主義だ。新保守主義は一九六〇年代後半以降、アメリカの民主党の主流派に現れた思想で、リチャード・パール、ポール・ウォルフォウィッツ、ジーン・カークパトリックといった政治的、知的エリートが、自国の力の衰えに気づいて発した警告を反映している。レーガン政権のもと、彼らはソ連との新しい対決姿勢を後押しし、軍事力と覇権の再強化をうながした。

その間、アメリカの自由市場主義者は、イギリスのシンクタンクが小さく見えるほど強大なシンクタンクを次々と創設していった。彼らもまた、アメリカの政治的コンセンサスをひっくり返したいと思っていた。具体的には、一九三〇年代のフランクリン・ルーズベルトの介入主義的「ニュー・ディール」経済と、六〇年代のジョンソンの「グリーン・ソサエティ」政策で確立した枠組みに挑戦した。保守党がクレメント・アトリーの福祉資本主義を受け入れたように、アメリカの共和党議員の多くも当時の政治的コンセンサスに妥協し、一九七一年にはニクソン大統領が、「いまやみなケインズ主義者になった」と宣言するほどだった。[*3]

そんななか、一九七三年に自由市場経済を促進するために創設された〈ヘリテージ財団〉は、〈アダム・スミス・インスティテュート〉と似ているものの、はるかに財源豊富だった。私企業や個人から莫大な資金を集め、たとえば醸造業界の大物ジョセフ・クアーズは、二五万ドル（約二七五〇万円）を寄付した。一九七七年には年間の予算が二〇〇万ドル（約二億二〇〇〇万円）、一九八九年には一七五〇万ドル（約一九億二五〇〇万円）に達した。

レーガンの最初の勝利の前夜に彼らが発表した、「リーダーの使命」という詳細な計画は大きな注目を集め、新政権の知的基盤と見なされた。[*4] また、〈フーバー・インスティテュート〉や〈アメリカン・エンタープライズ・インスティテュート〉といった先兵たちも、レーガンの計画の知的なベース作りに貢献した。

だから、サッチャーとレーガンの関係が緊密になったのも当然なのである。ただし、そのなかにも緊張と対立はあった。レーガンは、一九八二年にイギリスがフォークランド諸島を力ずくでアルゼンチンから奪おうとした際、当初は冷たく対応した。そこはすでに、アメリカが支援する暴力的な反共軍事政権が支配していたからだ。翌年、レーガンがカリブ海の島国グレナダへの侵攻を命じたときには、サッチャーが批判した。「この行動は、小さな独立国の内政に対する西側の国の干渉と見なされるでしょう。その小国の統治体制がどれほど魅力に欠けるとしても」。彼女はアメリカ大統領にそう伝え、この件に関するレーガンの声明を「深く憂慮している」とつけ加えた。[*5]

しかし、ときにそうしたつまずきはありながらも、一九八〇年代は、イギリスのエスタブリッシュメントとアメリカのエリートのあいだに新しいイデオロギー的な結びつきができ、関係が発展した時代だった。もちろんその関係は、政治エリート全体に共有されていたわけではない。一九八〇年代の労働党は、党首のマイケル・フットと次のニール・キノックのもとで、核軍縮を含む国防戦略に力を注いでおり、それはワシントンにとって受け入れがたかった。この件について、「アメリカの反応は、イギリスへの一種の内政干渉だったのではないか」と私がキノックに尋ねると、彼は、「そう、それはまちがいない」とはっきり答えた。「サッチャーの一派か保守党の指導部がそのように働きかけたと聞いたが、とにかく働きかけがあったのは確かだ」キノックは、ワシントンを訪問したときにアメリカ政府から向けられた敵意を憶えている。「最初の訪問では、完全に意気投合したとは言わないまでも」と皮肉な笑みを浮かべて言った。「レーガンの秘書官や報道官は、『非常に興味深い会合だった、理性的な意見交換だった』と感想を述べた。敵対するようなことはまったくなかった。ところが、二回目の訪米ではそれががらりと変わった。一度など、アメリカ大使をオフィスに呼びつけて叱責しなければならなかった。私が一方的な軍縮論者であるだけでなく、愛国心にも欠けるというふうな発言をしたから。もちろん、完全な言いがかりだった。だから彼を呼んで正式に謝罪させた」

その後、こちらでトニー・ブレア、あちらでビル・クリントンが政権につくと、イギリスのエスタブリッシュメントとアメリカのエリートの知的な結びつきはますます強まった。一九九二年の大統領選挙でクリントンを勝たせた「新しい民主党」構想は、一九九七年に勝利したブレアの「新しい労働党《ニュー・レイバー》」政権に多大な刺激を与えた。どちらも、敵対者の基本的な教義を取り入れたのだ。

一九九六年、クリントンはニュー・ディール政策を否定し、「大きな政府の時代は終わった」と宣言した。ブレアもクリントンも「第三の道」と彼らが呼ぶものを支持したが、その内容は、新自由主義とそれぞれの国の戦後のコンセンサスとの妥協だった。ニュー・レイバーの台頭は、アメリカの外交政策をいっさい批判せず、両国のエスタブリッシュメントの立場を安定させた。一九九七年、上級官吏のクリストファー・メイヤーがイギリス大使としてワシントンに送られるとき、トニー・ブレアの政策担当チーフ、ジョナサン・パウエルは、「ホワイトハウスの尻にくっついて離れるな」と助言したという。[*6] 両国の関係は、一九九八年のイラク侵攻を含む共同軍事行動でますます強化され、イギリスのエスタブリッシュメントの大部分は喝采を送った。

一九九〇年代になると、アメリカの新保守主義に新しい波が起こった。一九九七年には、新保守主義の有力シンクタンク〈アメリカ新世紀プロジェクト〉（ＰＮＡＣ）が設立され、その目的声明文のなかでさっそく、「アメリカには、新世紀をアメリカの原則や利益のために形作る決意があるか」と問うた。また、「われわれは政治的、経済的自由の大義を国外に広めなければならない」と宣言し、「われわれの安全、われわれの繁栄、われわれの原則に友好的な国際秩序を維持し、拡大するアメリカ独自の役割」について説明した。

じつにわかりやすい声明文だ。要するに、PNACはアメリカの力を背景に、先兵たちのイメージどおりに築かれた世界秩序をあからさまに望んでいるのだ。一九九八年には、ドナルド・ラムズフェルド、ポール・ウォルフォウィッツ、ロバート・ゼーリックといったPNACの主要メンバーが、サダム・フセインの失脚をクリントンに要求する声明を発表した。彼らはみな、二〇〇一年のジョージ・W・ブッシュの共和党政権で重要な地位につく。

共和党がホワイトハウスに入っても、イギリスとアメリカの同盟関係は揺るがなかった。新しいエスタブリッシュメントは、どちらの党がアメリカの大統領になろうと、イデオロギー的にかつてなくアメリカの権力に従属した。悲惨な紛争で両者の結束はますます固まった。二〇〇一年九月一一日のテロ攻撃のあと、イギリスはアメリカが率いる有志連合に加わって、タリバン体制を倒すためにアフガニスタンに侵攻した。イギリス国内の全主要政党と、事実上すべてのメディアが軍事介入に賛成した。

当初、有志連合は「不朽の自由」作戦を展開し、カブールの神政政治家たちを数週間で引きずりおろして圧倒的成功を収めるかに見えたが、それは長引く内乱とその鎮圧作戦の始まりにすぎなかった。二〇一四年六月の時点で、アメリカ主導の有志連合の兵士が三三七四名死亡し（うちイギリス人は四五三名）、負傷者は数千名に達した。アフガニスタンの治安部隊の兵士と反乱者の死亡は数万名、民間人の死亡者数はその何倍にもなっている。

ハミド・カルザイ大統領が率いる新政府は腐敗し、民主的な正当性を欠いていて、人権侵害の報告は数知れない。だが、イギリスで世論調査をするたびに、勝利も意義もないこの紛争からイギリス兵を撤退させよという意見が大勢を占めている。にもかかわらず、アメリカの外交政策に断固追随するエスタブリッシュメントの決意によって、部隊は依然として戦地にとどまっている。

「崇高なる使命」の真実

ジョー・グレントンは、二二歳でイギリス陸軍に入った。ヨークの労働者階級出身で、就職の見込みもほとんどなかったので、経済的な理由から入隊した。「『ヒーローになる』といった宣伝文句につられてきた連中もいたよ。軍には『崇高なる使命』があるという宣伝にね」と彼は言う。「でも、たいていは経済的な理由で、貧しい地域から兵士が集まっていた。イングランド北東部や、スコットランド、ロンドンの貧困地区とか。軍の勧誘は手がこんでいて巧みだった。パンフレットを見て入隊相談の窓口に行くと、殺し合いの話はほぼ出ない。『敬意、仲間、金』の話ばかり。それと、かなり抽象的。全般的に、母国を守るという話が出る」。グレントンは二〇〇六年にアフガニスタンに送られた。彼の言う「アフガニスタン南部への大規模な再侵攻開始」で、軍用機に乗る最初の部隊に配属されたのだ。

アフガニスタンにいた七カ月のあいだに、グレントンの抱いていた幻想はどんどん消滅した。「アフガニスタンの少女を学校に通わせるとか、インフラを再構築するとか、もっともらしく説明されてたけど、駐留しているうちに、そんなのは嘘だとわかった」と彼は言った。「おれたちは内乱を生み出したんだ。傲慢だった」

グレントンが見たところ、イギリスがアフガニスタンのヘルマンド州にろくでもない派兵をした理由のひとつは、イラクのバスラの反乱でイギリス軍が味わった屈辱の埋め合わせだった。英米の司令官ですら認めるそのみじめな敗北で、イギリス軍は二〇〇七年にバスラから撤退した。「おれたちがあそこに行った大きな理由は、イギリスの保安でも、アフガニスタンの保安でもない。アメリカから見て、イギリスはしくじったという認識があったからだ」。彼に言わせれば、ヘルマンドへの派兵は、イギリス政府がアメリカ政府に自分たちの価値を証明したくてやったことだった。

アフガニスタン紛争に関するそのような見方が「結晶化した」のは、イギリスに戻ってきてからだった。現地では考える余裕などなかった。疑問はあったが、それを口にする機会もなかった。「もう戻りたくなかった」とヘルマンドは言った。「契約を解消する場合、隊から離れたあとで通知を送ることになるけど、正式に除隊になるには一年かかる。そのうち再配置の命令が来たから、上官にもう戻らないと伝えたんだ。良心的兵役拒否者になる手続きも知らなかったし、彼らもそんな権利を認めなかった」。結局、グレントンは二年以上AWOL（無許可の離隊）となり、二〇一〇年に九カ月の禁固刑を言い渡された。

二〇〇三年、アメリカ主導のイラク侵攻にイギリスが参加を決めた。二大政党の指導部とメディアは支持したが、国内史上最大のデモも起きた。同年二月一五日、通りを行進した人々は最大二〇〇万人。外務省の法律顧問マイケル・ウッドのように、新たな国連決議が出ないかぎり戦争は違法だ、と論理的に助言したベテランの法律家もいた（副顧問のエリザベス・ウィルムシャーストとちがって、彼は辞職しなかったが）。

イギリスのイラク参戦では、欺瞞《ぎまん》と情報操作が幅を利かせた。そこで重要な役割を果たしたのがエスタブリッシュメント、ことに政界とメディアのエリートだった。のちに、イラクの独裁政権が大量破壊兵器を持っているという開戦の口実は、まちがいだったとわかった。戦争は何十万という民間の死者を出し、イラクは特定宗派の民兵とテロリストに圧倒され、イギリス兵も一七九名が死亡した。当時戦争は、国際法にしたがわないイラクに対する最終手段だと説明されたが、侵攻の九カ月前に、ブレアがブッシュに「あなたが何を決定しようと私は支持する」と伝えていたことが発覚した。開戦前夜、イギリス政府とメディアは、侵攻を正当化する新しい国連決議が出なかったのは、フランスとロシアが強硬に反対したからだと弁明したが、これについてものちに、イラク政府に非があろうとなかろうと、ブッシュとブレアは作戦遂行で合意していたことがわかった。[*7]

この破滅的な介入は、アメリカの権力に対するエスタブリッシュメントの信仰心が後押ししたものだった。改選前、ブレアはアメリカとのいわゆる「特別な関係」のために、イギリスは「血の対価」を支払わなければならないと述べ、この信仰心がどれほど深いかを示した。言い換えれば、ワシントンとの同盟を守るために、イギリス国民の命が失われなければならないということだ。ブレアは言った。「アメリカは知りたがっています、『あなたがたには全力を尽くす用意があるか。砲撃が始まったときに現地にいる覚悟があるか』と」

こういう悲劇的な戦争があれば、意思決定にたずさわった人間は説明を求められ、少なくとも責任をとると期待するのがふつうだ。しかしイラク参戦では、閣僚の辞任はあったものの、政府から追放されたのは例外なく戦争に批判的な人々だった。エスタブリッシュメントは結束して自分たちを守り、悲惨な戦争に反対した多くの人を追い払った。元外相のロビン・クックは、侵攻前に下院で近年まれに見る名演説をして辞任した。内務省閣外大臣だったジョン・デナムもあとに続き、国際開発大臣だったクレア・ショートも、遅まきながら侵攻後に辞任した。

あるジャーナリストが受けた仕打ち

事態はさらに悪化した。二〇〇三年七月一八日、国連の武器査察官だったデイビッド・ケリーが、じつはBBCのジャーナリスト、アンドルー・ギリガンのレポートの情報源だったことが明らかになり、さらにそのあと、自宅近くの森でケリーが死亡しているのが発見されたのだ。自殺だった。そのひと月半前、ラジオ4の番組『トゥデイ』でギリガンは、ブレア政権（とくにスピンドクターのアラステア・キャンベル）がイラクの兵器保有の可能性に関する主要な報告書を「粉飾した」と主張し、ニュー・レイバー擁護者の怒りを買っていた。

ケリーもギリガンも、古参の政治家からしつこく圧力をかけられたり、メディアに敵対的に報道されたりした。ケリーは死亡の数日前、下院で苛酷な尋問を受けたばかりだった。

ケリーの遺体が見つかると（ブレアはある記者から、彼の死に責任があると思いますか？　と公の場で訊かれた）、政府は北アイルランドの元首席裁判官ハットン卿による審問をおこなうことにした。当時のＢＢＣ社長グレッグ・ダイクはのちに、ブレアの側近のひとりだったフィリップ・グールドが「正しい判事を選んだ」と自慢していたことを明かした。

今日のアンドルー・ギリガンは、ジャーナリストとして右派のデイリー・テレグラフ紙に寄稿し、労働党のケン・リビングストンなどの左派を熱心に批判するとともに、保守党のロンドン市長ボリス・ジョンソンにも雇われているが、二〇〇三年時点では、イギリスのエスタブリッシュメントから総攻撃を受けていると感じていた。髪が薄く、眼鏡をかけ、人情味のあるカリスマ的な雰囲気を漂わせているギリガンは、驚くほど素直な印象を与える人物だ。「イギリスという国に対する見方を根本的に覆されたよ」と彼は認めた。イラクに関する一連の出来事が「イギリスの信用と権威を永遠に損なってしまった」とも言い、一九五六年のスエズ運河に関するひどい軍事介入のあと、オブザーバー紙に載った文句「わが国の政府にこれほど愚かで悪辣《あくらつ》な行為をする能力があることを、われわれは理解していなかった」を引き合いに出した。

「ショックだったのは、イギリスのように民主主義が成熟した国で、国家のあらゆる制度が動員されたことだった」とギリガンは言った。「官僚は腐敗していたし、アラステア・キャンベルは私とデイビッド・ケリーを攻撃する道具として、司法も議会も使った」。議員経費のスキャンダルに加え、このイラクの件もあって、彼のイギリス政府に対する見方は永遠に変わったという。

当時、政府に同調したメディアの多くは、いっせいにギリガンを痛めつけた。ゴミ箱まで徹底的にあさられ、

「サンとタイムズは、私とBBCがくずであることを全力で書きたてた」。サン紙の一面に彼の顔写真が載り、「裏切り者！」という見出しがついた。「ほかをはるかにしのぐ人生最悪の体験だ。それが八カ月続いた」と彼は言ったが、エスタブリッシュメントの敵意と対照的に、大衆からは広く支持されたことも憶えていた。タクシー運転手は運賃を受け取ろうとせず、レストランも食事をただにしてくれた。

ハットン審問が二〇〇四年に発表した結論は、ブレア政権を免責し、BBCを厳しく責める内容だった。ギリガンは辞職させられた。グレッグ・ダイクとBBC会長のギャビン・デイビーズも同じ目に遭った。「司法の一員であるハットン卿は、まさにあの仕事をするために特別に選ばれたんだ」とギリガンは言う。「滑稽なほど一方的で偏った報告書を書くためにね。もしアラステア・キャンベルがあれを書いていたら、もう少し信用度を上げるために、自分への批判を一割増しにしていただろう。私はハットンに感謝しなきゃならない。あの報告書が信用を得られなかったのは、それほど偏った内容だったからだ」。ギリガン自身は、汚名をすすがれたと感じている。「結果としてはよかったと言うしかない」。ブレアもキャンベルも正式に処罰されることはなかったが、ギリガン曰く、「世論という法廷で終身刑に処された」。一方の彼は、ジャーナリストとして数々の賞を獲得し、活躍することになった。

こういうごまかしに、イギリス国民が納得するわけがない。そのころ、イラク政府が大量破壊兵器を所有しているという戦争の口実も信用されぬまま、イラクは終わりの見えない紛争状態に陥っていた。とうとう、イギリス政府としても審問の要求に応えざるをえなくなり、侵攻から六年を経た二〇〇九年六月、元官僚のサー・ジョン・チルコットが率いる調査委員会が設けられた。だが五年たった今も、報告書は出ていない［訳注：報告書の発表は二〇一六年七月だった］。しかも連立政権は、侵攻前夜の閣僚会議の議事録を含めた主要文書の開示を拒んだ。ひそかに審問を開こうとしたゴードン・ブラウンの最初の試みも失敗した。

それでも公の証拠は、政府がごく初期の段階から戦争に加わるつもりだったことを明らかに示している。チルコット審理に高官たちが提出した証拠によると、国会や国民はもちろん、閣僚でさえ戦争準備期間の真実を知らされていなかったことがわかる。イギリス政府の最高位の公務員だったターンブル卿は、二〇〇二年九月に初めて閣僚会議に出席した際、「何も決定されておらず、最後通牒を作成している段階と言われた」と審理で証言した。その会議の結論は、「軍事的な選択肢を内閣で議論する」だった。一カ月後の閣僚会議でも、結論は「然るべき時期に、軍事的な選択肢について大臣と話し合う」というもので、そのあとは、ターンブル卿の記憶にあるかぎり「何もなかった」。二〇〇二年一二月一九日、イギリス軍の動員が始まったことを閣僚が知らされたのは、ジェフ・フーン国防相が議会で声明を発表した翌日だった。

「つまり」とターンブルはサー・ジョン・チルコットに言った。「大臣たちがどれほど話についていっていなかったかがわかる。実際の検討内容や準備から、完全に取り残されていたのです」。大臣たちは二〇〇三年一月に、軍事行動については何も決まっていない、翌週議論する予定だと言われた。「ひとつのパターンがある」とターンブル卿は言った。「閣僚はつねに、『翌週議論する』と言われつづける。トニー・ブレアが『みんな実状を知っている』と言うとき、その裏づけはない」。ターンブル卿は当時を振り返って、ブレアの姿勢は数カ月前に「完全に決まっていたように思える」と結論した。「軍事行動が必要だ……現地で軍事行動があり、軍事行動を統率するのはアメリカで、イギリスはそれに加わるつもりだ、と」[*8]

もっとも、大半の閣僚や政府機関、メディア（その多くは、非常に攻撃的な侵攻賛成論を展開していた）がほとんど蚊帳の外に置かれていたにしても、結果にさほど変わりはなかった。アメリカへの完全服従という、エスタブリッシュメント内で優勢な信条さえあれば、多くの大衆が反対していようと、コフィ・アナン国連事務総長が「違法」と宣告した戦争であっても、一致団結して進むことができたのだから。[*9]

ブレアが「特別な関係」のために「血の対価」を払うと言ったとき、それはもちろん自分の血でもわが子の血でもなかった。血を流すことを期待されていたのは、人口比より大きな割合で軍隊に入る、安定した仕事のない地域出身の労働者階級の若者たちだった。

イラク侵攻は、かつて排斥されていた「先兵」たちが、いかに大きな力を持つようになったかを物語っている。地上最大の軍事力を背景に、彼らはイラクをみずからの望む自由市場のテーマパークに変えようとした。二〇〇三年の侵攻直後、ワシントン・ポスト紙は「ブッシュ政権は、イラク経済をアメリカのイメージどおりに作り替える全般的な計画を立てていた」と指摘し、イラクの大規模な民営化計画にふれた。この計画の青写真は、戦争が始まる一カ月前に金融コンサルタントのあいだで回覧された「広域大規模民営化計画」の数々の案だった。[*10]

イラクの占領が始まってまだ数カ月のころ、アメリカ主導の連合国暫定当局（ＣＰＡ）のポール・ブレマー代表は、ＣＰＡ令第三九号で、イラク企業の外国所有を制限した国内法を廃止し、利益を国内に再投資しなければならないという規制も撤廃した。その結果、最初の数カ月で何十という企業が民営化され、最高税率は四五パーセントから一五パーセントに切り下げられた。ここに、イギリスのエスタブリッシュメントとアメリカのエリートの新しいイデオロギー的な結びつきが示された。両者共同の作戦行動が、先兵たちの望む方向で占領国を変容させたのだ。

アメリカによって、イギリスの若者が収監される

アメリカの権力にイギリスのエスタブリッシュメントがつきしたがうにしたがって、個人の自由はますます脅かされるようになった。勅撰弁護士のジェフリー・ロバートソンは、わが国を代表する人権擁護の法律家だ。

いまもオーストラリア出身であることをかすかにうかがわせる訛りがある。私は、ジョージ王朝の家が立ち並ぶセントラル・ロンドンの並木道、ダウティ通りの共同事務所で彼と会った。

「今日の保安サービスは、アメリカに依存しすぎていると思う」とロバートソンは言った。彼はこれまでに何度か、MI5（保安局）やMI6（秘密情報部）を相手どった訴訟を手がけたことがある。「イギリスにも、リトル・サイ・ワン（英空軍の聴音施設）や政府通信本部（GCHQ/諜報機関）があるが、みなアメリカに頼っている」。実際、アメリカの国家安全保障局（NSA）の分析官だったエドワード・スノーデンのリーク情報によると、GCHQは英米関係の要の組織であり、NSAはGCHQに三年間で約一億ポンド（約一五〇億円）を払って、共同で秘密情報収集活動をおこなっていたという。二〇一四年一月、下院議員団に示された法的見解では、このスパイ行為の大部分は違法だった。

個人の自由への最大の脅威は、「テロとの戦い」から生じた。「テロとの戦い」は、二〇〇一年九月一一日の攻撃のあとでアメリカが唱えたものだが、それをイギリスのエスタブリッシュメントも熱烈に支持したことから、アメリカの命令によってイギリス市民の自由が奪われるという事態を招いた。

たとえば、タルハ・アーサン。一〇代のころ、サウス・ロンドンに住んでいたこのイスラム教徒は、ニルヴァーナや、マニック・ストリート・プリーチャーズといったグランジロックのバンドを愛し、それは彼らが商業的で主流になりすぎたとタルハが感じるまで続いた。彼が読んだ本の多くも、こうしたバンドのアルバムのジャケットで紹介されていたものだった。ゼイディー・スミスや、シェイマス・ヒーニーなどのイギリス作家の作品をよく読んだ。

タルハの本は、寝室に残していったときのまま、棚にきちんとジャンル分けしてアルファベット順に並べてある。少年時代は成績優秀で、私立のダリッジ・コレッジに奨学生枠で入り、両親を大いに喜ばせた。ときには手こずって教師を心配させることもあったが、学業熱心で向上心もあり、一六歳で教科書一冊からアラビア語を独習した。ロンドン大学東洋アフリカ研究学院（SOAS）で学位を取得し、懸命な努力の甲斐あって優等で卒業。詩人として賞も授けられた。明らかに、類いまれな才能に恵まれた若者だった。

ハムジャは、兄のタルハのことをとても誇りに思っている。私はロンドン南西部のトゥーティングにある彼らの家で、ずらりと本が並ぶ部屋に座っていた。体の悪い母親がどうしてもと言って、美味しいインド料理を作ってくれた。ハムジャは内気で、人づき合いが少々苦手。『内気な人のための政治学』という本も書いているほどだが、一九六〇年代なかばにインドからイギリスに渡ってきた家族の話をしてくれた。タルハとハムジャが生まれる二〇年ほどまえのことだ。父親は、運送業に落ち着いた。

ハムジャはいまも、わが子を愛する両親と暮らしている。だが、タルハは五〇〇〇キロ近く離れたアメリカ、コネティカット州の刑務所に収監されている。

二〇〇六年二月、自宅が強制捜索されたときのことを、ハムジャは鮮明に憶えている。美術学校に入って一年目で、タルハのほうは図書館の就職面接を受ける日だった。ハムジャがベッドで寝ていると、警官たちが玄関から突入してきて寝室をひっくり返し、携帯電話と日記に加えてCD、DVD、プレイステーション2のメモリーカード、学校で作った作品を没収した。さらに、コーランを持っていないかとハムジャに尋ね、部屋じゅうの写真を撮って、ハムジャが服を着るあいだも、そばに立っていた。

しかし、それすら長く続く悪夢の始まりにすぎなかった。ロンドンが熱波に襲われた同年七月一九日の朝、警察がアメリカからの身柄引き渡し要求に応じて、タルハを拘束した。ハムジャが階下におりると、母親が泣いていた。「あの人たちがいきなり入ってきて、タルハを連れていった」。タルハは一八歳になった一九九七年から二〇〇四年のあいだに重大犯罪を四件おかした、とされた。テロリストを物質的に支援する陰謀、実際の物質的な支援、外国で人を殺し、誘拐し、傷つけ、器物を損壊する陰謀、そしてそれらの幇助《ほうじょ》である。イギリスではそれらの罪になんら問われず、起訴もされなかったのに、国内の刑務所に六年間入れられた。

タルハに対する告発はおもに、警察が家に突入してくる四年前に閉鎖されたウェブサイトでの活動にもとづいていた。そのサイト〈アザム・パブリケーションズ〉は、ボスニア、チェチェン、アフガニスタンでのテロ活動を支援したと言われていた。「代替媒体のようなウェブサイトだった」とハムジャは言う。「いちばんの目的はチェチェンのロシアからの独立だった」

だが、タルハはこのウェブサイトにはほとんどかかわっていなかった。管理者は同じトゥーティングに住むババル・アハマドで、二〇〇三年にやはり逮捕され、その過程で警官たちに蹴られ、殴られ、首を絞められて、血尿が出た（五年後、ロンドン警視庁はそれが「過剰で不当な長時間の攻撃」だったことを認め、ババルに六万ポンド（約九〇〇万円）の損害賠償金を支払った）。[*11]

その後、タルハの事件は、司法の誤ちと闘う著名な人権弁護士ギャレス・ピアースに取り上げられた（彼女は、IRAによる一九七五年のパブ爆破事件で誤って収監されたアイルランド人たち「ギルフォードの四人組」を弁護した。その過程を映画化した『父の祈りを』では、エマ・トンプソンが彼女を演じた）。「彼の立場には奇妙なところがある。それには誰もが気づくはずです」と、ピアースはやさしく穏やかな口調で言った。攻撃的な弁護士と思われそうだが、ちがうのだ。

「そもそも、どうして重大な犯罪になるのか。この国で逮捕され、尋問されたけれど、起訴はされなかったというのに。タルハはウェブサイトの運営を手伝ったと言われています。ずっとイギリスで運営されていたサイトですが、ババル・アハマドが最初に身柄引き渡しのために逮捕されたとき、タルハは逮捕すらされなかった」。引き渡しの根拠になったのは、サイトのホストサーバーがたまたまアメリカにあったことだった。

タルハは、アメリカがイギリスのエスタブリッシュメントに及ぼした影響力によって逮捕された、とピアースは信じている。「すべてが、それまでに何度もくり返されたパターンに当てはまります。イギリスの警察が、アメリカの検察のたんなる代理人として行動しているように見える。アメリカは、世界じゅうに隈なく司法の腕を伸ばしているのです」。ピアースが指摘するように、タルハ・アーサンは自分の行為が犯罪になると思っていなかっただけでなく、「イギリスの検察庁からは、彼を訴追できる証拠はないという見解を伝えられていた。それが、タルハの告発手続きの驚くべき出発点でした」。

兄の逮捕のあと、ハムジャは日常生活もろくにおくれなかったが、法廷闘争が長びくことを見越して、兄の釈放を求める運動を始めようと決意した。続く六カ月は起訴も裁判もないまま、タルハはイギリスの刑務所に閉じこめられた。一度、ベルマーシュ刑務所にいる兄を訪ねると、刑務官に部屋に連れていかれ、怒鳴り声で「英語はしゃべれるか?」と訊かれた。「もしおまえが何か持ってたら、家族全員、二度と面会はできなくなるからな」とも言われた。「どうやら、ドラッグを持っていると思われたようだね」とハムジャは振り返る。完全なベジタリアンにとってはひどい言いがかりだが、これも証拠ではなく偏見にもとづく非難だった。

タルハ・アーサンの事件と同時期に、別の引き渡し事件が脚光を浴びた。グラスゴー生まれのロンドン市民で、アメリカの政府関連のコンピュータに侵入したゲイリー・マッキノンだ。本人はUFOの情報を得ようとしたと言っている。マッキノンもタルハも、自閉症スペクトラムの疾患であるアスペルガー症候群と診断された。マッキノンは一〇年にわたる法廷闘争の末、二〇一二年に内務省が引き渡しを拒否した。

タルハのほうは、それよりはるかに注目度が低かった。イスラム教徒でなく白人だったら、彼のために公聴会が開かれるチャンスはもっと高かったはずだ。タルハの家族は、地元の下院議員サディク・カーン(二〇一〇年来、労働党の影の司法相)らの力も借りて、イギリスで彼の裁判を開こうと奮闘したが、イギリスでの上訴も欧州人権裁判所への提訴も認められず、二〇一二年一〇月五日、サフォーク空軍基地からアメリカのコネティカット州へ移送された。同じく国外追放された容疑者のなかには、エジプト生まれのイギリス人聖職者で、テロ活動を支援したと広く非難されたアブ・ハムザもいた。数日後、テリーザ・メイ内相は、保守党大会でこう宣言した。「金曜にようやく、アブ・ハムザと四人のテロ容疑者にさよならが言えたのは、すばらしいことではありませんか」

タルハは、「超厳重警備」で悪名高い〈北部矯正施設〉に入れられた。ここは、死刑確定囚を含む、もっとも暴力的な犯罪者を収容する刑務所で、囚人たちは長期にわたって独房に閉じこめられる。「アメリカでは驚くことでもないようだけれど、彼はぞっとするほど厳しい状況に置かれています」とギャレス・ピアースは言った。「ジャンプスーツを着て、足枷《あしかせ》をはめられて。思いやりに満ちているとは言えないこの国の私たちから見ても、動物でさえあんなふうには扱われないと思うほどです。本当にショッキング」

だが、タルハはほかの多くの収監者とちがって、苦境に耐える方法を見つけた。「並はずれた回復力を示す人です。弱い人間だったらとても耐えられないだろうに彼は強い、と勘ちがいしてしまうくらい」とピアースは説明する。「内なる力を持っている。創造性、創作、精神の世界に入る能力があるのです。それは刑務所のなかだろうが外だろうが関係なく、彼が住んでいる世界です。皮肉なことに、弱い面がたくさんある人だから、かえってひどい刑務所でも参ったり、人格を壊されたりせずにいられるのです」

当初タルハは無実を主張したが、そうする者に希望はほとんどなかった。無実を主張したあとで有罪になると、何十年もの禁固刑を科され、家に戻れなくなる怖れもある。囚人たちは厳しい選択を迫られた――有罪を認めるか、超厳重警備の刑務所のなかで生涯を終えるかだ。二〇一二年、アメリカの連邦検察の事件で逮捕者の九七パーセントが有罪答弁をし、「司法取引」の一部として減刑されたのも無理はない。タルハも二〇一三年末に有罪を認めて、未決勾留期間を含めた最大一五年の刑を言い渡された。

「アメリカの権力を支持する」という信仰

タルハやアハマドのように、アメリカに引き渡された人々に適用されたのは、二〇〇三年の身柄引き渡し法だった。この法律の条項にもとづいて、アメリカは明白な証拠がなくてもイギリスから人の引き渡しを受けることができた。二〇一二年に下院の内務特別委員会が報告したように、「イギリス市民をアメリカに引き渡すほうが、その逆よりも容易」だった。身柄引き渡し法を議会で通した当時の内相デイビッド・ブランケットは、数年後にBBCのインタビューで、「理論上は、こちらが譲りすぎたのではないかという考え方がまだある。それは認めるのにやぶさかではない」と言った。これも、アメリカに対するエスタブリッシュメントのかつてない貢献の産物である。彼らは、国民のもっとも基本的な自由を譲り渡したのだ。

しかし、アメリカの外交政策を揺るぎなく支持するエスタブリッシュメントの教義は、これまでにない試練を受けている。アメリカの力が相対的にかなりの勢いで減退しているからだ。世界経済生産にアメリカが占める割合は、一九九一年には二五パーセントだったが、現在は二〇パーセント以下。中国が競争相手として急速に伸びており、インドやブラジルの経済成長も著しい。二〇〇八年の金融崩壊で、グローバルな経済力の東へのシフトに拍車がかかった。

アメリカはかつて、ラテンアメリカに対して不動の覇権を握っていた。一八二三年のモンロー主義［訳注：モンロー大統領の教書演説で示された、アメリカはヨーロッパ諸国に干渉しないが、同時にヨーロッパ諸国によるアメリカ大陸への干渉にも反対するという考え方］に始まり、現在はいわゆる「ワシントン・コンセンサス」によって維持されていたが、二〇〇〇年代にはラテンアメリカに次々と左派政権が生まれて、独自の路線を進みはじめた。悲惨なイラク戦争でアメリカの軍事的な威信にも影が差し、軍事介入に対する国民の支持も得にくくなって、皮肉なことに仇敵イランの中東全体に対する影響力が増した。

アメリカの力が衰えると、「特別な関係」の裏にあるエスタブリッシュメントの教義も弱まるのかもしれない。そのことは、軍事行動準備が中止されたことからもうかがえる。二〇一一年以降、中東の数々の独裁国で革命が起き、「アラブの春」と呼ばれるようになった。シリアでも騒乱が発生し、党派間の血で血を洗う戦闘に発展した。このときイランはバッシャール・アル＝アサド大統領の政府を支持したが、サウジアラビアとカタールの独裁政権は、徐々にイスラム原理主義者が占めるようになった反体制派に資金提供した。西側諸国もアサド政権打倒に協力する。二〇一三年の夏には、ほぼまちがいなく政府軍の毒ガス攻撃によって、シリアの民間人が何百人も殺された。

ついに西側諸国の軍事介入は避けられない情勢になり、イギリス政府は国会を召集して軍事行動の法的根拠を得ようとした。ところが意外にも、労働党指導部が保守党主導の連立政権に反対した。エスタブリッシュメントの教義から考えれば、台本からはずれる動きだった。結局、介入を唱える連立政権の動議は否決され、戦争と平和に関して政府の立場が認められなかった史上数少ない例となった。

エスタブリッシュメントの多数派は当然、その結果に怒った。サン紙は一面に「死亡通知」という見出しを掲げ、「『特別な関係』、二〇一三年八月二九日（木）、自宅にて急死。享年六七。ウィンストン・チャーチルとフランクリン・D・ルーズベルトの最愛の子だった」と書いた。だが世論調査の結果は、ここでもエスタブリッシュメントとかけ離れていた。回答者の大多数は、アフガニスタン、イラク、リビアと、支配層によって悲惨な戦争に引きずりこまれたことに疲れ、シリアへのいかなる軍事介入も望んでいなかった。七二パーセントの人が「特別な関係が損なわれた」と思わなかっただけでなく、六七パーセントが、特別な関係は「現代において意味がなく、アメリカの感情を害することを気に病むべきでない」と考えていた。

それでも、イギリスのエスタブリッシュメントのあいだでは、アメリカの権力を支持することが信仰箇条のひとつでありつづけている。ほかの勢力圏との関係に、同じことは当てはまらない。たとえば、欧州連合（EU）の問題は、現代イギリスのエスタブリッシュメントを特徴づけるいくつかの「大分裂」のひとつだ。

EUに対するエスタブリッシュメントの態度

政治の主流派のなかで、「イギリスの主権に対する脅威が大西洋の向こうにある」という話が出ることはほとんどない。しかし、ドーバー海峡の向こうのもうひとつの脅威については、エスタブリッシュメントの一派がほとんど取り憑かれたように唱えつづけている。イギリスのEU加盟がそれを加速させた。異なるメンタリティ同士の衝突が浮かび上がったのだ。

戦後のイギリスで、先兵たちの思想は長いあいだ傍流扱いだったが、いまではエスタブリッシュメントの主流派になっている。一方、EUのほうは、同じイデオロギーが一部の制度や条約にかなり入りこんではいるものの、組織のほかの部分には、厚生資本主義のモデルが色濃く残っている。後者の側面がイギリスのエスタブリッシュメントの教義とぶつかり、分裂を生み出すのだ。

一九七三年、イギリスが欧州経済共同体（EEC。当時の呼び名）に初めて加盟したときには、政治エリートの大半が熱烈に支持した。大英帝国は崩壊したも同然で、イギリスはヨーロッパ市場に目を向けていた。エドワード・ヒースの保守党内閣がEEC加盟を決めると、マーガレット・サッチャーを初めとする右派がこぞって賛成した。一九七四年、加盟問題を国民投票に付したのは、ヒースを破った労働党のハロルド・ウィルソンだった。トニー・ベンのような大臣が反対票を投じたものの、地位に関係なく大半の労働党員と一般大衆は加盟を承認した。

当時の労働運動家と左派が、総じてＥＥＣ加盟に反対していたのは、そこに市場優先の政策が組みこまれていて、国有化のような産業への介入政策の妨げになると考えたからだ。一九八三年の労働党のマニフェストには、イギリスの欧州共同体（ＥＣ）脱退が入ったほどだった。しかしその後、ＥＣはＥＵに進化し、左派からの批判は弱まった。すると今度は、右派の一部による、いわゆる「ＥＵ懐疑主義《ユーロスケプティシズム》」が広がった。サッチャリズムが支配的になった一九八〇年代後半、社会進歩的な立法はＥＵからしか出てこないように見えたが、サッチャーはこうしたヨーロッパの計画を、自分が作り上げた政治的コンセンサスへの脅威と見なすようになった。一九八八年にはベルギーのブリュージュで「われわれはまだイギリスで国家の境界を狭めることに成功していません」と宣言した。「ところが、その国家主義がヨーロッパ全体のレベルで復活しています。ブリュッセル［訳注：ＥＵの本拠地］を発信源として、ヨーロッパの超国家が新たな支配権を行使しているのです」

イギリスのエスタブリッシュメントの一派が、ＥＵをイギリス貿易の本質的な柱と考えているのに対し、別の一派はそれをイギリスの支配的イデオロギーへの脅威と見なすようになったのだ。その一方、一部の左派と労働運動家たちにとって、ＥＵは新しいエスタブリッシュメントの攻撃から守ってくれる存在に思えてきた。一九八〇年代後半に、ＥＣは労働組合と団体交渉の保護、男女平等、安全衛生基準などを含む「コミュニティ憲章」を提案した。サッチャーはそれを「社会主義憲章」と猛烈に批判し、保守党政権はその後継の規約である「社会労働憲章」の批准を国ごとに拒否できる権利を確保した。この種の提案は、イギリスのエスタブリッシュメントの教義と直接対立したからだ。イギリスが批准したのは、ニュー・レイバーが政権についた一九九七年。しかも、年間の休暇の最低日数を定め、週労働時間の上限を四八時間としたＥＵの「労働時間指令」ははずした。

この指令にせよ、臨時労働者の権利を拡充した二〇一一年のEU指令や、欧州人権条約を立法化した人権法にせよ、エスタブリッシュメントの一部の派閥にとってはまったく気に入らない規制だった。保守党の一般議員や、デイリー・テレグラフ、デイリー・メールなどの右派の新聞は、主権侵害の可能性について熱心に論じた。こういうときに、デイビッド・キャメロンや政界の重鎮が好んで使うことばは「国益」だ。しかし、その「国益」の実態が「イギリスのエスタブリッシュメントにとっての利益」であるのは論をまたない。

このことは、二〇一一年末、ユーロ圏の危機に対処するEU条約にデイビッド・キャメロンが拒否権を発動した際に浮き彫りになった。保守党も多くの主流メディアも、キャメロンが「ブルドッグ精神」を見せて歯をむいたと絶賛したが、その「ブルドッグ精神」は、シティの利益を守るために発動されたのだ。EUの提案は、空売りなどヘッジファンドの有害な行動を改善し、金融取引税を導入して、収入を増やすだけでなく経済的安定をもたらそうとしたものだった。

同様に、ジョージ・オズボーン財務相は、EUが銀行家のボーナス額に上限を設けようとしたのを阻止する法的措置をとった。富裕者や権力者の利益を守る行動に支持を集めるのに用いられたのは「愛国心」だった。いずれの闘いも、EUがエスタブリッシュメントの教義や慣行を脅かすと考えた政府が起こしたものだった。

それだけではない。イギリス政府がEUに闘いをしかけなかった事例も、同じくらい真実を明らかにしている。じつはEUの一部はイギリスのエスタブリッシュメントとそっくりで、制度的に私企業の利益を守るようにできている。たとえば、EU条約は資本の自由な移動を尊重し、「加盟国間および加盟国と第三国間の資本の移動に対する制限を撤廃する」。国による補助も、競合企業に有利になるという理由から一般的に禁止する。

民営化についても、EU法に規定されている。一例をあげると、EU91／440指令は、鉄道の民営化を制度的におこなうのに役立つ。別の指令は、郵便事業の民営化を義務づけている。これらにイギリスの拒否権が発動される心配はないし、主権と国益を侵害する怖れがあるという声明も発表されない。どれも先兵たちが長く支持してきた考えだからだ。

そのわかりやすい例に、二〇一三年末に提案されたEUとアメリカのあいだの「大西洋横断貿易投資パートナーシップ協定（TTIP）」がある。まったくメディアに注目されず、政治的に非難されることもなかったが、この協定には投資家対国家の紛争解決、いわゆる「ISDS」条項が含まれていた。多国籍企業が経済的損失を与える政策をとる政府を訴え、企業弁護士を用いた裁判で現地の司法制度をバイパスして自由に損害賠償を請求できる、という規定である。〈デモクラシー・センター〉によると、この条項は「グローバル企業にとって、実質的に民間司法制度として機能する」。実際、かつては別の場所でおこなわれていた「政府を相手どった企業の訴訟行為が、鉱業から水道、原子力に至るさまざまな問題について何十もおこなわれている」[*12]。「本当に深刻な脅威だ」と、活動家でジャーナリストのジョージ・モンビオットは言う。彼はこの状況に警告を発した数少ないメディア関係者のひとりだ。「無数の政治的選択肢が消え、この国の大勢の人が心から欲している政策の多くが実施できなくなる。このまま締結されれば、たとえば、NHSの商業化と民営化を防ぐことはほとんど不可能になる」

政治エリートが沈黙していたのももっともだ。二〇一三年一一月に提起された、この条約を非難する時期尚早動議〔訳注：すぐには審議されないが、議員に関心をうながすための動議〕（事実上の国会請願）に署名したのは、下院議員六五〇名中わずか三八名だった。TTIPは私企業に権限を与えるのだから、当然だろう。イギリスの政治エリートは、シティと大企業の利益を脅かすものを認識したときにだけあわてるのだ。

とりわけ驚くのは、イギリス独立党（UKIP）の立場だ。この党が、そもそも一九九三年に、ブリュッセルの介入からイギリスの主権を守ることをめざして結成されたことを考えると、TTIPに対する態度は予想外だった。「誤解されないよう明確に申し上げたい」と、UKIPの欧州議会議員ロジャー・ヘルマーは自身のブログに書いた。「私はイギリスがアメリカと独自のFTA（自由貿易協定）を結ぶことが望ましいと思う。もしイギリスが自由で独立した国なら、二〇年前とは言わないまでも、一〇年前にアメリカとそのような協定を結んでいただろう……しかし、現段階で貿易政策をEUにまかせているからには、彼らの取引を支持する選択肢しかないと思う。たとえ自分たちで独自に交渉できたとしても」[*13]

ここには、イギリスの主権を擁護する大演説も、EUが偉大なイギリスの民主主義を侵害しているという非難もない。UKIPの本当の関心は、いざというとき、国の独立より私企業の利益を守ることにあった。EUの政策がその目的に適うとなれば、彼らは嬉々として支持するのだ。

「国益」という名の「私欲」

冗談半分だろうが、右派の評論家のなかには、EUはイギリス政府が（現在の）政治的コンセンサスから離れてしまったときのための保険だ、と言う人もいた。彼らから見れば、EUにはエスタブリッシュメントの教義と慣行が詰まっている。保守系のライター、フレイザー・ネルソンは、エド・ミリバンドの社会民主主義の実験が「選挙で支持される可能性」は否定できない、と書いた。

「エド・ミリバンドの経済政策からこの国を救うのは、EUかもしれない」と題するデイリー・テレグラフ紙の記事で彼は、ミリバンドの政策を「まさにビル・デブラシオをニューヨーク市長にし、フランソワ・オランドをフランス大統領にしたような左派ポピュリズム」と指摘し、次のように持論を述べた。欧州司法裁判所は、NHSの待機リストにある患者が国の経費でヨーロッパの私立病院の診断を受けることを認めたし、国の補助に反対するEU法は、政府による自動車業界の救済や鉄道の再国有化を阻止してきた。「もちろん、イギリスがEUから離脱すれば、それらはすべてふりだしに戻り、エド・ミリバンドが好きなだけ保守党の実験を排除する（そして契約を破棄する）力を得る」。ネルソンの結論はこうだ。「だから保守党員は、何を望むかに注意したほうがいい。つまるところEUは、イギリスの企業をもてあそぶなとエド・ミリバンドに釘を刺す、唯一の存在になるかもしれないのだ」[*14]

ネルソンが指摘したとおり、EUは社会主義の温床ではなく、大企業にとって桁はずれに有益なロビー活動の場である。「金融関連の交渉をしてきた経験からすると、金融業界のほうが人も金もはるかに豊富だ」。そう認めるのは、TUCの渉外責任者オーウェン・テューダーだ。「彼らは、あらゆる仕組みに大きな影響を及ぼしている。そこを過小評価するつもりはない。たとえば、欧州委員会［訳注：EUの政策執行機関］から人材を雇い入れたり、業界連合から人を委員会に送りこんだり」

EU官僚と財界のあいだのこの「回転ドア」については、研究・活動団体の〈コーポレート・ヨーロッパ・オブザーバトリー〉がくわしく分析している。たとえば、欧州委員会の複数の競争総局長が、退職後にロビイング企業〈アビザ・パートナーズ〉に移っている。ここは「この困難な時代に、外からは理解しにくいEUのネットワークのなかを正しく案内するサービス」を、企業に提供する専門会社だ。また、委員会の食品産業部門にいたイザベル・オーティスは、ロビー活動団体〈フード・ドリンク・ヨーロッパ〉に加わった。EUでイギリスの常任委員の財務担当官だったパーベス・カーンも、〈ロイヤルバンク・オブ・スコットランド〉などの銀行をクライアントに持つロビー活動団体〈G＋ヨーロッパ〉に加わった。リストはどこまでも続き、EU官僚を雇って自分たちの利益を拡大しようとする企業の怪しげな世界が浮かび上がる。[*15]

企業利益は、EU法の草案作成にも力を及ぼす。二〇一三年二月、租税回避のオンライン小売業の巨人〈アマゾン〉が、EUのデータ保護法の修正項目案を作成し、近しい欧州議会議員たちをつうじてEU内で議論させていたことがわかった。この活動の裏にいたのはロビイストの〈ブランズウィック・グループ〉で、〈アマゾン〉は活動の対価として最大一五万ユーロ（約一九五〇万円）を支払った。それでも最終的に割に合う投資だと考えていたのは明らかだ。[*16]

二〇一三年一一月には、企業ロビイストを利するために、データ保護規則に一五八箇所の修正を提案したことが発覚した。ベルギーの欧州議会議員で元委員のルイス・マイケルは、それを「熱心すぎる部下」のせいにしたが、驚くべきことにそれ以上責められなかった。ＥＵではロビイスト登録は任意なので、どの企業がどういう活動をしているか、彼らがどのＥＵ政治家や官僚と話しているかは、かなり不透明だ。

この不透明性と民主的責任の欠如は、もっぱら企業の利益になる。保守党の欧州議会議員で超ＥＵ懐疑主義者のダニエル・ハナンは、エスタブリッシュメントの教義を信奉し、サッチャー派としてＥＵを批判している。だが、民主制の欠陥に関する彼の意見は傾聴に値する。「かりにＥＵが国家で、ＥＵ自体に加盟を申しこんだとしたら、充分民主的ではないという理由で、加盟は認められないだろうね」とハナンは言う。「欧州委員会はＥＵの執行部門だが、立法を提案できる唯一の主体でもある。すごく細かい専門家なら、厳密にはちがうと言うかもしれないけれど、これは九〇パーセント真実だ」。たしかに、提案の採用や修正といった欧州委員会の権限は、公選の欧州議会にいくらか委譲されたものの、ＥＵの中心は依然として、ヨーロッパの人々の選挙によらない欧州委員会だ。[*17] さらに民主的な正当性を揺るがす事実として、二〇一四年の欧州議会選挙の投票率は、ヨーロッパの有権者のわずか四三・一パーセントだった。一九七九年の最初の選挙から、投票率はほぼ着実に下がりつづけている。

デイビッド・キャメロンが二〇一一年のＥＵ条約を拒否したのは、シティ・オブ・ロンドンへの脅威と見なしたからだが、この条約に反対すべき健全な理由ならほかにもある。当時、ＢＢＣのジャーナリスト、ポール・メイソンが指摘したように、「均衡予算とかぎりなくゼロに近い構造的財政赤字を、国内法、国際法で神聖視することによって、ユーロ圏は積極財政政策を違法にしてしまった」。

ユーロ圏各国は、欧州委員会に予算案を提出して承認してもらわなければならない。事実上、ケインズ的な介入経済を廃止し、経済の大災害時の財政刺激策を禁じたのだ。その一方、ヨーロッパ大陸全体の緊縮経済の原動力である欧州中央銀行は、会議の議事録すら公開せず、行動にまったく責任を負わない。

ユーロ圏経済は、金融崩壊で危機に陥ったあと、ギリシャのような国におもにドイツの銀行が無謀な貸付をおこなうことで、さらに混乱した。スペイン、ポルトガル、とくにギリシャなどのヨーロッパ諸国に押しつけられた政策で、多くの若者が職を失い（失業率が五〇パーセントを超えることもあった）、公共サービスが立ちゆかなくなり、貧困が一気に拡大した。

EUがイギリスのエスタブリッシュメント内に対立を生じさせたのも、無理はない。エリートの一部は、フレイザー・ネルソンのように、EUがエスタブリッシュメントの政策と思想を守り、潜在的な脅威を排除するのに役立っていると考える。ほかの一部はEUに反対するが、それはイギリスの「主権」を守りたいからではなく、EUがエスタブリッシュメントの教義を脅かすと考えるからだ。

そもそも主権とは何か。それは、権力と権威という点で誰よりも優位に立っているということだ。現代のイギリスで、主権はじつのところ国民にはない。人々から主権を奪ったのは、もちろんEUではないし、ほかの単独の機関でもない。統治の頂点に立っているのは、エスタブリッシュメントだ。エスタブリッシュメントがイギリスの民主主義を刈りこんで小さくした。

いまやイギリスは、ごく少数の権力志向のエリートを利するように仕組まれた国だ。それが変わるまで、イギリスの民主主義は危機にさらされつづける。

結論

勝利をわれらに

A Democratic Revolution

「現状維持」は、もはや常識なのかもしれない。だが、将来の世代が、いまのイギリスの次のような社会構造を振り返って、驚きと侮蔑の入り混じった気持ちになることは、まちがいないだろう。

- 最富裕の個人一〇〇〇人が五二〇〇億ポンド（約七八兆円）の富を所有する一方で、[*1] 何十万もの人々がフードバンクで食べ物をもらう列に並んでいる。
- 成功した経済エリートが、国全体を未曾有の経済危機に陥れながら、一兆ポンド（約一五〇兆円）を超える公金で救済され、危機前と同じように仕事を続けている。
- 国家は私的利益を支える根本的役割を果たしているのに、その国家を一種の障害と見なし、倒したり避けたりすべきだと考える思想が横行している。
- 国家の寛大な政策に頼っている企業エリートが、その国家への納税を拒んでいる。
- 既存メディアが情報提供も教育もおこなわず、さまざまな権力者に挑戦することもなく、少数の裕福な大物の野望と、偏見と、むき出しの私欲に貢献する手先になっている。

子孫たちは、これが当たりまえで、完全に合理的で正当と見なされていた時代があったことに驚くだろう。国民の怒りを社会の最下層の人々に向けさせ、それにかなり成功したエリートによって社会制度が運用されていたことにも、唖然とするはずだ。

エスタブリッシュメントがしっかり維持しているこの「現状」は、不合理で正しくない。国民が必然的に受け入れる必要などないものだ。エスタブリッシュメントがイギリスを支配しているのは、もっとも効果的で効率がよく、合理的な社会を作り上げているからではない。エスタブリッシュメントの特徴は、裕福なエリートが、民主制のなかで、自分たちの利益を守る制度的、知的な手段を握っている点にある。

昔、エリートが私利を守ることは、今よりずっと簡単だった。一九一八年まで、選挙権にはまだ財産要件があり、労働者階級の多くには選挙資格がなかった。一八三二年、一八六七年、一八八四年と、社会の下からの突き上げで議会が選挙権を拡大するまでは、ごく少数の特権階級しか投票できなかった。政治制度はエリートの玩具であり、エリートの利益のためだけに存在していた。もちろん、民衆の暴動や革命といった不安要素もなくはなかったが、それを除けば、イギリスの支配階級が国民全体の要求や困窮について考えるべき理由は、ほとんどなかった。

しかし、民主主義がことをややこしくした。選挙で成人のほぼ全員が投票でき、立候補できるようになると、政治家はもはや裕福なエリートの下働きとして露骨にふるまえなくなった。普通選挙は、高所得者への増税や、全国民を保護する福祉国家の創設など、エリートから多様な譲歩を引き出す道も開いた。

そして今、私たちに求められているのは、エスタブリッシュメントが私物化している民主的な権利と権力を、平和的な方法で取り戻すこと、すなわち「民主革命」だ。勝利の鍵は、思想的な闘いを果敢にしかけることにある。

民主革命は、イギリス国民の心と精神をしっかりつかんだことがまだない。たとえば、世論調査でつねに示されるとおり、大半の人は富裕層への課税強化に賛成し、公共サービスの民営化による利益追求には反対で、現在の主要な社会制度をほとんど信頼していない。ところが、エスタブリッシュメントの非公式なスローガン「この道しかない」を信じこませる戦略は、これまで怖ろしいほどイデオロギー的な勝利を収めていて、人々のあいだに受忍とあきらめのムードを作り出し、抵抗の意欲をそいでいる。

その点で、きわめて重要な役割を果たしてきたのが「先兵」たちだ。彼らはつねに確信に満ちた男性（ときに女性）で、総じて自分の処方箋が社会全体のためになると信じていたが、その信念は裕福な個人や企業の利益に見事に適い、双方にとって文句なしの結びつきができた。そこに、彼らと親和性のあるメディアや幅広い政治エリート層が加わって、いっそう包括的な連帯関係が生まれた。

この連帯が力を合わせて、政治的に受け入れられる議論の条件を変えた。彼らは政治的な思想の境界線を定める「オバートンの窓」を設け、その「窓」のなかに入る思想はすべて主流、常識、センターステージ、思慮深いと見なす一方、「窓」の外の思想は極論、危険、不可能、「きみはどの惑星に住んでるの？」とばかりに排除した。

先兵が示したとおり、この「窓」は固定ではない。時と場合によっては、かつて問題外と見なされた思想が常識になり、政治エリートが当たりまえと思っていたものが荒唐無稽《こうとうむけい》と切り捨てられることもありうる。だから先兵は、「極論として相手にされないほどではないが、社会に圧力をかけて多くの主流政治家にチャンスを作る程度には急進的」な思想を広めていった。将来への期待が大きく、急激な変化が求められる危機のさなかでは、とりわけこの戦略が真価を発揮する。

現代のエスタブリッシュメントを生んだ、一九七〇年代と二〇〇〇年代の経済危機は、「オバートンの窓」を動かすために効果的に利用された。ただし、この戦略を成功させるには、世間に一貫したメッセージを送りつづけなければならない。だから彼らは、人を変え、機関を変えて、同じ主張を何度もくり返してきた。

先兵の思想は、シンクタンクのものであれ、大学や新聞社のものであれ、もうひとつ重要な役割を果たした。それは、「エスタブリッシュメントをまとめて団結させるイデオロギー」としての役割だ。現在のイギリスのエスタブリッシュメントは、過去のどの時代の支配的エリートよりイデオロギー色が強い。そして、このイデオロギーは、さまざまなやり方で正当化されている。たとえば、国家の重荷から解放された「自由市場」や「個人主義の文化」「効率性」などだ。それはまた、富と権力がごく少数の人間に集中していることをよしとする考えの便利な根拠になっている。そのわかりやすい例が、〈ロレアル〉の宣伝文句「私にはその価値があるから」だ。

「強欲」は、率直に肯定されることはめったにないものの、個人の潜在能力を引き出し、社会全体に繁栄をもたらすものとしては称えられる。しかし現実を見れば、繁栄で得られるものの大部分を手にしているのは、エスタブリッシュメントのメンバーだ。すなわち、キャリアを利用して最終的に企業の役員に収まる政治家、公的資産を提供されたり国の補助金をもらったりしている私企業、巨額の税金逃れをしている会社、ほかのヨーロッパ諸国の全金融業者のボーナスを合わせたより多くのボーナスをもらっているイギリスの銀行家である。

不当に守られている現状

エスタブリッシュメントは、その勝ち誇った態度に特徴がある。とくに一九八〇～九〇年代にかけて、対抗勢力に圧勝したのが決定的だった。冷戦終了は、自由市場資本主義以外の選択肢が消滅した、という意味に巧妙にねじ曲げられ、エスタブリッシュメントはいっそう自信を強めた。さらにグローバリゼーションによって、市場がすべてを決定し支配する、という考えが定着した。ニュー・レイバーがエスタブリッシュメントを容認したことも、エスタブリッシュメントは無敵という印象を強めた。従順なメディアも、富裕層の儲けを増やす政策はもはや常識であり、反対する者は頭がおかしいと言わんばかりに喜んで援護した。

その一方、エスタブリッシュメントの地位を脅かす政策は、企業や資本のイギリス離れを進め、税収を壊滅的に減らす破滅の道だ、といった理屈で却下された。エスタブリッシュメントに敵対する人々は無視され、危険な世迷い言を信じる過激派として退けられ、必要に応じて侮辱された。エスタブリッシュメントの自信は、場合によっては警察すら攻撃する気構えにも見てとれる。かつて警察は、エスタブリッシュメントの敵対者を打ち倒すのに主要な役割を果たしたが、エスタブリッシュの覇権を脅かすものがなくなった今、必要不可欠な存在とは見なされなくなったのだ。

エスタブリッシュメントは、大衆の怒りの矛先からも守られている。怒りが社会の「頂点」ではなく「底辺」に向かうようになったからだ。低賃金の労働者は、メディアと政治家に焚《た》きつけられて、不充分な給料しか支払わない雇用主を恨むのではなく、贅沢に暮らしているはずだと勝手に想像する無職の生活保護受給者をうらやむ。退職後に年金をもらえない民間の労働者は、年金がいまだに支払われる公務員をねたむように仕向けられる。公営住宅に入れなかった人々（その原因は、政府が住宅を建てないから）や、安定した仕事が得られない人々（これも原因は、彼らが労働市場で搾取されるのを政治家が見て見ぬふりをしているから）は、本来自分たちが所有すべきものを手に入れている移民を憎む。

こうした偏見は、メディアの大物、大企業、政治家の組織的な陰謀から生まれるのではない。大物たちが人目につかない部屋に集まって、葉巻を吹かしながら貧しい人々を抑圧する方法を相談し、貧困者同士がなじり合うように仕向けているわけではない。それは、エスタブリッシュメントに共通する考え方の当然の帰結なのだ。つまり、頂点に立つ者にはそれだけの価値があり、才能と技術と強い意志の持ち主はかならず出世する。そうでない者は自分を責めるしかない、という考え方だ。

加えて、メディアの所有者は、みずからが所属するエリート層を批判することを嫌う。政治家も、日頃つき合っていて、たいてい資金も提供されている業界を攻撃したくない。企業エリートの行動を少しでも妨害すると、「アンチビジネス」の過激派というレッテルを貼られる怖れもある。二〇一三年にガス・電気料金の一時凍結を提案した労働党党首エド・ミリバンドがいい例だ。

苦境に対する人々の怒りを上の階級に向ける、強力な民衆運動がないことも大きい。その結果、驚くにはあたらないが、権力者の行動は監視されないのに、権力を持たない人々の行動ばかりが容赦なく調べられ、エスタブリッシュメントが守られる流れになっている。

現状に反対する人々にとって、二〇〇八年の経済危機は、少なくとも当初、エスタブリッシュメントの支配体制を崩すチャンスのように見えた。自由市場資本主義の社会実験が、一九三〇年代のようにまたしても世界を大混乱に陥れたからだ。「資本主義は失敗したのか?」とロンドンのタイムズ紙は論じた。当時のニューズウィーク誌によると、大統領になるバラク・オバマの仕事は、「冷戦終了以来、世界を支配し、いま炎上の最終段階にある『自由市場絶対主義』思想に対して、概念的な反革命を主導すること」だった。タイム誌も、危機対応を進める西側諸国の政府をまとめて「『資本主義の危機』連合」と呼んだ。エスタブリッシュメントの危機は、反対派にようやく反撃のときが来たと思わせるに充分だった。「二〇年以上、世界で権勢をふるってきた資本主義の自由市場モデルが、急速に終わりを迎えようとしているのは明らかだ」とガーディアン紙のコラムニスト、シェイマス・ミルンは書いた。

ところが、経済危機は先兵のイデオロギーの弔鐘《ちょうしょう》になるどころか、むしろその再生に役立った。エスタブリッシュメントに反対する人たちが、すぐに適用できるほかの選択肢を示せないなか、資金も人材も豊富な先兵たちは、経済危機に直面しても冷静さを失わなかっただけでなく、一九七〇年代と同じように危機をチャンスととらえたのだ。昔からそうしていたように、彼らはその頭脳と行動力を総動員して、「危機は支出超過の財政がもたらした」という説明を打ち出し、国家の活動範囲を狭める新たな攻撃を正当化した。

天才的戦略だったＵＫＩＰ

この新時代において、反エスタブリッシュメント運動をもっとも成功させた政治勢力といえば、右派ポピュリストのイギリス独立党（ＵＫＩＰ）だろう。党首は、元商品仲買人のナイジェル・ファラージ。素朴な魅力を売りにし、写真にはできるだけビールのパイントグラスを片手に持って写る。この党は、もとはイギリスのＥＵ脱退に注力していたが、より広範な社会の不満を集める避雷針になり、ファラージも「エリートに対抗する人々の力になる」というメッセージをしきりにくり返すようになった。

「エスタブリッシュメント、現状維持の支持者、大企業、有力欧州官僚、そしてわが国のいわゆる三大政党は、ＵＫＩＰの活動に怖れおののいている」と彼は宣言した。二〇一四年三月、自由民主党党首で副首相だったニック・クレッグとテレビ討論会に出たときには、不運な自由民主党党首を相手に、「あなたの仲間全員、つまりすべての大企業」の命を受けて欧州統一通貨に加わりたがっていると責めたてた。

ＵＫＩＰがとりわけ大きな役割を果たしたのは、移民問題を国内政治の最優先事項に押し上げ、イギリス固有の社会問題を、本来責任を負うべき国のトップから、昔ながらのスケープゴートである外国人のせいにしたことだった。国じゅうに貼られたUKIPのポスターは、「ヨーロッパで二六〇〇万の人々が仕事を探している」と宣告し、「彼らが狙っているのは誰の仕事？」と問いかけて、イラストの手は通行人を直接指していた。この手法はめざましい政治的効果をあげ、UKIPは二〇一四年五月の欧州議会選挙で第一党になった。国政選挙で労働党と保守党以外の党が勝利するのは、一〇八年ぶりのことだった。

UKIPの戦略は天才的だった。それはポピュリストのメッセージを伝えながら、同時にエスタブリッシュメントの精神をもっとも純粋なかたちで体現していた。彼らは人々の怒りを、シティや金に汚い雇用主や脱税者ではなく、移民にしっかりと向けながら、富裕層だけを利する政策を支持した。二〇一四年まで、UKIPは所得税の均一税率を提案していた。これはたんに富裕層の納税額を減らすだけでなく、たとえばコールセンターの労働者を億万長者と同じ扱いにする税制だ。結局その提案は撤回することになったが、いまだに最高税率の引き下げを主張している。また、国民保健の雇用者負担の廃止も望んでいて、実現すれば、企業経営者は総額五〇〇億ポンド（約七兆五〇〇〇億円）もの恩恵を受ける。さらには、二〇〇万ポンド（約三億円）に相当する公共部門の仕事の削減も提唱している。これが実現したら、いくつもの地域社会が崩壊するだろう。

そのうえ彼らは、保守党よりも熱心にNHSの解体と民営化を支持している。「NHSの存在自体が、競争を阻害している」と、UKIP副党首のポール・ナットル［訳注：現党首］は宣言した。「NHSがイギリス政治の『聖なる牛』であるかぎり、国民は二流の保健サービスに苦しめられる」。二〇一四年一一月には、ファラージがNHSを民間保険制度に置き換えようと呼びかける映像が公開された。そのあと発言撤回を余儀なくされたが、二〇一五年の初め、ふたたびBBCの番組で、NHSは一〇年以内に民間保険サービスに移行せざるをえないかもしれないと語った。[*2] ほかにもUKIPは、解雇手当や有給休暇、超勤手当といった労働者の権利をまとめて焼き払うために、関連する法律の廃止を提言している。[*3]

問題は、UKIP支持者の大多数が、この党が反EUと反移民以外に何を主張しているか、ほとんど（あるいはまったく）知らないことだ。UKIP支持者には、いまや保守党でも影の薄い超サッチャー派に賛成する人はまずいないはずだ。世論調査でも、UKIP支持で緊縮財政と福祉削減に賛成する人の割合は、保守党支持層と比べてかなり少ない。それどころか、驚くべきことに多くの論点において、UKIP支持者はイギリスの一般大衆より急進左派寄りなのだ。〈ユーガブ〉のある調査では、UKIP支持者の七八パーセントがエネルギー企業の国有化を支持し（有権者全体としては六八パーセント）、七三パーセントが鉄道の再国有化を望み（全体では六六パーセント）、五〇パーセントが家賃統制を訴え（全体では四五パーセント）、さらに、なんと四〇パーセントが食品の価格統制に賛成していた（イギリス全体では三五パーセント）。[*4]

これは何を意味するのか？　ひとつは、エスタブリッシュメントが大衆からほとんど支持されていないということだ。極右政党の支持者でさえ、経済問題に関してはエスタブリッシュメントよりはるかに左寄りなのだから。そしてもうひとつは、労働党をはじめとする反エスタブリッシュメント勢力への厳しい非難の表れである。既存の反エスタブリッシュメント勢力は、国民に広がる不満と幻滅に対応しきれず、そこにできた空白をポピュリズム右派が埋める恰好になっている。

多くのイギリス人にとって、今日の政治は自分とは無関係で、日常生活からかけ離れ、ひどく抽象的に感じられる。投票などしても無駄だろうと思っている。イギリスじゅうの町や村の人たちから私が聞いた、投票に行かない理由は、どれも驚くほど似かよっていた――「どうせ何も変わらない」、「政治家は自分のことしか考えない」、「政治家は私腹を肥やしている」、「政治家なんてみな同じ」、「彼らは約束を守ったためしがない」……。現在、非熟練労働者の投票率は、中流階級の専門職の人々より二〇パーセント近くも低い。

二〇一二年の〈ユーガブ〉の調査は、有権者にこんな質問をした。「外からの圧力、たとえば、グローバリゼーション、現代テクノロジー、EU、多国籍大企業、金融市場などについて考えるとき、あなたの感覚に近いのは次のうちどれですか?」。ほぼ半数の人が選んだその答えは、「このところ、こうした外圧が大きすぎるので、イギリス政府と議会は国の将来について重大な決断をする力をおおむね失っている」だった。これに同意しなかった人は三九パーセントである。同じ調査では、五八パーセントの人が、「ここ数年、総選挙でどこが勝っても自分の日常生活に大きな変化はない——主要政党のあいだに差はほどんどない」に同意した。[*5] エスタブリッシュメントは、民主主義より私的利益を優先させ、表現方法が多少ちがうだけで重大な論点であまり差のない政治エリート層を築くことによって、民主主義に計り知れないダメージを与えたのだ。

ブライトンの下院議員で、緑の党の元党首キャロライン・ルーカスは、ブライトン市が低所得労働者と失業者向けの地方税優遇措置を廃止したときのことを思い出してくれた。市の職員と話してつらかった、と。「ふつうこの種の変更がなされると、市民と直接電話で話す職員は、怒っている人に対処するための訓練をいくらか受けます。通知された人が怒るのはもっともだし、正当でもあるから、きちんと対応する方法を学ぶのです」。ところが、この給付金削減では、相手の反応がちがっていたという。「人々は怒るのではなく、ただもう打ちひしがれていた。そのことに、職員は心から驚いたそうです。もはや闘う意志を失ってしまったかのようだったと。……私自身も、通りでのデモ行進や反対運動がもっと何度もあるだろうと思っていたので意外だった。その理由のひとつは、非常にむごいかたちで人々があきらめかけているということでしょう」。エスタブリッシュメントは多くの人をあきらめさせ、絶望させ、もう抵抗できないと感じさせた。そしてそれは、彼らの支配を長続きさせるのに役立っている。

もちろん、だからといってエスタブリッシュメントに対抗する人々が、消失したわけではない。たとえば〈UKアンカット〉は、昔ながらの平和的な市民的不服従［訳注：良心にもとづいて正しくないと考える法律や命令に、非暴力的な手段であえて違反する行為」によって、少なくとも政界やメディアのエリートの目を、企業や富裕者の租税回避問題に向けさせている（対処させるまでには至っていないにしろ）。また、オキュパイ運動は、セントポール寺院のまえにテントを並べ、イギリスと世界が「九九パーセント」ではなく「一パーセント」の人のために運営されていることに注目を集めさせた。

さらには労働組合員も、何十万という職場で抗議し、ストライキを決行して反緊縮財政を表明しているし、障害者団体〈ディスエイブルド・ピープル・アゲンスト・カッツ〉も、社会の最弱者に対する攻撃に対抗してきた。イギリスじゅうで反緊縮の大規模集会を開いている〈ピープルズ・アセンブリー〉もある（ここで情報開示しておくと、私は創設時からこの運動にかかわっている）。

緑の党も、緊縮財政と環境破壊に対する別の選択肢を提唱してきた。それに一部の労働党議員や活動家は、ときに自党の指導部の方針に背いても、保守党主導の政府に反対する組織的な活動をくり広げている。たとえば、スコットランドの独立に賛成する「イエス」運動。イギリスからの独立が実現したらエスタブリッシュメントの支配と思想から逃れられる、と約束したこの運動が、独立にどういう意見を持っているかにかかわらず、人々のエスタブリッシュメントからの疎外感に広く訴えたことは、疑問の余地がない。

敵からも学べ

民主革命の推進者は、こうした例からヒントを得られる一方、先兵たちからも学べるはずだ。戦後の数十年間、先兵たちは敗北して隅に追いやられた無意味な存在と思われていた。提唱した考えは支持されず、歴史の大行進で踏みつぶされて泥にまみれた存在だった。みな立ち直れないほど悲観的になり、数も減っていた。だからこそ、そのあとの勝利には、本人たちも驚いた。

では、彼らがくじけなかったのはなぜか？　自分の考えが正しいと信じていたからだ。一九七九年に権力を握った自由市場支持の思想家たちは、計画した改革がすぐにできないことを承知していた。人々の行動を変え、反対派を退け、挑戦されにくい新しい制度を定着させるのには、たいへんな手間がかかるからだ。

彼らと同じように、民主革命の推進者も、長期的な視野に立った活動を続けなければならない。イギリスは、最富裕層がさらに儲けてその地位を維持するためにではなく、国を一歩ずつ前進させる人たちと、彼らの利益のためにあるべきだ。それはつまり、社会を短期的な私的利益ではなく、社会のニーズにもとづいて作るということである。人生のあらゆる局面に民主主義を広げるということ、不定期の総選挙で政界を動かすだけでなく、より大きな経済や職場にも民主主義を浸透させるということでもある。

成功を収めるには、全盛期の先兵たちのように、人々の経験や希望に共鳴する説得力のある理論を築く必要もある。抽象的で手前勝手な理屈ではいけない。理路整然としたほかの選択肢がないかぎり、社会に行き渡ったあきらめは続くだろう。社会の大きな変化は、その主張に充分な数の人々が勇気づけられ、これは実現可能だと自信を持ったときに初めて起きる。

エスタブリッシュメントに反対する人々が、知的理論に飢えているのは確かだ。富裕者たちは、シンクタンクに大金を払ってみずからの経済的利益を追求させている。ニュー・ライト（新保守主義）の台頭で、経済学の分野から反体制派が一掃され、学界で出世したければその思想にしたがうしかないという風潮も生まれている。それでもまだ、現状維持をあくまで拒む経済学者や他分野の専門家があちこちに残っている。私も本書の執筆にあたって、数人から話を聞くことができた。たとえば二〇一四年には、フランスの経済学者トマ・ピケティが『21世紀の資本』（みすず書房）を発表して、知的センセーションを巻き起こした。この本は、不平等が長く持続する仕組みを明らかにし、所得税の税率引き上げとグローバルな富裕税を提唱した。

問題は、こうした反体制派がたいてい分断されていて、まとまりに欠けることだ。おのおの個別のプロジェクトにたずさわっているので、そもそも彼らに好意的でないメディアが注目することもない。皮肉なことに、イギリスのエスタブリッシュメントの擁護者は過激なくらい個人主義を説くが、共通の目標に向けてまとまったときには、感心するほど規律正しく行動する。それに対して、団結を説くわれわれ反体制派は、往々にして単独で行動し、一匹狼のようにふるまってしまう。

革命の推進者に成功のチャンスがあるとしたら、それはばらばらになった人々をひとつに集め、われわれ自身の効果的な先兵を作り出したときだ。その一部は、厳しい環境のなかでも指針を示せる聡明なシンクタンク、というかたちをとるはずだ。そのようなシンクタンクを生み出す重要な母体となるのは、資金豊富な労働組合だろう。すでにその動きは始まっている。二〇一二年には〈クラス〉というシンクタンクが創設された（私は顧問役を務めている）。〈新経済財団〉（ＮＥＦ）もある。一般大衆の心に響く、明快で信頼できる選択肢が作り出されないかぎり、現状が続く――それは、新自由主義の先兵たちが何十年もまえに思い知ったことだった。

そうやって反エスタブリッシュメントの人々が示した選択肢には、たぶん「国家主義」だという批判が投げつけられるだろう。開放的な自由市場を無気力な巨大官僚に置き換えるだけだ、という見方だ。だが、それはまちがっている。自由放任資本主義の反対は、トップダウンの国家主義ではない。エスタブリッシュメントに対抗する選択肢は、むしろ国家を縮小することになりうる。そもそも「自由市場」と呼ばれるものは詐欺であり、富裕エリート層への多額の交付金や補助金をごまかす隠れ蓑の面がある。そのせいで、全国民に社会保障を提供する福祉制度はゆがめられ、低賃金しか支払わない企業経営者や、法外な家賃を取り立てる民間の家主にとって、事実上の収入源になっている。

もし、最低賃金を生活賃金のレベルまで引き上げられれば、国家への依存は減らすことができる。あるいは、民間賃貸住宅の家賃統制や、地方自治体の借入制限の撤廃によっても、国家への依存は減る。借入制限は、高品質の公営住宅を建築する動きを妨げているが、それを廃止すれば新しい仕事が生まれ、経済が刺激され、確実な賃貸の流れができる。そうして福祉国家がまた本来の目的を果たすようになる。このような需要は広く存在するから、エスタブリッシュメントの支持者たちを守勢に立たせることもできるはずだ。

イギリスは西側世界でもっとも厳しい反労働組合法によって、力のバランスが経営者側に傾いたまま動かない。だから、国内で民主運動が盛り上がるためには、労働組合法を現代化することもきわめて重要だ。それぞれの職場での雇用権を含めて、労働者の権利を効果的に守れるようにする。企業が記録的な利益をあげているにもかかわらず、労働者の生活水準がすでに経済危機のまえから落ちていた大きな理由のひとつは、労働組合の弱体化にある。生活水準が下がれば、タックス・クレジットの要求が増え、低利融資への依存が高まり、経済全体から需要が消えていく。もしもエスタブリッシュメントの反労働組合主義を覆せれば、われわれ全員の利益になるのだ。

職場での民主主義も、経営者に傾きすぎた力のバランスを修正するだろう。ドイツでは、企業内の選挙で労働者の代表を選んで役員会に出席させ、「共同決定」をおこなう。ドイツの労働者の役に立ったのなら、まちがいなくイギリスの労働者のためにもなる。スーパーマーケットやコールセンター、オフィスやほかの職場でも、労働者を家財のように酷使するのではなく、彼らの声を反映させるのだ。ただし、雇用主が労働者を意のままに使い捨てにできる状況を止めるには、「ゼロ時間契約」の廃絶など、ほかの政策でも補完する必要がある。完全雇用の実現に向けた公式の政策も欠かせない。それによって労働者側の交渉力が増大すれば、雇用主はもはや専制君主でいられなくなるだろう。

鉄道に見られるように、民営化はその企業に税金をまわす一種の企業助成政策になっている。だが、じつは各地域の鉄道会社は、民間経営の更新時期が来たものから順に、コストなしで簡単に「公有」に戻せる。といっても、株主を官僚に変えるということではない。生活に欠かせないサービスを、実際に運用する労働者と、利用する乗客の民主的な所有形態に移せるという意味だ。〈ジョン・ルイス・パートナーシップ〉に代表されるような生活協同組合を支える原則と、伝統的な公有の融合である。同じことは、経済危機の拡大時に請求額をつり上げて、莫大な利益をあげた「ビッグ・シックス」をはじめとするエネルギー企業にも言える。戦後の労働党政権は、株式と国債の交換によって私企業を国有化した。社会全体の繁栄ではなく自分のために暴利をむさぼる者たちの手から、こうした企業を取り上げるのにも、同じ方法が使える。

主要な公共サービスを民主的に公有するという考えは、「市場がもっとも賢い」と主張するエスタブリッシュメントの立場を揺るがす。そもそも、あらゆる世論調査で国有化は圧倒的な人気を誇っている。もっとも熱心な保守党支持者でも、国有化には賛成する。だが、これまでの国有化のまちがいをくり返してはならない。これまでは、消費者のニーズをかならずしも理解していない官僚が経営にたずさわっていた。一九八〇年代にマーガレット・サッチャーが公共企業や公共サービスをやすやすと私有化し、大衆から非難の声もほとんどあがらなかったのは、人々のあいだに「所有権を共有している」という意識がなかったからだ。多くの人にとって、かつて国有だった〈ブリティッシュ・テレコム〉のような企業は、身近でないばかりか、官僚が運営していて、往々にしてサービスが悪いというイメージがあった。

これに対して、サービスの利用者と労働者を含む「公有」は、経済を民主化し、「市場」と頑固な「国家主義」の両方への本物の対案となる。少数のエリートの利益のために営まれるばかりだった社会の流れは、全体として大きな打撃をこうむるだろう。一九七〇年代の先兵たちの教訓——新しい共同社会は、さまざまな利益団体の支持を組織化したときのみ長続きする——を思い出してほしい。サービスの利用者に、これは「自分たちの」サービスであり、「自分たちが」民主的に所有していると感じさせることは、まさにこれに当てはまる。

さらに言えば、この民主的な所有形態はイノベーションを妨げない。インターネットの創造からｉＰｈｏｎｅを支える技術に至るまで、新製品の技術開発、インフラ提供、労働者の教育、資金提供による研究開発の推進などで、国家がビジネスの源になった例は数知れない。イノベーションや起業が富豪の専売特許ではなく、公共分野からも生じることは、歴史が証明している。

金融からこの国を解き放て

民主主義の回復とは、資本家の力に立ち向かうことだ。じつのところイギリスは、関係者が主張するほどシティにも、ひいては金融全般にも依存していない。製造業は金融業より多くの税を納め、仕事も提供し、しかも何千億ポンドにものぼる税金で救済されたりしていない。しかしこの国は、規制が不充分で海外の危機の影響を非常に受けやすい金融業界からの多額の献金に頼っている。そのせいで、民主的に選ばれた政府なら本来できることが、金融業界からの圧力によって制限されている。要するに、一刻も早く新世代の産業を発展させて、イギリスを金融業界依存から解き放つ必要がある。

ドイツなどの例から学ぶなら、イギリス政府は「市場に決めさせ、国は勝者も敗者も選ばない」という今の無干渉政策から脱却するべきだ。保守党政権で閣内大臣を務めたマイケル・ヘーゼルタインのような人物でさえ、政府が積極的に新産業を育成、促進しなければならないと主張しはじめている。国が積極的に介入する産業政策を打ち出せば、イギリスは「グリーン産業」の新しい波を作り、人類存亡の危機も招きかねない気候変動に立ち向かい、金融中毒を終わらせる仕事を生み出すことができるかもしれない。

金融業界ほど「富裕層のための社会主義」をはっきりと象徴しているものはない。経済危機のつけを支払わされたのは、いつだって納税者だった。借金は大衆が負担し、利益は一部の個人の手に残った。しかし、ここにチャンスがある。税金で救済された銀行をむち打つ代わりに、政府はそれらを公有の地域投資銀行に変えて、イギリスじゅうの地域経済の立て直しを手伝わせればいい。現在、借入ができなくて苦しんでいる中小企業の支援や、経済の再設計、新しい産業戦略の策定といった具体的な任務を彼らに与えるのだ。

くり返すが、これはトップダウンの国家主義モデルのコピーではない。イギリスの納税者は銀行を救済した。アメリカ独立戦争のスローガンは、「代表なくして課税なし」だった。同じ原則が金融にも当てはまる。われわれ納税者は、救済した銀行の役員会に民主的な代表を送りこみ、その銀行が消費者や地域社会のニーズに応えるのを後押しすべきなのだ。

ほかの方法でも、われわれの民主主義に対する金融業界の影響力を減らすことはできる。国際通貨基金（IMF）は昔から、国際的な新自由主義を守る壁だった。各国の経済をグローバリズムの圧力でこじ開け、産業を民営化し、規制を廃止して、資本の流れの障害になるものを除去してきた。そのIMFが、二〇一二年一二月に資本規制（国境を越える資本の出入に対する課税などの規制）への反対姿勢をゆるめたのは、大転換だった。たとえ「対象を絞り、透明性があり、総じて一時的」であるべきだとしながらも、一定の資本統制を認めたのだ。

ここ数年、経済成長国のなかでも、ブラジル、韓国、インドなどがそのような規制をかけ、中国も一貫して規制を維持している。アイスランド経済が金融危機で崩壊したときには、資本統制なしに回復は考えられなかった。ブラジルは六パーセントまでの金融取引税を課し、政府は自国通貨レアルの高騰を食い止められたと喜んだ。マレーシアも資本統制があったからこそ、競争国よりうまく、一九九七年のアジアの金融危機を乗りきることができた。

資本統制は、ある国の経済に出入りする資金の流れを監視し、社会全体の利益を損ねかねない資産バブルや投資家の短期利益に対する防御になる。資本は、急に流れこんで不動産価格と通貨価値を高騰させる一方で、急に撤退して経済を壊滅させることがある。たとえば二〇〇八年には、イギリスから総額四九〇〇億ポンド（約七三兆五〇〇〇億円）が引きあげられた。金融業界の異変は国全体にも容赦なく広がり、グローバル金融体制のもと、一国の危機はたちまちほかの国に飛び火する。

一九九二年のブラック・ウェンズデーでジョージ・ソロスらが大儲けしたように、投機家はつねに経済的な悪夢から利益を得ようとするが[*6]、その影響は破壊的だ。短期の収益を狙って突然、国に流れこんでくる資本、いわゆる「ホットマネー」は、イギリスの社会経済のインフラを損傷する怖れがある。もし選挙にもとづく政府が私企業に不利な政策を実行すれば、それらの資金がいきなり国から大量に流れ出して被害をもたらすかもしれない。「そうなれば、政府は経済を管理するのに必要な手段をすべて失ってしまいます」と、経済学者のアン・ペティファーは言う。「私見を述べれば、そのなかでももっとも重要な手段は金利です。中央銀行が定めて、必要なときに上げ下げする政策金利だけでなく、中小企業が新しいビジネスを始めたり、大企業がリスクをとって新規分野に進出したりするときの金利も含めて。むしろ重要なのは後者です」

〈新経済財団〉は、選挙にもとづく政府が経済政策を実施する能力を取り戻し、安定した長期の投資を呼びこみ、イギリスの首を絞める金融業界の力を減じるためのさまざまな資本統制を提案している。たとえば、外国人による住宅地の所有に制限を課す。それによって、イギリス人を市場から締め出して経済を機能不全にしかねない住宅バブルを抑えられる[*7]。

何よりも、これで経済主権は私企業から民主的な政府に移り、エスタブリッシュメントの地位を大きく揺るがすことになる。民主革命の中心には、富の再分配がある。不況で生活水準が下がっているときにさえ富裕層の貯蓄が増えつづけているのは、明らかに不公平なだけではない。巨額の現金が生産的な目的のために使われていないということだ。社会のために投資できる現金が貯めこまれている。そのうえ、下から一〇パーセントの貧困層が収入の四三パーセントの税金を納めているのに対して、上から一〇パーセントの富裕層は収入の三五パーセントしか納税していない。これは、どう理性的に考えても弁護できる状況ではない。[*8]

デンマーク、スウェーデン、オランダ、ベルギーなどの豊かなヨーロッパ諸国では、所得税の上限税率がはるかに高い。世論調査では、大多数の人々が富裕層への課税強化、たとえば一〇〇万ポンド（約一億五〇〇〇万円）を超える収入すべてに七五パーセントの所得税を課す案に賛成している。[*9]手始めに一〇万ポンド（約一五〇〇万円）を超える収入（これを満たす人口はトップの二パーセント）すべてに五〇パーセントの税をかければ、就職難や失業でなすすべもなく、将来の見通しも立ちにくい何十万人もの若者を訓練することができる。その税収で、熟練工の職業訓練制度にもとづく研修プログラムを創設してもいい。あるいは、個人の家や企業の事務所を断熱構造にする国家計画を立てて、多くの人々を燃料不足から救い、光熱費を下げ、環境保護に貢献することもできる。

着手すべきそのほかのこと

だが、ここで終わってはいけない。社会の頂点に前例のない富の集中が見られるいま、累進課税にすべき範囲ははるかに大きくなっている。労働者から頂点の富裕層に税負担を移すのは、「彼らが私利を追求できるのは国の寛大さに依存しているからであり、富裕層は当然の負担分を支払うべきだ」という認識があるからだ。税のバランスを見直せば、社会の力のバランスは労働者のほうに傾くだろう。

同様に、租税回避への全面攻撃もしかけなければならない。それが必要不可欠な税収入になるのはもちろんだが、富裕層を利する権力に対して、改めて社会の意志を示すことにもなるからだ。エスタブリッシュメントは、「多国籍企業や裕福なビジネスマンは、国になんの借りもない。むしろ、国がイノベーションと経済利益の障害になっている」という考えを広めようとする。これに対して、たとえば公認会計士のリチャード・マーフィは、多国籍企業と富裕層が利用している抜け穴を埋める「反租税回避一般原則法案」を起草した。

国を「植民地化」した会計事務所を、権力から遠ざける必要もある。財務省に出向して税法を作り、自分たちのクライアントに納税を回避させる方法を指摘するようなことはやめてもらう。そうではなく、税法を起草する専門家は全員、私的利益を追求する団体から完全に独立し、どれほど裕福で強力な企業や個人であろうと国会の意図する税金を最後の一ペニーまで支払うよう、万全の手配をしなければならない。権力の中枢から企業利益を追放することは、民主革命の中心課題である。

いまの連立政権の動きを見るかぎり、富裕層の利益を守る政治権力が「ロビイング法」——一般の呼び名では「猿ぐつわ法」——を導入したら反対意見を封じるのでは？　という人々の懸念は当たっていた。この法案は、市民社会団体や非政府組織（ＮＧＯ）の活動を取り締まる一方、同じくロビー活動をおこなう大企業には手をふれない。もちろん、本来立法で取り締まるべきロビー活動は後者のほうだ。たとえばエネルギー大企業は、金儲けには興味があっても消費者への奉仕には無関心なのだから、省庁のような権力の場に代表を送りこむべきではない。

メディア対策はどうする？

すでに見たように、「自由な報道機関」の大半は、多かれ少なかれ政治的な目的を持つきわめて裕福な個人の代弁手段になっている。今日のメディアに属する組織は、富と権力に対抗する人々や、思想や、活動から成功のチャンスを奪い、それらをゴミ扱いして排除する政治的議論を断固擁護しつづけている。ゆえにメディア改革は必要だ。だが、報道の自由を危うくしたり、ジャーナリストの国家からの独立を侵したりすることがないよう、注意深く進めなければならない。

まず、一個人が所有できる全国規模の報道機関の数を制限して、寡頭権力者が民主政治に与える影響力に歯止めをかけるべきだ。また、特権を持たない意欲的なジャーナリストを阻む障害は、取り除かなければならない。たとえば、無報酬のインターン制度は廃止する。そうでなければ、メディア業界に入れるのは裕福な親を持つ子弟だけになってしまう。インターン制度の弊害は、メディアのみならず、政界や法曹を含めてあらゆる分野に当てはまる。さらに、雇用契約に「良心条項」を入れることを全報道機関に義務づければ、ジャーナリストは倫理や法律に反する仕事を拒否できるようになる。労働組合の強化も、メディア界の大物から編集者やジャーナリストに至るまでの力のバランスを、変えることになるだろう。

主流報道機関による完全支配は、インターネットとソーシャルメディアによっても打ち破られつつある。いまや市民ジャーナリストには、前例のない発言の場が与えられている。ソーシャルメディアを活用すれば、裕福な権力者が所有するメディアから吹きこまれる定説や、ゆがんだ情報や、露骨な嘘をくわしく調べて、異議を唱えるのに役立つ。すでに活動家たちは、非協力的なエスタブリッシュメントのメディアをどんどん飛び越えて、ソーシャルメディアを使うようになっている。彼らはそこを舞台に抗議活動を組織化し、無視されていた情報を広め、聞かれなかった声を聞かせる場を提供し、主流メディアが押しつけてくる物語に闘いを挑んでいる。

紙の新聞が姿を消しつづけ、インターネットが大衆の主要な情報源になるにつれ、共同所有で安価に運営されるメディアソースが、ちがったものの見方を提供できる機会も増えるのではないか。現状を維持して利益を得る富裕者がメディアを独占するのを止めるためには、断固たる決意の人々が、そうした大胆な事業についても早急に考えることが求められている。

政界を変えるために

民主革命は、政治からビッグ・マネーの力を奪うことにもなる。裕福な個人や企業からの政党への献金には、上限を設けなければならない。また、閣僚と政界外の人物との会合はすべて公表し、透明性を確保すべきだ。献金と引き替えに、そうした会合が許されるのはおかしい。こんな基本的な提案をせざるをえないこと自体が、いまのイギリスの民主制の危機的状況を物語っている。

国会議員が副業で収入を得ることも、禁止すべきである。さらに、たとえば保健や防衛を担当した閣僚については、離職後、それらの分野の私企業で役職につくのを禁じるべきだ。「回転ドア」はしっかり閉めておかなければならない。

もちろん、政界全体を、現在のイギリス社会を正確に反映するよう変革することも重要だ。いまの政治は労働者階級をますます脇にやり、排除している。政府や社会による取り組みがぜひとも必要な問題、たとえば、減りつづける賃金で苦しい生活をし、請求書も支払えず、子供の養育費をひねり出さなければならない人々がどれくらいいるかといった問題を実地で体験しているのは、労働者階級だ。だからこそ、彼らの伝統的な政治進出の道である労働組合と地方政治を、どうしても強化する必要がある。

また、国会議員の昇給率は、公務員の昇給率と直接リンクさせ、政治家に自分たちの政策の実質的な結果をしっかり知らせるべきだ。充分な数の有権者が署名した請願書にもとづいて、選挙で国会議員の罷免《ひめん》を求める権利も約束されて久しいが、そろそろ本当に実現してもらいたい。

政治の世界でシンクタンクが活躍しているのはまちがいない。しかし、政治的議論の醸成にシンクタンクが果たす役割の大きさを考えると、資金提供者リストの公開を義務づけ、利益相反行為をくわしく調べられるようにすることが不可欠だ。

それから、地方への権限の委譲も進める必要がある。最低限でも、住居、教育、保健といった分野では、中央省庁から権限を奪って、地方自治体に移すべきだろう。

現在のEUは、エスタブリッシュメントの要素を制度化し、たとえイギリス国民が選挙で働きかけても、エスタブリッシュメントの教義や政策を覆せないようになっている。望ましいのは、ポルトガルやポーランドなど、労働者の利益を重視する国々とイギリスが共同で運営する、民主的な連合体だ。その実現のためには、EUの現行の仕組みに関して再交渉をしなければならないが、その際には、イギリス右派の唱える、エスタブリッシュメントの教義に反する要素をすべて取り去るという方向ではなく、EUが企業利益のために操作されないようにすることが肝心だ。

警察への提言

国民の安心と安全を脅かすものがあれば、それらを守る公的機関が必要だが、いまの警察制度を支持するわけにはいかない。その理由は、警察組織内の差別と腐敗の状況を見れば明らかだ――人種差別の蔓延、警官と接触したあとの死亡率の高さ、保守党の閣僚を陥れる偽証、黒人の若者に対する手当たり次第の職務質問、抗議活動をする人への嫌がらせ、囮捜査中の反体制派の女性との性行為、労働組合員への暴力……。これらはみな改善すべき不正だが、そのためには、抜本的な制度改革と、いまの無気力な「独立警察苦情委員会」に代わる、真に独立した組織による監視体制が求められる。「王立委員会」［訳注：首相の指名で国王が設置する調査委員会」を召集するのは大げさかもしれないが（これほどエスタブリッシュメントらしく聞こえるものがあるだろうか？）、いまイギリスに存在する影響力の大きな公聴制度であることはまちがいない。完全に独立した人物を議長とし、警察の不正行為の被害者を呼んで証言してもらうといい。目標は、王立委員会から勧告を出して、共同体のすべての集団を平等に扱う組織を作ることである。

いまは、エスタブリッシュメントを支持する側にも批判する側にも、「資本主義のグローバル化がここまで進んだ以上、イギリス単独で大規模な改革をおこなうことは不可能だ」と論じる人がいる。もっともな指摘だ。一九七〇年代の先兵たちは、イギリスの国境に止まらなかった。同様に、現在のエスタブリッシュメントとは別の選択肢を求める人も、国際的な視点を持つべきだ。

人々の生活水準が下がり、公的資産が私的利益のために安売りされ、ほんのひと握りの集団が社会を犠牲にして裕福になり、労働者が苦労の末に得た社会保障や職場での権利がふたたび奪われつつあるのは、西欧世界全体の問題だ。ということは、みなにとって共通の大義を掲げることができる。もちろん、言語や文化、国のアイデンティティといった壁はあり、グローバル資本主義の時代でも、それらが意味を失うことはない。むしろいっそう影響力を及ぼすこともあるだろう。しかし、インターネット、とりわけソーシャルメディアの興隆で、新たな運動が互いに結びつく機会が次々と生まれている。いまのところ、それらはまとまった運動になっていないが、一貫した指針のもとで似たような要望の組織化に取りかからなければならない。イギリスだけでなく、どの国においても、自分たちだけが変わることは不可能なのだから。

力を合わせれば、勝てる

以上は、民主主義を取り戻すためにせめてこのくらいは実行したい、という提案である。裕福で無責任なエリートを利する体制から、大多数の利益のための社会に作り替える提案は、「オバートンの窓」をエスタブリッシュメントから引き離し、もっと急進的な改革の可能性を広げるだろう。この種の変革がむずかしいのは当然だ。「この道しかない」のスローガンは広く浸透している。今とちがう種類の社会を望む人々は無視され、隅に追いやられ、必要とあらば激しく攻撃される。そういう効果があるからこそ、「この道しかない」というスローガンは、過去に成功した大規模な改革運動のすべてで唱えられてきたのだ。

だが、変革は不可能ではない。

エスタブリッシュメントも、賢明なら歴史から学ぶはずだ。この時代が永遠に続くという幻想は、あらゆる時代に広がる。ところがある日突然、ばかばかしいほど無視され、分裂していた敵が、それまでと正反対の幸運に恵まれるのだ。逆に、今日流行している常識が、驚くほどの早さで時代遅れのナンセンスとして顧みられなくなることもある。

「要求がないかぎり、権力は決して譲歩しない。これまでも、これからも」。奴隷の身分から奴隷制廃止論者、そして社会改革者になったアフリカ系アメリカ人のフレデリック・ダグラスは、そう宣言した。この短いことばには、社会の進歩に関する永遠の真実がこめられている。変化は、上からの善意と寛容によってもたらされるのではない。下からの闘争と献身によって、生み出されるのだ。

歴史とは大河ドラマでもなければ、歴史書で都合よく脚色されがちな「偉人たちの物語」でもない。ほかの部分ではちがっていても、ある部分で共通のことを追求する人々が、集団になって社会的正義を勝ち取る。そしてそれらが伝統となり、変化を求める人々に希望を与え、変化によって何かを失う人々に恐怖を与える――それが、歴史なのだ。

謝辞

一九四六年にジョージ・オーウェルが「本の執筆は、痛みをともなう長い闘病生活のように、怖くて疲労困憊する闘いだ」といったことを書いている。自分の考えを公に発表することについて、これほど賢明なことばはないと思う。ただ、それに続く彼の主張、「作家はみなうぬぼれ屋で、利己主義で、怠惰である」に多少なりとも反論するために、その「闘い」は私ひとりのものではなかったことを、はっきり述べておきたい。あらゆる本の執筆は共同作業であり、この本もまったく例外ではない。

まず、わが編集者のトム・ペンに特別な感謝を捧げる。トムは私の最初の本『チャヴ』を編集し、成功させてくれた。本書の編集もまさに常人離れした仕事だった。本文を推敲して読めるかたちに仕上げ、私に挑戦して先をうながし、書きたかったことを私自身より知っているのではないかと思うこともしょっちゅうあった。

私のすばらしい著作権エージェント、アンドリュー・ゴードンもいる。すべてはアンドリューのおかげだ。なぜだかわからないが私に賭け、無名だった私を引っ張り出して、物書きになるチャンスを与えてくれた。リスクは大きかったし、とてつもない信頼がなければできないことだった。彼にはいくら感謝してもしきれない。

私の最高の原稿整理編集者リチャード・メイソンは、いつまでも続く編集作業に耐えなければならなかったが、驚くべき回復力と忍耐力で働いてくれた。まちがいを次々と正し、不明瞭な文章ははっきりさせ、内容全体を劇的に改善してくれた。

私が本書を書いているあいだ、迷惑をかけてしまった気の毒な友人たちにも特別に感謝する。ジョージは好不調の波に耐え、原稿を書き直すたびに読んでくれた。ありがとう。グラント・アーチャー、リア・クライツマン、エリー・メイ・オヘイガン、ジェミマ・トマスも草稿を読んで、すぐれた助言と批判をしてくれた。みんなの苦労と友情にとても感謝している。アレックス・ビークロフト、ジェイムズ・ベバン、デイブ・ロバーツ、スティーブン・スミス、クリス・ウォードといった友人たちも、私のアイデアについて議論し、重要な提案をしてくれた。

母のルースと父のロブは、草稿をすべて読んで、特別な示唆と昔ながらの知恵を授けてくれた。権力と権威の持ち主に疑問を投げかけて逆らう私をいつも励ましてくれ、闘争と反抗の歴史のバトンを渡してくれたことにも感謝します。兄弟のベンとマークからも、貴重な助言をもらった。私の双子の妹エレノアも、反論で刺激を与えてくれた。

ほかの多くの人の力添え、指導、専門知識にも助けられた。ここで感謝したい。デイビッド・ブランチフラワー、シメオン・ブラウン、マーク・ファーガソン、メーディ・ハサン、エリック・ホブスバウム、コスタス・ラパヴィツァス、ヘレン・ルイス、シーマス・ミルン、ギャレス・ピアース、リチャード・ペピアット、アン・ペティファー、アリソン・ポロック、ジェフリー・ロバートソン、ロバート・スキデルスキー卿、ステファン・スターン、ほかの大勢の人々に。

自分の考えを説明する場を与えてくれた、ガーディアン紙とそこで働く優秀な人々全員に特別な謝意を捧げる。最初に私の記事を載せ、惜しみなく支援してくれた、インディペンデント紙にも感謝する。

私の信念のかなりの部分は、刺激的な知人の活動家たちによって形作られた。みな正義のために人生を捧げ（多くの場合、私が生きてきた時間より長く）、エスタブリッシュメントと闘ってきた。労働組合の人々、公正な税制や、寝室税［訳注：予備の寝室の数によって住宅手当が減額される制度］の廃止、障害者や若者や高齢者のために活動する人々、性差別、人種差別、同性愛嫌悪などと闘う人々、みんなに感謝する。〈ピープルズ・アセンブリー〉、〈ＵＫアンカット〉、〈ディスエイブルド・ピープル・アゲンスト・カッツ〉、国民年金会議、そして〈ユナイト〉、〈ＧＭＢ〉、〈ＰＣＳ〉、〈ＲＭＴ〉といった労働組合のみなさんにも特別にお礼を言いたい。

しかし、誰をおいても、大小のあらゆる不正に対して闘う人々全員に感謝したい――あなたがたに、毎日、勇気づけられている。

二〇一四年六月　ロンドンにて

オーウェン・Ｐ・ジョーンズ

みなさんの質問に答えつつ、もう一度、呼びかける

——二〇一五年版によせて——

この本を書いたのには、決定的な理由がひとつあった。二〇〇八年九月にイギリスが経済的大災害にみまわれてからこのかた、人々の怒り（自分たちの窮状と国全体に対する怒り）の矛先を、権力者からそらそうとする動きがあったからだ。それまでにもイギリス国民はつねに、自分たちの苛立ちをほかの標的に向けるよう仕向けられてきた。その標的とは、移民、生活保護受給者、公務員など、昔からエリート政治家やメディアに中傷されてきた人々である。

それが、金融危機のあと、明らかに勢いを増したのだ。政治家とメディアはほとんどグルになって、「国の社会的、経済的な複合疾患《しっかん》の元凶は社会の序列の頂点ではなく、底辺にある」という作り話を広めた。きわめて不平等な序列の底にいる人々が際限なく批判され、糾弾された。テレビ番組『ベネフィッツ・ストリート（給付金通り）』が人気を呼んだ一方で、『タックス・ドジャーズ・ストリート（租税回避者通り）』や『バンカーズ・ストリート（銀行家通り）』といった番組がないのは、偶然ではない。私はそのアンバランスを正したいと思った。

本当の悪者たちは、犯した悪事に値する注目をいっこうに浴びていない。イギリス社会を悩ますだけでなく、

定義づけてもいる多くの問題や不正を解決したいなら、いまスポットライトは権力者に当てなければならない。

本書がその活動に貢献したのはわずかだ。組織的な不正を克服しうるのは、組織的な運動であって、個々の筆者が善意で反論を提示したところで成功はおぼつかない。だが、私にとっては、権力者に関する議論をうながすこと——そのような議論を、パブや家庭、テレビ、新聞、ソーシャルメディアのありきたりな日常会話のなかに持ちこむこと——自体が、ひとつの大きな目的なのだ。金融危機のあと、イギリスの多くの機関がそれに巻きこまれて、権力者に挑戦する気運は高まっている。現状維持を望む人々に反応させることも大切だ。無視したい問題を嫌でも議論させられることになったら、それはひとつの勝利だから。

反対意見は貴重である。そこから議論が明確になり、深まる。よって本書に寄せられた感想のいくつかについても、ここで答えておきたいと思う。

まず、エスタブリッシュメントとは何か、どう定義するのかということに関して、いくつか問題提起があった。多くの人が想像する典型的なエスタブリッシュメントといえば、白人で、私立学校から楽々とオックスブリッジに入り、高給で影響力のある仕事につく……。

たしかに庶民を代表していない権力者の特質は気になるが、「どういう人々で構成されているか」は、私の理解するエスタブリッシュメントの中心要素ではなかった。私見では、今日のエスタブリッシュメントは、共通の「経済的利益」と「メンタリティ」によって結びついている。そのメンタリティのなかでも際立つのは、「社会のトップに立つ者は、それだけの価値があるからこそ、ますます権力と富を手に入れる」という考え方だ。責任をとらない権力者のメンバー構成が、たとえ一般社会のそれに近づいたとしても、責任をとらないことに変わりはない。民主主義を脅かす機関や制度に、女性や、労働者階級や、民族的マイノリティが含まれることもあるだろうが、それでも民主主義を脅かす点では同じなのだ。

それから、有力者同士がたまたま知り合ってネットワークを作ることが、それほど重大な問題だろうかと疑問視する人もいた。もちろん、似たような分野で働く人たちが互いに交流するのは避けられない。それは社会のあらゆるレベルで起きている。だが、たとえば〈ニューズ・インターナショナル〉の重役レベカー・ブルックスが首相と仲よくすごしていれば、世間一般の関心を引くのは当然だ。マードック帝国の触手がイギリスの政治エリート全体に伸びていることがわかるから。民主制においては、メディアは政府に挑戦すべきもので、主要なメディアと政治家の親しいつき合いは監視されなければならない。力を握った人々が職業上も社交上も仲よくすることは、彼らの結びつきと団結心を強化することに役立つ。

現代エスタブリッシュメントは、「この道しかない」という宣伝文句に頼る。そうやって、社会を運用する実現可能な方法がほかにもあるという考えを封じ、反対意見が出ないようにするのだ。だから、現代エスタブリッシュメントが出現するまえの第二次世界大戦後の数十年は、ある種のディストピアとして描かれる——官僚と制御不能の労働組合に支配された、国家主義的で、暗く希望のない地獄のような時代だったと。さほど昔でもないイギリス史のこの時期を悪く言う風潮に私が逆らうのは、自分が生まれるまえの時代を懐かしんで感傷に浸っているからではない（政治の右派にも左派にも、そういう人たちがいるようだが）。誤った見解を本当に正す必要があるからだ。

戦後のイギリスでは富裕層の税率が高く、労働組合が強く、国による広範な経済介入があったが、今日より経済成長のレベルが高く、分配も公平だったことは指摘しなければならない。一方、一九七〇年代の終わりから築かれた今日のエスタブリッシュメントが支配するイギリスでは、成長のレベルが低く、分配も不公平だ。加えて、戦後の大きな経済危機も、一九八〇年代初め、一九九〇年代初め、二〇〇八年以降と、いまの時代に集中している。古い秩序には数々の問題があり、長期的に存続可能だったかどうかはわからない。だが、右派のジャーナリスト、ピーター・オボーンが指摘したように、一九七〇年代には右派も左派も戦後のコンセンサスからの脱却を図っていた。そして、「しばらくはどちらが勝つかはまったくわからず、長いあいだ左派のほうが優勢に見えた」[*1]。勝利というのは、振り返ると必然に思えるものだが、今日のエスタブリッシュメントの勝利は、最初から運命づけられていたのではないのだ。

警察をエスタブリッシュメントの一部と考えるのは妥当か、彼らの柄の悪さは昔からではないか、という質問もあった。たしかに、警察の隠蔽工作や暴力、人種差別は、今日のエスタブリッシュメントのまえから存在した（人種差別については、昔のほうがひどかった）。要するに、こういうことである。エスタブリッシュメントは多くの敵対者がいるなかで形成され、なかでも最強の障害が労働運動だった。それを抑えこむ必要があったので、首相になったマーガレット・サッチャーは警察の権限を大幅に拡大し、給与を上げて、その後の争議における彼らの忠誠心を獲得した。警察の支援がなければ、イギリス政府は労働組合主義にあれほど壊滅的な打撃を与えることはできなかった。驚くにはあたらないが、警察は完全に政治に飼い慣らされた。とくに一九八四～八五年にかけての炭鉱労働者ストライキや、一九八四年の「オーグリーブの戦い」では、騎馬警官を派遣してサッチャーに恩返しをした。

そのあげく、ストライキをする労働組合員を「内なる敵」と見なすように訓練された警察は、労働者階級のほかの集団も容易に軽蔑するようになった。一九八九年の「ヒルズボロの悲劇」では、リバプールFCのファンがその対象だった。本書で説明したとおり、オーグリーブとヒルズボロの警察の態度と行動は、ごまかし、犠牲者攻撃、隠蔽といった点で、驚くほど似かよっている。

だからといって、警察が心の底からエスタブリッシュメントの新自由主義の教えにしたがっているわけではない。結局彼らも公務員であり、国から給与と年金をもらっている。公共部門に対する新自由主義政策が自分たちに適用されることは望んでいない。歴代政権がそれを避けてきたのは、警察の忠誠心が欠かせないという暗黙の了解があったからだ。警察は、みずからは無関係でありたい新自由主義政策の勝利に貢献したと言っていいかもしれない。

しかし近年、エスタブリッシュメントが完全勝利の自信を深めるにつれて、警察を味方につけておくことは最重要課題ではなくなった。いまの連立政権のもと、警察はほかの公共部門の労働者たちと同種の攻撃に直面している――仕事の削減、賃金の低下、雇用条件の悪化、民営化などだ。予想できることだが、彼らはそれが気に入らず、いまや警察と政府の関係は冷えきっている。4章で紹介した、保守党の元院内幹事長アンドルー・ミッチェルと首相官邸警備の警官の、口喧嘩のあとで起きたスキャンダルを見れば、両者の関係悪化の程度がわかるだろう。二〇一四年五月、〈警察連盟〉で講義をした保守党のテリーザ・メイ内相は、警察がからんだ数多くのスキャンダルをあげ、改革をうながした。[*2] 以前なら、政府のこういう干渉は考えられなかった。

そもそも、すべての警官が、異様なまでに不平等な富と権力の分配を守ろうとしているわけでもない。彼らの多くは、法の執行という任務を遂行しているにすぎない。ただ、その法は往々にして権力者に有利に作られている。神聖なる財産権が人権より重要と判断されている、というふうに。たとえば、何百万という人が住宅危機の被害を受けているのに、富裕者は長期にわたって住宅を空けておくことができる。法律が空き家をホームレスの無断居住から守っているのだ。

イギリスの刑務所は、たいてい精神的な問題を抱えた困窮者でいっぱいだ。〈プリズン・リフォーム・トラスト〉の調査によると、男性の収監者の一〇人中六人以上、女性の場合には五人以上が、なんらかの人格障害に苦しめられている。[*3]

年間一二億ポンド（約一八〇〇億円）相当といわれる、社会保障費全体の〇・七パーセントにあたる生活保護の不正受給は、卑劣な犯罪と見なされる一方で、年間二五〇億ポンド（約三兆七五〇〇億円）と見積もられる租税回避は、見逃されているばかりか、それを手伝う会計事務所の職員が政府に出向して税法を作ることで、国から後押しされる恰好になっている。

租税回避に反対して平和的に抗議をする人々や、環境を破壊している企業に反対してデモ行進をする人々も、神聖な財産権を侵害したという理由で逮捕される可能性がある。警察はこのようにして、望むと望まざるとにかかわらず、既存の秩序を守っているのだ。

何人かは、私が本書で説明したのは「エスタブリッシュメント」ではなく、自由市場主義の考えにもとづく権力者たちのことなのでは？　と指摘した。だが、一八四五年にカール・マルクスが書いた、「どの時代においても、支配階級の思想とは支配的な思想のことである。つまり、社会を物質的な力で支配している階級は、同時に支配的な知的勢力でもある」ということばには、マルクス主義者でなくても同意できるのではないか。[*4]今日、われわれの時代に優勢な思想を形作る要の役割を果たしているのは、経済だけでなく政治、メディア、知識層をも手中に収めた階級だ。戦後すぐの時代には、経営層は優勢だったものの、強くて積極的な労働運動が彼らから妥協を引き出した。しかし、現代のエスタブリッシュメントはその譲歩を覆し、徐々に力を取り戻した。その過程で、「新自由主義」として知られるものが、根本的な知的正当性を得てきたのだ。

本書で私は、戦後しばらく相手にされなかった新自由主義のイデオロギー信奉者が、政治的に驚くべき成功を収めたことを紹介した。だが、新自由主義が勝利したという主張には反論があった。当の新自由主義の信奉者のなかにも否定的な見解があり、圧倒的に勝利したのであればよかったが、と彼らは皮肉混じりに言う。イギリス社会にはそうでない証拠が山のようにある、と。

私は本書で、そこが重要なポイントであることを示した。「国家にたかる者たち」という一章を費やして、現代エスタブリッシュメントが国家をあざ笑いながら国家に頼っていることを明らかにしている。「国家は現代資本主義のなかに組みこまれている」とも書いた。銀行救済、公金によるインフラ整備、国が資金援助する私鉄企業、費用のかかる治安制度、低賃金や高すぎる家賃に対する国の補助、企業が従業員の訓練として期待する何十億、何百億ポンド相当の教育制度、公的支出の半分が民間の契約者に流れて直接私企業を潤していること……。リストはどこまでも続く。

現代の政治的コンセンサスは、声高に国家主義を否定し、国家の役割を敵視している。だが、国のセイフティネットは「小さく巻かれて」、多くの人を悲惨で危険な状態に追いこむ一方、別の方向には大きく広がっている。たとえば、公営住宅の民営化。「買う権利」〔訳注：一九八〇年代からの持ち家推進政策〕のもとで売られた公営住宅は、老朽化しても建て替えられず、本来なら地方自治体などが提供する公営住宅に入るはずだった住人は、民間の賃貸住宅に移るしかなかった。しかしその賃料はたいてい高く、支払えない人が増えてきて、国が支給する住宅手当（低賃金に対する補助金であるが、実質上、民間の家主への補助金でもある）が激増した。同じことは、就業中手当にも言える。何百万という労働者の賃金は、労働運動が急激に衰退したこともあって、長年停滞しているか下がっている。その結果、国は雇用主が支払う低賃金を補うかたちで何十億ポンドも給付せざるをえなくなっている。鉄道の民営化では、非効率な私企業に対して、さらに高額の補助金が必要だった。

どこを見ても、国家は貧困者や弱者など本来必要な人々への支援を減らし、人々のニーズから莫大な利益を吸い上げる企業などにまわしている。

つまり、現代のエスタブリッシュメントのもと、国の機能は再設定されている。いま国は、私企業の利益のために存在する。そのなかには、シティのように国家を軽蔑しきっている業界も含まれる。大企業は明らかに、富裕層に対する減税、労働組合の弱体化、公的資産の民営化、規制緩和などの「反革命」の恩恵を受けている。さて、その結果イギリスは、新自由主義の先兵たちが心から望んだような自由市場のユートピアになったのだろうか。答えはノーだ。なぜなら、彼らの「理想の」社会は、民主主義のもとでは実現不可能だから。たとえば、国の一定の補助金の削減など、新自由主義者の夢の一部は大企業に支持されず、結果として実施されないだろう。とはいえイギリスは明らかに、富裕層への高税率、国有、国家介入、強い労働組合権の時代から遠く離れ、大企業と裕福な個人に圧倒的に有利な社会になっている。

ここで、もう一度くり返しておこう。本書は「エスタブリッシュメントは意識的、組織的な陰謀の成果だ」という考えを明確に否定している。たしかに、警察の隠蔽工作から業界レベルの租税回避まで、個別の陰謀は存在するが、本書の大前提は、「エスタブリッシュメントは、共通の利益とメンタリティで結びついている」である。民主主義に対する大げさな陰謀計画を持ちこむ必要はない。

また、権力を握った「悪い個人」を責める本ではないことも、再度強調しておきたい。問題はエスタブリッシュメントというシステムであり、それを構成する個人ではない。イギリスを支配する人々の行動は、彼らなりにきわめて理性的だ。企業は利益と収支で動くから、納税を避けたいと考える。そして、制度を自分たちに都合よく操作できるだけの資源を持っている。たとえば、財務省や政党に「専門家」を送りこむ会計事務所を雇う、というように。

6章に出てくる、会計事務所〈アーンスト&ヤング〉の会長スティーブ・バーリーのインタビューでは、彼がいかに寛大で、魅力的で、思慮深い人物であるかを、できるだけ伝えようとした（実際にそういう人なのだ）。バーリーは、自分の行動を筋道立てて説明することができた――クライアント企業は多額の税金を納めている、彼らにもっと支払わせるのはかえって非生産的だ、などなど。〈アーンスト&ヤング〉は、慈善事業にも大金を投じている。ただそれは、本書で指摘したように、社会福祉が個人の道徳心に依存していたビクトリア時代への回帰だ。進歩的な税制を資金源とする、公式に認められた効率的、普遍的な制度ではない。バーリーのような人が一日の仕事を終えて帰宅し、今日も善いおこないをしたと感じているところを想像するのはたやすい。私たちの目標は、「悪い」人を「善い」人に置き換えることではなく、システムとそれがうながす行動を変えることなのだ。

システムと行動の両方を変えることについては、一部のリベラル右派の批評家が、私の解決策はかなり臆病だと言っている。じつは、私としてはそれが狙いだ。

本書にも書いたが、私は「オバートンの窓」という考え方に強く惹かれている。アメリカの保守主義者が考案した、「その時点で政治的に可能と見なされていること」という概念だ。この「窓」は厳しく監視されている。だからこそ、労働党のエド・ミリバンドがガス・電気料金の一時凍結（平凡ではあるが歓迎すべき政策）を提案したときに、メディアや右派の政治家は「隠れマルクス主義」のレッテルを貼った。ほとんどの有権者は、ミリバンドよりはるかに急進的な選択肢、すなわちエネルギー業界の完全な再国有化を支持していたにもかかわらずである。

「窓」の監視は、エスタブリッシュメントが総じて好む新自由主義の思想が、「穏当な常識」と見られることに役立つ。そこから少しでもはずれるものは非常識とされ、切り捨てられる。そういうわけで、民主的な公有、富裕層に対する増税、労働者の権利の確保、選択的な資本統制といった、私の提案する政策が、現状の擁護者から臆病と思われることは、「オバートンの窓」を動かすのに都合がいい。

もちろん、私が提案した「民主革命」では、まだ道なかばだと思っている。いつかはイギリスが（そしてほかの国も）、少数のエリートの利益にもとづくのではなく、人々のニーズと希望のために統治されるようになってほしい。労働者が社会を民主的に管理し、職場や経済を含めてあらゆる場所に民主主義が行き渡ることを望む。そんな社会は、私が生きているあいだには築かれないかもしれないが、私がめざすのは、新自由主義の先兵がなしとげてきたことの逆を行き、「オバートンの窓」を別の方向に動かすことだ。その過程で、より急進的な可能性が見えてくるだろう。今はまったくの「暴論」に思えるものが、「極論」ぐらいになり、「急進的な考え」になり、「議論を呼ぶ考え」というふうに現実に近づいて、ついには「常識」になる。今のわれわれはエスタブリッシュメントの勝利感の時代に生きていて、ほかの社会運営方法は論外とされている。新しい種類の社会を築きたければ、まずこの勝利感を切り崩すところから始めなければならない。

政権は発足し解散するが、エスタブリッシュメントは力を握りつづける。だから、いまの状況に幻滅している人（世論調査から判断すれば、何百万人もいるようだが）は、この二〇一五年五月の総選挙でむずかしい決断を迫られるだろう。選挙をする意味はなかった、という結論になってしまう可能性もある。

二〇一三年、コメディアンのラッセル・ブランドが、投票はしないと宣言して全国的な大論争を引き起こした。おまけに、投票するのは「暗黙の服従行為」だと言い、革命まで唱えた。[*5] 苦労の末に国民が獲得した選挙権を軽んじ、若者たちにこのもっとも基本的な民主主義の権利を行使しないようにうながしたことで、ブランドは長く非難された。

投票するなという彼の呼びかけ自体には、私も賛同できない。ただ、寄せられた批判には、的はずれなものや、驚くほど厚かましく偽善的なものも少なくなかった。ブランドが国民の議論に手榴弾を投じるはるかまえから、あらゆる年代の人々が政治に幻滅していた。彼の宣言があれほど長く激しい反響を呼んだのは、その幻滅のひとつの「症状」であって、「原因」ではなかった。実際、ブランドを攻撃した政治家やメディア関係者の多くは、政治過程で大衆を落胆させた張本人だ。ブランドの発言と、ユーチューブのチャンネル〈ザ・トゥルーズ〉は、イギリスが直面する数々の主要な政治問題に関する討論や議論をさかんにした。

私が考えるむずかしい決断とは、次のようなものだ。保守党はエスタブリッシュメントのもっとも自然で献身的な政治代表だ。過去五年間、保守党主導の内閣は、イギリス社会をますますエスタブリッシュメントに有利な方向に動かした。たとえば富裕層や大企業に対する減税、公共サービスの民営化と削減、福祉国家の縮小、労働者の権利の制限。保守党は金融危機をチャンスととらえて、つねづね望んでいたが通常の状況では実現不可能と思われた政策を強行した。この五月に保守党がまた政権につけば、同じことが起き、すでに裕福な権力者にいっそうの富と権力が集中し、労働者が割を食うだろう。それだけでなく、「オバートンの窓」がますますエスタブリッシュメントのほうに移動する。

また、二期目の保守党主導政権の成立は、エスタブリッシュメントを支援する政策が信任を得たという説明に使われる。労働党が敗北したのはエスタブリッシュメントの教義から離れすぎたからである――少なくとも選挙結果が出てから数時間以内に、そんなストーリーが語られるだろう。

さらに、「この道しかない」というエスタブリッシュメントのメッセージも強化され、労働党のなかでいちばんエスタブリッシュメント寄りの一派は励まされるだろう。労働党が負けたのは、支出削減や民営化、規制のない自由市場、富裕層に対する減税といった親エスタブリッシュメントの信条を充分受け入れなかったからだ、このような失態を二度とくり返してはならない、と彼らはたぶん言う。労働党に入らない左派も、「オバートンの窓」が右に移動することによって、同じように苦しめられる。労働党が急進的すぎて負けたのなら、きみたちはどうなる？　と言われて。すべては情報操作だ。しかもエスタブリッシュメントは、操作した情報を常識として受け入れさせることに関しては、気が滅入るほど能力が高いのだ。

まだある。労働党党首のエド・ミリバンドは急進的すぎる、とエスタブリッシュメント側から責めたてられた件でわかったのは、ミリバンドの急進主義がどうこうより、エスタブリッシュメントが自分たちの台本から少しでも離れることをいかに許さないかだった。エスタブリッシュメントの大部分は、どんなときにも、政策と社会が好みの方向に変わらないと満足できない。たとえば、富裕層の税率はつねに下がり、民営化はつねに進まなければならない。逆方向を少しでもほのめかすものには、耐えられないのだ。その理由のひとつは、息苦しくなるほどのエスタブリッシュメントの勝利感があるからであり（「われわれは勝った。苦労の末に得た勝利を、どこのどいつが切り崩そうとしている？」）、もうひとつは、見逃せばさらに急進的な政策を正当化することになりかねないからだ。

この間、いくつかの分野で、労働党が一時的にエスタブリッシュメントの感覚から遠ざかったのは事実だ。彼らは、保守党主導の政府が四五パーセントに下げた所得税の最高税率を五〇パーセントに戻すことや、二〇〇万ポンド（約三億円）を超える不動産に「邸宅税」をかけることを提案している（サッチャー政権時代の大部分で、最高税率が六〇パーセントだったことは思い出す価値がある。「オバートンの窓」がいかに大きく移動したかということだ）。また、エネルギー料金の凍結、土地投機の抑制、民間賃貸料の統制などの公約は、すべてエスタブリッシュメントの市場重視のイデオロギーから離れている。労働党が政権をとれば、近年もっとも打撃が大きかった福祉国家の削減である「寝室税」も廃止するかもしれない。これは、貧困者や障害者が多く住む公営住宅で「予備の部屋」と見なされるものについて住宅手当が減額される制度である。

現在の労働党指導部はさらに、NHSの民営化を止め、逆行させるとも約束していて、ときには、以前のニュー・レイバー政権が公共サービスを民間企業にまかせたことを後悔する発言までしている。労働者から仕事の安定性と権利を奪うおもな手段、「ゼロ時間契約」を取り締まるという公約が実現されれば、職場での力の均衡は、いくらか労働者側に傾くはずだ。

だが、問題もある。労働党が実施する財政支出削減は、保守党の提案より規模こそ小さいが、ニュー・レイバーはサッチャリズムの確立した政治的コンセンサスを明確に受け入れている。つまり、労働党指導部は、保守党ほど積極的ではないとはいえ、いまだに緊縮財政政策を掲げているのだ。彼らのいくつかの政策をさらにこすれば、表面の輝きは失われてしまう。電気やガス事業の公有については、右も左も関係なく、あらゆる有権者が圧倒的に支持しているにもかかわらず、労働党の提案するエネルギー料金の凍結は一時的だ。鉄道に関しても、私鉄の経営に対抗する公営のオプションを示しているにすぎない。みなを満足させようとして、ほとんど誰も満足させることができない、玉虫色の中途半端な方針だ。

加えて、党内の上層部から聞こえてきた噂では、最高税率を五〇パーセントに戻すのも一時的な措置で、ここから根本的に富に切りこむということではないらしい。二〇二〇年までに最低賃金を八ポンド（約一二〇〇円）にするという提案についても、それでもまだ多数の労働者を貧困レベルに追いやる金額だが、先延ばしにされそうな気配がある。

要するに現実には、労働党はおおむね保守党のロードマップを受け入れ、いまだに同じ道を進んでいる。過去五年間で、緊縮財政政策は大失敗に終わっているのにだ。一〇〇万人を超える労働者が貧困レベルの収入に陥っても、保守党主導連立政権の公約の柱だった財政赤字の解消は、達成に近づく見込みすらない。この五年間で現政権は、過去のすべての労働党政権の合計より借金を増やし、[*6] 記録にあるかぎり、景気回復は最低の水準だ。生活水準がこれほど落ちこんだのも一九世紀以来だが、それでもエスタブリッシュメントの地位は強化され、社会のトップだけが活況を呈している。労働党の「ゆるめの緊縮財政」には、こうした背景があることを忘れてはならない。

エスタブリッシュメントの支配に幻滅し、疲れたイギリス人は、徐々にほかの勢力に目を向けはじめている。二〇一五年の初め、世論調査で緑の党の支持率が一一パーセントまで伸び、イングランド、ウェールズ、スコットランドの党員数も急増して、五万人を超えた。政権与党の自由民主党と極右のＵＫＩＰの影が薄くなる躍進だ。ＵＫＩＰの党員の大多数は元保守党員と億万長者で、公共サービスの民営化、富裕層への減税、労働者の権利の削減を支持している。一方、緑の党は、環境保護を主要政策にするところから発展して、現在ではエスタブリッシュメントを本気で攻撃する政策を提案している――「生活賃金」の法制化、公有、労働者の権利、富裕層と法人に対する増税、租税回避の取り締まり、公営住宅建設計画などだ。

しかし、どんな新しい党にとっても、イギリスの小選挙区制が巨大な障害になっている。比較的広範な支持層を得ても、それが国全体に薄く広がっているだけでは不充分だ。国会に議員を送りこむには、個々の選挙区内で支持を集中させなければならない。ふだんは緑の党を支持する投票者も、いざ投票用紙に書きこむ段になると、緑の党に入れれば反保守党の票を分散させるのではないか、結果として保守党候補を当選させてしまうのではないかと考えて、ためらう。その思考は、もちろん政権与党に有利に働く。また、緑の党はとりわけ若い世代に支持者が多いが、労働者階級の票はなかなか獲得できないという世論調査結果もある。[*7]

もし選挙制度を変えれば（たとえば一種の比例代表制を導入する）、国民は、その気もないのに右派を助けてしまうといった心配なく、自由に投票ができるようになる。反エスタブリッシュメント勢力が集結して、ひとつの党を作ることも可能かもしれない。そうすれば、選挙制度のせいで労働党を支持するしかないと信じていた人々も巻きこめる。

実際、比例代表制的な制度への移行の可能性は、かつてなく高まっている。われわれは二〇一一年に、「オルタナティブ・ヴォート」への移行を大差で否決した（私も「ノー」に投票したひとりだ）。否決のおもな理由は、連立政権が生じやすくなるという危惧だった。自由民主党が保守党に協力している今の経験から、有権者は連立政権に嫌気がさしていた。連立という体制は、選挙期間中に各党が約束した政策を政権獲得後に実行しない口実になる。なかでも悪評が高いのは、自由民主党が教育無償化の公約を破棄して、授業料を三倍にする政策に与《くみ》したことである。

だが、スコットランド国民党のめざましい台頭、UKIPの反乱、緑の党の支持率の伸びなどで、小選挙区制の維持は少しずつむずかしくなってきている。おそらく次の選挙でも、絶対多数を得る党はないだろう。つまり、選挙制度がどうあれ、連立政権が続くということだ。小選挙区制については、過半数を握る安定した政府ができるという利点が長く論じられてきたが、もはやその前提が成り立たず、国民の民意もろくに反映していないとなれば、存在意義はない。

現実的には、二〇一五年の総選挙でも、労働党か保守党が主導する内閣ができるだろう。労働党が政権についたとしても、エスタブリッシュメントと完全に決別することはないが、少なくともエスタブリッシュメントに下から圧力をかけ、影響を与えはじめるきっかけにはなるだろう。労働党主導の内閣にとって、反エスタブリッシュメントの流れを無視することはむずかしい。まだ組織的に労働組合運動とつながっているからだ。そのつながりが、団結して、それゆえにエスタブリッシュメントの人々から攻撃される労働者階級の党としての基盤になっている。

労働党指導部は、ほかの国の左派政党の動向も知っておいたほうがいい。とくにスペインとギリシャでは、社会民主主義政党が政権について緊縮財政策をとった際、かなりの支持層が急進的な反緊縮政党に流れた。労働党が連立を組むとしたら、協力してもらう小政党の要望で、比例代表型の選挙制度に関する国民投票をやらざるをえなくなるかもしれない。それが有権者に認められれば、新しい制度のもとで、反エスタブリッシュメント政党ははるかに勝利しやすくなるだろう。

五月の総選挙で誰が勝とうと、エスタブリッシュメントの敵対者にはまた闘いが待っている。少しでも勝つチャンスを得るには、労働組合からコミュニティ団体、信仰団体まで、幅広く同盟を組まなければならない。多くの主要な論点において、世論はすでにエスタブリッシュメントの教義から離れているのだから。

本書の結論で述べたように、国際的な視野も欠かせない。これを執筆している時点で、ギリシャでは選挙運動がおこなわれ、反緊縮の急進左派連合（シリザ）が勝ちそうだ。みなさんがこれを読むころには、結果がわかっている［訳注：シリザが定数三〇〇中一四五議席を得て勝利］。だが、ギリシャ国民が「まちがった」投票をしないようにする、強力な国際的な動きがある。より強い欧州各国からなるEUも、国際的な投資家たちも、足並みをそろえてシリザの勝利を阻もうとしているのだ。スペインでも、反緊縮のポデモス党が「ラ・カスタ」（スペインのエスタブリッシュメント）と闘い、同国の強力なエリート集団から差別的攻撃を受けている。

一般大衆と利害が対立する無責任なエリートとの闘いは、何もイギリスにかぎった話ではない。イギリスのエスタブリッシュメントは、つまるところ他国の支配的エリートとつながっている。民主主義と社会的正義のための闘いは、もう国ベースではおこなえない。国境を越えた連帯と団結だけが、勝利をもたらすのだ。

不正に憤慨するのは大いにけっこう。だが、社会主義の政治家だった故トニー・ベンのことばを借りれば、社会の変化はふたつのものが結合したときに起きる。すなわち、「不正に対する怒りの炎と、よりよい世界に対する希望の炎」だ。

私もそうだが、古い秩序を克服したい人間には、理路整然とした選択肢を提供する責任がある。そういう選択肢がなければ、人々は既存の秩序に怒りながらも、あきらめて受け入れるしかない。いまのエスタブリッシュメントは、絶対不変の歴史的勝利を収めたと思っている。この地位を奪われることはない、と。だが、それはまちがいだ。イギリスであれ、ほかの国であれ、社会の下から正義と自由を求める誇らしい闘いの歴史が、その理由を教えてくれる。

現在とはちがう社会を求める人々にとっては、いまこそが、外に出て、ともに行動すべきときである。いつの日か、いまのエスタブリッシュメントは滅びる。彼らの希望どおりに、同意のうえでそうなるのではない。信頼できる選択肢で人々を力づける運動によって、引きずりおろされるのだ。

Agenda', *Daily Telegraph*, 16 January 2014.

＊15 http://corporateeurope.org/revolving-doors/2011/12/euofficials-going-through-brussels-revolving-door-lobby-industry-exposed.

＊16 http://corporateeurope.org/lobbycracy/2013/11/amazon-lobbying-weaken-data-privacy-rights-refusing-lobby-transparency.

＊17 http://www.europarl.europa.eu/aboutparliament/en/007c895f4c/Powers-and-procedures.html.

結論　勝利をわれらに

＊1 http://www.thesundaytimes.co.uk/sto/public/richlist.

＊2 http://www.independent.co.uk/news/uk/politics/nigel-farage-nhs-might-have-to-be-replaced-by-private-health-insurance-9988904.html.

＊3 http://www.hopenothate.org.uk/ukip/ukip-business-spokesman-wants-to-abolish-workers-rights-3698.

＊4 http://classonline.org.uk/docs/Class-YouGov_poll_results_28_October_2013.pdf.

＊5 http://cdn.yougov.com/cumulus_uploads/document/ww4o7wko1q/WebVersion_Democracy%20in%20Britain%20A5.pdf.

＊6 James Meadway, *Why We Need a New Macroeconomic Strategy* (London, 2013).

＊7 同上, p. 26.

＊8 http://www.equalitytrust.org.uk/sites/default/files/attachments/resources/Unfair%20and%20Unclear.pdf.

＊9 http://classonline.org.uk/docs/YouGov-Class_Polling_Results_120522_Economic_Policies.pdf.

みなさんの質問に答えつつ、もう一度、呼びかける（2015年版によせて）

＊1 https://senscot.net/labour-party-conference-like-it-or-not-ed-miliband-has-redefined-the-future-of-politics/.

＊2 https://www.gov.uk/government/speeches/home-secretarys-police-federation-2014-speech.

＊3 http://www.theguardian.com/commentisfree/2014/aug/06/prison-does-not-work-glen-parva-shambles.

＊4 http://www.marxists.org/archive/marx/works/1845/german-ideology/ch01b.htm.

＊5 http://www.newstatesman.com/politics/2013/10/russell-brand-on-revolution.

＊6 http://www.politics.co.uk/comment-analysis/2014/06/17/the-coalition-will-leave-more-debt-than-all-labour-governmen.

＊7 http://www.theguardian.com/commentisfree/2014/oct/27/green-party-2015-ukip-protest-vote-general-election?CMP=twt_gu.

＊22 Lyall, 前掲書, p. 70.

＊23 http://www.brunswickgroup.com/lucy-parker-i1903/.

＊24 http://www.brandrepublic.com/Features/login/804439/.

＊25 http://www.cityam.com/article/revealed-city-s-most-influential-financial-prs.

＊26 http://www.prweek.com/article/95589/carlton-appoints-finsbury-its-first-financial-pr.

＊27 Antony Barnett and Jamie Doward, 'The PR Tycoon, a Private Dinner and PM's Meeting with Euro Lobby Group', *The Observer*, 17 September 2006.

＊28 Lucy Kellaway, 'The Networker', *Financial Times*, 12 August 2011.

＊29 http://rlmfinsbury.com/people/david-henderson/.

＊30 http://www.thebureauinvestigates.com/stories/2012-07-09/revealed-the-93m-city-lobby-machine.

＊31 http://www.theguardian.com/commentisfree/2011/oct/31/corporation-london-city-medieval.

＊32 'Conservative Party Links to Fat Cat Bankers Revealed by *Daily Mirror* Investigation', *Daily Mirror*, 10 January 2011.

＊33 http://www.bankofengland.co.uk/about/people/richard-sharp/biograrhy.

＊34 http://www.cps.org.uk/about/board/richard-sharp.

＊35 http://www.csap.cam.ac.uk/network/tim-luke.

8「主権在民」という幻想

＊1 Sylvia Ellis, *Britain, America and the Vietnam War* (Westport, CT, 2004), p. 161.

＊2 Eugenie M. Blang, *Allies at Odds: America, Europe, and Vietnam, 1961–1968* (Lanham, MD, 2011), pp. 165–6.

＊3 Daniel Bell, *The Radical Right* (New York, 1964), p. 466.

＊4 Tim Hames and Richard Feasey, 'Anglo-American Think Tanks under Reagan and Thatcher', in A. Adonis and T. Hames, *A Conservative Revolution?: The Thatcher-Reagan Decade in Perspective* (Manchester, 1993), p. 221.

＊5 http://www.margaretthatcher.org/commentary/displaydocument.asp?docid=109427.

＊6 Christopher Meyer, *DC Confidential* (London, 2005), p. 1.

＊7 'Blair and Bush Planned Iraq War without Second UN Vote, Letter Shows', *The Guardian*, 29 August 2011.

＊8 webarchive.nationalarchives.gov.uk/20160512094745/http://www.iraqinquiry.org.uk/media/51794/20110125-turnbull-final.pdf.

＊9 'Annan Says Iraq War Was "Illegal" ', *The New York Times*, 16 September 2004.

＊10 'Bush Officials Devise a Broad Plan for Free-Market Economy in Iraq', *The Washington Post*, 1 May 2003.

＊11 http://www.theguardian.com/politics/2009/mar/19/police-brutatlity-racism.

＊12 http://www.business-humanrights.org/Links/Repository/1019754.

＊13 http://rogerhelmermep.wordpress.com/2013/03/18/breakfast-at-t-tip-not-tiffanys.

＊14 Fraser Nelson, 'It May Take the EU to Save this Country from Ed Miliband's Economic

＊39 http://www.independent.co.uk/news/uk/politics/the-champagne-flows-in-the-city-7580792.html.

＊40 http: //www.unitetheunion.org/news/research-uncovers-growing-zero-hour-subclassofinsecure-employment.

＊41 http://www.bbc.co.uk/news/business-26265858.

＊42 http://www.cipd.co.uk/pressoffice/press-releases/questionable-merit-watering.aspx.

＊43 http://www.ft.com/cms/s/0/cb93fa00-1c8b-11e3-a8a3-00144feab7de.html#axzz3NJaNXWur.

7 金融界の高笑い

＊1 報道機関に流れた一部の給付制裁のリストはここに保管されている。http://stupidsanctions.tumblr.com.

＊2 Andrew Hill, 'The Urge to Punish all Bankers has Gone Far Enough', *The Financial Times*, 25 March 2009.

＊3 David Kynaston, *City of London: The History* (London, 2011), p. 422.

＊4 E. H. H. Green, 'The Conservatives and the City', in R. Michie and P. Williamson, *The British Government and the City of London in the Twentieth Century* (Cambridge, 2011), pp. 171–2.

＊5 Kynaston, 前掲書, p. 542.

＊6 Jonathan Kirshner, *Appeasing Bankers: Financial Caution on the Road to War* (Princeton, NJ, 2007), p. 165.

＊7 Kynaston, 前掲書, p. 544.

＊8 Earl Aaron Reitan, *The Thatcher Revolution: Margaret Thatcher, John Major, Tony Blair and the Transformation of Modern Britain* (London, 2002), p. 86.

＊9 同上, pp. 587–9.

＊10 Ewald Engelen et al., *After the Great Complacence: Financial Crisis and the Politics of Reform* (Oxford, 2011), p. 147.

＊11 http://www.nao.org.uk/highlights/taxpayer-support-forukbanks-faqs.

＊12 http://blogs.spectator.co.uk/coffeehouse/2012/08/qethe-ultimate-subsidy-for-the-rich.

＊13 http://www.bath.ac.uk/news/2012/10/09/quantitative-easing.

＊14 http://www.theguardian.com/money/2015/jan/17/cheap-petrol-could-push-inflation-below-zero-election?CMP=share_ben_tw.

＊15 http://www.theguardian.com/business/2014/jan/08/loans-business-cheaper-available-bank-england.

＊16 http://www.theguardian.com/business/2013/jul/23/bank-lending-small-business-falls-post-code.

＊17 James Meadway, *Why we Need a New Macroeconomic Strategy* (London, 2013), pp. 10–12.

＊18 http://blogs.spectator.co.uk/coffeehouse/2013/11/the-tories-have-piled-on-more-debt-than-labour.

＊19 Prem Sikka, 'Five Tips for George Osborne on Banking Reform', *The Guardian*, 26 November 2013.

＊20 Ian Lyall, *The Street-Smart Trader: An Insider's guide to the City* (Kindle, 2011), p. 69.

＊21 http://www.prweek.com/article/1161511/brunswick-tightens-grip-ftse-100-clients.

＊16 HM Revenue & Customs 2010–11, Accounts: Tax Disputes – Public Accounts Committee.

＊17 http://www.taxresearch.org.uk/Blog/2015/01/16/hmrc-recovers-up-to-97-for-every-1-it-spends-on-tax-investigations/.

＊18 Prem Sikka, 'The Predatory Practices of Major Accountancy Firms', *The Guardian*, 8 December 2012.

＊19 http://www.telegraph.co.uk/news/politics/georgeosborne/9194558/George-Osborne-Im-going-after-the-wealthy-tax-dodgers.html.

＊20 http://www.reuters.com/article/us-britain-starbucks-tax-idUKBRE89E0EX2012/015.

＊21 http://www.ft.com/cms/s/0/5aab696e-c447-11e2-9ac0-00144feab7de.html?siteedition=uk#axzz3MGsDJUFc.

＊22 http://www.telegraph.co.uk/technology/google/10343014/Googles-UK-division-paid-12m-in-corporation-tax-in-2012.html.

＊23 http://www.theguardian.com/uk/2013/apr/03/offshore-secrets-offshore-tax-haven.

＊24 http://www.cbpp.org/cms/?fa=view&id=3556.

＊25 http://www.theguardian.com/politics/2013/sep/24/energy-firms-declare-war-ed-miliband-fuel-freeze.

＊26 http://www.telegraph.co.uk/finance/newsbysector/energy/10332877/Blackouts-could-happen-next-year-following-Ed-Millibands-price-freeze-vow.html.

＊27 http://yougov.co.uk/news/2013/09/27/voters-energy-companies-bluffing-over-blackouts.

＊28 http://www.ageuk.org.uk/latest-news/archive/cold-homes-cost-nhs-1-point-36-billion/.

＊29 http://www.independent.co.uk/environment/green-living/investment-in-green-energy-falls-to-fouryear-low-8640849.html.

＊30 http://www.theguardian.com/business/2013/oct/06/energy-lobby-heat-on-labour.

＊31 https://www.gov.uk/government/uploads/system/uploads/attachment_data/file/240404/foi_13_1175.pdf.

＊32 David Carrington, 'Energy Lobby Insiders Will Lead Cold War against Labour', *The Observer*, 6 October 2013.

＊33 Andrew Heywood, 'London for Sale? An Assessment of the Private Housing Market in London and the Impact of Growing Overseas Investment', The Smith Institute (July 2012), p. 3.

＊34 http://www.esopcentre.com/dont-scale-back-brits-andrmemployees-says-centre-chairman.

＊35 http://www.telegraph.co.uk/news/uknews/royal-mail/10373868/Hedge-fund-investing-in-Royal-Mail-employs-George-Osbornes-friend.html.

＊36 http://www.resolutionfoundation.org/blog/2013/apr/24/taking-local-look-household-disposable-income.

＊37 http://www.cipd.co.uk/pm/peoplemanagement/b/weblog/archive/2013/08/12/fallinbritish-wages-among-worstineurope.aspx.

＊38 たとえば、以下を参照。http://www.demos.org/publication/retails-hidden-potential-how-raising-wages-would-benefit-workers-industry-and-overallec, http://www.economist.com/blogs/democracyinamerica/2010/12/tax_cuts, http://www.dailyfinance.com/2013/04/05/poorvsrich-spending-habits-/, http://www.bloomberg.com/news/2010-09-13/rich-americans-save-money-from-tax-cuts-insteadofspending-moodyssays.html.

＊48 http://www.opendemocracy.net/ournhs/alex-nunns/hinchingbrooke-how-disastrous-privatisation-duped-political-class#.VLzfQr1nKws.twitter.

＊49 アリソン・ポロック教授による。

＊50 http://www.politicshome.com/com/uk/article/82703/rssfeeds.html.

＊51 https://www.opendemocracy.net/ournhs/paul-evans/race-to--privatise-englands-nhs.

＊52 http://www.catalystcf.co.uk/uploads/Catalyst_Healthcare_2012.pdf.

＊53 http://www.england.nhs.uk/statistics/statistical-work-areas/bed-availability-and-occupancy/bed-data-overnight.

＊54 http://www.theguardian.com/commentisfree/2013/nov/13/nhs-being-destroyed-labour.

＊55 https://www.gov.uk/government/policies/making-the-nhs-more-efficient-and-less-bureaucratic.

＊56 Rachel Sylvester, 'Olympic Bandwagon Jumping is a Poor Sport', *The Times*, 24 July 2012.

＊57 http://www.theguardiancom/society/2013/mar/02/doctors-bemoan-nhs-privatisation-by-stealth.

＊58 *Daily Mirror*, 20 September 2013.

6 租税回避の横行と大物実業家

＊1 http://www.ft.com/cms/s/0/46aa42bc-b5d4-11e3-b40e-00144feabdco.html#axzz3KrfpMlxJ.

＊2 http://www.northantstelegraph.co.uk/news/top-stories/corby-woman-jailed-for-benefit-fraud-1-5558894.

＊3 http://www.taxjournal.com/tj/articles/big-four-tax-bosses-unmoved-public-accounts-committee-grilling-31012013.

＊4 http: //www.accountingweb.co.uk/topic/tax/look-business-total-tax-contribution-says-pwc.

＊5 http://www.civilservice.gov.uk/recruitment.

＊6 Derek J. Savoie, *Thatcher, Reagan and Mulroney: In Search of a New Bureaucracy* (Pittsburgh, 2009), p. 252.

＊7 http://my.civilservice.gov.uk/reform/civil-service-reform-one-year-on/chapter-4.

＊8 http://hb.betterregulation.com/external/CFC-Reform-Brochure.pdf.

＊9 http://www.kpmg.com/IE/en/IssuesAndInsights/ArticlesPublications/Documents/Tax/Patent-boxJan13.pdf.

＊10 Public Accounts Committee, Forty-Fourth Report, 'Tax Avoidance: The Role of Large Accountancy Firms' (London, 2013).

＊11 http://www.theguardian.com/politics/2014/nov/12/pricewaterhousecoopers-tax-structures-politics-influence.

＊12 https://www.youtube.com/watch?v=3w4tcIsaInE.

＊13 'Critics Attack Job Moves between Big Four and Government', *The Financial Times*, 28 May 2013.

＊14 'Goldman Sachs Left Off Paying £10m Interest on Failed Tax Avoidance Scheme', *The Guardian*, 11 October 2011.

＊15 http://www.judiciary.gov.uk/wp-content/uploads/JCO/Documents/Judgments/uk-uncut-v-hmrc-16052013.pdf.

＊22 http://www.dailyrecord.co.uk/news/scottish-news/mum-of-three-elenore-told-find-job-2074333.

＊23 http://diaryofabenefitscrounger.blogspot.co.uk/2012/06/rip-karen-sherlock.html.

＊24 http://blogs.mirror.co.uk/investigations/2012/04/32-die-a-week-after-failing-in.html.

＊25 http://www.express.co.uk/news/uk/379841/Rise-in-Atos-rulings-overturned-by-appeals.

＊26 http://www.bbc.co.uk/news/uk-politics-24548737.

＊27 http://www.mirror.co.uk/news/uk-news/fears-disabled-brits-firm-takes-4611263.

＊28 http://www.independent.co.uk/news/uk/politics/senior-atos-executive-finds-new-role-at-the-american-company-taking-over-disability-benefit-9831973.html.

＊29 http://www.telegraph.co.uk/news/politics/spending-review/10146659/5bn-Work-Progra-mme-worse-than-doing-nothing.html.

＊30 http://www.channel4.com/news/46m-payout-for-a4e-despite-missing-work-programme-targets.

＊31 http://www.theguardian.com/news/blog/2013/oct/30/cait-reilly-poundland-readers.

＊32 Richard Crisp and Del Roy Fletcher, 'A Comparative Review of Workfare Programmes in the United States, Canada and Australia (Department for Work and Pensions, 2008), p.1.

＊33 http://www.theguardian.com/society/2012/jun/13/mandatory-work-scheme-government-research.

＊34 http://www.24dash.com/news/local_government/2014-12-10-Boris-Johnson-s-unpaid-workfare-scheme-halved-chances-of-young-people-finding-work.

＊35 http://www.theguardian.com/uk/2013/jan/15/statistics-doubt-coalition-500000-jobs.

＊36 http://tompride.wordpress.com/2013/04/05/oops-homebase-let-cat-out-of-the-bag-about-using-workfare-to-reduce-wage-bills.

＊37 http://www.telegraph.co.uk/finance/newsbysector/supportservices/10070425/Timeline-how-G4Ss-bungled-Olympics-security-contract-unfolded.html.

＊38 Oliver Wright, 'Philip Hammond: "Games humanised the face of armed forces" ', *The Independent*, 14 August 2012.

＊39 National Audit Office, 'The Role of Major Contractors in the Delivery of Public Services' (November 2013), p. 6.

＊40 Christoph Hermann and Jörg Flecker, 'Privatization of Public Services and the Impact on Quality, Employment and Productivity (PIQUE) – Final Report' (Vienna, 2009), p. 98.

＊41 http://www.britishfuture.org/wpcontent/uploads/2013/01/State-of-the-Nation-2013.pdf.

＊42 http://classonline.org.uk/docs/Class-YouGov_poll_results_28_October_2013.pdf.

＊43 https://yougov.co.uk/news/2015/01/07/poster-wars/.

＊44 http://www.dailyecho.co.uk/news/9072355.Care_home_firm_to_axe_3_000_jobs/?ref=rf.

＊45 http://www.theguardian.com/society/2014/jun/09/financial-strategy-southern-cross-care-homes-blamed-deaths-old-people?utm_content=buffer24ef4&utm_medium=social&utm_source=twitter.com&utm_campaign=buffer.

＊46 Frank Dobson, 'Exorbitant and Wasteful', *The Guardian*, 1 July 2006.

＊47 http://www.pulsetoday.co.uk/commissioning/commissioning-topics/ccgs/revealed-majorityofgpsnomore-involved-with-commissioning-under-ccgs/20002440.article#.U4BZPNzX_wI.

＊32 Chris Mullin, 'Don't Let Police Bullies Oust Andrew Mitchell', *The Times*, 16 October 012.

＊33 http://www.telegraph.co.uk/news/uknews/law-and-order/11259821/Plebgate-Pc-feels-sorry-for-Andrew-Mitchell.html.

5 国家にたかる者たち

＊1 http://www.independent.co.uk/news/business/news/new-patent-law-will-help-uk-business-8498245.html.

＊2 http://www.rcuk.ac.uk/Publications/policy/framework/casestudies/HealthySociety/.

＊3 『企業家としての国家――イノベーション力で官は民に劣るという神話』マリアナ・マッツカート著、大村昭人訳、薬事日報社、2015

＊4 https://www.nwl.co.uk/media-centre/617_3313.aspx.

＊5 Andrew Bowman et al., *The Great Train Robbery: Rail Privatization and After*, CRESC report (Manchester, 2013).

＊6 http://www.ft.com/cms/s/0/fe46ffea-a7f8-11e2-8e5d-00144feabdco.html.

＊7 http://www.blog.rippedoffbritons.com/2014/08/graphs-at-glance-east-coast-mainline.html?utm_content=buffer0e60b&utm_medium=social&utm_source=twitter.com&utm_campaign=buffer#.VLzyOYd3at8.

＊8 https://medium.abundanceinvestment.com/how-much-subsidy-do-fossil-fuels-get-in-the-uk-and-why-is-it-more-than-renewables-f3bd5a896c57.

＊9 国際エネルギー機関（IEA）によると、そのような税控除は一種の補助金である。

＊10 https://medium.abundanceinvestment.com/how-much-subsidy-do-fossil-fuels-get-in-the-uk-and-why-is-it-more-than-renewables-f3bd5a896c57.

＊11 http://www.keepeek.com/Digital-Asset-Management/oecd/environment/inventory-of-estimated-budgetary-suppoert-and-tax-expenditures-for-fossil-fuels-2013_9789264187610-en#page368.

＊12 http://www.telegraph.co.uk/finance/newsbysector/energy/10394243/Hinkley-Point-good-for-Britain-says-Ed-Davey.html.

＊13 http://www.caat.org.uk/resources/publications/economics/subsidies-sipri-2011.pdf.

＊14 http://www.caat.org.uk/issues/jobs-economy/special-treatment.

＊15 http://www.channel4.com/news/government-criticised-over-repressive-regime-arms-exports.

＊16 http://www.oecd.org/pisa/pisaproducts/pisainfocus/48482894.pdf.

＊17 David Kynaston, 'Private Schools are Blocking Social Mobility', *Daily Telegraph*, 29 October 2013.

＊18 http://www.bshf.org/published-information/publication.cfm?thePubID=5E017604-15C5-F4C0-99F1DFE5F12DBC2A.

＊19 http://www.gmb.org.uk/newsroom/landlords-hit-housing-benefit-jackpot.

＊20 'Tory Hatchet Man Iain Duncan Smith's Weasel-Worded Letter to Boy who Said Atos Test Killed Dad', *Daily Record*, 24 November 2012.

＊21 Department for Work and Pensions, 'Contract Management of Medical Services' (October 2012), pp. 6–7.

＊8 http://www.ipcc.gov.uk/default/files/Documents/investigation_commissioner_reports/inv_rep_independent_investigation_into_the_death_of_ian_tomlinson_1.pdf.

＊9 http://www.tomlinsoninquest.org.uk/NR/rdonlyres/37E43E60-01ED-4F3F-9588-FD19ACB2B033/0/150411pm.pdf.

＊10 http://www.inquest.org.uk/pdf/INQUEST_ian_tomlinson_briefing_jun_2009.pdf.

＊11 'G20 Assault: How Metropolitan Police Tried to Manager a Death', *The Guardian*, 9 April 2009.

＊12 http://content.met.police.uk/News/Public-Statement-and-Deputy-Assistant-Commissioner-de- Brunners-apology-to-the-Tomlinson-family/1400019013635/1257246745756.

＊13 http://www.theguardian.com/politics/2009/nov/25/police-g20-inquiry-report.

＊14 'Kettle Tactics Risk Hillsborough-Style Tragedy – Doctor', *The Guardian*, 19 December 2010.

＊15 http://www.ohchr.org/en/NewsEvents/Pages/DisplayNews.aspx?NewsID=12945&LangID=E.

＊16 'Trauma of Spy's Girlfriend: "like being raped by the state" ', *The Guardian*, 24 June 2013.

＊17 http://www.theguardian.com/commentisfree/2013/jun/28/sexual-behaviour-undercover-poli ce.

＊18 'Police "smear" Campaign Targeted Stephen Lawrence's Friends and Family', *The Guardian*, 24 June 2013.

＊19 Ministry of Justice, 'Story of the Prison Population: 1993–2012 England and Wales' (January 2013), p. 1.

＊20 Equality and Human Rights Commission (EHRC), 'How Fair is Britain? Equality, Human Rights and Good Relations in 2010', https://www.equalityhumanrights.com/en/publication-download/how-fair-britain. (2010), p.162.

＊21 EHRC, 'Stop and Think: A Critical Review of Stop and Search Powers in England and Wales' (March 2010).

＊22 EHRC, 'Race Disproportionality in Stops and Searches under Section 60 of the Criminal Jus tice and Public Order Act 1994', http://www.equalityhumanrights.com/sites/default/files/doc uments/research/bp_5_final.pdf (Summer 2012).

＊23 EHRC, 'Stop and Think Again: Towards Race Equality in Police PACE Stop and Search' (June 2013).

＊24 http://www.lifeline.org.uk/articles/drug-war-milestoneukdrug-searches-and-drug-offences-b both-reach-record-levels.

＊25 Owen Jones, 'London Riots – One Year On: Owen Jones Commences a Series of Special Reports', *The Independent*, 23 July 2012.

＊26 'Key Macpherson Report Figure Says Met is Still Racist' , *The Independent*, 4 January 2012.

＊27 http://www.ipcc.gov.uk/news/Pages/pr_170713_mps_race_complaints.aspx?auto=True&l1link=pages%2Fnews.aspx&l1title=News%20and%20press&l2link=news%2FPages%2Fdefault.aspx&l2title=Press%20Releases.

＊28 http://www.inquest.org.uk/bame-deaths-in-police-custody.

＊29 http://www.publications.parliament.uk/pa/cm201213/cmselect/cmhaff/494/49411.htm.

＊30 'Police Watchdog Criticised for Errors in Investigation into Death in Custody', *The Guardian*, 17 May 2013.

＊31 *The New York Times*, 1 September 2010.

＊33 https://bma.org.uk/news-views-analysis/the-bma-blog/2013/august/new-lobbying-rules-could-threaten-free-speech.

＊34 http://www.ipsos-mori.com/Assets/Docs/Polls/June2013_Trust_Topline.pdf.

3 メディアによる支配

＊1 http://d25d2506sfb94s.cloudfront.net/cumulus_uploads/document/w6h1wni29p/YG-Archive-results-TUC-121212-welfare-benefits.pdf; https://www.tuc.org.uk/news/support-benefit-cuts-dependent-ignorance-tuc-commissioned-poll-finds

＊2 https://www.ipsos.com/ipsos-mori/en-uk/perceptions-are-not-reality.

＊3 http://www.publications.parliament.uk/pa/jt200607/jtselect/jtrights/81/7012202.htm.

＊4 http://www.themediabriefing.com/article/abc-regional-decline.

＊5 http://www.gov.uk/government/uploads/system/uploads/attachment_data/file/347915/Elitist_Britain_-_Final.pdf.

＊6 Roy Greenslade, *Press Gang: How Newspapers Make Profits from Propaganda* (Pan, 2004), p. 455.

＊7 http://www.theguardian.com/politics/2010/apr/22/cleggmania-nick-clegg-newspaper-attacks.

＊8 Tim Montgomerie, 'Miliband is a Far Worse Leader than Kinnock', *The Times*, 2 January 2014.

＊9 http://www.politicshome.com/uk/article/36697/who_authored_that_osborne_speech%3F.html.

＊10 Peter Oborne, 'A Man of his Times', *The Spectator*, 28 September 2013.

＊11 Kamal Ahmed, 'We Are in an Anti-Business Funk. It Should Stop', *Sunday Telegraph*, 23 June 2013.

＊12 http://www.opendemocracy.net/ourbeeb/oliver-huitson/how-bbc-betrayed-nhs-exclusive-report-on-two-years-of-censorship-and-distorti.

＊13 http://www.bbc.co.uk/blogs/theeditors/2009/01/bbc_and_the_gaza_appeal.html.

＊14 https://theconversation.com/hard-evidence-how-biasedisthe-bbc-17028.

＊15 J. Lewis, A. Williams, B. Franklin, J. Thomas and N. Mosdell, *The Quality and Independence of British Journalism: Tracking the Changes over 20 Years* (Cardiff, 2008).

4 警察は誰を守る？

＊1 http://www.hse.gov.uk/services/police/statistics.htm.

＊2 Owen Jones, 'The "Spirit of Petrograd"? The 1918 and 1919 Police Strikes', *What Next*, no. 31, 2007.

＊3 Hillsborough: The Report of the Hillsborough Independent Panel (September 2012).

＊4 http://www.telegraph.co.uk/sport/football/teams/liverpool/9540436/Jack-Straw-expresses-regret-over-failure-of-Hillsborough-review.html.

＊5 http://www.huffingtonpost.co.uk/petergtatchell/public-order-act-repeal-section-5_b_1209096.html.

＊6 'G20 Protests: Man Who Died during Demonstrations Named as Ian Tomlinson', *Daily Telegraph*, 2 April 2009.

＊7 http://www.theguardian/com/uk-news/2013/aug/05/ian-tomlinson-family-quest-justice.

* 10 'Employment Tribunal Claims Fell by More than Half after Introduction of Fees', *The Gardian*, 23 December 2013.
* 11 http://www.theguardian.com/politics/2012/dec/07/tory-funds-mansion-tax.
* 12 http://classonline.org.uk/docs/Class-YouGov_poll_results_28_October_2013.pdf.
* 13 http://classonline.org.uk/docs/YouGov-Class_Polling_Results_120522_Economic_Policies.pdf.
* 14 Allister Heath, 'There is Sadly Mass Support for Nationalization and Price Controls', *City A. M.*, 5 November 2013.
* 15 http://www.telegraph.co.uk/finance/newsbysector/retailandconsumer/9270369/Stefano-Pessina-I-want-to-merge-Boots-not-float-it.html.
* 16 Peter Oborne, *The Triumph of the Political Class* (London, 2007), p. 135.
* 17 'The Educational Backgrounds of Members of Parliament in 2010',Sutton Trust (2010), p. 2.
* 18 R. Carcknell and F. McGuiness, 'Social Background of Members of Parliament – Commons Library Standard Note', House of Commons Library, December (2010), または http://www.theguardian.com/politics/2010/may/10/mp-intake-private-sector.を参照のこと。
* 19 Membership of UK political parties – Commons Library Standard Note, House of Commons Library (2012).
* 20 Stuart Wilks-Heeg, Andrew Blick and Stephen Crone, *How Democratic is the UK?*, Democratic Audit (July 2012), p. 290.
* 21 http://labourlist.org/2013/05/we-need-to-talk-about-south-shields/.
* 22 Richard Heffernan and Mike Marqusee, *Defeat from the Jaws of Victory: Inside Kinnock's Labour Party* (London, 1992), p. 13.
* 23 http://www.unitetheunion.org/news/lord-warners-conflict-of-interest-over-10-a-month-nhs-fee-report-says-unite/.
* 24 http://www.dailymail.co.uk/news/article-1372597/The-letter-Peter-Mandelson-using-tout-business-despots-dodgy-billionaires.html.
* 25 http://www.greenpeace.org./usa/timeline-how-you-persuaded-asia-pulp-and-paper-to-stop-cutting-down-indonesias-rainforests/.
* 26 http://www.telegraph.co.uk/news/politics/8963427/Lord-Mandelson-courted-Mubaraks-dying-regime.html.
* 27 http://www.theguardian.com/politics/2013/nov/08/tony-blair-kazakhstan-human-rights-role.
* 28 http://www.telegraph.co.uk/news/politics/9796803/Lord-Hill-faces-conflict-of-interest-claim-over-shares.html.
* 29 http://corporateeurope.org/revolving-doors/2014/09/hill-finance-commissioner-should-be-rejected.
* 30 Links between government and business: full data, *The Guardian*. http://www.theguardian.com/news/datablog/2011/oct/16/links-government-data-business-data.
* 31 Philip Parvin, 'Friend or Foe? Lobbying in British Democracy: A Discussion Paper', Hansard Society (2007), p. 10.
* 32 http://knowhownonprofit.org/leadership/governance/getting-startedingovernance/the-responsibilitiesofcharity-trustees.

彦訳、日本経済新聞社（1993）。

＊13 Madsen Pirie, *Think Tank: The Story of the Adam Smith Institute* (London, 2012), p. 50.

＊14 同上, p. 19.

＊15 'Who is Behind the Taxpayers' Alliance?', *The Guardian*, 9 October 2009.

＊16 TUC, 'The Facts about Facility Time for Union Reps', October 2011, p. 5.

＊17 Robert Halfon, 'Trade Unions are Capitalist, Community-Minded', *The Spectator*, 20 October 2012.

＊18 http://www.research-live.com/news/news-headlines/guido-fawkes-editor-in-big-data-analysis-venture/4009384.article.

＊19 http://www.taxpayersalliance.com/matthew_elliott.

＊20 http://www.powerbase.info/index.php/Taxpayers'_Alliance_Roundtable.

＊21 'Secret Tory Fund Helped Win Marginals', *The Guardian*, 10 May 2005.

＊22 'Who is Behind the Taxpayers' Alliance?', *The Guardian*, 9 October 2009.

＊23 'Controversy over New Tory Health Advisor Nick Seddon who Called for NHS Cuts and Charges for GP Visits', *Evening Standard*, 9 May 2013.

＊24 Mel Kelly, 'What the BBC Conceals on Private Prisons Research', *Open Democracy*, 21 February 2013.

＊25 http://www.policyexchange.org.uk/media-centre/press-releases/category/item/militant-trade-unionism-blocking-public-service-revolution.

＊26 http://www.gov.uk/government/news/independent-reviewer-of-benefit-sanctions-announced.

＊27 http://www.insidehousing.co.uk/news/think-tank-housing-expert-joins-camerons-policy-unit-38146.

＊28 http://conservativehome.com/thinktankcentral/2012/01/camerons-former-head-of-policy-james-oshaughnessy-joins-policy_exchange-to-work-develop-school-feder.html.

＊29 http://www.independent.co.uk/life-style/health-and-families/health-news/the-pm-his-prosmoking-aide-and-a-dirty-war-over-cigarette-packaging-7563261.html.

2 政界と官庁の結託

＊1 James Kirkup, 'MPs' Pay Rises: Five Reasons MPs Should be Paid More', *Daily Telegraph*, 11 July 2013.

＊2 http://www.bbc.co.uk/blogs/nickrobinson/2011/01/why_did_mps_make_false.html.

＊3 http://www.insidehousing.co.uk/news/quarteroftory-mps-are-landlords-says-research-33264.

＊4 http://www.gmb.org.uk/newsroom/landlords-hit-housing-benefit-jackpot.

＊5 http://www.theguardian.com/politics/2013/jun/08/lynton-crosby-tory-strategy-lobbying-firm.

＊6 http://www.theguardian.com/politics/2013/jul/21/tory-strategist-lynton-crosby-lobbying.

＊7 http://www.theguardian.com/politics/2013/jun/08/lynton-crosby-tory-strategy-lobbying-firm.

＊8 http://www.sovereigncapital.co.uk/businessesweback/healthcare-services.

＊9 Kiran Stacey, 'The Explosion of Hedge Fund Donations to the Tories', *Financial Times Westminster Blog*, 8 December 2011.

原注

はじめに

＊1　http://publications.parliament.uk/pa/cm201213/cmhansrd/cm121129/debtext/121129-0003.htm.

＊2　https://archive.org/stream/marquisofsalisbu00elliuoft/marquisofsalisbu00elliuoft_djvu.txt.

＊3　http://archive.spectator.co.uk/article/23rd-september-1955/5/political-commentary.

＊4　Henry Fairlie and Jeremy McCarter, *Bite the Hand That Feeds You: Essays and Provocations* (New Haven and London, 2010), pp. 70–72.

＊5　www.parliament.uk/briefing-papers/SN01250.pdf.

＊6　http://www.runnymedetrust.org/blog/49/15/Record-number-of-BME-MPS.html.

＊7　http://www.boardsforum.co.uk/boardwatch.

＊8　http://raceforopportunity.bitc.org.uk/about-race-opportunity/campaign-aims.

＊9　http://www.civilservice.gov.uk/about/resources/monitoring-diversity.

＊10『サイコパスを探せ！――「狂気」をめぐる冒険』ジョン・ロンソン著、古川奈々子訳、朝日出版社（2012）。

1「先兵」の出現

＊1『隷従への道』フリードリヒ・ハイエク著、村井章子訳、日経BP社（2016）、他。

＊2　Richard Cockett, *Thinking the Unthinkable: Think-Tanks and the Economic Counter-Revolution, 1931–1983* (London, 1995), p. 100.

＊3　R. M. Hartwell, *A History of the Mont Pelerin Society* (Indianapolis, 1995), p. 24.

＊4『現代経済学の回想――アメリカ・アカデミズムの盛衰』ジョージ・J・スティグラー著、上原一男訳、日本経済新聞社（1990）

＊5　ハイエク、前掲書。

＊6『資本主義と自由』ミルトン・フリードマン著、村井章子訳、日経BP社（2008）。

＊7　Donald Sassoon, *One Hundred Years of Socialism: The West European Left in the Twentieth Century* (London, 1996), p. 140.

＊8　*The Economist*, 23 November 2006.

＊9　Sassoon, 前掲書, p. 118.

＊10　TUC, *The History of the TUC, 1968–1968: A Pictorial Survey of a Social Revolution* (London 1968), p. 5.

＊11『社会主義の将来――「左翼陣営のあたらしい思考」の要求に対する回答』C・A・Rクロスランド著、日本文化連合会訳編、日本文化連合会（1959）。

＊12『サッチャー回顧録――ダウニング街の日々』マーガレット・サッチャー、石塚雅

解説

絶望しない左派のために

ブレイディみかこ（ライター）

これは単なる「書き物」ではない

本書にも度々登場する調査会社ユーガブのUKサイトが、「ユーガブ・プロフィール」というサービスを展開している。これは、著名人のファン層や読者層の調査分析ツールで、ある著名人を好きな人々の居住区や年齢、所得などが一目瞭然にわかる。

本書の著者、オーウェン・ジョーンズにも「ユーガブ・プロフィール」があり、彼の典型的な読者として描かれているイラストは、ヘッドフォンを頭に着けた、カジュアルな服装の若い男性だ。オーウェン・ジョーンズの読者の中心となる年齢層は一八歳から二四歳、性別は男性、社会階層はABC1（非マニュアルワーカー）、居住区はスコットランド中心部となっている。政治的スタンスのゲージの針は最も左に振り切れている。職業は、「行政・公務員」が最も多く、二番目に多いのが「民間非営利組織、チャリティー」、可処分所得の月額は一二五ポンド（約一万八七五〇円）以下だという。

実は、これとそっくりな「ユーガブ・プロフィール」を持つ政治家がいる。「ミスター・マルキシスト」こと労働党党首ジェレミー・コービンである。コービンの支持者層のほうが、政治的スタンスのゲージの針がオーウェンの読者より少しだけ右にあり（それでも思いきり左だが）、居住区はウェールズと旧エイボン州地域、職業は「民間非営利組織、チャリティー」が最も多くなるが、それ以外はオーウェンの読者層とピタリと一致する（YouGov Profiles LITE 二〇一八年十月十三日閲覧）。つまり、若者たちを熱狂させ、英国に反緊縮の左派政権をもたらすのではないかと言われているコービンの支持者層と、本書の著者の読者層は、すっぽりと被っているのだ。このことは、本書が単なる「書き物」ではなく、現在の英国の政治状況、とくに労働党周辺の動きと密接にリンクしていることの何よりの証左だ。それを押さえた上で読んでいただくと、本書の問題提起がより切実に、そして彼の提案がより実効性のあるものとして響いてくるだろう。

階級政治の軸を蘇らせたライター

本書の著者、オーウェン・ジョーンズは一九八四年にサウス・ヨークシャーのシェフィールドで生まれ、マンチェスターのストックポートで育った。いわば、イングランドの人々が言うところの「ノーザナー（北部の人）」だ。オックスフォード大学で歴史を学んだ後、ジョン・マクドネル（現在、労働党で影の財務大臣を務めるコービンの盟友）のもとでリサーチャーの職などを経て、ジャーナリズムの世界に進出した。

彼を「時の人」にしたのは、二〇一一年に出版された『チャヴ――弱者を敵視する社会』（海と月社刊）だ。この本は、英国の左派が長らく語らなくなっていたクラス・ポリティクス（階級政治）を再び政治の議論の俎上に載せた。奇《く》しくも、二〇一一年はロンドン暴動（「チャヴ暴動」とも呼ばれた）が起きた年だったので、暴動の二カ月前に出版された『チャヴ』で彼が提議した問題が、社会的に大きな関心を集めるようになる。

ロンドン暴動は「バカで粗暴な若者たちによる犯罪だった」と片付けたがる政治家や識者たちの論調の中で、

オーウェンは「暴動は政府によって巧みに操られている。人々は怒り、恐れている。なのに、政府はこれを利用して生活保護受給者への非難を正当化しようとしている」と堂々と発言した。

「チャヴ」と呼ばれるアンダークラス階級は政治とメディアによって意識的に作られたものであり、民衆の不満や怒りが支配層に向かわないよう、スケープゴートとして使われた人々にほかならず、それは「上からしかけれらた階級闘争」だった、と論じたのが彼の前作『チャヴ』だった。そして、その三年後に出版された本作、『エスタブリッシュメント』では、オーウェンはその階級闘争をしかけてきた方の層に焦点を当て、いかに巧妙に彼らが英国を支配し続けているのかを明らかにしていく。

エスタブリッシュメントとは何なのか

オーウェン自身の「エスタブリッシュメント」の定義は「成人のほぼ全員が選挙権を持つ民主制において、自分たちの地位を守らなければならない有力者の集団」であり、「民主制を『管理』し、己の利益が脅かされないように」する。エスタブリッシュメントと呼ばれる人々は、政界、官庁、メディア、警察、金融、財界を牛耳り、有権者たちからひたすら自らの地位や資本、利益を守るための「ファイアーウォール」を張り巡らせているのだ。

「社会を動かしているのは一握りのエスタブリッシュメントだ」などと言うと、また陰謀論の類かと思われそうだが、それは陰謀をはるかに超えたものだとオーウェンは言う。現代のエスタブリッシュメントの概念は、サッチャーの時代に生まれてトニー・ブレアの時代に完成した「経済的な自由主義とある種の権威主義が組み合わさった」新たな政治理念であると看破している点が本書の白眉だ。いわば、エスタブリッシュメントとは、もはや裕福で有力な個人の集団のことを指すだけではなく、彼らが信じ、広め、社会に浸透させている思想そのものなのだ。

これを「新自由主義」と呼ぶ人々もいる。しかし、エスタブリッシュメントたちが吹聴する「新自由主義」は、本物の新自由主義者たちから見れば偽物に過ぎないことを本書は暴く。なぜなら、エスタブリッシュメントたちは「計画経済は信じない」と言うわりには、しっかり国家に依存し、守られているからだ。例えば、リーマンショックが起きたとき、英国の金融業界を救ったのは市場ではなく、国家だった。国家はシステマティックに富裕層の財と利益を保護する。オーウェンはこれを「富裕層のための社会主義」と呼ぶ。末端の庶民には「食うか食われるか」「自己責任」の新自由主義社会をサバイバルさせておいて、富裕層だけは「ゆりかごから墓場まで」の『1945年の精神』(ケン・ローチ監督のドキュメンタリー)さながらの国家社会主義をエンジョイしているではないかというのだ。

「社会主義」が再び大きなコンセプトとして蘇っている欧州や米国の政治状況を鑑みれば、彼の指摘にはヒリヒリするような現実味がある。英国労働党首のコービンや、米国のバーニー・サンダースを熱狂的に支持している若者たちは、いま、新たな社会主義が必要だと主張しているからだ。富裕層だけが国家に守られているのはおかしい、我々の財や生活も守ってくれ、その社会主義を下々にまで適用してくれと人々が叫び始めているのだ。

鋭く予言的だった指摘

本書の初版が英国で出版されたのは二〇一四年九月、巻末の「みなさんの質問に答えつつ、もう一度、呼びかける」が収録されたペーパーバック版が出版されたのは翌年のことである。その後の英国に起きたことを考えると、本書には予言的な要素がたぶんに含まれていたことに気づかずにはいられない。例えば、二〇一五年に書かれた「みなさんの質問に答えつつ、もう一度、呼びかける」で、オーウェンは、この本を書いた理由として、二〇〇八年の金融危機以降、人々の不満や怒りの矛先を権力者からそらす動きがあるからだと書いていた。政治家もメディアも総がかりで、庶民の苦しい生活や政府に対する怒りの標的を、権力者ではなく、「移民」、「生活保護受給者」、「公務員」に向かわせるように促していると。

「移民」の部分については、二〇一六年のEU離脱投票で何が起きたかを見れば今さら理由を言及する必要もないだろう。「生活保護受給者」は『チャヴ』で彼が書いたところであり、「公務員」は緊縮財政で人々の生活が苦しくなるにつれてバッシングを一身に受けるようになり、その機に乗じる形で公務員削減が進んだ結果、警察の人員不足で英国の治安が著しく悪化していることは世界中でニュースになっている。

しかし、オーウェンが本書を書いたときよりも、状況は好転している部分もある。

オーウェンがしばしば本書で使うロレアルのCM「私にはその価値があるから」のセリフのように、エスタブリッシュメントはドヤ顔で傲慢になりすぎていたのだ。

本書では、下から突き上げる運動がなさすぎることや、人々が諦めかけている現状を憂いていたオーウェンだが、二〇一五年九月には、彼の旧友であり、反緊縮を訴える「ピープルズ・アセンブリー」などで共に闘ってきたジェレミー・コービンが労働党党首に「まさかの当選」を果たした。オーウェンは、このコービンの党首選キャンペーンを支えた一人だった。

労働党は泡沫候補と言われたコービンの党首選出馬により、飛躍的に党員数を増やし、とくに若者たちが彼の熱狂的な支持者になって、コービン支持の草の根団体「モメンタム」も結成された。末端の党員たちに圧倒的に支持されて党首になったコービンは、まさにオーウェンが本書の「結論」で書いた「苦境に対する人々の怒りを上の階級に向ける、強力な民衆運動」を率いることのできる人物として登場した。

以降、今日までオーウェンは、友人として、サポーターとして、コービンを応援し続けてきた。が、なかなか党内をまとめられないコービンに疑いを抱いたこともあった。

オーウェン・ジョーンズのルーツ

二〇一五年にコービンが党首に選ばれてから、労働党は党内の足並みが揃わず、混迷を続けたが、二〇一六年にEU離脱投票で残留派が敗けると、議員たちはコービンにその責任を問うて不信任決議を突き付けた。そのため、再び党首選が行なわれることになったが、ここでオーウェンは「コービンが党首であることは果たして労働党にとって良いことなのか?」と疑問を抱くようになる。

このとき、迷いに迷ったオーウェンが相談に行ったのは、誰あろう、彼自身の両親だった。オーウェン・ジョーンズは生粋の左翼家庭の出身だ。祖父は共産党に関わっていたというし、両親はトロツキストの過激派グループの会合で知り合ったというのだから筋金入りである。オーウェンが最初に行った政治ミーティングは八〇年代の炭鉱労働者のストの最中で、父親が赤ん坊だった彼をだっこ紐で胸に抱いて出席したので、みんなそれを見て拍手喝采したそうだ。

実家に戻ったオーウェンが、「生涯の労働党員」である両親に自分の気持ちを話すと母親はこう語り始める。

「労働党はたくさんいいこともしたのよ。労働党はまったくダメだと言う人々を私は支持しない。だってそうじゃないから。でも、理念という点から見ると、労働党も『オルタナティヴはない』を続けてきてしまった。保守党がやることの多くを阻止しようとしなくなってしまったの。民間はよいことで公共は悪いこと、という考え方を受け入れてしまった。そしてイラク戦争でしょ……。過去の遺産を持つ労働党は再びそうあるべき政党に戻ることがあるのかなって、人々は疑うようになった。でも突然、『オルタナティヴはあるんだよ。今と違う世界は可能なんだ』と言う人が現れたのよ」

「多くの人々は、ホッと安心していると思うよ。ようやく政治家らしい人が出てきたと。彼は見たままの人物のように感じられるからね」と父親も微笑している。

両親のコービンに対する意見を聞いた後で、オーウェンは尋ねた。

「僕が党首選でコービンに投票しないと言ったら、ひどく失望する？」

「ひどく驚くわね。それは確かよ。家族でも、政治的な意見の違いはある。だからって家族でなくなるわけじゃないわ。あなたのお兄ちゃんはオーウェン・スミス（注：コービンの対立候補）に投票する。私は賛成しないわ。ミステイクだと思う。でも、だからと言って彼を少しでも愛さなくなるわけじゃない」

このインテリジェントな肝っ玉母さん風の母親と、静かな情熱を感じさせる優しげな父親（二〇一八年一月に他界）の映像はYou Tubeで見ることができるが、この後で、オーウェンは再びコービンを支持することを表明した。チャンネル4がこのオーウェンと両親の映像を最初に放送したとき、組合系労働党員である私の配偶者がぼそっとこう言ったのを覚えている。

「ああ、これでどこからオーウェン・ジョーンズが来たかわかった。どこからこんな七〇代の左翼みたいなことを言う若いライターが出て来たんだろうと不思議だったんだよ」

EU離脱投票の結果も警告

さらに、二〇一六年に世界を震撼させたEU離脱投票についても、オーウェンはその二年前に書かれた本書ですでに予言的なことを書いていた。

「世論調査でも、UKIP支持で緊縮財政と福祉削減に賛成する人の割合は、保守党支持層と比べてかなり少ない。それどころか、驚くべきことに多くの論点において、UKIP支持者はイギリスの一般大衆より急進左派寄りなのだ」

「既存の反エスタブリッシュメント勢力は、国民に広がる不満と幻滅に対応しきれず、そこにできた空白をポピュリズム右派が埋める恰好になっている」（三八〇ページ）

排外主義だけがEU離脱投票の結果を生んだものではなかったということが、まるで事後に書かれたもののように正確に書かれているのだ。

オーウェンは、EU離脱投票の直前も「政界のエリートたちから裏切られたと感じている労働者階級の人々を説得することができなければ、二週間以内に迫った投票で離脱派が勝つだろう」と懸念していた。そして結果が出た後は、「離脱派の多くは、すでにのけ者にされ、無視され、嫌われてきたと感じている。現在ソーシャルメディアに現れているような離脱派の人々への侮蔑、上から目線のスノッブさは、彼らのコミュニティーがすでに前から感じていたものであり、それが今回の結果に影響している。（中略）英国の左派が明るい未来を望むのなら、それは労働者階級の生活やコミュニティーとの文化的・政治的な乖離を直視しなければならない」と書いた。ひたすら年長世代の右傾化と排外主義を嘆き、怒りを表明するだけの他の若い左派論客たちと、事態を階級の軸に引き寄せて解決策を考えようとするオーウェンのスタンスとはまるで違うものだった。

しかし、だからといって彼が排外主義に寛容なわけではない。まったく正反対だ。自らゲイであり、LGBTQの問題となるととりわけ熱い記事を書くオーウェンは、階級の視点の重要性を提示して有名になったからといってアイデンティティ政治を少しも軽視するものではない。こちらの分野でも闘士である。むしろ、EU離脱投票以降は、アイデンティティ政治に関する発言を意識的に増やしているような印象すらある。

階級政治も、アイデンティティ政治も

オーウェンの「階級政治も、アイデンティティ政治も」のスタンスは、日本の立命館大学経済学部の松尾匡《ただす》教授が提唱する「レフト3・0」のコンセプトを髣髴《ほうふつ》とさせる。松尾教授は、一九七〇年代をピークとして盛り上がった「大きな政府」をめざす労働者階級主義の左派を「レフト1・0」、一九九〇年代をピークとするアイデンティティ政治と多様性、エコロジーの問題を重視する左派を「レフト2・0」と分類している。そしていま、その両方の良かったところを残し、悪い部分は取り去って高次元でハイブリッドにした「レフト3・0」が必要なのだというのが松尾教授の主張だが、オーウェンはまさにそれに近い存在ではないだろうか。

オーウェンの著書はスペインでも人気が高く、選挙戦でもポデモスの応援スピーチを行なったり、また、国境を越えた組織としてEU改革を目指し、欧州の反緊縮運動を牽引するDiEM25の設立者ヤニス・バルファキスとも共鳴して共にトークイベントなどを行なっている。このダイナミックな欧州の新左派たちの動きを支える頭脳の一人が、若きオーウェン・ジョーンズと言っても過言ではない。

彼は、自分が執筆する理由についてこう書いている。

「既存の秩序を批評する人々が、幅広い読者の心を動かすのに失敗していることに僕は長い間フラストレーションをおぼえてきた。一方ではアカデミック志向の人々にアピールする仰々しい学術書があり、他方では衰退していくダイハードな左翼コミュニティーだけに読まれる本がある。こういう類のラディカルな本を書くことは自滅的に思える。(中略)僕にとって重要なのは、現状に対して、政治バブルの外側にいる人々の怒りを喚起し、違う状況もあり得るのだという希望をもたらすことだ。これらにおいて作家が果たせる役割は限定的であり、ささやかなものだ。変化はふつうの人々が、……ほかに適当な言葉が見つからないが、ともに組織し、集団の力を使って権力を圧倒する人々が起こすものだ」(https://www.penguin.co.uk/articles/2015/owen-jones.html)

こうした記述を読めば、オーウェンが、単に政治や社会を批評するのではなく、アクチュアルに社会を変えるアクティヴィストであろうとしているのは明らかだ。

世界政治が混迷するいま、ただひたすら状況に絶望し、民主主義を疑い、民衆の知性を傲慢にも否定して、すべてを批判することが知識人の役割だと思う人々もいる。彼らは、結局は何も信じていないのだ。だが、オーウェンは違う。討論番組やツイッターで、ときに理想主義者と嘲られ、ドリーマー呼ばわりにされようとも、彼はまだピープルの力を信じている。彼の著書が多くの人々に読まれるのは、その内容がいかに鋭利で辛辣であろうとも、その揺らがぬ信頼が根底にあるからだろう。

怒りの炎と、希望の炎。

オーウェンが読者の心につけたいという二つの火が、日本でもあかあかと燃え出さんことを祈っている。

弊社刊行物の最新情報などは
以下で随時お知らせしています。
ツイッター
@umitotsuki
フェイスブック
www.facebook.com/umitotsuki

エスタブリッシュメント
彼らはこうして富と権力を独占する

2018年12月13日　初版第1刷発行
2019年1月11日　第2刷発行

著者
オーウェン・ジョーンズ

訳者
依田卓巳《よだたくみ》

編集協力
藤井久美子

装幀
Y&y

印刷
萩原印刷株式会社

発行所
有限会社 海と月社
〒180-0003　東京都武蔵野市吉祥寺南町2-25-14-105
電話0422-26-9031　FAX0422-26-9032
http://www.umitotsuki.co.jp

定価はカバーに表示してあります。
乱丁本・落丁本はお取り替えいたします。

ISBN978-4-903212-63-0